Erfolgsbesteuerung bei der GmbH & atypisch Still
unter Berücksichtigung zivilrechtlicher Gestaltungsmöglichkeiten

Europäische Hochschulschriften

Publications Universitaires Européennes
European University Studies

Reihe V
Volks- und Betriebswirtschaft

Série V Series V
Sciences économiques, gestion d'entreprise
Economics and Management

Bd./Vol. 2336

PETER LANG
Frankfurt am Main · Berlin · Bern · New York · Paris · Wien

Arne Brüsch

Erfolgsbesteuerung bei der GmbH & atypisch Still unter Berücksichtigung zivilrechtlicher Gestaltungsmöglichkeiten

PETER LANG
Europäischer Verlag der Wissenschaften

Die Deutsche Bibliothek - CIP-Einheitsaufnahme

Brüsch, Arne:

Erfolgsbesteuerung bei der GmbH & atypisch Still unter Berücksichtigung zivilrechtlicher Gestaltungsmöglichkeiten / Arne Brüsch. - Frankfurt am Main ; Berlin ; Bern ; New York ; Paris ; Wien : Lang, 1998
(Europäische Hochschulschriften : Reihe 5, Volks- und Betriebswirtschaft ; Bd. 2336)
Zugl.: Frankfurt (Main), Univ., Diss., 1998
ISBN 3-631-33749-3

D 30
ISSN 0531-7339
ISBN 3-631-33749-3

Geleitwort des Betreuers

Die Rechtsform der Unternehmung stellt sich als ein betriebswirtschaftliches Wahlproblem dar, das unter Berücksichtigung wirtschaftlicher, zivil- und steuerrechtlicher Kriterien zu lösen ist. Derzeit gilt die GmbH & Still als eine der interessantesten Unternehmensformen. Sind die im Gesellschaftsvertrag vereinbarten Rechte und Pflichten eines an der GmbH still Beteiligten gegenüber dem gesetztlichen Leitbild der §§ 230 ff. HGB so erweitert, daß aus steuerlicher Sicht eine Mitunternehmerstellung des Stillen vorliegt, vermittelt diese dann sog. atypische stille Beteiligung an der GmbH nicht mehr Einkünfte aus Kapitalvermögen i.S.v. § 20 Abs. 1 Satz 1 Nr. 4 EStG, sondern gewerbliche Einkünfte i.S.v. § 15 Abs. 1 Nr. 2 EStG. Die steuerliche Behandlung der GmbH & atypisch Still ist in den Details gesetzlich nicht geregelt, sondern folgt einer recht unsystematischen Rechtsprechung. In der Literatur wird zwar überwiegend die Auffassung vertreten, daß eine steuerliche Gleichbehandlung der GmbH & atypisch Still mit der GmbH & Co. KG angemessen sei; bislang liegt jedoch ein klares, durchschaubares und geschlossenes Gerüst nicht vor. Zur Entwicklung einer erfolgsteuerlichen Systematik, die auch den zivilrechtlichen Wesensmerkmalen der stillen Gesellschaft und deren vertraglichen Gestaltungsmöglichkeiten Rechnung trägt, leistet die vorliegende Arbeit einen wertvollen Beitrag.

Im ersten Kapitel werden zunächst die allgemeinen handelsrechtlichen Tatbestandsvoraussetzungen sowie die gesellschaftsrechtlichen Wesensmerkmale der stillen Gesellschaft untersucht und auf den Fall einer stillen Beteiligung am Handelsgewerbe einer GmbH übertragen. Nur die GmbH tritt nach außen in Erscheinung und nur sie verfügt über Betriebsvermögen, das an die Stelle eines Vermögens der GmbH & Still tritt. Ein gesamthänderisches Eigentum des Stillen am Vermögen der GmbH besteht nicht, sondern vielmehr ein schuldrechtlicher Anspruch auf die im stillen Gesellschaftsvertrag vereinbarten Erfolgskomponenten. Das zweite Kapitel behandelt die GmbH & atypisch Still als Mitunternehmerschaft. Der Verfasser hebt hervor, daß ausschließlich das stille Gesellschaftsverhältnis dazu geeignet ist, eine Mitunternehmerschaft zu vermitteln. So sollen Vertragsbeziehungen, die unabhängig von der stillen Beteiligung mit der GmbH bestehen, nicht in die Beurteilung einer Mitunternehmerschaft einfließen; dies gilt gleichermaßen für still beteiligte GmbH-Gesellschafter und GmbH-Geschäftsführer. Da die GmbH & atypisch Still auch steuerlich eine Innengesellschaft ohne eigenes Gesamthandsvermögen darstellt, gibt es keine Steuerbilanz der GmbH & atypisch Still; die Steuerbilanz der GmbH tritt an ihre Stelle.

Die erfolgsteuerlichen Belastungskonsequenzen einer GmbH & atypisch Still bilden den Gegenstand des dritten Kapitels. Der Schwerpunkt liegt bei Einkünftequalifikation sowie der laufenden Gewinnermittlung und -verteilung. Es wird herausgestellt, daß selbst bei einer nicht gewerblich tätigen GmbH die Gewinnanteile aus atypischer stiller Beteiligung an der GmbH notwendig gewerbliche Einkünfte darstellen. Von den Vergütungen aufgrund weiterer vertraglicher Leistungsbeziehungen zwischen GmbH und stillem Gesellschafter schlägt der Verfasser nur diejenigen zu den mitunternehmerischen und somit gewerblichen Einkünften, deren Ursächlichkeit im atypischen stillen

Gesellschaftsverhältnis liegt. Nach einer systematischen Analyse gewerbesteuerlicher Aspekte kommt der Verfasser zu dem Ergebnis, daß die in der Literatur überwiegend propagierte steuerliche Gleichbehandlung der GmbH & atypisch Still mit einer GmbH & Co. KG nicht gerechtfertigt erscheint.

Der Verfasser hat eine überzeugende Untersuchung der höchst diffizilen steuerlichen Problematik der GmbH & atypisch Still vorgelegt. Dem Leser werden nicht nur Informationen zum geltenden Recht, sondern auch Anregungen zur Weiterentwicklung der Materie vermittelt. Gedankenführung und Diktion sind von großer Klarheit. Die Arbeit unterscheidet sich von ihren Konkurrenzprodukten auch dadurch, daß man die Freude am Lesen nie verliert, weil man Interessantes und Wohldurchdachtes sehr klar erfährt. Der Arbeit ist die Aufnahme in einen breiten Leserkreis zu wünschen.

Prof. Dr. Winfried Mellwig

Vorwort

Die vorliegende Arbeit wurde vom Fachbereich Wirtschaftswissenschaften der Johann Wolfgang Goethe-Universität in Frankfurt am Main im April 1998 unter dem Titel "Die Erfolgsbesteuerung bei der GmbH & atypisch Still unter Berücksichtigung der zivilrechtlichen Gestaltungsmöglichkeiten" als Dissertation angenommen.

Anläßlich der Drucklegung möchte ich meinem verehrten akademischen Lehrer und Doktorvater, Herrn Prof. Dr. Winfried Mellwig, für die Betreuung dieser Arbeit sowie für die fachliche und persönliche Begleitung auf diesem Teil des Weges meiner betriebswirtschaftlichen Ausbildung ganz herzlich danken. Ebenfalls bedanken möchte ich mich bei Herrn Prof. Dr. Joachim Mitschke für die Übernahme des Zweitgutachtens. Gewiß nicht zuletzt gilt mein ausdrücklicher Dank den Herren Dr. Mathias Babel, Dr. Jens Lang, Kai Matthes, Michael Müller und Heiko Podeyn, die frühere Fassungen durchgesehen und mir durch konstruktive Anmerkungen sowie moralische Unterstützung sehr geholfen haben. Den Kollegen, mit denen ich am Lehrstuhl für Betriebswirtschaftliche Steuerlehre tätig sein durfte, danke ich für ihre ständige Hilfsbereitschaft und die abwechslungsreiche gemeinsame Zeit. Darüber hinaus bin ich der Interessengemeinschaft Frankfurter Kreditinstitute für ihren großzügigen Förderbeitrag sehr zu Dank verpflichtet.

Tiefe Dankbarkeit empfinde ich gegenüber meinen Eltern Traudi und Gert sowie meiner Schwester Mareike, deren moralischen Beistand ich mir zu jeder Zeit sicher sein durfte. Meine Lebensgefährtin Reyhan schließlich hat mir durch ihre aufopferungsvolle Unterstützung stets großen Rückhalt gewährt und maßgeblich zum Gelingen dieser Arbeit beigetragen. Ihr widme ich diese Arbeit.

Dr. Arne Brüsch

Inhaltsverzeichnis

Abkürzungsverzeichnis

a. A.	anderer Ansicht
Abs.	Absatz
Abschn.	Abschnitt
ADHGB	Allgemeines Deutsches Handelsgesetzbuch von 1861
a.F.	alte Fassung
AG	Aktiengesellschaft
AktG	Aktiengesetz i.d.F. vom 06. September 1965 (BGBl. I 1965, S. 1089) mit späteren Änderungen
Anm.	Anmerkung(en)
AO	Abgabenordnung 1977 i.d.F. vom 16. März 1976 (BGBl. I 1976, S. 613, ber. BGBl. I 1977, S. 269) mit späteren Änderungen
ApothG	Gesetz über das Apothekenwesen vom 15. Oktober 1980 (BGBl. 1980, S. 1994) mit späteren Änderungen
Art.	Artikel
Aufl.	Auflage
BayObLG	Bayrisches Oberlandesgericht
BB	Betriebs-Berater (Zeitschrift)
Bd.	Band
bearb.	bearbeitet
begr.	begründet
ber.	berichtigt
BewG	Bewertungsgesetz i.d.F. vom 01. Februar 1991 (BGBl. I 1991, S. 230) mit späteren Änderungen
BFH	Bundesfinanzhof
BFHE	Sammlung der Entscheidungen des Bundesfinanzhofs
BFH/NV	Sammlung amtlich nicht veröffentlichter Entscheidungen des Bundesfinanzhofes
BFuP	Betriebswirtschaftliche Forschung und Praxis (Zeitschrift)
BGB	Bürgerliches Gesetzbuch vom 18. August 1896 (RGBl 1896, S. 195) mit späteren Änderungen
BGBl.	Bundesgesetzblatt
BGH	Bundesgerichtshof
BGHZ	Amtliche Sammlung von Entscheidungen des Bundesgerichtshofs in Zivilsachen
BMF	Bundesminister der Finanzen
BStBl.	Bundessteuerblatt
BT-Drucks.	Bundestags-Drucksache
BuB	Bilanz und Buchhaltung (Zeitschrift)
BuW	Betrieb und Wirtschaft (Zeitschrift)
BVerfG	Bundesverfassungsgericht

BVerfGE	Amtliche Sammlung von Entscheidungen des Bundesverfassungsgerichts
bzw.	beziehungsweise
DB	Der Betrieb (Zeitschrift)
DBW	Die Betriebswirtschaft (Zeitschrift)
ders.	derselbe
d.h.	das heißt
dies.	dieselbe(n)
Diss.	Dissertation
DM	Deutsche Mark
DStR	Deutsches Steuerrecht (Zeitschrift)
DStRE	Deutsches Steuerrecht Entscheidungsdienst
DStZ	Deutsche Steuer-Zeitung (Zeitschrift)
DStZ/A	Deutsche Steuer-Zeitung, Augabe A (Zeitschrift bis 1979)
EFG	Entscheidungen der Finanzgerichte
erl.	erläutert
Est	Einkommensteuer
EStG	Einkommensteuergesetz 1997 i.d.F. vom 16. April 1997 (BGBl. I 1997, S. 821) mit späteren Änderungen
EStR	Einkommensteuerrichtlinien 1996 i.d.F. vom 28. Februar 1997 (BStBl. I 1997, Sondernummer 1)
etc.	et cetera
e.V.	eingetragener Verein
evtl.	eventuell(e)(n)
f.	und die (der) folgende Seite (Paragraph)
ff.	und die folgenden Seiten (Paragraphen)
FG	Finanzgericht
Fn.	Fußnote
fortgef.	fortgeführt
FR	Finanz-Rundschau (Zeitschrift)
FS	Festschrift
GbR	Gesellschaft bürgerlichen Rechts
gem.	gemäß
GewStG	Gewerbesteuergesetz 1991 i.d.F. vom 21. März 1991 (BGBl. I 1991, S. 814) mit späteren Änderungen
GewStR	Gewerbesteuerrichtlinien 1990 i.d.F. vom 21. August 1990 (BStBl. I 1990, Sondernummer 2)
GG	Grundgesetz für die Bundesrepublik Deutschland vom 23. Mai 1949 (BGBl. I 1949, S. 1)
ggf.	gegebenenfalls
ggü.	gegenüber
gl. A.	gleicher Ansicht
GmbH	Gesellschaft mit beschränkter Haftung

GmbHG	Gesetz betreffend die Gesellschaften mit beschränkter Haftung i.d.F. vom 20. Mai 1898 (RGBl. 1898, S. 846) mit späteren Änderungen
GmbHR	GmbH-Rundschau (Zeitschrift)
GrS	Großer Senat
H	Hinweis im Rahmen der Einkommensteuerrichtlinien
Hervorh.	Hervorhebung
h. M.	herrschende Meinung
Halbbd.	Halbband
HFR	Höchstrichterliche Finanzrechtsprechung
HGB	Handelsgesetzbuch vom 10. Mai 1897 (RGBl. 1897, S. 219) mit späteren Änderungen
HK-HGB	Heidelberger Kommentar zum Handelsgesetzbuch
hrsg.	herausgegeben
IASC	International Accounting Standards Committee
i.d.F.	in der Fassung
i.d.R.	in der Regel
IdW	Institut der Wirtschaftsprüfer in Deutschland e.V.
i.e.S.	im engeren Sinne
i.H.v.	in Höhe von
Inf	Die Information über Steuer und Wirtschaft (Zeitschrift)
i.S.d.	im Sinne des (dieses, der, dieser)
i.S.v.	im Sinne von
IStR	Internationales Steuerrecht (Zeitschrift)
i.V.m.	in Verbindung mit
i.w.S.	im weiteren Sinne
JbFfSt	Jahrbuch der Fachanwälte für Steuerrecht
Jg.	Jahrgang
JR	Juristische Rundschau (Zeitschrift)
JuS	Juristische Schulung (Zeitschrift)
KG	Kommanditgesellschaft
KÖSDI	Kölner Steuerdialog (Zeitschrift)
KStG	Körperschaftsteuergesetz 1991 i.d.F. vom 11. März 1991 (BGBl. I 1991, S. 639) mit späteren
lt.	laut
LuF	Land- und Forstwirtschaft
MDR	Monatsschrift für Deutsches Recht
m.E.	meines Erachtens
Mio.	Millionen
m.w.N.	mit weiteren Nachweisen
NB	Neue Betriebswirtschaft (Zeitschrift)
n.F.	neue Fassung
NJW	Neue Juristische Wochenschrift
Nr.	Nummer(n)

n.v.	nicht veröffentlicht
NWB	Neue Wirtschafts-Briefe für Steuer- und Wirtschaftsrecht (Loseblatt)
o.V.	ohne Verfasser
OFD	Oberfinanzdirektion
OHG	Offene Handelsgesellschaft
OLG	Oberlandesgericht
Orig.	Original
R	Richtlinie im Rahmen der Einkommensteuerrichtlinien
Rdn, Rdn.	Randnummer(n)
RdNr.	Randnummer(n)
Rdnr.	Randnummer(n)
Rev.	Revision (eingelegt)
RFH	Reichsfinanzhof
RFHE	Sammlung der Entscheidungen und Gutachten des Reichsfinanzhofs
RG	Reichsgericht
RGBl.	Reichsgesetzblatt
RGZ	Entscheidungen des Reichsgerichts in Zivilsachen
rkr.	rechtskräftig
Rn.	Randnummer
RStBl.	Reichssteuerblatt
Rz, Rz.	Randziffer
S.	Seite(n)
SBV	Sonderbetriebsvermögen
sog.	sogenannte(n)(r)
Sp.	Spalte(n)
StandOG	Standortsicherungsgesetz 1994 vom 13. September 1993 (BGBl. I 1993, S. 1569)
StB	Der Steuerberater (Zeitschrift)
StBereinG	Steuerbereinigungsgesetz 1986 vom 19. Dezember 1985 (BGBl. I 1985, S. 2436)
Stbg.	Die Steuerberatung (Zeitschrift)
StbJb	Steuerberater-Jahrbuch
StBp	Die steuerliche Betriebsprüfung (Zeitschrift)
St(b)KgR	Steuerkongreß-Report (seit 1977 Steuerberaterkongreß-Report)
SteuerStud	Steuer und Studium (Zeitschrift)
StG	Stille Gesellschaft
StuW	Steuer und Wirtschaft (Zeitschrift)
StVj	Steuerliche Vierteljahresschrift (Zeitschrift)
StW	Die Steuerwarte (Zeitschrift)
s.u.	siehe unten
Tz, Tz.	Textziffer(n)

u.	und
u.a.	und andere / unter anderem
u.ä.	und ähnliche(m)(s)
UmwStG	Umwandlungssteuergesetz i.d.F. vom 28. Oktober 1994 (BGBl. I, S. 3267) mit späteren Änderungen
usw.	und so weiter
u.U.	unter Umständen
VermBG	Vermögensbildungsgesetz
Verf.	Verfasser
Vfg.	Verfügung
vGA	verdeckte Gewinnausschüttung
vgl.	vergleiche
v.	von
vs.	versus
VuV	Vermietung und Verpachtung
weitergef.	weitergeführt
WISU	Zeitschrift für Wirtschafts- und Sozialwissenschaft
WM	Wertpapiermitteilungen
WPg	Die Wirtschaftsprüfung (Zeitschrift)
z.B.	zum Beispiel
ZGR	Zeitschrift für Unternehmens- und Gesellschaftsrecht
ZHR	Zeitschrift für das gesamte Handels- und Wirtschaftsrecht
ZIP	Zeitschrift für Wirtschaftsrecht und Insolvenzpraxis
z.T.	zum Teil
zugl.	zugleich

Einleitung

I. Ausgangssituation

Im Rahmen jeder Grundsatzplanung stellt sich die "Rechtsform der Unternehmung [als] ein betriebswirtschaftliches Wahlproblem"[1] dar, das unter Berücksichtigung wirtschaftlicher, zivil- und nicht zuletzt steuerrechtlicher Kriterien zu lösen ist. Die Frage nach der rechtlichen Struktur des Unternehmens stellt sich sowohl bei Gründungsvorgängen als auch bei Änderungen der betriebswirtschaftlichen Rahmenbedingungen. Dabei lassen sich vier Kategorien von Unternehmensformen des privaten Rechts unterscheiden: Die Einzelunternehmen, die Personengesellschaften, die Kapitalgesellschaften und die sog. Mischformen. Während die drei erstgenannten Gruppen eindeutigen gesetzlichen Regelungen unterliegen, verdanken die Mischformen, als Kombination der gesellschaftsrechtlich geregelten Grundformen, ihre Entstehung den Gestaltungsspielräumen eines dispositiven Vertrags- bzw. Gesellschaftsrechts. Es besteht durch eine solche Kombination die Möglichkeit, wirtschaftliche Vorteile einer Rechtsform zu nutzen, ohne gleichzeitig deren negative Merkmale in Kauf nehmen zu müssen.

Der aus dem Gleichheitssatz des Art. 3 I GG abzuleitende Grundsatz der Steuergerechtigkeit impliziert, daß die Verteilung der Steuerlasten auf die Steuerpflichtigen nach Maßgabe der wirtschaftlichen Leistungsfähigkeit zu erfolgen hat.[2] Im Gesellschaftsbereich müßte dieser Gerechtigkeitsanspruch durch eine rechtsformneutrale Besteuerung zum Ausdruck kommen, wobei dieses Postulat bislang offensichtlich von der steuerlichen Gesetzgebung nicht umgesetzt wurde.[3] Die Körperschaftsteuerreform 1977[4] kann zwar als ein Versuch des Gesetzgebers angesehen werden, den Einfluß des Steuerrechts auf die Wahl der Unternehmensform zu reduzieren; unverändert gilt jedoch, daß verschieden strukturierte Unternehmen trotz gleicher wirtschaftlicher Leistungsfähigkeit eine unterschiedliche Steuerlast zu tragen haben.[5] So erwächst die

1 *Mellwig* (Rechtsformwahl, 1986), S. 291.

2 Vgl. statt vieler *Tipke / Lang* (Steuerrecht, 1996), § 4, Rz. 70 ff. (S. 77 ff.).

3 In Anbetracht dessen unterstrich unlängst *Englisch* (Rechtsformneutralität, 1997), S. 780, die Notwendigkeit einer "rechtsformneutrale[n] Unternehmensbesteuerung im Sinne einer rechtsformunabhängigen Besteuerung nach der wirtschaftlichen Leistungsfähigkeit der Unternehmung."

4 Vgl. *BT-Drucksache* 7 / 1470, S. 325 ff.; KStG 1977 i.d.F. vom 31. August 1976 (BGBl. I 1976, S. 2597 und BStBl. I 1976, S. 442).

5 Diesen Tatbestand bezeichnet *Knobbe-Keuk* (Unternehmen, 1990), S. 151, als "eines der Grundübel unseres Unternehmenssteuerrechts". Vgl. zudem *dies.* (Steuerrecht, 1993), S. 1027; *Frenz* (Leistungsfähigkeitsprinzip, 1997), S. 116 ff.; *Herzig / Kessler* (Steuerorientierte Wahl, 1992), S. 232; *Jacobs* (Analyse, 1991), S. 168; *Krüger* (Besonderheiten, 1996), Rz. 1 (S. 1); *Piltz* (Steuerlicher Einfluß, 1995), S. 42. Vgl. auch *Jacobs / Spengel* (Besteuerung, 1995), S. 443, die den "dringendsten Reformbedarf zur Sicherstellung der Wettbewerbsneutralität der Besteuerung (...) bei der Körperschaftsteuer" sehen.

"Besteuerung zu einem gewichtigen Einflußfaktor für die Rechtsformentscheidung von (...) Unternehmen."[6]

Ein rechtsformabhängiges Besteuerungssystem bietet ausreichend Anlaß, den Spielraum, den das dispositive Recht bei der vertraglichen Gestaltung von Gesellschaftsstrukturen beläßt, unter Beachtung der gesetzlichen Schranken[7] mit Zielrichtung einer Reduzierung der Steuerlast zu nutzen. Die Existenz eines solchen Gestaltungspotentials findet grundsätzlich von höchstrichterlicher Seite Anerkennung,[8] wobei sich die Grenzen aus steuerrechtlicher Sicht durch das Tatbestandsmerkmal einer "mißbräuchlichen Steuerumgehung" konkretisieren lassen.[9] Vor diesem Hintergrund wurden verschiedene Kombinationen von gesellschaftsrechtlich geregelten Unternehmensformen entwickelt. Insbesondere im mittelständischen Bereich trifft man dabei auf Vertragsstrukturen, die sich durch eine Verbindung von Personen- und Kapitalgesellschaft auszeichnen, um steuerliche Vorteile beider Rechtsformen zu sichern, ohne gleichzeitig nachteilige Steuerfolgen tragen zu müssen. Neben der GmbH & Co. KG und der Betriebsaufspaltung hat so die stille Beteiligung am Handelsgewerbe einer GmbH, die sog. GmbH & Still[10], als Mischform an Bedeutung gewonnen.[11] Der Beliebtheitsgrad eines solchen vertraglichen Konstrukts läßt sich zwar nicht in konkreten Zahlen messen, da die stille Beteiligung sich als Innengesellschaft jeglicher Pu-

---

6 *Jacobs / Scheffler* (Steueroptimale Rechtsform, 1995), S. 6; vgl. so auch *Beranek* (Optimale Rechtsform, 1993), S. 16; *Dörner* (Rechtsform, 1994), Rdnr. 758 (S. 233); *Salzberger* (Rechtsformalternative, 1996), S. 547.

7 Dem Gestaltungsspielraum sind insbesondere aus steuerrechtlicher Sicht durch die Vorschrift des § 42 AO Grenzen gesetzt, mit deren Hilfe ein Mißbrauch von Gestaltungsmöglichkeiten und damit eine Steuerumgehung ausgeschlossen werden soll. Bei *Rose* (Klärung, 1995), S. 765, wird hierbei betont, daß diese "Norm nur einschlägig [ist], wenn ein Mißbrauch vorliegt, denn grundsätzlich kann jeder Steuerpflichtige (...) seine Angelegenheiten so einrichten, daß er möglichst wenig Steuern zahlen muß"; vgl. auch *ders.* (Gestaltungsmißbrauch, 1997), S. 2397 f.

8 Vgl. *BVerfG* (14.04.1959), S. 250; *BGH* (01.07.1957), S. 1168; z.B. *BFH* (16.01.1992), S. 541; *BFH* (29.11.1982), S. 272; *BFH* (22.08.1951), S. 181.

9 Vgl. zu den Tatbestandsmerkmalen einer "Steuerumgehung" *BFH* (12.07.1988), S. 942 ("Rechtsgestaltung dient ausschließlich der Steuerminderung"); *BFH* (16.03.1988), S. 630 ("Gestaltung, die (...) unangemessen, also ungewöhnlich ist, und nicht durch sachgerechte erwerbswirtschaftliche oder andere beachtliche Gründe zu rechtfertigen ist"); vgl. so z.B. auch *BFH* (25.01.1994), S. 738; *BFH* (01.04.1993), S. 64; *BFH* (15.12.1983), S. 388.

10 Der Begriff 'GmbH & Still' wurde 1971 von Felix entwickelt und wird heute einheitlich für diese Gesellschaftsform verwendet; vgl. *Felix* (Stille Beteiligung, 1971), S. 207 f.; vgl. dagegen die Bezeichnung 'GmbH-StG' bei *Beger* (Vorteile, 1972), S. 16 oder die Bezeichnung 'GmbH & Co. StG' bei *Sudhoff* (GmbH & Still, 1969), S. 2069. Wenn im Folgenden von der stillen Beteiligung bzw. von der stillen Gesellschaft an einer GmbH oder von der GmbH & Still mit deren möglichen Ausprägungsformen gesprochen wird, ist immer die stille Beteiligung am Handelsgewerbe der GmbH gemeint.

11 Vgl. *Tillmann* (GmbH & Co., 1997), Rz. 89 (S. 45); *Blaurock* (GmbH & Still, 1992), S. 1969; *Beranek* (Optimale Rechtsform, 1993), S. 6; *ders.* (GmbH & Still, 1991), S. 132; *Paulick / Blaurock* (Stille Gesellschaft, 1988), S. 451; *Schneider / Reusch* (Gründung, 1989), S. 713; *Bormann* (GmbH & Still, 1984), S. 25. A.A. jedoch *Färber* (GmbH & Still, 1997), S. 730 ("Außenseiterdasein").

blizitätspflicht entzieht und damit letztlich statistisch nicht erfaßbar ist.[12] Andererseits untermauern jedoch neuere Publikationen bzw. Empfehlungen von Seiten der (Unternehmens)Beratungen, die insbesondere aus steuerlichen Gründen auf die GmbH & Still als vorteilhafte Rechtsform hinweisen, deren zunehmende Bedeutung.[13] Neben dem Aspekt einer Reduzierung der Steuerlast ist dabei hervorzuheben, daß sich mit der stillen Beteiligung ein attraktives Finanzierungs- bzw. Kapitalanlageinstrument bietet, mit dessen Hilfe die Vertragspartner gegenüber 'gewöhnlichen' Darlehen auch im nichtsteuerlichen Bereich erhebliche Vorteile realisieren können.[14]

Die stille Gesellschaft hat eine lange geschichtliche Entwicklung hinter sich; ihre Wurzeln reichen in das germanische, romanische und islamitische Recht zurück.[15] Ab dem 10. Jahrhundert wurde auf ein Rechtsverhältnis Rückgriff genommen, bei dem der eine Kontrahent (tractator) verpflichtet war, das ihm von einem anderen (commendator) anvertraute Gut durch Handel - insbesondere Seehandel - in dessen Interesse umzusetzen, die sog. commenda.[16] Die commenda konnte vertraglich einerseits als eine Art Sozietät gestaltet werden, bei der der tractator gemäß den Weisungen des commendators auf gemeinschaftliche Rechnung handeln mußte, die sog. societas per modum participationis; andererseits traf man auf Vertragsformen, im Rahmen derer der commendator nicht nach außen in Erscheinung trat und im Innenverhältnis dem tractator ein Gut zur Verfügung stellte, das dieser in seinem Handelsgewerbe zu ver-

---

12 *Schmidt* (Atypische stille Gesellschaft, 1996), S. 214, zufolge läßt sich die "Beliebtheit der atypischen stillen Gesellschaft (...) schon aus der Vielzahl der BFH-Entscheidungen" ablesen. Generell besteht lt. *Hansen* (GmbH-Bestand, 1997), S. 206, jedoch das Problem, daß "die Anzahl der Unternehmen in einer Aufgliederung nach den einzelnen Rechtsformen - Einzelunternehmen, Personen- und Kapitalgesellschaften und sonstige Rechtsformen - (...) nicht bekannt" ist.

13 Vgl. *Hirth / Paus* (GmbH & Still, 1996), S. 802; *Sträter* (GmbH & Still, 1996), S. 58; *Kampmann* (GmbH & Still, 1994), S. 188; *Weimar* (GmbH & Still, 1993), S. 1509; *Geck* (Rechtsformwahl, 1992), S. 3171; *Klauss / Mittelbach* (Stille Gesellschaft, 1980), Rz. 41 (S. 35), konstatieren einerseits das Fehlen von Statistiken; sie unterstellen aber andererseits, daß der stillen Gesellschaft eine größere wirtschaftliche Bedeutung beizumessen ist, als (z.B.) der Kommanditgesellschaft.

14 So betont auch *Mellwig* (Rechtsformwahl, 1986), S. 291, daß "die Steuerlast nur ein Kriterium und häufig beileibe nicht das wichtigste" ist. Vgl. zustimmend *Salzberger* (Rechtsformalternative, 1996), S. 547, gem. dem die "steuerlichen Aspekte (...) aus theoretischer Sicht den betriebswirtschaftlichen Entscheidungsparametern (...) nicht vorangestellt werden [dürfen]; sie sind vielmehr unter Berücksichtigung ihrer Folgewirkungen in diese zu integrieren."

15 Vgl. *Mitscher* (Stille Gesellschaft, 1903), S. 3 ff.; vgl. ausführlich zur geschichtlichen Entwicklung der stillen Gesellschaft *Lübbert* (Historische Entwicklung, 1906), S. 466 ff.; vgl. zudem die (früheren) Veröffentlichungen von *Lastig* (Stille Gesellschaft, 1881) und *Renauld* (Stille Gesellschaft, 1885).

16 Vgl. so insbesondere *Lübbert* (Historische Entwicklung, 1906), S. 465; vgl. überdies zur Geschichte der commenda *Silberschmidt* (Commenda, 1884); *Crome* (Rechtsgeschäfte, 1897); *Lastig* (Accomendatio, 1907).

wenden hatte.[17] So ist die commenda als gemeinsamer Ursprung der Kommanditgesellschaft einerseits und der stillen Gesellschaft andererseits anzusehen. Die Entwicklung fand schließlich ihren gesetzlichen Niederschlag im Handelsgesetzbuch vom 10. Mai 1897,[18] in dem die stille Gesellschaft - getrennt von dem der Kommanditgesellschaft - Berücksichtigung fand und festgeschrieben wurde.[19] Führte die stille Gesellschaft bis gegen Ende des Ersten Weltkrieges im Vergleich zu anderen, im HGB geregelten gesellschaftsrechtlichen Erscheinungsformen eher ein Schattendasein,[20] so erlebte diese Beteiligungsform seit den zwanziger Jahren einen beachtlichen Aufschwung.[21]

Die vertragliche Ausgestaltung der stillen Beteiligung am Handelsgewerbe einer GmbH kann in mannigfaltiger Weise erfolgen; 'atypisch' ist dabei aus zivilrechtlicher Sicht strenggenommen jeder Vertrag über eine stille Gesellschaft, der von den gesetzlichen Vorschriften der §§ 230 ff. HGB abweicht.[22] Von Interesse werden im Rahmen dieser Untersuchungen insbesondere die im Gegensatz zur typischen Ausprägungsform erweiterten vertraglichen Rechte und Pflichten sein, die letztlich zu der Einstufung des stillen Gesellschafters als Mitunternehmer und damit zu einer GmbH & atypisch Still führen können; in diesem Sinne findet die Bezeichnung 'atypisch' überwiegend auch in der Rechtsprechung und Literatur Verwendung.[23]

---

17 Vgl. *Bezzenberger* (Stille Gesellschaft, 1991), vor § 1, Rdnr. 1 (S. 1079); *Lübbert* (Historische Entwicklung, 1906), S. 496.

18 Vgl. zu der "Verabschiedung des Handelsgesetzbuchs von 1897" bzw. dem "Davor und Danach" *Schmidt* (HGB, 1997), S. 2 ff.; *Schön* (HGB, 1997), S. 133 ff.

19 Vgl. grundlegend dazu die (frühen) Veröffentlichungen von *Mitscher* (Stille Gesellschaft, 1903); *Ehrenberg* (Handelsrecht, 1918); *Staub / Pinner* (Staub HGB, 1906).

20 Vgl. die bis zu diesem Zeitpunkt erschienenen Werke von *Ellinger* (Stille Gesellschaft, 1910); *Lastig* (Accomendatio, 1907); *Lübbert* (Historische Entwicklung, 1906); *Mitscher* (Stille Gesellschaft, 1903); *Silberschmidt* (Beteiligung, 1915).

21 Vgl. *Aulinger* (Atypische stille Gesellschaft, 1955), S. 9 f.; vgl. zu dieser Zeit darüber hinaus die Beiträge von *Grüthling* (Stiller Gesellschafter, 1935); *Lang* (Stille Gesellschaft, 1930); *Pehl* (Stille Gesellschaft, 1933); *Saenger* (Stille Gesellschaft, 1924); *Winckelmann* (Gewinnbeteiligung, 1931).

22 Vgl. *Horn* (Heymann HGB, 1996), zu § 230 HGB, Rdn. 51 f. (S. 501 f.); *Bezzenberger* (Stille Gesellschaft, 1991), § 2, Rdnr. 2 ff. (S. 1086 ff.); *Hense* (Stille Gesellschaft, 1990), S. 17 f.; *Zutt* (Staub HGB, 1990), zu § 230 HGB, Rdn. 30 ff. (S. 11 f.); *Paulick / Blaurock* (Stille Gesellschaft, 1988), S. 126 ff.; *Schmidt* (Schlegelberger HGB, 1986), zu § 335 HGB (§ 230 n.F.), Anm. 67 ff. (S. 409 ff.); *Rasner* (Atypische stille Gesellschaft, 1961), S. 16 ff. und 60 ff.; *Aulinger* (Atypische stille Gesellschaft, 1955), S. 16 ff.

23 Vgl. hier statt vieler *BFH* (25.06.1984), S. 769; *BGH* (29.06.1992), S. 2696; *Zutt* (Staub HGB, 1990), zu § 230 HGB, Rdn. 33 (S. 12). Eine aus steuerrechtlicher Sicht atypische stille Gesellschaft ist immer auch nach den im Zivilrecht gebrauchten Begriffen atypisch, während nicht jede atypische gesellschaftsvertragliche Gestaltung auch steuerlich zu einer atypischen stillen Gesellschaft (Mitunternehmerschaft) führt; vgl. so z.B. auch *Bezzenberger* (Stille Gesellschaft, 1991), § 3, Rdnr. 21 (S. 1093).

Aus steuerlicher Sicht setzten ein Aufsatz von *Becker*[24], der (schon) 1925 eine einkommensteuerrechtliche Gleichbehandlung von atypischen stillen Gesellschaftern und Kommanditisten gefordert hat, sowie ein Urteil des *RFH* vom 03.02.1926[25], das erstmalig zwischen einem typischen stillen Gesellschaftsverhältnis und einer vertraglich erweiterten Rechtsstellung des Stillen differenzierte, erste Maßstäbe. In einer Entscheidung aus dem Jahre 1938 stufte schließlich der *RFH* einen stillen Gesellschafter, dem vertraglich ähnliche Rechte wie einem Kommanditisten zukamen, als Mitunternehmer ein.[26] Der *BFH* stützte sich auf die Rechtsprechung des *RFH* und erkannte in seinem für die weitere Entwicklung der atypischen stillen Gesellschaft sehr bedeutenden Urteil vom 20.08.1954[27] ausdrücklich die atypische stille Beteiligung an einer GmbH an: Es wurde dabei insbesondere festgehalten, daß die "atypische stille Gesellschaft (...) eine handelsrechtlich zulässige Rechtsgestaltung [darstellt], eine Form der stillen Gesellschaft, die, grundsätzlich betrachtet, auch steuerlich anzuerkennen ist. Steuerlich ist sie Mitunternehmerschaft."[28] Von nun an wurde aus steuerrechtlicher Sicht der sog. GmbH & atypisch Still eine eigenständige Bedeutung beigemessen; seitdem haben sich zahlreiche Urteile und Literaturbeiträge mit der atypischen Form der stillen Beteiligung an einer GmbH beschäftigt, ohne daß bisher jedoch die steuerliche Behandlung dieser Mitunternehmerschaft abschließend und eindeutig geklärt werden konnte.[29]

II. Problemstellung

Aus zivilrechtlicher Sicht ergeben sich bei der GmbH & Still in erster Linie Abgrenzungsprobleme, die aus einer engen Verwandtschaft von typischen stillen Gesellschafts- mit partiarischen Vertragsverhältnissen herrühren.[30] Demgegenüber ist die Differenzierung zwischen typischer und atypischer stiller Gesellschaft im Zivilrecht eher dogmatischer Natur; dabei rückt die Schwierigkeit einer steuerlichen Abgrenzung in den Mittelpunkt. Steuerrechtlich können Probleme schon allein bei dem Versuch auftreten, die Mitunternehmerstellung des stillen Gesellschafters und damit einherge-

---

24 Vgl. *Becker* (Grundfragen, 1925), S. 1604 ff.

25 Vgl. *RFH* (03.02.1926), S. 162.

26 Vgl. *RFH* (04.05.1938), S. 647.

27 Vgl. *BFH* (20.08.1954), S. 338.

28 *BFH* (20.08.1954), S. 338.

29 Aufgrund dieses Sachverhalts bezeichnet *Döllerer* (Atypische stille Gesellschaft, 1985), S. 295, die GmbH & atypisch Still als ein "Stiefkind der Rechtsprechung". Auch *Burmester* (Stille Gesellschaft, 1996), S. 123, sieht in dieser Beteiligungsform "steuerrechtliches Konfliktpotential", das "steuersystematisch unerfreulich [ist], steuergestalterisch aber [als] durchaus interessant" erscheint; im Hinblick auf den allgemeinen Zustand der Unsicherheit zieht *Burmester* (ebenda) überdies den (scherzhaften) Vergleich, daß es mit "der stillen Gesellschaft (...) sich zu verhalten [scheint], wie mit dem bayerischen Wolpertinger"; vgl. hierzu auch *Schweiggert* (Wolpertinger, 1986).

30 Starke gesellschaftsrechtliche bzw. wirtschaftliche Berührungspunkte spiegeln sich auch darin wider, daß einkommensteuerrechtlich faktisch eine Gleichbehandlung der beiden Rechtsinstitute stattfindet.

hend das Vorliegen einer GmbH & atypisch Still überhaupt festzustellen, wobei eine solche Feststellung zu "gravierenden Unterschieden in der Besteuerung" führt.[31]

Als notwendige Voraussetzung für das Vorliegen einer GmbH & atypisch Still kommt der Prüfung der Tatbestandsmerkmale einer Mitunternehmerschaft grundlegende Bedeutung zu. Die Unausgereiftheit der steuerlichen Rechtsprechung, die sich auch in kontroversen Literaturbeiträgen widerspiegelt, wird hierbei vor allem in Verbindung mit der Frage deutlich, unter welchen (Mindest)Bedingungen bzw. bei welchen vertraglichen Konstellationen der stille Gesellschafter aus einkommensteuerrechtlicher Sicht überhaupt als Mitunternehmer einzustufen ist.[32] Diese Beurteilung gestaltet sich - insbesondere bei Personenidentität zwischen stillem Gesellschafter und GmbH-Gesellschafter(-Geschäftsführer) - ausgesprochen schwierig und ist fortwährend Gegenstand höchstrichterlicher Entscheidungen.[33]

Liegt eine Mitunternehmerschaft vor, wird in Anlehnung an die dem Steuerrecht zugrundeliegende wirtschaftliche Betrachtungsweise ein Anknüpfen der Besteuerung der GmbH & atypisch Still an die steuerliche Behandlung der GmbH & Co. KG bis hin zu einer Gleichbehandlung gefordert.[34] Begründet wird diese Forderung mit den vermeintlich ähnlich gelagerten Rechtsbeziehungen und der Tatsache, daß beide - als mitunternehmerische Vertragsformen - zu den "anderen Gesellschaft[en]" i.S.v. § 15 Abs. 1 Satz 1 Nr. 2 EStG zählen, bei denen "der Gesellschafter als Unternehmer (Mitunternehmer) des Betriebs anzusehen ist".[35] Im Laufe der Zeit hat sich so die steuerliche Behandlung der GmbH & atypisch Still der Besteuerung der GmbH & Co. KG angenähert, ohne ihr jedoch zu entsprechen.[36] Vernachlässigt wird dabei regel-

---

31 *Kleine* (Typische Gesellschaft, 1995), S. 149. Vgl. ähnlich auch *Wolf-Knott* (Ertragsteuerliche Behandlung, 1996), S. 112 ("steuerlich erheblich unterschiedliche Folgen").

32 Vgl. so auch *Schoor* (GmbH & Still, 1993), S. 279 ("Problematisch"). Die Ursache hierfür liegt nach *Felix* (Mitunternehmerschaft, 1995), S. 10123, nicht zuletzt darin begründet, daß insgesamt die "Rechtsentwicklung der Mitunternehmerschaft (...) unruhig" ist. Gl.A. (schon) *Giering* (Stille Gesellschaft, 1972), S. 62.

33 Vgl. *BFH* (13.10.1994), S. 10; *BFH* (03.05.1993), S. 616; *BFH* (15.12.1992), S. 704 f.; *BFH* (11.12.1990), S. 350; *BFH* (21.04.1988), S. 722; *BFH* (14.08.1986), S. 60; *BFH* (05.06.1986), S. 802; *BFH* (28.01.1986), S. 599; *BFH* (12.11.1985), S. 314; *BFH* (02.09.1985), S. 10; *BFH* (22.01.1985), S. 363; *BFH* (25.06.1984), S. 769; *BFH* (24.07.1984), S. 85; *BFH* (28.01.1982), S. 389; *BFH* (25.06.1981), S. 59; *BFH* (29.04.1981), S. 664; *BFH* (22.01.1981), S. 426; *BFH* (03.05.1979), S. 515; *BFH* (10.08.1978), S. 74; *BFH* (05.07.1978), S. 646; *BFH* (28.11.1974), S. 498; *BFH* (23.01.1974), S. 480; *BFH* (11.04.1973), S. 528; *BFH* (09.10.1969), S. 320; *BFH* (03.07.1964), S. 511; *RFH* (04.05.1938), S. 647; *RFH* (10.09.1930), S. 191.

34 Vgl. insbesondere *Knobbe-Keuk* (Steuerrecht, 1993), S. 406; *dies.* (Mitunternehmerschaft, 1986), S. 106 ff.; *Schön* (Steuerbilanz, 1985), S. 314; *Wallis v. / Heinicke* (Besteuerung, 1978), S. 91; *Becker* (Grundfragen, 1925), Sp. 1604 ff.; *Pfefferle* (Unternehmensgestaltung, 1996), Rdnr. 21 (S. 22), ist (weitergehend) der Auffassung, daß der "atypische stille Gesellschafter (...) als Mitunternehmer (...) steuerlich den Gesellschaftern einer OHG oder KG völlig gleichgestellt" ist.

35 Vgl. statt vieler *BFH* (01.08.1996), S. 272; *Schmidt* (EStG-Kommentar, 1997), zu § 15, Rz 169 (S. 1144).

36 Vgl. so zuletzt *BFH* (26.11.1996), S. 101. Insgesamt liegt jedoch einer solchen Annäherung keine eindeutige Rechtsauffassung zugrunde; vgl. so auch *Zacharias / Hebig / Rinnewitz*

mäßig, daß es sich bei beiden gesellschaftlichen (Misch)Formen zwar um Mitunternehmerschaften handelt, die jedoch im Hinblick auf die zivilrechtlichen Maßgaben zwingende (Wesens)Unterschiede aufweisen. Dieser Konflikt wird als zentraler Diskussionspunkt die gesamte Arbeit durchziehen.

Ein Ziel ist es, als notwendige Grundlegung für die im Mittelpunkt dieser Arbeit stehende steuerliche Diskussion, das Wesen der stillen Beteiligung am Handelsgewerbe einer GmbH umfassend gesellschafts- und handelsrechtlich darzustellen. Dabei gilt es deutlich zu machen, daß den vertraglichen Vereinbarungen und Konstellationen eine maßgebende Funktion zukommt. Ergänzend soll eine Abgrenzung zu ähnlichen Rechtsverhältnissen der Hervorhebung von zivilrechtlichen Besonderheiten der stillen Gesellschaft dienen.

Die zahlreichen ungeklärten Probleme im Rahmen einer erfolgsteuerlichen Behandlung der GmbH & atypisch Still und die bislang noch lückenhafte, teilweise unsystematisch anmutende Rechtsprechung bieten ausreichend Nährboden für eine intensive Auseinandersetzung mit dieser steuerrechtlichen Materie. Die kritische Beleuchtung der für den Bereich der stillen Gesellschaft von der Rechtsprechung entwickelten Mitunternehmerkriterien erscheint dabei unabdingbar.

Die Besteuerung der GmbH & atypisch Still wird vor dem Hintergrund diskutiert und dargestellt, daß eine Analogie zur GmbH & Co. KG nicht zu rechtfertigen ist und daß die für eine Innengesellschaft ohne eigenes Vermögen charakteristischen Besonderheiten auch im Steuerrecht konsequent Berücksichtigung finden müssen. Angesichts verschiedener, teilweise konträrer Ansätze der Rechtsprechung und der ungeklärten steuerlichen Fragen soll eine einheitliche Besteuerungssystematik entwickelt werden. Im Lichte eines solchen Konzepts lassen sich schließlich Überlegungen anstellen, inwieweit die GmbH & atypisch Still dazu geeignet ist, erfolgsteuerliche Vorteile zu realisieren.

III. Gang der Untersuchung

Zur Darstellung einer Erfolgsbesteuerung bei der GmbH & atypisch Still ist es unerläßlich, sich mit den zivilrechtlichen Vorgaben dieser Mischform zwischen einer Personengesellschaft und einer Kapitalgesellschaft auseinanderzusetzen. Im *Ersten Kapitel* werden so die allgemeinen handels- und gesellschaftsrechtlichen Grundlagen der stillen Gesellschaft aufgezeigt, wobei der Schwerpunkt bei einer Darstellung der gesetzlichen Begriffsmerkmale und der damit einhergehenden Rechtsnatur liegt. Die Ergebnisse werden dann speziell anhand der stillen Beteiligung am Handelsgewerbe einer GmbH vertieft. Der erste Hauptteil der Arbeit schließt mit der Darlegung von wesentlichen Einflüssen, die eine dem gesetzlichen Leitbild entsprechende Vertrags-

(Atypisch stille Gesellschaft, 1996), S. 7; ähnlich *Mittelbach* (Zweifelsfragen, 1978), S. 123. Zu einer diesbezüglichen Rechtsunsicherheit bekennt sich (sogar) der *BFH* selbst in seiner Urteilsbegründung vom 13.10.1994 (S. 14), gem. dem "im Falle der Mitunternehmerschaft [eines stillen Gesellschafters] i.S. des § 15 Abs. 1 Satz 1 Nr. 2 EStG (...) häufig schwierige Rechtsfragen (...) geprüft und entschieden werden müssen".

beziehung und deren vertragliche Modifizierung auf die Rechtsstellung des stillen Gesellschafters - auch in Abgrenzung zum partiarischen Darlehensgeber und zum Kommanditisten - haben können.

Im *Zweiten Kapitel* werden zunächst die steuerlichen Tatbestandsvoraussetzungen für das Vorliegen einer GmbH & atypisch Still vorgestellt und gewürdigt. Im Mittelpunkt steht der Mitunternehmerbegriff. Dabei ist insbesondere die Frage zu klären, bei welchen vertraglichen Konstellationen der stille Gesellschafter als Mitunternehmer anzusehen ist. Es wird in diesem Zusammenhang nicht nur auf die Rechtsentwicklung der Mitunternehmerkriterien eingegangen; vielmehr wird eingehend hinterfragt, welche Vertragsverhältnisse überhaupt in die Beurteilung einer Mitunternehmerstellung des Stillen einfließen dürfen. Darauf aufbauend ist in der zweiten Hälfte dieses Kapitels zu erörtern, welche Rechtsposition eine GmbH & atypisch Still bzw. deren Mitunternehmer aus steuerlicher Sicht innehat und welche Vermögensstruktur der steuerlichen Gewinnermittlung bei einer solchen Mitunternehmerschaft zugrundeliegt.

Das *Dritte Kapitel* beschäftigt sich mit den erfolgsteuerlichen Konsequenzen einer GmbH & atypisch Still. Dabei erfolgt eine Untergliederung in Gründung, laufende Gewinnermittlung und Beendigung eines solchen Vertragsverhältnisses. Im Rahmen der laufenden Gewinnermittlung und -verteilung ist vor allem der Frage nachzugehen, unter welche Einkunftsart die Gewinnanteile des atypischen stillen Gesellschafters fallen. Es wird darüber hinaus diskutiert, wie die Vergütungen aus weiteren, neben dem stillen Beteiligungsvertrag bestehenden vertraglichen Leistungsbeziehungen zwischen der GmbH und dem Stillen einkommensteuerlich zu behandeln sind. In einem weiteren Schritt werden die gewerbesteuerlichen Aspekte im Zusammenhang mit einer GmbH & atypisch Still dargelegt. In Folge des vorgestellten Konzepts einer Ertragsbesteuerung erscheint es schließlich unverzichtbar, im letzten Teil dieses Kapitels die These zu überprüfen, daß die Besteuerung im Rahmen einer GmbH & atypisch Still mit der einer GmbH & Co. KG übereinstimmt. Abschließend werden im Hinblick auf spezifische erfolgsteuerliche Vorteile der mitunternehmerischen Beteiligung an einer GmbH Gestaltungsüberlegungen angestellt. Die Arbeit endet mit einer thesenförmigen Zusammenfassung.

Erstes Kapitel: Stille Beteiligung im Zivilrecht

I. Rechtsgrundlagen der stillen Gesellschaft

1. Begriff

Der Begriff der stillen Gesellschaft ist im Gegensatz zur OHG (§ 105 HGB) und der KG (§ 161 HGB) handelsrechtlich nicht ausdrücklich definiert.[1] Der Typus ergibt sich jedoch mittelbar aus den §§ 230 ff. HGB[2] und §§ 705 ff. BGB.[3] Der Wortlaut des § 230 HGB umschreibt Begriff und Wesen der stillen Gesellschaft: "Wer sich als stiller Gesellschafter an dem Handelsgewerbe, das ein anderer betreibt, mit einer Vermögenseinlage beteiligt, hat die Einlage so zu leisten, daß sie in das Vermögen des Inhabers des Handelsgeschäfts übergeht" (Abs. 1). "Der Inhaber wird aus den in dem Betriebe geschlossenen Geschäften allein berechtigt und verpflichtet" (Abs. 2). Darüber hinaus ist in § 231 Abs. 2 HGB die Gewinnbeteiligung festgeschrieben, die ein weiteres unabänderliches Merkmal der stillen Gesellschaft darstellt: Hiernach kann im "Gesellschaftsvertrage (...) bestimmt werden, daß der stille Gesellschafter nicht am Verluste beteiligt sein soll; seine Beteiligung am Gewinne kann nicht ausgeschlossen werden."

Die stille Gesellschaft ist eine Personengesellschaft. Das HGB unterscheidet in der Überschrift zum Zweiten Buch zwischen Handelsgesellschaft (OHG und KG) und stiller Gesellschaft, d.h. der Gesetzgeber betrachtet die stille Gesellschaft ausdrücklich nicht als Handelsgesellschaft.[4] Sie ist eine Form der Gesellschaft bürgerlichen Rechts (GbR) und im speziellen der Innengesellschaft.[5] Neben den §§ 230 ff. HGB finden daher die §§ 705 ff. BGB, soweit sie nicht das Auftreten nach außen und das Gesellschaftsvermögen betreffen, subsidiär Anwendung.[6] Nach § 705 BGB verpflichten sich die Gesellschafter durch "den Gesellschaftsvertrag (...) gegenseitig, die Erreichung eines gemeinsamen Zweckes in der durch den Vertrag bestimmten Weise zu fördern, insbesondere die vereinbarten Beiträge zu leisten." Voraussetzung für das Vorliegen

---

1 Vgl. *Paulick / Blaurock* (Stille Gesellschaft, 1988), S. 51; *Koenigs* (Stille Gesellschaft, 1961), S. 3; *Saenger* (Stille Gesellschaft, 1924), S. 14.

2 Die Vorschriften galten von 1900 bis 1985 als §§ 335 ff. HGB (a.F.).

3 Vgl. zu den Rechtsgrundlagen z.B. *Schmidt* (Gesellschaftsrecht, 1997), S. 1837; *Krüger* (Zweckmäßige Wahl, 1992), Rz. 62 (S. 72); *Paulick / Blaurock* (Stille Gesellschaft, 1988), S. 51.

4 Vgl. *Schmidt* (Gesellschaftsrecht, 1997), S. 1838; *Klauss / Mittelbach* (Stille Gesellschaft, 1980), Rz. 15 (S. 24); *Zutt* (Staub HGB , 1990), zu § 230 HGB, Rdn. 11 (S. 6).

5 Vgl. *Lehmann / Dietz* (Gesellschaftsrecht, 1970), S. 216; *Dißars* (Gesellschaftsrechtliche Haftung, 1995), S. 1513; *Hopt / Hehl* (Gesellschaftsrecht, 1987), Rn. 825 (S. 198); *Schmidt* (Gesellschaftsrecht, 1997), S. 1837.

6 Vgl. *Hopt / Hehl* (Gesellschaftsrecht, 1987), Rn. 823 (S. 198); *Krüger* (Zweckmäßige Wahl, 1992), Rz. 62 (S. 72) ("ergänzende Anwendung"); *Schmidt* (Schlegelberger HGB, 1986), zu § 335 HGB (§ 230 n.F.), Anm. 6 (S. 388); *Stehle / Stehle* (Gesellschaften, 1977), S. 88.

einer stillen Gesellschaft ist infolgedessen der Abschluß eines Gesellschaftsvertrags, der den gemeinsamen Zweck und die beidseitige Beitragsleistung dokumentiert.[7]

Die stille Gesellschaft läßt sich demnach als eine Innengesellschaft bürgerlichen Rechts definieren, bei der einer der Gesellschafter ein Handelsgewerbe betreibt, und nur dieser - als Geschäftsinhaber - nach außen in Erscheinung tritt, während ein oder mehrere andere (stille) Gesellschafter an diesem Handelsgeschäft gegen Beteiligung am Gewinn (und Verlust) eine Einlage leisten, die in das Vermögen des Geschäftsinhabers übergeht.[8] Es lassen sich mehrere gesetzliche (Begriffs)Merkmale eines stillen Gesellschaftsverhältnisses hervorheben, die unabdingbar vorhanden sein müssen:

- Abschluß eines Gesellschaftsvertrags, der insbesondere den gemeinsamen Zweck dokumentiert;
- Existenz eines stillen Gesellschafters;
- Beteiligung am Handelsgewerbe eines anderen;
- Vermögenseinlage des Stillen, die in das Vermögen des Inhabers des Handelsgeschäfts übergeht;
- Beteiligung des stillen Gesellschafters am Gewinn des Handelsgewerbes.

Erfüllt der Gesellschaftsvertrag bzw. das Gesellschaftsverhältnis eine oder mehrere dieser tatbestandlichen Voraussetzungen nicht, liegt keine stille Gesellschaft im Rechtssinne vor, sondern ein anderes Vertragsverhältnis.[9] Ist der Gesellschaftsvertrag entsprechend den §§ 230 ff. HGB gestaltet, spricht man von einer typischen stillen Gesellschaft.[10] Diese handelsrechtlichen Vorschriften sind jedoch - abgesehen von den zwingenden Merkmalen gem. den §§ 230 und 231 Abs. 2 HGB - dispositiver Natur.[11] Damit können dem stillen Gesellschafter von den §§ 230 ff. HGB abweichende Rechte

---

7 Vgl. statt vieler hier die Erläuterungen bei *Thomas* (Palandt BGB, 1997), zu § 705 BGB, Rn. 4 ff. (S. 786 f.).

8 Vgl. *Zutt* (Staub HGB , 1990), zu § 230 HGB, Rdn. 6 (S. 5). Die steuerliche Rechtsprechung folgt dieser Definition; vgl. insbesondere *BFH* (26.06.1990), S. 645; *BFH* (28.10.1992), S. 332; *BFH* (09.03.1994), S. 28.

9 Ist ein gemeinsamer Zweck i.S.d. § 705 BGB vereinbart, finden die Vorschriften über eine (Innen-)Gesellschaft bürgerlichen Rechts Anwendung; ansonsten hängt es von der Art der Leistung ab, ob z.B. ein Darlehens-, Dienst- oder Pachtverhältnis vorliegt. Vgl. *Schmidt* (Schlegelberger HGB, 1986), zu § 335 HGB (§ 230 n.F.), Anm. 37 (S. 400); *Zutt* (Staub HGB, 1990), zu § 230 HGB, Rdn. 6 (S. 5); *Klauss / Mittelbach* (Stille Gesellschaft, 1980), Rz. 40 (S. 35); *Paulick / Blaurock* (Stille Gesellschaft, 1988), S. 61.

10 Vgl. *Horn* (Heymann HGB, 1996), zu § 230 HGB, Rdn. 51 f. (S. 501 f.); *Bezzenberger* (Stille Gesellschaft, 1991), § 2, Rdnr. 2 ff. (S. 1086 ff.); *Hense* (Stille Gesellschaft, 1990), S. 17; *Zutt* (Staub HGB, 1990), zu § 230 HGB, Rdn. 30 ff. (S. 11 f.); *Paulick / Blaurock* (Stille Gesellschaft, 1988), S. 126 ff.; *Schmidt* (Schlegelberger HGB, 1986), zu § 335 HGB (§ 230 n.F.), Anm. 67 ff. (S. 409 ff.).

11 Vgl. *BGH* (27.03.1961), S. 574; *Schmidt* (Schlegelberger HGB, 1986), zu § 335 HGB (§ 230 n.F.), Anm. 65 (S. 408 f.); *Stehle / Stehle* (Gesellschaften, 1977), S. 88; *Kübler* (Gesellschaftsrecht, 1994), S. 146.

und Pflichten vertraglich zugewiesen werden. In solchen Fällen liegen im zivilrechtlichen Sinne atypische Ausprägungsformen der stillen Gesellschaft vor,[12] wobei diese Begriffsunterscheidung hier von nur geringer Bedeutung ist. Der Begriff der atypischen stillen Gesellschaft ist vielmehr durch das Steuerrecht geprägt, in dem die Abgrenzung nach einem strengeren Maßstab - dem Kriterium der Mitunternehmerschaft - vorgenommen wird.[13]

2. Gesetzliche Begriffsmerkmale

2.1. Gesellschaftsvertrag

Die stille Gesellschaft kommt durch Abschluß eines Gesellschaftsvertrags i.S.v. § 705 BGB zustande.[14] Der Gesellschaftsvertrag bedarf grundsätzlich keiner Form;[15] Formerfordernisse können sich jedoch aus den sachenrechtlichen Vorschriften für den zu leistenden Einlagegegenstand ergeben.[16] Der Vertrag ist rein schuldrechtlicher Natur und muß gem. § 705 BGB die Erreichung eines gemeinsamen Zwecks beinhalten.[17] Bei stillen Gesellschaftsverhältnissen kann man diese Forderung insoweit konkretisieren, daß die Vertragsseiten - stiller Gesellschafter und Inhaber des Handelsgewerbes -

---

12 Vgl. *Horn* (Heymann HGB, 1996), zu § 230 HGB, Rdn. 51 f. (S. 501 f.); *Baumbach / Hopt* (HGB-Kommentar, 1995), zu § 230 HGB, Rn. 3 (S. 622); *Knobbe-Keuk* (Steuerrecht, 1993), S. 400; *Bezzenberger* (Stille Gesellschaft, 1991), § 2, Rdnr. 2 ff. (S. 1086 ff.); *Hense* (Stille Gesellschaft, 1990), S. 17; *Zutt* (Staub HGB, 1990), zu § 230 HGB, Rdn. 30 ff. (S. 11 f.); *Paulick / Blaurock* (Stille Gesellschaft, 1988), S. 126 ff.; *Schmidt* (Schlegelberger HGB, 1986), zu § 335 HGB (§ 230 n.F.), Anm. 67 ff. (S. 409 ff.); *Kuhn* (BGH-Rechtsprechung, 1975), S. 718; *Aulinger* (Atypische stille Gesellschaft, 1955), S. 15; *Rasner* (Atypische stille Gesellschaft, 1961), S. 16 ff. und S. 60 ff., dessen Auslegung von 'typisch' jedoch auf Kritik von *Zöllner* (zu: *Rasner*, 1964), S. 161, stößt, gem. dem es "wünschenswert gewesen [wäre], daß der Verf. [*Rasner*] sich (...) mit den Anschauungen der Lehre über Typik und Atypik auseinandergesetzt hätte."

13 Vgl. statt vieler *Zutt* (Staub HGB , 1990), zu § 230 HGB, Rdn. 31 (S. 11).

14 Vgl. *Baumbach / Hopt* (HGB-Kommentar, 1995), zu § 230 HGB, Rn. 9 (S. 623); *Stehle / Stehle* (Gesellschaften, 1977), S. 92.

15 Vgl. *Zutt* (Staub HGB, 1990), zu § 230 HGB, Rdn. 3 (S. 4); *Stüttgen* (Stille Beteiligung, 1988), S. 91; *Post / Hoffmann* (Stille Beteiligung, 1984), S. 44 f.; *Klauss / Mittelbach* (Stille Gesellschaft, 1980), Rz. 25 (S. 29); *Schulze zur Wiesche* (GmbH & Still, 1979), S. 66; *Felix* (Stille Beteiligung, 1974), S. 214; *Beger* (Vorteile, 1972), S. 17; *Fasold* (Stille Gesellschaft, 1970), S. 159.

16 Vgl. *Schmidt* (Gesellschaftsrecht, 1997), S. 1850; *Thomas* (Palandt BGB, 1997), zu § 705 BGB, Rn. 4 (S. 786); *Zutt* (Staub HGB , 1990), zu § 230 HGB, Rdn. 56 (S. 17). Erbringt z.B. der stille Gesellschafter die Vermögenseinlage in Form eines Grundstücks, muß der Gesellschaftsvertrag gem. § 313 Satz 1 BGB notariell beurkundet werden. Genauso bedarf die Abtretung eines GmbH-Anteils der notariellen Beurkundung, es greift dort § 15 GmbHG. Vgl. zu den Formerfordernissen ausführlich *Paulick / Blaurock* (Stille Gesellschaft, 1988), S. 138 f.; *Koenigs* (Stille Gesellschaft, 1961), S. 73 f.

17 Vgl. *Thomas* (Palandt BGB, 1997), zu § 705 BGB, Rn. 19 (S. 788); *Ulmer* (BGB-Kommentar, 1980), zu § 705 BGB, RdNr. 9 (S. 7).

"gemeinsam die Erzielung von Gewinnen durch eine Förderung des Handelsgewerbes des Inhabers und mit Hilfe des Handelsgewerbes" bezwecken müssen.[18]

Auf den Gesellschaftsvertrag finden die allgemeinen Vorschriften über Rechtsgeschäfte Anwendung.[19] So sind Willenserklärungen, die auf den Abschluß eines Vertrags gerichtet sind, grundsätzlich unter den Voraussetzungen der §§ 104 ff. BGB nichtig oder anfechtbar. Beim Abschluß von stillen Gesellschaftsverträgen sind jedoch nach herrschender Meinung die sog. Grundsätze über die fehlerhafte Gesellschaft anzuwenden,[20] was in der Literatur nicht unumstritten ist.[21] Danach besteht das Gesellschaftsverhältnis gegenüber Dritten und unter den Gesellschaftern auch bei Vorliegen der Nichtigkeits- und Anfechtbarkeitsvoraussetzungen fort; für die Auflösung einer solchen Vertragsbeziehung bedarf es vielmehr der Kündigung eines Gesellschafters.[22] Zum einen soll so das Vertrauen der Beteiligten in den Bestand ihres stillen Gesellschaftsverhältnisses geschützt werden, da dieser Zusammenschluß eine engere Bindung signalisiert als beispielsweise der Abschluß eines Darlehensvertrags.[23] Zum anderen haben die Grundsätze über die fehlerhafte Gesellschaft generell auch die Funktion des Verkehrsschutzes gegenüber Dritten, damit diese bei Abschluß von Rechtsgeschäften in die Existenz der Gesellschaft vertrauen können.[24] Da die stille Gesellschaft i.d.R. nicht nach außen bekannt wird, entfällt hier diese Funktion. Jedoch rechtfertigt allein der Schutz des Vertrauens der Gesellschafter in deren Bestand die Anwendung der Grundsätze über die fehlerhafte Gesellschaft.[25]

2.2. Stiller Gesellschafter

Vertragspartner eines stillen Gesellschaftsverhältnisses sind gem. § 230 HGB unabdingbar der Handelsgewerbetreibende und ein stiller bzw. mehrere stille Gesellschaf-

---

18 *Koller* (HGB-Kommentar, 1996), zu § 230 HGB, Rz. 7 (S. 461). Dem entspricht die herrschende Rechtsprechung; vgl. dazu *BGH* (09.02.1967), S. 321; vgl. auch *BFH* (10.03.1971), S. 589.

19 Vgl. insbesondere die Regelungen der §§ 104-185 BGB.

20 Vgl. *BGH* (12.02.1973), S. 900; *BGH* (29.06.1970), S. 8; *Thomas* (Palandt *BGB*, 1997), zu § 705 BGB, Rn. 11 (S. 787); *Baumbach / Hopt* (HGB-Kommentar, 1995), zu § 230 HGB, Rn. 11 (S. 624); ausführlich *Paulick / Blaurock* (Stille Gesellschaft, 1988), S. 175 ff.; *Hopt / Hehl* (Gesellschaftsrecht, 1987), Rn. 823 (S. 198); *Boettcher / Zartmann / Faut* (Stille Gesellschaft, 1978), S. 90 f.

21 Vgl. differenzierend *Horn* (Heymann HGB, 1996), zu § 230 HGB, Rdn. 28 (S. 496); *Aulinger* (Atypische stille Gesellschaft, 1955), S. 56 f.; a.A. *Schmidt* (Schlegelberger HGB, 1986), zu § 335 HGB (§ 230 n.F.), Anm. 65 (S. 408 f.) m.w.N.; *Koenigs* (Stille Gesellschaft, 1961), S. 111 ff.; *Rasner* (Atypische stille Gesellschaft, 1961), S. 103 ff.; *Ulmer* (BGB-Kommentar, 1980), zu § 705 BGB, RdNr. 234 f. (S. 123 f.).

22 Vgl. *Baumbach / Hopt* (HGB-Kommentar, 1995), zu § 230 HGB, Rn. 11 (S. 624); *Kuhn* (BGH-Rechtsprechung, 1975), S. 719. Das stille Gesellschaftsverhältnis kann darüber hinaus auch durch Ablauf einer vertraglich vereinbarten Zeit aufgelöst werden.

23 Vgl. ähnlich *Paulick / Blaurock* (Stille Gesellschaft, 1988), S. 182.

24 Vgl. *Wiesner* (Fehlerhafte Gesellschaft, 1980), S. 170 ff.

25 Vgl. *Boettcher / Zartmann / Faut* (Stille Gesellschaft, 1978), S. 92; *Paulick / Blaurock* (Stille Gesellschaft, 1988), S. 178.

ter. Stiller Gesellschafter kann jeder Träger von Rechten und Pflichten sein, d.h. zum einen "alle natürlichen Personen, gleichgültig, ob sie geschäftsunfähig, geschäftsfähig oder in der Geschäftsfähigkeit beschränkt sind, zum anderen alle juristischen Personen des bürgerlichen Rechts und des Handelsrechts (eingetragene Vereine, rechtsfähige Stiftungen, Aktiengesellschaften, Kommanditgesellschaften auf Aktien, Gesellschaften mit beschränkter Haftung, Erwerbs- und Wirtschaftsgenossenschaften), die handelsrechtlichen Personengesellschaften, die - wie die offene Handelsgesellschaft und die Kommanditgesellschaft - unter ihrer Firma Rechte erwerben und Verbindlichkeiten eingehen können (§ 124 Abs. 1 HGB), und die Körperschaften des öffentlichen Rechts (...)."[26] Zudem können auch Erben- bzw. BGB-Gemeinschaften gesamthänderisch als stiller Gesellschafter auftreten.[27] Zum Erwerb einer stillen Beteiligung ist demzufolge die Kaufmannseigenschaft nicht erforderlich; sie wird dadurch auch nicht begründet, da kein beiderseitiges Handelsgeschäft vorliegt.[28] Bei noch nicht volljährigen stillen Gesellschaftern sind allerdings (generell) die Vorschriften des BGB bezüglich Rechtsgeschäften mit Minderjährigen zu beachten.[29]

An einem Handelsgewerbe können sich grundsätzlich mehrere Gesellschafter still beteiligen.[30] Stehen diese untereinander in keiner Rechtsbeziehung, wird - entsprechend der Anzahl der Gesellschafter - jeweils unabhängig ein stilles Gesellschaftsverhältnis begründet (sog. zweigliedriges Rechtsverhältnis).[31] Denkbar ist auch eine mehrgliedrige stille Gesellschaft, bei der, je nach Vertragsgestaltung, mehrere

---

26 *Paulick / Blaurock* (Stille Gesellschaft, 1988), S. 69. Eine umfassende Aufzählung von möglichen Vertragsbeteiligten findet man auch bei *Schmidt* (Schlegelberger HGB, 1986), zu § 335 HGB (§ 230 n.F.), Anm. 30 (S. 395 f.); vgl. früher schon *Saenger* (Stille Gesellschaft, 1924), S. 15 ff. Im Rahmen dieser Arbeit steht der (Normal-)Fall einer natürlichen, geschäftsfähigen Person als stiller Gesellschafter im Vordergrund.

27 Vgl. *RG* (20.12.1929), S. 386; *Koenigs* (Stille Gesellschaft, 1961), S. 14 f.; *Schmidt* (Vertragsparteien, 1976), S. 1706. Vgl. zu den vertraglichen Restriktionen z.B. *BFH* (09.07.1987), S. 245.

28 Vgl. *Horn* (Heymann HGB, 1996), zu § 230 HGB, Rdn. 7 (S. 489); Lehmann / Dietz (Gesellschaftsrecht, 1970), S. 217; *Klauss / Mittelbach* (Stille Gesellschaft, 1980), Rz. 41 (S. 35).

29 Vgl. insbesondere die Vorschrift des § 1643 i.V.m. § 1822 Ziffer 3 BGB (Vormundschaftliche Genehmigung). Vgl. die Voraussetzungen, die im einzelnen beim Abschluß eines stillen Gesellschaftsvertrags mit Minderjährigen erfüllt sein müssen, auch (m.w.N.) bei *Tiedtke* (Beteiligung eines Kindes, 1977), S. 1064 ff.; *Stüttgen* (Stille Beteiligung, 1988), S. 171 ff.; *Nagel* (Familiengesellschaft, 1968), S. 73; *Bitz* (GmbH & Still, 1997), S. 770 f.; *Baumbach / Hopt* (HGB-Kommentar, 1995), zu § 230 HGB, Rn. 8 (S. 623); *Märkle* (Angehörige, 1993), S. 11; *Paulick / Blaurock* (Stille Gesellschaft, 1988), S. 141; *Koenigs* (Stille Gesellschaft, 1961), S. 82; *Klamroth* (Anerkennung, 1975), S. 525. Vgl. zu der Bestellung eines Ergänzungspflegers bei Vereinbarung einer Verlustbeteiligung *BFH* (28.11.1973), S. 289. Vgl. überdies *BFH* (31.05.1989), S. 10; *Ritzrow* (Familienangehörige, 1996), S. 241.

30 Vgl. *BGH* (10.07.1958), S. 1336; ausführlich dazu *Reusch* (Publikumsgesellschaft, 1989), S. 23 ff.

31 Vgl. *BGH* (15.11.1971), S. 338; *BGH* (21.04.1980), S. 958. Dies entspricht der traditionellen Rechtsauffassung. Vgl. *Baumbach / Hopt* (HGB-Kommentar, 1995), zu § 230 HGB, Rn. 7 (S. 623); *Bezzenberger* (Stille Gesellschaft, 1991), § 5, Rdnr. 18 (S. 1109); *Horn* (Heymann HGB, 1996), zu § 230 HGB, Rdn. 8 (S. 489).

stille Beteiligungen in einem Gesellschaftsvertrag zusammengefaßt werden[32] oder, untereinander gesamthänderisch in Form einer GbR verbunden, als ein stiller Gesellschafter dem Inhaber des Handelsgewerbes gegenüberstehen.[33] Einer stillen Gesellschaft ist jedoch die Fähigkeit abzusprechen, selbst wiederum als stiller Gesellschafter zu fungieren, da sie nicht Trägerin von Rechten und Pflichten sein kann, sie gem. § 230 Abs. 2 HGB nicht nach außen in Erscheinung tritt und keine gesamthänderische Verbundenheit des (der) Stillen mit dem Geschäftsinhaber begründet wird.[34]

Es besteht in der Literatur kein Zweifel, daß Gesellschafter einer Personen- oder Kapitalgesellschaft neben ihrem mitgliedschaftlichen Anteil zugleich eine stille Beteiligung an der Handelsgesellschaft halten können.[35] Diese Möglichkeit besteht dagegen nicht für den Geschäftsinhaber selbst, da die Beteiligung (unabdingbar) "an dem Handelsgewerbe, das ein *anderer* betreibt"[36], erfolgen muß; so kann sich z.B. eine GmbH nicht an ihrem eigenen Betrieb still beteiligen. Es wird jedoch hierdurch "nur der Unternehmensträger selbst (Einzelkaufmann, juristische Person oder Gesamthand) ausgeschlossen, nicht dagegen derjenige, der (...) Gesellschafter" des Unternehmens(trägers) ist.[37]

2.3. Beteiligung am Handelsgewerbe eines anderen

Nach vorherrschender Interpretation verlangt der Wortlaut des § 230 Abs. 1 HGB, daß im Rahmen eines stillen Gesellschaftsverhältnisses der Handelsgewerbetreibende[38] die

32 Vgl. *BGH* (07.02.1994), S. 592; bei *Schmidt* (Vertragsparteien, 1976), S. 1705, wird differenziert zwischen Einlageverhältnis und Organisationsverhältnis; das Einlageverhältnis sieht *Schmidt* dabei grundsätzlich als zweigliedrige Rechtsbeziehung an, da jeder stille Gesellschafter eine Einlage zu leisten habe, während das Organisationsverhältnis mehrgliedrig gestaltet sein könne. Nur das Einlageverhältnis sei letztlich in § 230 HGB geregelt. A.A. *Zutt* (Staub HGB, 1990), zu § 230 HGB, Rdn. 48 (S. 16), lt. dem die Rechtsdogmatik eine solche Unterscheidung nicht fordere.

33 Vgl. *BGH* (21.04.1980), S. 958; *OLG Düsseldorf* (17.02.1994), S. 2489 ff.; *Zutt* (Staub HGB , 1990), zu § 230 HGB, Rdn. 44 ff. (S. 14 ff.). *Paulick / Blaurock* (Stille Gesellschaft, 1988), S. 73 ff., vertreten demgegenüber die Auffassung, daß auch bei einem Zusammenschluß zu einer GbR jedes einzelne, gesamthänderisch verbundene Mitglied dem Inhaber des Handelsgewerbes als stiller Gesellschafter gegenübertritt. Vgl. zudem die Diskussion bei *Schmidt* (Schlegelberger HGB, 1986), zu § 335 HGB (§ 230 n.F.), Anm. 73 ff. (S. 412 ff.).

34 Vgl. *Paulick / Blaurock* (Stille Gesellschaft, 1988), S. 70; *Schmidt* (Schlegelberger HGB, 1986), zu § 335 HGB (§ 230 n.F.), Anm. 8 f. (S. 388 f.).

35 Vgl. z.B. *BFH* (09.12.1976), S. 155 m.w.N.; *BFH* (06.02.1980), S. 477; *Bezzenberger* (Stille Gesellschaft, 1991), § 5, Rdnr. 21 (S. 1110); *Paulick / Blaurock* (Stille Gesellschaft, 1988), S. 67; vgl. (später) ausführlich dazu *Abschnitt II.2.* in diesem Kapitel.

36 § 230 Abs. 1 HGB (Hervorheb. durch den Verf.).

37 *Schmidt* (Schlegelberger HGB, 1986), zu § 335 HGB (§ 230 n.F.), Anm. 31 (S. 396) m.w.N. Demgemäß kann eine stille Beteiligung darüber hinaus auch wechselseitig in der Form erfolgen, daß sich zwei Kaufleute jeweils am Handelsgewerbe des anderen beteiligen.

38 Nicht zu verwechseln sind der Begriff des Handelsgewerbetreibenden (synonym: Geschäftsinhaber, Unternehmensträger) und der Begriff des Handelsgewerbes (synonym: Unternehmen); sie stimmen bei Handelsgesellschaften überein, nicht jedoch bei der Einzelunternehmung.

Kaufmannseigenschaft i.S.d. §§ 1 bis 6 HGB besitzen muß.[39] Bei fehlender Kaufmannseigenschaft des Inhabers des Handelsgeschäfts kann eine stille Gesellschaft im Rechtssinne nicht entstehen,[40] was zugleich ein weiteres Indiz dafür liefert, daß die stille Beteiligung an einer stillen Gesellschaft nicht möglich sein kann.[41] Da der stille Gesellschafter gem. § 231 HGB am Gewinn des Geschäftsinhabers zu beteiligen ist und der gemeinsame Zweck der Vertragsbeteiligten in der Erzielung von Gewinnen durch den Handelsgewerbetreibenden liegt,[42] erscheint darüber hinaus eine dauerhafte Gewinnerzielungsabsicht des Geschäftsinhabers im Rahmen seiner Tätigkeit für die stille Gesellschaft zwingend.

Unternehmensträger können grundsätzlich Einzelpersonen und Handelsgesellschaften sein.[43] Während man eher selten auf stille Beteiligungen an den Gesellschaftsformen OHG[44], KG[45] oder AG[46] treffen wird, ist die GmbH[47] von zentraler Bedeutung, die in

---

39 Vgl. *Bitz* (GmbH & Still, 1997), S. 769; *Baumbach / Hopt* (HGB-Kommentar, 1995), zu § 230 HGB, Rn. 5 (S. 622); *Bezzenberger* (Stille Gesellschaft, 1991), § 2, Rdnr. 1 f. (S. 1105 f.); *Boettcher / Zartmann / Faut* (Stille Gesellschaft, 1978), S. 45; *Horn* (Heymann HGB, 1996), zu § 230 HGB, Rdn. 4 (S. 488); *Klauss / Mittelbach* (Stille Gesellschaft, 1980), Rz. 34 (S. 33); *Koenigs* (Stille Gesellschaft, 1961), S. 6; *Paulick / Blaurock* (Stille Gesellschaft, 1988), S. 61; *Zutt* (Staub HGB, 1990), zu § 230 HGB, Rdn. 35 (S. 12). Eine gegenteilige Literaturmeinung erkennt die Begrenzung auf die Kaufmannseigenschaft i.S.d. §§ 1-6 HGB nicht an, sondern will die §§ 230 ff. HGB auf jedes Unternehmen, auch wenn es nicht dem handelsrechtlichen Gewerbebegriff entspricht (z.B. nicht im Handelsregister eingetragene Freiberufler, Künstler, Land- und Forstwirte, etc.), angewendet wissen. Es komme nicht auf die Kaufmannseigenschaft des Geschäftsinhabers, sondern auf das Vorhandensein eines Unternehmens an; vgl. so insbesondere *Schmidt* (Vertragsparteien, 1976), S. 1075 f.; *ders.* (Schlegelberger HGB, 1986), zu § 335 HGB (§ 230 n.F.), Anm. 14 (S. 390 f.); gl.A. *Ulmer* (Rückbesinnung, 1984), S. 313; *Zöllner* (Handelsrecht, 1983), S. 82 ff.

40 Der Gesellschaftsvertrag ist in diesem Fall keinesfalls nichtig, es liegt nur keine stille Gesellschaft vor. Das Vertragsverhältnis wird nach den Vorschriften über die GbR zu beurteilen sein. Vgl. *Klauss / Mittelbach* (Stille Gesellschaft, 1980), Rz. 40 (S. 35); *Paulick / Blaurock* (Stille Gesellschaft, 1988), S. 61.

41 Vgl. *Baumbach / Hopt* (HGB-Kommentar, 1995), zu § 230 HGB, Rn. 5 (S. 623); *Klauss / Mittelbach* (Stille Gesellschaft, 1980), Rz. 38 (S. 34); *Schmidt* (Schlegelberger HGB, 1986), zu § 335 HGB (§ 230 n.F.), Anm. 28 (S. 395); *Zutt* (Staub HGB, 1990), zu § 230 HGB, Rdn. 39 (S. 14).

42 Vgl. z.B. *BGH* (09.02.1967), S. 321. An dieser Stelle wurde insofern ein Vorgriff getätigt, als der Gewinnbeteiligung und dem gemeinsamen Zweck im weiteren Verlauf dieser Arbeit eigene Abschnitte gewidmet sein werden.

43 Vgl. so statt vieler *Koller* (HGB-Kommentar, 1996), zu § 230 HGB, Rz. 8 (S. 461).

44 Vgl. *RG* (20.12.1929), S. 386.

45 Vgl. z.B. *BGH* (09.02.1981), S. 2251; ausführlich dazu *Weimar* (KG & Still, 1987), S. 1077 ff.; vgl. speziell zur stillen Beteiligung an einer GmbH & Co. KG *BFH* (01.08.1996), S. 272; *o.V.* (Abziehbarkeit, 1994), S. 688.

46 Vgl. *BFH* (21.06.1983), S. 563; *RFH* (08.01.1929), S. 96. Vgl. zur Problematik der Qualifikation der stillen Beteiligung an einer AG als Teilgewinnabführungsvertrag bzw. Betriebsüberlassungsvertrag i.S.d. § 292 Abs. 1 Nr. 2 bzw. 3 AktG *Schulze-Osterloh* (AG & Still; 1974), S. 427 ff.

der Praxis überwiegend als Vertragspartnerin des stillen Gesellschafters fungiert.[48] Dem Wesen der stillen Beteiligung an einer GmbH (als Kapitalgesellschaft) wird dabei auch entsprochen, wenn diese eine nichtgewerbliche - insbesondere vermögensverwaltende - Tätigkeit ausübt, da gem. § 6 HGB (Formkaufmann) die geforderte Kaufmannseigenschaft in jedem Fall erfüllt ist.[49] Generell untersagt ist die stille Beteiligung an Apotheken;[50] unter bestimmten Voraussetzungen gelten auch für Steuerberatungs- und Wirtschaftsprüfungsgesellschaften Restriktionen.[51]

'Beteiligung am Handelsgewerbe' bedeutet nicht unbedingt, daß eine Beteiligung an dem gesamten Handelsgewerbe des anderen erfolgen muß. Es genügt vielmehr die Beteiligung an einem bestimmten, selbständig abgrenzbaren Geschäftszweig bzw. Teilbetrieb (z.B. Zweigniederlassung oder Filiale).[52] Probleme können sich jedoch in solchen Fällen insbesondere bei der Gewinnverteilung ergeben, da eine Zuordnung der Aufwendungen und Erträge auf die einzelnen Geschäftszweige nicht immer ohne weiteres möglich ist.[53] Die Beschränkung einer stillen Beteiligung auf einzelne Geschäfte des Handelsgewerbes ist dagegen unzulässig, da es sich dann nicht um ein gewerbliches Unternehmen im Rechtssinne handelt.[54]

Anerkennung findet zudem die Beteiligung an einem Gesellschaftsanteil, die sog. Unterbeteiligung.[55] Die Unterbeteiligung unterscheidet sich von einem stillen Gesell-

---

47 Vgl. z.B. *BGH* (29.06.1992), S. 2696; *BGH* (07.11.1988), S. 100; *BGH* (29.06.1987), S. 1193; *BFH* (08.02.1995), S. 764; *BFH* (09.12.1976), S. 155; *BFH* (09.07.1969), S. 690; *BFH* (28.10.1964), S. 119; *BFH* (20.08.1954), S. 336.

48 Es erscheint daher naheliegend, daß von Literatur und Rechtsprechung im Zusammenhang mit der stillen Gesellschaft regelmäßig auch die GmbH in ihrer Funktion als Handelsgewerbetreibende bzw. als Vertragspartnerin des (der) Stillen herangezogen wird.

49 Vgl. hierzu *BGH* (22.01.1976), S. 48; *BFH* (21.06.1983), S. 563; *Bitz* (GmbH & Still, 1997), S. 769.

50 Vgl. § 8 Satz 2 ApothG; *BGH* (03.11.1982), S. 1439; *BGH* (24.09.1979), S. 214. Vgl. bezüglich der Änderung der Rechtsprechung im Jahr 1980 (davor war die stille Beteiligung an Apotheken nicht generell verboten) *Blaurock* (Stille Beteiligung, 1972), S. 1119 f.; *Bezzenberger* (Stille Gesellschaft, 1991), § 8, Rdnr. 4 (S. 1135); *Paulick / Blaurock* (Stille Gesellschaft, 1988), S. 129 f.

51 Dies gilt insbesondere für (atypisch) stille Gesellschaftsverträge, die dazu führen würden, daß Steuerberater bzw. Wirtschaftsprüfer ihren Beruf nicht mehr unabhängig und eigenverantwortlich ausüben könnten. Ein stiller Gesellschaftsvertrag muß daher im Rahmen eines Anerkennungsverfahrens den zuständigen Behörden vorgelegt bzw. angezeigt werden. Vgl. die ausführliche Diskussion bei *Bezzenberger* (Stille Gesellschaft, 1991), § 8, Rdnr. 10 ff. (S. 1137 ff.).

52 Vgl. *BFH* (06.12.1995), S. 427; *BFH* (04.08.1988), S. 19; *BFH* (27.02.1975), S. 611; *BFH* (17.01.1975), S. 324; *Horn* (Heymann HGB, 1996), zu § 230 HGB, Rdn. 6 (S. 489); *Paulick / Blaurock* (Stille Gesellschaft, 1988), S. 68.

53 Dies ist nach *Mittelbach* (Zweifelsfragen, 1976), S. 124, im Zusammenhang zu sehen mit der (Tatbestands)Voraussetzung, "daß der stille Gesellschafter nur am Gewinn dieses Geschäftszweiges beteiligt ist."

54 Vgl. *BGH* (26.06.1989), S. 573; *BFH* (27.02.1975), S. 611.

55 Vgl. *BGH* (11.07.1968), S. 316; grundlegend *Paulick* (Unterbeteiligung, 1974), S. 253 ff.; *Boettcher / Zartmann / Faut* (Stille Gesellschaft, 1978), S. 41 ff.; *Paulick / Blaurock* (Stille Gesell-

schaftsverhältnis nur darin, daß die Beteiligung nicht am Handelsgewerbe, sondern am Gesellschaftsanteil eines anderen erfolgt.[56] Eine solche Vertragskonstellation wird daher auch als "indirekte stille Beteiligung" bezeichnet;[57] Rechtsgrundlagen sind sowohl die §§ 705 ff. BGB als auch die analog anzuwendenden §§ 230 ff. HGB, sofern sie nicht dem Wesen der Unterbeteiligung widersprechen.[58] Voraussetzung ist die Gesellschafterstellung des Hauptbeteiligten, die bei Kapital- und Personenhandelsgesellschaften, aber auch bei Einzelunternehmen oder nichtgewerblichen (Innen) Gesellschaften, wie z.B. der stillen Gesellschaft, gegeben sein kann.[59]

2.4. Beteiligung durch eine Vermögenseinlage

Der stille Gesellschafter ist "mit einer Vermögenseinlage beteiligt," wobei er "die Einlage so zu leisten [hat], daß sie in das Vermögen des Inhabers des Handelsgeschäfts übergeht."[60] Es stellt sich die Frage, was unter den Begriffen Vermögenseinlage und Einlageleistung i.S.v. § 230 Abs. 1 HGB zu verstehen ist und was letztlich im Gesellschaftsvertrag vereinbart werden kann. Der Begriff der Vermögenseinlage ist nach herrschender Auffassung[61] weit auszulegen:[62] Vermögenseinlage kann "jede vermögenswerte Leistung sein, die in Geld bewertbar und übertragbar ist"[63], d.h. alles, was

---

schaft, 1988), S. 557 ff.; *Petzold* (Unterbeteiligung, 1987), S. 2891 ff.; *Ulmer* (BGB-Kommentar, 1980), zu § 705 BGB, RdNr. 234 f. (S. 123 f.); *Walther* (Stille Beteiligung, 1993), S. 25 ff.

56 Vgl. *BFH* (06.07.1995), S. 269; *BFH* (24.07.1986), S. 54; *BFH* (28.06.1972), S. 803; *FG Düsseldorf* (28.08.1996), S. 340; *o.V.* (Abziehbarkeit, 1994), S. 688 f.; *Boettcher / Zartmann / Faut* (Stille Gesellschaft, 1978), S. 45 f.; vgl. so z.B. auch *Schmidt* (Schlegelberger HGB, 1986), zu § 335 HGB (§ 230 n.F.), Anm. 198 (S. 462).

57 Bei *Bezzenberger* (Stille Gesellschaft, 1991), § 3, Rdnr. 18 (S. 1095), wird jedoch ausdrücklich darauf hingewiesen, daß die Unterbeteiligung keine stille Gesellschaft im Rechtssinne darstellt; vgl. so auch *Paulick / Blaurock* (Stille Gesellschaft, 1988), S. 564.

58 Vgl. *BGH* (11.07.1968), S. 320 f.; *BFH* (10.11.1987), S. 188; *FG Düsseldorf* (28.08.1996), S. 340; *Horn* (Heymann HGB, 1996), zu § 230 HGB, Rdn. 67 (S. 507); *Schmidt* (EStG-Kommentar, 1997), zu § 15, Rz 365 f. (S. 1180).

59 Vgl. *BGH* (06.03.1967), S. 1258; *BFH* (08.08.1979), S. 768; *Boettcher / Zartmann / Faut* (Stille Gesellschaft, 1978), S. 45 f.; *Paulick* (Unterbeteiligung, 1974), S. 261; *Schmidt* (Vertragsparteien, 1976), S. 1706. Vgl. speziell zur Unterbeteiligung an BGB- bzw. Personengesellschaften *Ulbrich* (Unterbeteiligung, 1982), S. 6 ff. (mit Urteilsnachweisen).

60 § 230 Abs. 1 HGB (beide Zitate).

61 Vgl. neben *BFH* (27.02.1975), S. 611, die Begriffsumschreibungen bei *Baumbach / Hopt* (HGB-Kommentar, 1995), zu § 230 HGB, Rn. 20 (S. 625); *Horn* (Heymann HGB, 1996), zu § 230 HGB, Rdn. 9 (S. 489); *Stuhlfelner / Glanegger* (HGB-Kommentar, 1995), Rz 3 (S. 552); *Klauss / Mittelbach* (Stille Gesellschaft, 1980), Rz. 105 (S. 63); *Koenigs* (Stille Gesellschaft, 1961), S. 122; *Kühn* (Stille Gesellschaft, 1991), § 16, Rdnr. 2 (S. 1190); *Paulick / Blaurock* (Stille Gesellschaft, 1988), S. 82; *Schmidt* (Schlegelberger HGB, 1986), zu § 335 HGB (§ 230 n.F.), Anm. 135 (S. 439); *Zutt* (Staub HGB, 1990), zu § 230 HGB, Rdn. 12 (S. 6).

62 Vgl. so auch *Bitz* (GmbH & Still, 1997), S. 769, gemäß dem "die Rechtsprechung des *BFH* in Übereinstimmung mit der herrschenden Literaturmeinung" den Begriff der Einlage weit faßt.

63 *Horn* (Heymann HGB, 1996), zu § 230 HGB, Rdn. 9 (S. 489) m.w.N.; ähnlich *Stuhlfelner / Glanegger* (HGB-Kommentar, 1995), Rz 3 (S. 552).

einen Vermögensgegenstand im bilanzrechtlichen Sinne darstellt.[64] Hierzu zählen sowohl Bareinlagen[65] als auch Grundstücke, Wertpapiere, Gesellschaftsanteile, Patente[66], Lizenzen oder sonstige vermögenswerte Vorteile (z.B. Belieferung des Geschäftsinhabers zu Vorzugskonditionen).[67]

Die Vermögenseinlage geht in das Vermögen des Geschäftsinhabers über, der die Verfügungsgewalt darüber erlangen muß.[68] Die geldwerte Leistung besteht in der Nutzbarkeit der Sache durch den Inhaber.[69] Die Vermögenseinlage stellt für den Handelsgewerbetreibenden qualifiziertes Fremdkapital dar und unterliegt dem Zugriff der Gläubiger. Es entsteht - anders als bei Personenhandelsgesellschaften - durch die Einlage kein Gesamthandsvermögen;[70] der Stille hat keinen dinglichen, sondern lediglich einen schuldrechtlichen Anspruch auf den vereinbarten Gewinnanteil und ggf. auf ein Ausscheidungsguthaben.[71]

Umstritten ist die Frage, ob der Beitrag des Stillen auch in Form von Dienstleistungen oder in Form von Gebrauchsüberlassungen bzw. Nutzungsrechten erbracht werden kann.[72] Standen die frühere Rechtsprechung und das ältere Schrifttum noch auf dem

---

64 Vgl. *BGH* (24.09.1952), S. 174; *Bitz* (GmbH & Still, 1997), S. 769; *Koller* (HGB-Kommentar, 1996), zu § 230 HGB, Rz. 10 (S. 462).

65 Bei *Walter* (Verlustnutzung, 1997), S. 823, wird diesbezüglich festgehalten, daß die Einlage des Stillen in der Praxis meist "als Bareinlage erbracht" wird. Gleichfalls akzeptiert werden jedoch die Verrechnung von Forderungen bzw. eine (auch einseitige) Aufrechnung der Einlageschuld; vgl. dazu *BGH* (24.09.1952), S. 177; *Schmidt* (Schlegelberger HGB, 1986), zu § 335 HGB (§ 230 n.F.), Anm. 145 (S. 442).

66 Vgl. so schon *RG* (28.09.1928), S. 70.

67 Vgl. *Paulick / Blaurock* (Stille Gesellschaft, 1988), S. 85. Eine umfassende Aufzählung von Möglichkeiten der Vermögenseinlage findet man zudem bei *Kühn* (Stille Gesellschaft, 1991), § 16, Rdnr. 6 ff. (S. 1191 ff.). Vgl. zur Möglichkeit einer Überlassung von Know-how als Vermögenseinlage *BFH* (27.02.1975), S. 611.

68 Die Vermögenseinlage kann dabei auch - in Form einer Schenkung bzw. eines Verzichts - durch Einlageleistung des Geschäftsinhabers selbst oder eines Dritten erbracht werden; vgl. dazu *Schmidt* (Schlegelberger HGB, 1986), zu § 335 HGB (§ 230 n.F.), Anm. 33 (S. 397) und Anm. 135 (S. 439).

69 Vgl. *BFH* (29.10.1969), S. 329.

70 Vgl. z.B. *Baumbach / Hopt* (HGB-Kommentar, 1995), zu § 230 HGB, Rn. 21 (S. 625); *Paulick / Blaurock* (Stille Gesellschaft, 1988), S. 80; *Scheuffele* (Stille Gesellschaft, 1979), S. 1026; *Zutt* (Staub HGB, 1990), zu § 230 HGB, Rdn. 80 (S. 25).

71 Vgl. *OLG München* (08.07.1992), S. 2126; *Schmidt* (Schlegelberger HGB, 1986), zu § 335 HGB (§ 230 n.F.), Anm. 156 (S. 447 f.); *Koenigs* (Stille Gesellschaft, 1961), S. 16.

72 Vgl. befürwortend *BGH* (22.11.1965), S. 501; *BGH* (24.09.1952), S. 174; *BFH* (03.07.1964), S. 548; *BFH* (27.02.1963), S. 370; *BFH* (12.01.1953), S. 58; *Baumbach / Hopt* (HGB-Kommentar, 1995), zu § 230 HGB, Rn. 9 (S. 623); *Boettcher / Zartmann / Faut* (Stille Gesellschaft, 1978), S. 69; *Koenigs* (Stille Gesellschaft, 1961), S. 125 ff.; *Zutt* (Staub HGB, 1990), zu § 230 HGB, Rdn. 75 (S. 24); differenzierend *Horn* (Heymann HGB, 1996), zu § 230 HGB, Rdn. 9 (S. 489 f.); *Stuhlfelner / Glanegger* (HGB-Kommentar, 1995), Rz 3 (S. 551 f.); *Paulick / Blaurock* (Stille Gesellschaft, 1988), S. 87 f.; ablehnend *Kühn* (Stille Gesellschaft, 1991), § 16, Rdnr. 11 ff. (S. 1192 f.); *Schmidt* (Schlegelberger HGB, 1986), zu § 335 HGB (§ 230 n.F.), Anm. 135 (S. 439).

Standpunkt, daß der Beitrag in Form einer Vermögenseinlage durch den stillen Gesellschafter erbracht werden muß,[73] so hat sich inzwischen die Auffassung durchgesetzt, daß ein stilles Gesellschaftsverhältnis auch ohne eine Vermögenseinlage Gültigkeit besitzt.[74] Dieser Meinung folgend ist nicht zwingend auf eine Vermögenseinlage, sondern letztlich auf die Beitragsleistung abzustellen, da ein stilles Gesellschaftsverhältnis nicht als "sachenrechtliche Gemeinschaft"[75] (Gesamthandsgemeinschaft) hervortritt. Es reicht daher aus, wenn sich die Gesellschafter der Innengesellschaft vertraglich verpflichten, durch irgendeine Form der Beitragsleistung den gemeinsamen Zweck dauerhaft zu fördern.[76] Dem Wortlaut des § 230 Abs. 1 HGB läßt sich zwar entnehmen, daß für den Fall der Erbringung einer Vermögenseinlage - gewissermaßen als Konsequenz aus der Rechtsnatur der Innengesellschaft - diese in das Vermögen des Inhabers des Handelsgeschäfts übergehen muß.[77] Es wird jedoch hierdurch nicht ausgeschlossen, daß ein stiller Gesellschafter seinen Beitrag ohne Leistung einer (Vermögens)Einlage auf andere Weise erbringt.[78] *Schmidt* merkt hierzu treffend an, daß nicht entscheidend ist, "daß der Stille eine Einlage leistet, wohl aber, daß er eine Einlage hält."[79]

---

73 Vgl. *BGH* (24.09.1952), S. 174; *Schilling* (Staub HGB, 1970), zu § 335 HGB (§ 230 n.F.), Anm. 15 (S. 281); *Hartmann* (Stille Gesellschaft, 1974), S. 11; *Klauss / Mittelbach* (Stille Gesellschaft, 1980), Rz. 28 (S. 30); *Koenigs* (Stille Gesellschaft, 1961), S. 8; vgl. so (noch) in der Vorauflage *Paulick* (Stille Gesellschaft, 1981), S. 68; vgl. aus dem jüngeren Schrifttum nur *Baumbach / Hopt* (HGB-Kommentar, 1995), zu § 230 HGB, Rn. 21 (S. 626). Eine Schenkung der Einlage ist nach dieser Auffassung ausgeschlossen.

74 Vgl. *Horn* (Heymann HGB, 1996), zu § 230 HGB, Rdn. 44 (S. 499); *Paulick / Blaurock* (Stille Gesellschaft, 1988), S. 77 f.; *Schmidt* (Schlegelberger HGB, 1986), zu § 335 HGB (§ 230 n.F.), Anm. 33 (S. 397 f.); *ders.* (Stille Einlage, 1976), S. 486; *Westermann* (Vertragsfreiheit, 1970), S. 319. Vgl. so auch schon *Fischer* (Stille Gesellschaft, 1962), S. 202 f.; *Rasner* (Atypische stille Gesellschaft, 1961), S. 101.

75 *Paulick / Blaurock* (Stille Gesellschaft, 1988), S. 78.

76 Vgl. *Kühn* (Stille Gesellschaft, 1991), § 16, Rdnr. 4 (S. 1191); *Ulmer* (BGB-Kommentar, 1980), zu § 705 BGB, RdNr. 91; (S. 71); in diesem Sinne wohl auch *Zutt* (Staub HGB, 1990), zu § 230 HGB, Rdn. 14 (S. 7). *Schmidt* (Gesellschaftsrecht, 1997), S. 1840, differenziert zwischen Beitrag, Einlageleistung und Einlageschuld des stillen Gesellschafters und sieht zu Recht die Einlageleistung als eine mögliche Form des Beitrags und die Einlageschuld wiederum als die Rechtsfolge nach der Übertragung von Vermögensgegenständen an. Vgl. auch *ders.* (Schlegelberger HGB, 1986), zu § 335 HGB (§ 230 n.F.), Anm. 136 f. (S. 439); ähnlich *Walter* (Verlustnutzung, 1997), S. 823.

77 Vgl. so *Paulick / Blaurock* (Stille Gesellschaft, 1988), S. 78; *Weimar* (GmbH & Still, 1993), S. 1510.

78 Vgl. *Horn* (Heymann HGB, 1996), zu § 230 HGB, Rdn. 44 (S. 499 f.). *Schmidt* (Schlegelberger HGB, 1986), zu § 335 HGB (§ 230 n.F.), Anm. 33 (S. 397), bezeichnet diese Form als "einlagelose stille Gesellschaft", bei der die Einlage in anderer Weise "eingebucht" wurde; vgl. in diesem Sinne auch *Fischer* (Stille Gesellschaft, 1962), S. 202 f.; *Weimar* (GmbH & Still, 1993), S. 1510; *Zutt* (Staub HGB, 1990), zu § 230 HGB, Rdn. 15 (S. 7).

79 *Schmidt* (Gesellschaftsrecht, 1997), S. 1844; gl.A. *Walter* (Verlustnutzung, 1997), S. 823; *Horn* (Heymann HGB, 1996), zu § 230 HGB, Rdn. 44 (S. 496).

Dementsprechend können Dienstleistungen, Darlehenshingaben oder Gebrauchsüberlassungen Gegenstand der Beitragsleistung des stillen Gesellschafters sein;[80] erstere werden zudem explizit in § 706 BGB unter "Beiträge der Gesellschafter" aufgeführt, die gem. Abs. 3 der Vorschrift "auch in der Leistung von Diensten bestehen" können.[81] Unabdingbare Tatbestandsvoraussetzungen für das Vorliegen einer stillen Gesellschaft sind ausschließlich die Beitragsleistung des stillen Gesellschafters und deren Erfassung beim Geschäftsinhaber; begriffsnotwendig ist hingegen nicht eine Einlageleistung durch den stillen Gesellschafter.[82] Der Beitrag muß dabei nicht sofort geleistet werden; es kann hierfür auch ein späterer Zeitpunkt vereinbart sein.[83] Ob demgegenüber Leistungen schon vor Abschluß des Gesellschaftsvertrags erfolgt sein dürfen, erscheint zumindest fragwürdig.[84]

Der Gesellschaftsvertrag muß in jedem Fall Beitragsleistungen beinhalten, die eindeutig definiert sind, die dem gemeinsamen Zweck der stillen Gesellschaft dienen und diesem eindeutig zugeordnet werden können.[85] Hierzu ist es (zwingend) erforderlich, eine klare Abgrenzung zu solchen Leistungen des stillen Gesellschafters vorzunehmen, die in weiteren Vertragsverhältnissen (ursächlich) begründet liegen, da im zivilrechtlichen Sinne nur die im stillen Gesellschaftsvertrag vereinbarten Leistungen einer Beitragserfüllung bzw. einer Förderung des gemeinsamen Zwecks dienen können.[86]

---

80 Vgl. so auch *BGH* (22.11.1965), S. 501; *BGH* (24.09.1952), S. 174; *BFH* (03.07.1964), S. 548; *BFH* (27.02.1963), S. 370; *BFH* (12.01.1953), S. 58; *Bitz* (GmbH & Still, 1997), S. 769; *Baumbach / Hopt* (HGB-Kommentar, 1995), zu § 230 HGB, Rn. 9 (S. 623); *Boettcher / Zartmann / Faut* (Stille Gesellschaft, 1978), S. 69; *Koenigs* (Stille Gesellschaft, 1961), S. 125 ff.; *Zutt* (Staub HGB, 1990), zu § 230 HGB, Rdn. 75 (S. 24).

81 Eine analoge Anwendung der Regelung auf die Gebrauchsüberlassung als möglicher Beitrag wird befürwortet; vgl. *Thomas* (Palandt BGB, 1997), zu § 706 BGB, Rn. 5 (S. 793); *Ulmer* (BGB-Kommentar, 1980), zu § 706 BGB, RdNr. 13 (S. 129).

82 Vgl. *Horn* (Heymann HGB, 1996), zu § 230 HGB, Rdn. 44 (S. 499 f.); *Kühn* (Stille Gesellschaft, 1991), § 16, Rdnr. 4 (S. 1191); *Paulick / Blaurock* (Stille Gesellschaft, 1988), S. 77 f.; *Schmidt* (Schlegelberger HGB, 1986), zu § 335 HGB (§ 230 n.F.), Anm. 33 (S. 397 f.); *ders.* (Gesellschaftsrecht, 1997), S. 1844; *Westermann* (Vertragsfreiheit, 1970), S. 322; *Zutt* (Staub HGB, 1990), zu § 230 HGB, Rdn. 15 (S. 7).

83 Vgl. so *Walter* (Verlustnutzung, 1997), S. 824; *Paulick / Blaurock* (Stille Gesellschaft, 1988), S. 91; *Schmidt* (Schlegelberger HGB, 1986), zu § 335 HGB (§ 230 n.F.), Anm. 105 (S. 428).

84 Vgl. ablehnend *Baumbach / Hopt* (HGB-Kommentar, 1995), zu § 230 HGB, Rn. 20 (S. 625); *Schmidt* (Schlegelberger HGB, 1986), zu § 335 HGB (§ 230 n.F.), Anm. 147 (S. 443). Befürwortend *Paulick / Blaurock* (Stille Gesellschaft, 1988), S. 92; *Zutt* (Staub HGB, 1990), zu § 230 HGB, Rdn. 81 (S. 25). *Kühn* (Stille Gesellschaft, 1991), § 16, Rdnr. 3 (S. 1190), spricht hierbei (zu Recht) von einem "Scheinproblem", da eine Verrechnung der Einlageforderungen mit geschuldeten Vergütungen grundsätzlich von der Rechtsprechung anerkannt wird; vgl. dazu *BGH* (24.09.1952), S. 181.

85 Vgl. *Walter* (Verlustnutzung, 1997), S. 823; *Paulick / Blaurock* (Stille Gesellschaft, 1988), S. 77 f.; *Ulmer* (BGB-Kommentar, 1980), zu § 705 BGB, RdNr. 79 (S. 66); *Thomas* (Palandt BGB, 1997), zu § 705 BGB, Rn. 16 (S. 787).

86 Vgl. *Ulmer* (BGB-Kommentar, 1980), zu § 705 BGB, RdNr. 102 (S. 75); *Zutt* (Staub HGB, 1990), zu § 230 HGB, Rdn. 76 (S. 24). Demnach kann nicht Einlage sein, was vom stillen Ge-

Wurde eine Vermögenseinlage geleistet, ist sie auf einem Einlagekonto des Gesellschafters beim Geschäftsinhaber zu erfassen.[87] Dazu muß eine Bewertung des Vermögensgegenstandes vorgenommen werden, die sich grundsätzlich nach der vertraglichen Vereinbarung der Parteien richtet; diese können den Wert der Einlage nach freiem Ermessen festlegen.[88] Ist im Gesellschaftsvertrag nichts anderes vereinbart, ist von dem objektiven bzw. gemeinen Wert auszugehen.[89] Auch Dienstleistungen und Nutzungsrechte können mit einem bestimmten Betrag bewertet werden,[90] wobei solche Beitragsleistungen i.d.R. nicht zu einem Einlagekonto führen; es besteht vielmehr ein obligatorischer Anspruch des Geschäftsinhabers gegenüber dem Stillen auf Erfüllung.[91]

2.5. Gewinnbeteiligung

Der stille Gesellschafter erlangt für seine Beitragsleistung - gewissermaßen als Ausgleich - einen schuldrechtlichen Anspruch auf Gewinnbeteiligung und ggf. (auch) auf ein Auseinandersetzungsguthaben.[92] Der Begriff der Gewinnbeteiligung ist dabei so zu verstehen, daß der Anteil des stillen Gesellschafters am Gewinn in irgendeiner Form vom (wechselnden) Ergebnis des Unternehmens des Handelsgewerbetreibenden abhängen muß.[93] Die Beteiligung des Stillen am Gewinn des durch den Geschäfts-

---

sellschafter z.B. (schon) aufgrund eines Darlehens-, Liefer- oder Arbeitsvertrags geschuldet ist. A.A. *Schmidt* (Schlegelberger HGB, 1986), zu § 335 HGB (§ 230 n.F.), Anm. 138 (S. 441), der eine Vermischung der Vertragsverhältnisse für möglich hält.

87 Vgl. umfassend *Paulick / Blaurock* (Stille Gesellschaft, 1988), S. 92 ff.; *Schmidt* (Stille Einlage, 1976), S. 475 ff.

88 Vgl. *BGH* (21.04.1955), S. 130; *BGH* (24.09.1952), S. 179; *Baumbach / Hopt* (HGB-Kommentar, 1995), zu § 230 HGB, Rn. 22 (S. 626); *Horn* (Heymann HGB, 1996), zu § 230 HGB, Rdn. 28 (S. 500); *Koenigs* (Stille Gesellschaft, 1961), S. 124; *Schmidt* (Schlegelberger HGB, 1986), zu § 335 HGB (§ 230 n.F.), Anm. 149 f. (S. 444 f.); *Zutt* (Staub HGB, 1990), zu § 230 HGB, Rdn. 78 (S. 24). Bei einer Überbewertung der Vermögenseinlage ist von einer Schenkung auszugehen. Vgl. *BGH* (24.09.1952), S. 179. Die Leistungspflicht kann vom Inhaber nachträglich ganz erlassen bzw. schon erbrachte Beiträge zurückerstattet werden. Vgl. *Hartmann* (Stille Gesellschaft, 1974), S. 55; *Weimar* (GmbH & Still, 1993), S. 1510; a.A. *Zutt* (Staub HGB, 1990), zu § 232 HGB, Rdn. 35 (S. 53). Auch eine nachträglich vereinbarte Erhöhung der Beitragsleistung ist grundsätzlich möglich.

89 Vgl. *Paulick / Blaurock* (Stille Gesellschaft, 1988), S. 94.

90 Vgl. *BGH* (22.11.1965), S. 501.

91 Vgl. *BGH* (24.09.1952), S. 174. *Walter* (Verlustnutzung, 1997), S. 824, betont in diesem Zusammenhang jedoch, daß die stille Beteiligung "aus den Büchern ersichtlich sein" muß; ähnlich *Kühn* (Stille Gesellschaft, 1991), § 16, Rdnr. 3 (S. 1190).

92 Vgl. *BGH* (26.06.1989), S. 573; *Thomas* (Palandt BGB, 1997), zu § 705 BGB, Rn. 26 (S. 789); *Ulmer* (BGB-Kommentar, 1980), zu § 705 BGB, RdNr. 200 (S. 111).

93 Vgl. *RG* (06.12.1928), S. 390; *BFH* (17.10.1975), S. 275; *Klauss / Mittelbach* (Stille Gesellschaft, 1980), Rz. 115 (S. 69); *Paulick / Blaurock* (Stille Gesellschaft, 1988), S. 101; *Schmidt* (Schlegelberger HGB, 1986), zu § 335 HGB (§ 230 n.F.), Anm. 34 (S. 398 f.); *Zutt* (Staub HGB, 1990), zu § 230 HGB, Rdn. 16 (S. 7 f.). *Stüttgen* (Stille Beteiligung, 1988), S. 106, bezeichnet diesen Sachverhalt als "Risiko der Gewinnerzielung", was nicht so abwegig ist, da - zumindest bei fehlender Vereinbarung einer Mindestverzinsung bzw. eines Mindestbetrags - bei einem ne-

inhaber betriebenen Handelsgewerbes ist ein wesentliches Kennzeichen der stillen Gesellschaft und kann gesellschaftsvertraglich - im Gegensatz zu der im Gesetz angesprochenen Verlustbeteiligung - gem. § 231 Abs. 2 HGB nicht ausgeschlossen werden.[94] Anders als beim stillen Gesellschafter ist ein Ausschluß des Geschäftsinhabers von der Beteiligung an Gewinn und Verlust grundsätzlich möglich.[95]

Art und Höhe der Gewinnbeteiligung richten sich primär nach dem Gesellschaftsvertrag; ist dort keine Vereinbarung getroffen, "so gilt ein den Umständen nach angemessener Anteil als bedungen."[96] Regelmäßig wird ein Prozentsatz vom Gewinn des Geschäftsinhabers vereinbart, dessen Höhe sich nach dem Verhältnis des Einlagewertes zum Eigenkapital oder auch zum Stammkapital des Inhabers des Handelsgewerbes richtet.[97] Ist eine feste Verzinsung der Einlage vereinbart, kann nicht von einer Gewinnbeteiligung ausgegangen werden; dies hat zur Konsequenz, daß kein stilles Gesellschaftsverhältnis, sondern eine Darlehensbeziehung oder eine (sonstige) BGB-Gemeinschaft vorliegt.[98] Es wird jedoch als zulässig erachtet, den Höchst- oder Mindestbetrag einer Gewinnbeteiligung oder eine Mindestverzinsung der stillen Einlage festzulegen,[99] während Beteiligungen in anderer Form, wie z.B. der prozentuale Anteil am

---

gativen oder ausgeglichenen Geschäftsergebnis des Unternehmens keine Gewinnzuwendung an den Gesellschafter erfolgt; vgl. so auch *RG* (06.12.1928), S. 390.

94 Vgl. *BGH* (15.06.1970), S. 1069; *BGH* (22.12.1953), S. 172; *BFH* (27.05.1993), S. 700; *BFH* (22.10.1987), S. 64; *Bitz* (GmbH & Still, 1997), S. 769; *Bezzenberger* (Stille Gesellschaft, 1991), § 5, Rdnr. 7 (S. 1084); *Weimar* (GmbH & Still, 1993), S. 1519. Der Gesellschaftsvertrag ist in diesem Fall keinesfalls nichtig, es liegt nur keine stille Gesellschaft vor. Das Rechtsverhältnis wird dann mittels der Vorschriften über BGB-Innengesellschaften zu beurteilen sein, wobei dies gleichermaßen für das Fehlen anderer wesentlicher Begriffsmerkmale gilt; vgl. so *Klauss / Mittelbach* (Stille Gesellschaft, 1980), Rz. 40 (S. 35); *Paulick / Blaurock* (Stille Gesellschaft, 1988), S. 61.

95 Vgl. *Koenigs* (Stille Gesellschaft, 1961), S. 75; *Schmidt* (Schlegelberger HGB, 1986), zu § 335 HGB (§ 230 n.F.), Anm. 24 (S. 480); *Zutt* (Staub HGB, 1990), zu § 231 HGB, Rdn. 10 (S. 40).

96 § 231 Abs. 1 HGB. Die Angemessenheit der Höhe des Gewinnanteils ist ansonsten eher von steuerrechtlicher Bedeutung, und zwar insbesondere für den Fall, daß GmbH-Gesellschafter bzw. deren nahe Angehörige als stiller Gesellschafter in Erscheinung treten; vgl. dazu *BFH* (06.02.1980), S. 478; *Bitz* (GmbH & Still, 1997), S. 769.

97 Vgl. *Glenk* (Typische stille Beteiligung, 1995), S. 178; *Zutt* (Staub HGB, 1990), zu § 230 HGB, Rdn. 4 (S. 38). Vgl. zu möglichen Gewinnverteilungsschlüsseln ausführlich *Schmidt* (Schlegelberger HGB, 1986), zu § 336 HGB (§ 231 n.F.), Anm. 4 ff. (S. 474 ff.).

98 Vgl. *BGH* (09.02.1967), S. 321; *RG* (06.12.1928), S. 390; *BFH* (14.02.1973), S. 395; *BFH* (09.07.1969), S. 692; *Koenigs* (Stille Gesellschaft, 1961), S. 10; *Klauss / Mittelbach* (Stille Gesellschaft, 1980), Rz. 40 (S. 35); *Paulick / Blaurock* (Stille Gesellschaft, 1988), S. 101; *Schmidt* (Schlegelberger HGB, 1986), zu § 335 HGB (§ 230 n.F.), Anm. 34 (S. 398 f.).

99 Vgl. *BayObLG* (02.01.1951), S. 238; *FG Münster* (11.10.1977), S. 114; *Zutt* (Staub HGB, 1990), zu § 231 HGB, Rdn. 5 (S. 31). Für die Annahme einer stillen Gesellschaft bei Vereinbarung einer Mindestdividende plädiert *Schmidt* (Schlegelberger HGB, 1986), zu § 335 HGB (§ 230 n.F.), Anm. 34 (S. 398 f.); vgl. diesbezüglich kritisch *Koenigs* (Stille Gesellschaft, 1961), S. 179 f.

Umsatz des Geschäftsinhabers, nicht unter den Begriff der Gewinnbeteiligung fallen und damit mit dem Wesen der stillen Gesellschaft nicht vereinbar sind.[100]

Die Gewinnbeteiligung muß sich auf den erwirtschafteten Gewinn des Unternehmens beziehen, d.h. auf den Gewinn, der sich als Ergebnis der normalen Geschäftstätigkeit des Handelsgewerbes ermitteln läßt.[101] Als Bemessungsgrundlage für die Ermittlung dieses Ergebnisanteils kann - je nach vertraglicher Vereinbarung - die Handels- oder die Steuerbilanz des Geschäftsinhabers herangezogen werden.[102] Die Gewinnbeteiligung läßt sich auf bestimmte Unternehmensbereiche (z.B. Filialen, Zweigstellen),[103] nicht aber auf einzelne Rechtsgeschäfte beschränken.[104] Das (Teil)Ergebnis einer Geschäftstätigkeit, die dem stillen Gesellschaftsvertrag nicht zugeordnet werden kann, muß im Rahmen der Gewinnbeteiligung des Stillen auch nicht (zwingend) Berücksichtigung finden.[105]

3. Rechtsnatur

3.1. Stille Gesellschaft als Personengesellschaft

Die Gesellschaft bürgerlichen Rechts (GbR) findet als Personengesellschaft ihren gesetzlichen Niederschlag in den §§ 705 ff. BGB.[106] Gesellschaftsvertrag, gemeinsamer Zweck und die gegenseitige Verpflichtung zur Beitragsleistung sind unabding-

---

100 Vgl. *BFH* (11.11.1965), S. 95; *Koenigs* (Stille Gesellschaft, 1961), S. 179 f.; *Schmidt* (Schlegelberger HGB, 1986), zu § 335 HGB (§ 230 n.F.), Anm. 34 (S. 398 f.); a.A. *Schulze zur Wiesche* (GmbH & Still, 1997), Rn. 19 (S. 8). Mündet die Umsatzbeteiligung nach Art oder nach Handhabung der Absprache letztlich klar in einer Beteiligung am Unternehmenserfolg, wird diese Vereinbarung vereinzelt als zulässig erachtet; vgl. so z.B. *BFH* (22.10.1987), S. 64.

101 Vgl. *Bezzenberger* (Stille Gesellschaft, 1991), § 5, Rdnr. 7 (S. 1084); *Schmidt* (Gesellschaftsrecht, 1997), S. 1845; *ders.* (Schlegelberger HGB, 1986), zu § 335 HGB (§ 230 n.F.), Anm. 35 (S. 399); *Winckelmann* (Gewinnbeteiligung, 1931), S. 7; *Saenger* (Stille Gesellschaft, 1924), S. 18.

102 Vgl. *Paulick / Blaurock* (Stille Gesellschaft, 1988), S. 268. Bei fehlender vertraglicher Vereinbarung wird nach herrschender Auffassung der Handelsbilanzgewinn zugrunde gelegt; vgl. so *Horn* (Heymann HGB, 1996), zu § 232 HGB, Rdn. 2 (S. 513); *Koller* (HGB-Kommentar, 1996), zu § 232 HGB, Rz. 2 (S. 469); *Fleischer / Thierfeld* (Stille Gesellschaft, 1995), S. 23; *Hense* (Stille Gesellschaft, 1990), S. 34.

103 Vgl. *BFH* (06.12.1995), S. 427; *BFH* (04.08.1988), S. 19; *BFH* (27.02.1975), S. 611; *Baumbach / Hopt* (HGB-Kommentar, 1995), zu § 230 HGB, Rn. 1 (S. 621); *Horn* (Heymann HGB, 1996), zu § 230 HGB, Rdn. 6 (S. 489); *Paulick / Blaurock* (Stille Gesellschaft, 1988), S. 68.

104 Vgl. *BGH* (26.06.1989), S. 573; *BFH* (27.02.1975), S. 611. Vereinzelt wird hier das sog. Metageschäft mit einbezogen, bei dem sich Gesellschafter nur zu bestimmten Geschäften verbinden und den Gewinn teilen; vgl. dazu *Schmidt* (Gesellschaftsrecht, 1997), S. 1845; *ders.* (Schlegelberger HGB, 1986), zu § 335 HGB (§ 230 n.F.), Anm. 35 (S. 399).

105 Vgl. *BGH* (29.10.1952), S. 379; *Baumbach / Hopt* (HGB-Kommentar, 1995), zu § 232 HGB, Rn. 2 (S. 628); *Horn* (Heymann HGB, 1996), zu § 232 HGB, Rdn. 2 (S. 513).

106 Vgl. daher auch den - synonym verwendbaren - Begriff der 'BGB-Gesellschaft'.

bare Voraussetzungen für das Vorliegen einer Gesellschaft i.S.d. § 705 BGB.[107] Die stille Gesellschaft kann nur aufgrund einer Vereinbarung entstehen, die die Beteiligung des stillen Gesellschafters an dem Handelsgewerbe der GmbH zum Gegenstand hat; ihr Wesen beruht auf einem (Gesellschafts)Vertrag, der den Zusammenschluß von zwei oder mehreren Personen zur Förderung eines gemeinsamen Zwecks manifestiert. Die stille Gesellschaft zählt damit unbestritten zu den (echten) Gesellschaften im Rechtssinne.[108] Dies entspricht offensichtlich auch dem Willen des Gesetzgebers, der in den §§ 230 ff. HGB mehrfach Formulierungen wählt, die den engen Zusammenhang mit den Vorschriften der §§ 705 ff. BGB dokumentieren; so trifft man neben der Bezeichnung 'Stille Gesellschaft' explizit auf die Begriffe 'Gesellschafter' und 'Gesellschaftsvertrag'.[109]

Die Bedeutung einer Zuordnung der stillen Gesellschaft zu den Personengesellschaften spiegelt sich zum einen in ihren Voraussetzungen wider. Bei *Schmidt* findet man hierzu die treffende Aussage, nach der es kein "stilles Gesellschaftsverhältnis, das nicht sämtliche Voraussetzungen des § 705 BGB erfüllt," geben kann.[110] Andererseits ist eine solche Zuordnung bedeutend für die Rechtsfolgen, da die §§ 706-740 BGB neben den §§ 230 ff. HGB auf die stille Gesellschaft subsidiär Anwendung finden, soweit dem nicht Besonderheiten des stillen Gesellschaftsverhältnisses, die sich aus einzelnen Regelungen der §§ 230 ff. HGB ergeben, entgegenstehen.[111]

Das HGB unterscheidet in der Überschrift zum Zweiten Buch zwischen Handelsgesellschaften (OHG und KG) und der stillen Gesellschaft, d.h. der Gesetzgeber betrachtet die stille Gesellschaft zwar als Personen-, aber ausdrücklich nicht als Handelsgesellschaft.[112] Es stellt sich die Frage, welchen Zweck der Gesetzgeber mit der im HGB vorgenommenen Abgrenzung zwischen der stillen Gesellschaft und den Personenhandelsgesellschaften (OHG und KG) verfolgt. Um diese Frage klären zu können, muß

---

107 Vgl. *Keßler* (Staudinger BGB, 1991), zu § 705 BGB, Rn. 26 ff. (S. 291); *Thomas* (Palandt BGB, 1997), zu § 705 BGB, Rn. 15 f. (S. 787 f.); *Ulmer* (BGB-Kommentar, 1980), zu vor § 705 BGB, RdNr. 1 (S. 4); *Schmidt* (Gesellschaftsrecht, 1997), S. 1842.

108 Vgl. *BGH* (29.10.1952), S. 382; *BGH* (11.07.1951), S. 79; *Baumbach / Hopt* (HGB-Kommentar, 1995), zu § 230 HGB, Rn. 2 (S. 621); *Bezzenberger* (Stille Gesellschaft, 1991), § 1, Rdnr. 9 (S. 1084); *Hense* (Stille Gesellschaft, 1990), S. 9; *Horn* (Heymann HGB, 1996), zu § 230 HGB, Rdn. 2 (S. 488); *Zutt* (Staub HGB, 1990), zu § 230 HGB, Rdn. 7 (S. 5); *Klauss / Mittelbach* (Stille Gesellschaft, 1980), Rz. 14 (S. 23 f.); *Koenigs* (Stille Gesellschaft, 1961), S. 22; *Kübler* (Gesellschaftsrecht, 1994), S. 143; *Paulick / Blaurock* (Stille Gesellschaft, 1988), S. 53; *Post / Hoffmann* (Stille Beteiligung, 1984), S. 22; *Schmidt* (Gesellschaftsrecht, 1997), S. 1837; *ders.* (Schlegelberger HGB, 1986), zu § 335 HGB (§ 230 n.F.), Anm. 4 (S. 387); *Sennhenn* (Stille Gesellschaft, 1975), S. 3; *Weimar* (GmbH & Still, 1993), S. 1514.

109 Vgl. so § 231 Abs. 2 HGB. Vgl. zu dem engen Zusammenhang auch *Post / Hoffmann* (Stille Beteiligung, 1984), S. 22; *Zutt* (Staub HGB, 1990), zu § 230 HGB, Rdn. 7 (S. 5).

110 *Schmidt* (Schlegelberger HGB, 1986), zu § 335 HGB (§ 230 n.F.), Anm. 4 (S. 387).

111 Vgl. *Hopt / Hehl* (Gesellschaftsrecht, 1987), Rn. 823 (S. 198); *Schmidt* (Schlegelberger HGB, 1986), zu § 335 HGB (§ 230 n.F.), Anm. 6 (S. 388); *Stehle / Stehle* (Gesellschaften, 1977), S. 88.

112 Vgl. *Schmidt* (Gesellschaftsrecht, 1997), S. 1838; *Klauss / Mittelbach* (Stille Gesellschaft, 1980), Rz. 15 (S. 24); *Zutt* (Staub HGB , 1990), zu § 230 HGB, Rdn. 11 (S. 6).

man sich mit den Besonderheiten eines stillen Gesellschaftsverhältnisses auseinandersetzen, die gleichzeitig dazu führen, daß die Vorschriften der §§ 706-740 BGB nur mit gewissen Einschränkungen auf die stille Gesellschaft angewendet werden können.

Die unmittelbare persönliche Bindung durch Gesellschaftsvertrag und die vertragliche Verpflichtung zur Förderung eines gemeinsamen Zwecks durch gegenseitige Beitragsleistung führen zu der Einstufung der stillen Gesellschaft als GbR, die gewissermaßen die "Grundform der Personengesellschaft" darstellt.[113] Die GbR kann als Außen- und als Innengesellschaft ausgestaltet sein. Die Abgrenzung bestimmt sich danach, ob die Gesellschafter gemeinsam am Rechtsverkehr teilnehmen und ob die Gesellschaft Gesamthandsvermögen besitzt.[114] Wie im folgenden zu zeigen sein wird, ist das Recht der BGB-Gesellschaften auf die stille Gesellschaft nur insoweit anwendbar, als dies nicht das Auftreten nach außen und das Gesellschafts- bzw. Gesamthandsvermögen betrifft.

3.2. Stille Gesellschaft als Innengesellschaft

3.2.1 Teilnahme am Rechtsverkehr

Die GbR in Gestalt einer Außengesellschaft besitzt zwar keine eigene Rechtspersönlichkeit, die Gesellschafter können aber in ihrer gesamthänderischen Verbundenheit als solche Rechtsgeschäfte abschließen und im Rechtsverkehr mit Dritten stehen.[115] Bei der GbR in Form einer Innengesellschaft ist demgegenüber kein gemeinsames Auftreten der Gesellschafter nach außen möglich. Statt dessen nimmt (stellvertretend) nur ein Gesellschafter am Rechtsverkehr teil, d.h. nur dieser Gesellschafter ist aus den geschlossenen Geschäften berechtigt und verpflichtet. Im Innenverhältnis zwischen den GbR-Gesellschaftern wirken die Geschäfte jedoch auf gemeinsame Rechnung aller Gesellschafter.[116]

Im Rahmen eines stillen Gesellschaftsverhältnisses wird gemäß § 230 Abs. 2 HGB "der Inhaber [des Handelsgeschäfts] (...) aus den in dem Betriebe geschlossenen Geschäften allein berechtigt und verpflichtet." Vor dem Hintergrund dieser Formulierung läßt sich die Rechtsnatur eines stillen Gesellschaftsverhältnisses wie folgt einordnen:[117]

---

113 *Westermann* (BGB-Handkommentar, 1993), zu vor § 705 BGB, Rn. 3 (S. 2060).

114 Vgl. *Fischer* (GbR, 1977), S. 105; *Thomas* (Palandt BGB, 1997), zu § 705 BGB, Rn. 26 (S. 789); *Ulmer* (BGB-Kommentar, 1980), zu § 705 BGB, RdNr. 192 ff. (S. 107 ff.); *Zimmermann / Reyher / Hottmann* (Personengesellschaften, 1995), S. 39.

115 Vgl. so statt vieler *Thomas* (Palandt BGB, 1997), zu § 705 BGB, Rn. 17 (S. 788).

116 Vgl. *BFH* (13.07.1993), S. 282; *OLG München* (09.02.1968), S. 1386; *Hopt / Hehl* (Gesellschaftsrecht, 1987), Rn. 27 (S. 22); *Keßler* (Staudinger BGB, 1991), zu vor § 705 BGB, Rn. 91 (S. 311) m.w.N.; *Lehmann / Dietz* (Gesellschaftsrecht, 1970), S. 88 f.; *Zimmermann / Reyher / Hottmann* (Personengesellschaften, 1995), S. 39.

117 Diese Einstufung entspricht der (ganz) herrschenden Meinung; vgl. dazu *BGH* (29.10.1952), S. 378; *BFH* (12.11.1985), S. 313; *BFH* (28.10.1992), S. 28; *Baumbach / Hopt* (HGB-Kommentar, 1995), zu § 230 HGB, Rn. 2 (S. 621); *Boettcher / Zartmann / Faut* (Stille Gesellschaft,

Die stille Gesellschaft hat keinen eigenen, nach außen gerichteten Geschäftsbetrieb; sie besitzt keine eigene Rechtspersönlichkeit, d.h. die stille Gesellschaft ist nicht rechtsfähig bzw. nicht Trägerin von Rechten und Pflichten. Die stille Gesellschaft kann keinerlei eigene Tätigkeiten entwickeln und nicht Trägerin eines Unternehmens sein; der Stille kann zudem durch seine Beteiligung auch nicht die Kaufmannseigenschaft erlangen.[118] Tätig wird nur der Inhaber des Handelsgewerbes, er besitzt eine eigene Rechtspersönlichkeit und ist alleiniger Unternehmensträger; nur der Geschäftsinhaber kann nach außen in Erscheinung treten. Demnach ist die "stille Gesellschaft (...) der klassische Fall einer Innengesellschaft."[119]

Das Wesen der stillen Gesellschaft als Innengesellschaft bzw. ihre fehlende Außenwirkung ist unabdingbar, es kann in keinem Fall eine direkte Vertretung der Gesellschaft durch die Gesellschafter geben.[120] Aus dieser reinen Innenausrichtung resultiert die Anonymität des Gesellschaftsverhältnisses, was (schon) die Bezeichnung "stille Gesellschaft" erahnen läßt. Indikatoren für das Fehlen einer Außenwirkung sind zudem insbesondere dadurch gegeben, daß die stille Gesellschaft nicht Namensbestandteil der Firma des Handelsgewerbetreibenden sein kann, daß ein Eintrag der stillen Gesellschaft in das Handelsregister ausgeschlossen ist und daß es keine Betriebsstätte der stillen Gesellschaft geben kann.[121]

Sind demnach per Gesellschaftsvertrag Vereinbarungen getroffen, durch die der stille Gesellschafter mit Vertretungsbefugnissen ausgestattet wird, beschränken sich diese Regelungen grundsätzlich auf das Innenverhältnis; nach außen kann (weiterhin) nur der Geschäftsinhaber bzw. im Falle einer solchen Vereinbarung der Stille im Namen des Geschäftsinhabers tätig werden.[122]

1978), S. 23; *Hopt / Hehl* (Gesellschaftsrecht, 1987), Rn. 825 (S. 198); *Klauss / Mittelbach* (Stille Gesellschaft, 1980), Rz. 14 (S. 23 f.); *Krüger* (Zweckmäßige Wahl, 1992), Rz. 64 (S. 76); *Kübler* (Gesellschaftsrecht, 1994), S. 144; *Lehmann / Dietz* (Gesellschaftsrecht, 1970), S. 216; *Paulick / Blaurock* (Stille Gesellschaft, 1988), S. 54 ff.; *Post / Hoffmann* (Stille Beteiligung, 1984), S. 22; *Schmidt* (Gesellschaftsrecht, 1997), S. 1839; *ders.* (Schlegelberger HGB, 1986), zu § 335 HGB (§ 230 n.F.), Anm. 7 (S. 388); *Ulmer* (BGB-Kommentar, 1980), zu § 705 BGB, RdNr. 197 (S. 110).

118 Vgl. *Klauss / Mittelbach* (Stille Gesellschaft, 1980), Rz. 41 (S. 35); *Lehmann / Dietz* (Gesellschaftsrecht, 1970), S. 217.

119 *Schmidt* (Schlegelberger HGB, 1986), zu § 335 HGB (§ 230 n.F.), Anm. 7 (S. 388); diese Zuordnung findet auch steuerrechtliche Anerkennung; vgl. so z.B. *BFH* (06.07.1995), S. 270.

120 Vgl. *BGH* (18.10.1965), S. 187; *BGH* (28.06.1962), S. 1086; *Kraft / Kreutz* (Gesellschaftsrecht, 1997), S. 240.

121 Vgl. hierzu *BGH* (27.03.1961), S. 574; *Bitz* (GmbH & Still, 1997), S. 771; *Bezzenberger* (Stille Gesellschaft, 1991), § 1, Rdnr. 11 (S. 1085); *Müller* (Atypisch stille Gesellschaft, 1996), S. 270. In Anbetracht dessen erscheint nachvollziehbar, daß lt. *BFH* (14.12.1995), S. 227, nicht die "stille Gesellschaft als solche klagebefugt" sein kann.

122 Vgl. *BGH* (27.03.1961), S. 574; ähnlich *Bezzenberger* (Stille Gesellschaft, 1991), § 1, Rdnr. 13 (S. 1085). Im Innenverhältnis gehen die Rechtsgeschäfte allerdings auf gemeinsame Rechnung der Vertragspartner; vgl. dazu *OLG München* (09.02.1968), S. 1386; *Hopt / Hehl* (Gesellschaftsrecht, 1987), Rn. 27 (S. 22); *Keßler* (Staudinger BGB, 1991), zu vor § 705 BGB,

3.2.2 Gesellschaftsvermögen

Für das Bestehen einer GbR ist grundsätzlich kein Gesellschaftsvermögen vonnöten.[123] Liegt jedoch ein solches vor, handelt es sich um Gesamthandsvermögen, über das die Gesellschafter gemeinsam verfügen.[124] Neben der fehlenden Teilnahme am Rechtsverkehr ist für eine Abgrenzung der Innen- von der Außengesellschaft als zweites Kriterium relevant, ob ein Gesellschafts- bzw. Gesamthandsvermögen vorhanden ist.[125] Eine Innengesellschaft kann kein gemeinschaftliches Vermögen bilden,[126] was insofern naheliegend erscheint, als sie - mangels Teilnahme am Rechtsverkehr - von Dritten kein Vermögen erwerben kann, das als Gesellschaftsvermögen zur Verfügung stehen könnte. Der nach außen auftretende (geschäftsführende) Gesellschafter ist Eigentümer des gesamten Vermögens; der nicht nach außen in Erscheinung tretende Gesellschafter hat gegen den Geschäftsführer (nur) rein schuldrechtliche Ansprüche auf Abrechnung und Auszahlung des Auseinandersetzungsguthabens.[127] Im Innenverhältnis können schuldrechtliche Ansprüche des Innengesellschafters dazu führen, daß dieser so gestellt ist, als ob er gesamthänderisch an dem zum Gegenstand der Innengesellschaft gehörenden Vermögen des nach außen in Erscheinung tretenden Gesellschafters beteiligt wäre. Diese Stellung gestaltet sich so, als ob das Gesellschaftsvermögen dem Handelsgewerbetreibenden und dem Innengesellschafter gemeinschaftlich gehören würde.[128]

Rn. 91 (S. 311) m.w.N.; *Lehmann / Dietz* (Gesellschaftsrecht, 1970), S. 88 f.; *Zimmermann / Reyher / Hottmann* (Personengesellschaften, 1995), S. 39.

123 Vgl. *BGH* (28.06.1962), S. 1086; *Medicus* (Schuldrecht, 1992), S. 218.

124 Vgl. § 718 i.V.m. § 719 Abs. 1 BGB.

125 Vgl. *BGH* (23.06.1960), S. 912; ausführlich *Ulmer* (BGB-Kommentar, 1980), zu § 705 BGB, RdNr. 192 ff. (S. 107 ff.) m.w.N.

126 Vgl. *BGH* (22.06.1981), S. 100; *BGH* (01.04.1965), S. 793; *Schmidt* (Innengesellschaft, 1956), S. 5; *Schmidt* (Gesellschaftsrecht, 1997), S. 1837; *ders.* (Schlegelberger HGB, 1986), zu § 335 HGB (§ 230 n.F.), Anm. 9 (S. 388); *Thomas* (Palandt BGB, 1997), zu § 705 BGB, Rn. 26 (S. 789); *Zimmermann / Reyher / Hottmann* (Personengesellschaften, 1995), S. 39; a.A. *Westermann* (BGB-Handkommentar, 1993), zu § 705 BGB, Rn. 65 (S. 2099). *Ulmer* (BGB-Kommentar, 1980), zu § 705 BGB, RdNr. 195 ff. (S. 109 f.), vertritt die Auffassung, daß eine Innengesellschaft gemeinschaftliches Vermögen bilden kann; er unterscheidet so zwischen Innengesellschaften im weiteren und im engeren Sinne je nachdem, ob Gesamthandsvermögen vorliegt, oder nicht.

127 Vgl. *BGH* (26.06.1989), S. 573; *Thomas* (Palandt BGB, 1997), zu § 705 BGB, Rn. 26 (S. 789); *Ulmer* (BGB-Kommentar, 1980), zu § 705 BGB, RdNr. 200 (S. 111); *Walter* (Verlustnutzung, 1997), S. 824.

128 Es müssen hierzu jedoch im stillen Gesellschaftsvertrag entsprechende Vereinbarungen bezüglich einer vermögensrechtlichen Beteiligung des Stillen getroffen worden sein. Vgl. zu möglichen Rechtspositionen des Stillen im Innenverhältnis *BGH* (29.10.1952), S. 378; *BGH* (24.09.1952), S. 178; *Thomas* (Palandt BGB, 1997), zu § 705 BGB, Rn. 26 (S. 789); *Aulinger* (Atypische stille Gesellschaft, 1955), S. 19; *Bezzenberger* (Stille Gesellschaft, 1991), § 2, Rdnr. 6 (S. 1088); *Rasner* (Atypische stille Gesellschaft, 1961), S. 60; *Schmidt* (Schlegelberger HGB, 1986), zu § 335 HGB (§ 230 n.F.), Anm. 69 (S. 410 f.); *Zutt* (Staub HGB, 1990), zu § 235 HGB, Rdn. 24 (S. 82).

Die oben beschriebenen Wesensmerkmale lassen sich uneingeschränkt auf die stille Gesellschaft als Innengesellschaft übertragen; sie kann zwar kein Gesamthandsvermögen i.S.v. § 718 BGB bilden, zählt aber trotzdem zu den Gesellschaften im Rechtssinne.[129] Daß die Einstufung der stillen Gesellschaft als Innengesellschaft ohne eigenes Gesellschaftsvermögen vom Gesetzgeber bezweckt wird, macht - neben der Vorschrift des § 230 Abs. 2 HGB - der Wortlaut des § 230 Abs. 1 HGB deutlich: Hiernach muß eine Vermögenseinlage vom Stillen so geleistet werden, "daß sie in das Vermögen des Inhabers des Handelsgeschäfts übergeht." Der stille Gesellschafter ist durch seine Einlage an keinem Vermögen, auch nicht am Vermögen des Inhabers des Handelsgeschäfts beteiligt, sondern es erwachsen ihm schuldrechtliche Ansprüche ggü. dem Geschäftsinhaber. Es entsteht dadurch kein dinglich gebundenes Vermögen, sondern wirtschaftliches Vermögen, das schuldrechtlich gebunden ist.[130]

Zusammenfassend bleibt festzuhalten, daß die stille Gesellschaft als solche, im Gegensatz zu der OHG[131] und der KG[132], nicht am Rechtsverkehr teilnimmt und kein Gesellschaftsvermögen i.S.d. § 718 BGB besitzt.[133] Die unmittelbare vertragliche und persönliche Bindung in Rechtsbeziehungen obligatorischer Natur und das Fehlen einer eigenen Rechtspersönlichkeit führen zu der Einstufung der stillen Gesellschaft als reine Innengesellschaft. Sie kann keinesfalls zu den Handelsgesellschaften gezählt werden;[134] insofern erscheint die vom Gesetzgeber im HGB vorgenommene Abgrenzung der stillen Gesellschaft von diesen sinnvoll, ja sogar notwendig. Da vertraglich vereinbarte Innenverhältnisse ohne Gesellschaftsvermögen auch in Form einer GbR rechtlich Bestand haben,[135] zählt die stille Gesellschaft zweifelsohne zu diesen (echten)

---

129 Vgl. *RG* (20.02.1941), S. 160; *BFH* (12.11.1985), S. 313; *BFH* (05.06.1986), S. 802; *BFH* (02.02.1973), S. 472; *BFH* (07.05.1971), S. 642; *Baumbach / Hopt* (HGB-Kommentar, 1995), zu § 230 HGB, Rn. 2 (S. 621); *Bezzenberger* (Stille Gesellschaft, 1991), § 1, Rdnr. 10 (S. 1084); *Boettcher / Zartmann / Faut* (Stille Gesellschaft, 1978), S. 23; *Horn* (Heymann HGB, 1996), zu § 230 HGB, Rdn. 2 (S. 488); *Paulick / Blaurock* (Stille Gesellschaft, 1988), S. 55 f.; *Schmidt* (Gesellschaftsrecht, 1997), S. 1837; *ders.* (Schlegelberger HGB, 1986), zu § 335 HGB (§ 230 n.F.), Anm. 9 (S. 388 f.); *Sennhenn* (Stille Gesellschaft, 1975), S. 3; *Ulmer* (BGB-Kommentar, 1980), zu § 705 BGB, RdNr. 201 (S. 112); *Zutt* (Staub HGB, 1990), zu § 230 HGB, Rdn. 8 (S. 5). A.A. *Westermann* (Vertragsfreiheit, 1970), S. 200; *Koenigs* (Stille Gesellschaft, 1961), S. 337.

130 Dabei können die obligatorischen Rechte zwar dinglich abgesichert werden, ohne daß der Stille dadurch eine dingliche Rechtsstellung erlangt. Der stille Gesellschafter wird durch seinen schuldrechtlichen Anspruch im Innenverhältnis jedoch so gestellt, als ob er gesamthänderisch beteiligt wäre.

131 Vgl. § 105 Abs. 1 HGB ("Handelsgewerbe unter gemeinschaftlicher Firma").

132 Vgl. § 161 Abs. 1 HGB ("Handelsgewerbe unter gemeinschaftlicher Firma").

133 Vgl. statt vieler *Hüffer* (Gesellschaftsrecht, 1996), S. 247 m.w.N. (Fn. 6).

134 Vgl. *BFH* (12.11.1985), S. 313; *Schmidt* (Gesellschaftsrecht, 1997), S. 1838; *Baumbach / Hopt* (HGB-Kommentar, 1995), zu vor § 105 HGB, Rn. 10 (S. 256); *Horn* (Heymann HGB, 1996), zu § 230 HGB, Rdn. 3 (S. 488); *Klauss / Mittelbach* (Stille Gesellschaft, 1980), Rz. 15 (S. 24); *Zutt* (Staub HGB, 1990), zu § 230 HGB, Rdn. 11 (S. 6).

135 Vgl. *BGH* (28.06.1962), S. 1086; *Medicus* (Schuldrecht, 1992), S. 218; *Bitz* (Mitunternehmerschaft, 1984), S. 317 m.w.N. (Fn. 24).

Gesellschaften nach § 705 BGB.[136] Die §§ 706-740 BGB finden dementsprechend neben den §§ 230 ff. HGB auf die stille Gesellschaft als GbR Anwendung, sofern dem nicht Besonderheiten entgegenstehen, die in ihrem Wesen als Innengesellschaft begründet liegen.

4. Gemeinsamer Zweck

4.1. Begriff

Der gemeinsame Zweck ist das gemeinschaft(srecht)liche Kernelement jeder BGB-Gesellschaft. Deren Gesellschafter müssen sich gem. § 705 BGB per Gesellschaftsvertrag gegenseitig verpflichten, "die Erreichung eines gemeinsamen Zweckes in der durch den Vertrag bestimmten Weise zu fördern, insbesondere die vereinbarten Beiträge zu leisten."[137] Es besteht zumindest Einigkeit darüber, daß bei der Klärung der Frage, wann von dem Vorliegen eines gemeinsamen Zwecks ausgegangen werden kann, zu differenzieren ist zwischen sog. Vor- und Endzwecken:[138] Als Vorzweck wird dabei derjenige bezeichnet, der sich unmittelbar aus dem Vertragsobjekt ergibt.[139] Der Endzweck stellt dagegen die Veranlassung für den Gesellschafter dar, sich mit anderen Gesellschaftern zusammenzuschließen; er ist das hinter dem Vertragsschluß stehende Motiv.[140] Gemeinsam - als Voraussetzung für das Vorliegen einer Gesellschaft i.S.v. § 705 BGB - muß nur der Vorzweck sein.[141] Die individuellen Beweggründe der Gesellschafter können durchaus verschieden bleiben.[142] Diese auf Gemeinsamkeit zu prüfen, dürfte ohnehin kaum möglich sein, da man dazu "in einen kaum zu durchdring-

---

136 Vgl. *BGH* (29.10.1952), S. 382; *BGH* (11.07.1951), S. 79; *Baumbach / Hopt* (HGB-Kommentar, 1995), zu § 230 HGB, Rn. 2 (S. 621); *Bezzenberger* (Stille Gesellschaft, 1991), § 1, Rdnr. 9 (S. 1084); *Hense* (Stille Gesellschaft, 1990), S. 9; *Horn* (Heymann HGB, 1996), zu § 230 HGB, Rdn. 2 (S. 488); *Koenigs* (Stille Gesellschaft, 1961), S. 22; *Kübler* (Gesellschaftsrecht, 1994), S. 143; *Paulick / Blaurock* (Stille Gesellschaft, 1988), S. 53; *Post / Hoffmann* (Stille Beteiligung, 1984), S. 22; *Schmidt* (Gesellschaftsrecht, 1997), S. 1837; *ders.* (Schlegelberger HGB, 1986), zu § 335 HGB (§ 230 n.F.), Anm. 4 (S. 387); *Sennhenn* (Stille Gesellschaft, 1975), S. 3; *Weimar* (GmbH & Still, 1993), S. 1514; *Zutt* (Staub HGB, 1990), zu § 230 HGB, Rdn. 7 (S. 5). Man trifft aufgrund des besonderen Wesens der stillen Gesellschaft auch auf die Bezeichnung "Abart der GbR"; vgl. so z.B. *Klauss / Mittelbach* (Stille Gesellschaft, 1980), Rz. 14 (S. 24).

137 Vgl. z.B. auch *Schulze zur Wiesche* (Mitunternehmer, 1997), S. 222. *Priester* (Mitunternehmerschaft, 1993), S. 340, merkt hierbei an, daß "sich dem Gesetz nicht entnehmen" läßt, welche "Anforderungen an den gemeinsamen Zweck zu stellen sind".

138 Vgl. *OLG Nürnberg* (04.12.1967), S. 166; *Hopt / Hehl* (Gesellschaftsrecht, 1987), Rn. 34 (S. 23); *Fikentscher* (Gemeinsamer Zweck, 1974), S. 94.

139 Vgl. *Kellermann* (Zweck, 1988), S. 90.

140 Vgl. *Fikentscher* (Gemeinsamer Zweck, 1974), S. 95.

141 Vgl. *Hopt / Hehl* (Gesellschaftsrecht, 1987), Rn. 34 (S. 23). Nach *Priester* (Mitunternehmerschaft, 1993), S. 340, kommt dabei als "Indiz für die Gemeinsamkeit des Zwecks (...) in Betracht, daß die Beteiligten gleich- statt über- und untergeordnet sind"; vgl. so auch *BGH* (28.10.1959), S. 197 ("gleichgeordnete Stellung").

142 Vgl. *BGH* (12.10.1959), S. 15; *BGH* (26.01.1951), S. 398; *Fikentscher* (Schuldrecht, 1992), S. 601; *Flume* (BGB-Kommentar, 1977), S. 41.

enden Grenzbereich von Logik und Psychologie"[143] vorstoßen müßte, um Kenntnis über die verschiedenen Stufen der menschlichen Willensbildung zu erlangen.

Bei Handelsgesellschaften ist der Zusammenschluß zur Verfolgung eines gemeinsamen Zwecks evident: Gemeinsamer Zweck ist der "Betrieb eines Handelsgewerbes unter gemeinschaftlicher Firma",[144] während die Feststellung eines gemeinsamen Zwecks bei Innengesellschaften nicht so problemlos verläuft, da dort die vertraglichen Vereinbarungen im Einzelfall zu prüfen sind und regelmäßig einer Auslegung bedürfen.[145] Infolge der fehlenden Wirkung nach außen und eines nicht existenten Gesamthandsvermögens hat der Gesellschaftsvertrag einer solchen Innengesellschaft nur noch zu einem geringen Teil mitgliedschaftlichen bzw. organisationsrechtlichen Charakter, da sich i.d.R. die Vereinbarungen im wesentlichen auf "schuldrechtliche Elemente der Beziehung im Innenverhältnis" beschränken werden.[146]

Die Vertragsseiten eines stillen Gesellschaftsverhältnisses verfolgen als gemeinsamen Zweck den erfolgreichen Betrieb des Handelsgewerbes und die Erzielung von Gewinnen durch den Geschäftsinhaber.[147] Gemeinsam ist der Zweck bei den Gesellschaftern derart, daß sowohl stiller Gesellschafter als auch Geschäftsinhaber gleichwertiges Interesse an einem für das Unternehmen günstigen Geschäftsverlauf haben, damit Gewinne erzielt und verteilt werden können. Das ist der Vorzweck, der mit dem Abschluß des Gesellschaftsvertrags vereinbart und von allen Gesellschaftern direkt gefördert wird.[148] Die Endzwecke lassen sich demgegenüber nicht weiter konkretisieren.[149]

Charakteristisch für die stille Gesellschaft sind die schuldrechtliche Gemeinschaft zwischen dem stillen Gesellschafter und dem Inhaber des Handelsgeschäfts sowie das Fehlen eines mitgliedschaftlichen bzw. gesamthänderischen Elements.[150] Das Handelsgewerbe wird nach außen nur im Namen des Geschäftsinhabers betrieben; im Innenverhältnis handelt dieser jedoch - in vereinbartem Umfang - auch auf Rechnung des

143 *Kellermann* (Zweck, 1988), S. 89.

144 § 105 Abs. 1 HGB (OHG) bzw. § 161 Abs. 1 HGB (KG).

145 Vgl. so auch *BGH* (09.02.1967), S. 322; *BGH* (19.09.1951), S. 895.

146 *Ulmer* (BGB-Kommentar, 1980), zu § 705 BGB, RdNr. 200 (S. 111).

147 Vgl. *BGH* (09.02.1967), S. 321; *BFH* (10.03.1971), S. 589; *Ballerstedt* (Gemeinsamer Zweck, 1963), S. 261; *Bezzenberger* (Stille Gesellschaft, 1991), § 1, Rdnr. 12 (S. 1085); *Horn* (Heymann HGB, 1996), zu § 230 HGB, Rdn. 2 (S. 488) m.w.N.; *Thomas* (Palandt BGB, 1997), zu § 705 BGB, Rn. 4 ff. (S. 786 f.).

148 Vgl. *Schmidt* (Innengesellschaft, 1956), S. 62, 77; *Lienau / Lotz* (Abgrenzung, 1991), S. 620.

149 In diese Richtung ist auch die Aussage von *Koller* (HGB-Kommentar, 1996), zu § 230 HGB, Rz. 7 (S. 461) zu verstehen, daß die - neben dem gemeinsamen (Vor)Zweck bestehenden - "zum Vertragsschluß führenden Motive irrelevant" seien.

150 Vgl. *BGH* (29.10.1952), S. 378; *BGH* (24.09.1952), S. 178; *App* (GmbH & Still; 1993), S. 478; *Aulinger* (Atypische stille Gesellschaft, 1955), S. 19; *Bezzenberger* (Stille Gesellschaft, 1991), § 2, Rdnr. 6 (S. 1088); *Fasold* (Stille Gesellschaft, 1970), S. 56; *Rasner* (Atypische stille Gesellschaft, 1961), S. 60; *Schmidt* (Schlegelberger HGB, 1986), zu § 335 HGB (§ 230 n.F.), Anm. 69 (S. 410 f.); *Zutt* (Staub HGB, 1990), zu § 235 HGB, Rdn. 24 (S. 82).

stillen Gesellschafters.[151] Um die stille Gesellschaft von anderen, insbesondere partiarischen Schuldverhältnissen (Darlehens-, Pacht- oder Arbeitsvertrag) überhaupt unterscheiden zu können, kommt der Frage nach dem Vorliegen eines gemeinsamen (Vor)Zwecks - als (einzigem) Abgrenzungskriterium - eine zentrale Bedeutung zu.[152]

4.2. Beitragspflicht und -leistung

Unter die allgemeine Beitragspflicht der Gesellschafter ist, wie bei jeder Gesellschaft im Rechtssinne, die wechselseitige Pflicht zur Treue zu fassen, um damit der Wahrung des gemeinsamen Zwecks gerecht werden zu können.[153] Die Treuepflicht des stillen Gesellschafters beschränkt sich dabei in erster Linie auf die ordnungsmäßige Ausübung seiner Gesellschafterrechte, die ihm gemäß der handelsrechtlichen Vorschriften zustehen.[154] Für den Inhaber des Handelsgewerbes bedeutet dies, daß er im Rahmen seines Geschäftsbetriebs die Interessen des stillen Gesellschafters (mit) zu wahren hat.[155] Als konkretisierte Treuepflicht ist in diesem Zusammenhang z.B. das gesellschaftsrechtliche Wettbewerbsverbot anzuführen: Der Geschäftsinhaber darf hiernach nicht auf eigene Rechnung Geschäfte tätigen oder durch Dritte tätigen lassen, durch die er in Wettbewerb zu dem Handelsgewerbe tritt, welches er im Innenverhältnis auf gemeinsame Rechnung der stillen Gesellschaft betreibt.[156] Diese allgemeine, aus der Rechtsnatur eines stillen Gesellschaftsverhältnisses ableitbare Treue-

---

151 Vgl. *OLG München* (09.02.1968), S. 1386; *Hopt / Hehl* (Gesellschaftsrecht, 1987), Rn. 27 (S. 22); *Horn* (Heymann HGB, 1996), zu § 230 HGB, Rdn. 2 (S. 496); *Keßler* (Staudinger BGB, 1991), zu vor § 705 BGB, Rn. 91 (S. 311) m.w.N.; *Koenigs* (Stille Gesellschaft, 1961), S. 16; *Lehmann / Dietz* (Gesellschaftsrecht, 1970), S. 88 f., 216; *Paulick / Blaurock* (Stille Gesellschaft, 1988), S. 53; *Zimmermann / Reyhèr / Hottmann* (Personengesellschaften, 1995), S. 39.

152 Vgl. z.B. *Lienau / Lotz* (Abgrenzung, 1991), S. 620; *Schmidt* (Gesellschaftsrecht, 1997), S. 1842 ff.; die (begrenzten) Möglichkeiten bzw. die Schwierigkeit einer Abgrenzung der stillen Gesellschaft zu ähnlichen Rechtsverhältnissen werden im weiteren Verlauf dieser Arbeit noch eingehender zu untersuchen sein.

153 Vgl. *BGH* (25.09.1963), S. 1210; *BGH* (30.01.1952), S. 421; *BGH* (11.07.1951), S. 81; vgl. so z.B. *Baumbach / Hopt* (HGB-Kommentar, 1995), zu § 230 HGB, Rn. 16 (S. 625); *Horn* (Heymann HGB, 1996), zu § 230 HGB, Rdn. 31 (S. 496); *Klauss / Mittelbach* (Stille Gesellschaft, 1980), Rz. 61 (S. 3); *Koenigs* (Stille Gesellschaft, 1961), S. 117; *Paulick / Blaurock* (Stille Gesellschaft, 1988), S. 218 f., S. 222 f.; *Schmidt* (Schlegelberger HGB, 1986), zu § 335 HGB (§ 230 n.F.), Anm. 65 (S. 408 f.); *Zutt* (Staub HGB, 1990), zu § 230 HGB, Rdn. 70 (S. 22).

154 Dies betrifft insbesondere die Kontrollrechte gem. § 233 HGB; vgl. *BGH* (12.10.1959), S. 15; *BGH* (30.01.1952), S. 421; *Paulick / Blaurock* (Stille Gesellschaft, 1988), S. 222 f.; *Schmidt* (Schlegelberger HGB, 1986), zu § 335 HGB (§ 230 n.F.), Anm. 130 (S. 437). Ein Wettbewerbsverbot trifft den Stillen grundsätzlich nicht, wobei man regelmäßig auf vertragliche Vereinbarungen im stillen Gesellschaftsvertrag trifft, die auch dem stillen Gesellschafter ein Wettbewerbsverbot auferlegen; vgl. z.B. *Zutt* (Staub HGB, 1990), zu § 230 HGB, Rdn. 71 (S. 22 f.).

155 Der Geschäftsinhaber schuldet dem Stillen im Rahmen des Betriebs des Handelsgeschäfts z.B. die Sorgfalt gem. der §§ 708, 277 BGB. Überdies sind freilich die Vorgaben des Gesetzgebers einzuhalten, die sich aus den Vorschriften der §§ 230 ff. HGB ergeben.

156 Vgl. *Horn* (Heymann HGB, 1996), zu § 230 HGB, Rdn. 37 (S. 498); *Baumbach / Hopt* (HGB-Kommentar, 1995), zu § 230 HGB, Rn. 16 (S. 625); *Zutt* (Staub HGB, 1990), zu § 230 HGB, Rdn. 72 (S. 23); *Koenigs* (Stille Gesellschaft, 1961), S. 227.

pflicht der Gesellschafter wird einerseits beschränkt durch die Wahrnehmung von berechtigtem Eigeninteresse,[157] andererseits können sich weitere Pflichten aus dem Gesellschaftsvertrag ergeben.[158]

In § 705 BGB findet man neben dem Begriff des gemeinsamen Zwecks auch Vorgaben bezüglich der Art seiner Verwirklichung: Es müssen gemäß dieser Vorschrift im Gesellschaftsvertrag Gegenstand und Inhalt der vertraglichen Förderungspflicht der Parteien berücksichtigt werden. Abreden bezüglich einer Förderungspflicht bzw. der Beitragsleistungen stellen das schuldrechtliche Element eines Gesellschaftsverhältnisses dar und sind notwendiger vertraglicher Bestandteil eines solchen.[159] So sind auch in einem stillen Gesellschaftsvertrag Vereinbarungen zu treffen, die die Beitragsleistung des Geschäftsinhabers und des Stillen zur Förderung des gemeinsamen Zwecks - der Erzielung von Gewinnen durch den Handelsgewerbetreibenden - dokumentieren.[160]

Der Beitrag des Inhabers des Handelsgeschäfts besteht hauptsächlich in der Verpflichtung, daß er sein Handelsgewerbe im Innenverhältnis auf gemeinsame Rechnung führt.[161] Der Geschäftsinhaber hat zwar als derjenige, der alleine nach außen in Erscheinung tritt, im Rahmen seiner unternehmerischen Entscheidungen grundsätzlich einen Ermessensspielraum, er muß jedoch dabei die Interessen des stillen Gesellschafters und damit gleichzeitig den Gesellschaftszweck wahren, d.h. er unterliegt neben der allgemeinen Sorgfaltspflicht i.S.v. § 708 BGB letztlich gewissen gesellschaftsbedingten Beschränkungen.[162]

---

157 Vgl. *BGH* (25.09.1963), S. 1210; vgl. statt vieler *Zutt* (Staub HGB, 1990), zu § 230 HGB, Rdn. 70 (S. 22).

158 Vgl. so auch *Mellwig* (Gesellschafterbeiträge, 1992), S. 403, lt. dem aufgrund einer "Mitgliedschaft (...) dem Gesellschafter verschiedene Beitragspflichten [erwachsen], die im Detail durch Gesellschaftsvertrag (...) bestimmt werden."

159 Vgl. *Thomas* (Palandt BGB, 1997), zu § 705 BGB, Rn. 15 f. (S. 787 f.); *Ulmer* (BGB-Kommentar, 1980), zu § 705 BGB, RdNr. 79 (S. 67); *Keßler* (Staudinger BGB, 1991), zu § 705 BGB, Rn. 26 ff. (S. 291); *Westermann* (BGB-Handkommentar, 1993), zu § 705 BGB, Rn. 27 ff. (S. 2086 ff.); *Schmidt* (Gesellschaftsrecht, 1997), S. 1852 ff.

160 Vgl. *BGH* (09.02.1967), S. 321; *BFH* (10.03.1971), S. 589. *Koller* (HGB-Kommentar, 1996), zu § 230 HGB, Rz. 7 (S. 461) hebt diesbezüglich insbesondere die Notwendigkeit hervor, "daß der Geschäftsinhaber im Rahmen seines Handelsunternehmens mit Gewinnerzielungsabsicht tätig ist."

161 Vgl. *Baumbach / Hopt* (HGB-Kommentar, 1995), zu § 230 HGB, Rn. 13 (S. 624); *Horn* (Heymann HGB, 1996), zu § 230 HGB, Rdn. 34 (S. 497); *Koenigs* (Stille Gesellschaft, 1961), S. 139; *Paulick / Blaurock* (Stille Gesellschaft, 1988), S. 195; *Schmidt* (Schlegelberger HGB, 1986), zu § 335 HGB (§ 230 n.F.), Anm. 125 (S. 435); *Zutt* (Staub HGB, 1990), zu § 230 HGB, Rdn. 85 (S. 26 f.).

162 So darf der Geschäftsinhaber sein Handelsgewerbe nicht ohne Zustimmung des stillen Gesellschafters aufgeben oder in den wesentlichen Grundlagen verändern und muß eine Einlage des Stillen zu den vereinbarten Zwecken verwenden; vgl. *BGH* (29.06.1987), S. 1193; *BGH* (21.04.1980), S. 958; *BGH* (25.09.1963), S. 1210; *BFH* (27.01.1982), S. 374. Vgl. zu den Pflichten des Geschäftsinhabers ausführlich *Kühn* (Stille Gesellschaft, 1991), § 12, Rdnr. 1 ff. (S. 1157); *Zutt* (Staub HGB, 1990), zu § 230 HGB, Rdn. 85 ff. (S. 26 ff.).

Der stille Gesellschafter leistet seinen Beitrag z.B., indem er eine Vermögenseinlage erbringt, die in das Handelsgewerbe des Geschäftsinhabers übergeht. Wie oben schon dargelegt wurde, kann die Beitragsleistung des Stillen (alternativ) auch in Form von Darlehenshingaben, Dienstleistungen oder Nutzungsüberlassungen gegenüber dem Inhaber des Handelsgeschäfts erfolgen.[163] Zu beachten ist bei solchen Beiträgen die Abgrenzung zu den Leistungen, die aufgrund separater schuldrechtlicher Verträge erbracht worden sind: So kann z.B. die Vereinbarung einer Arbeitstätigkeit des Stillen für den Geschäftsinhaber Gegenstand des stillen Gesellschaftsvertrags sein und damit der Förderung des gemeinsamen Zwecks dienen, sie kann aber genauso ursächlich durch einen separaten Arbeitsvertrag ohne (Gesellschafts)Zweckbezogenheit veranlaßt sein.[164]

Es gilt generell zu prüfen, ob eine Beitragsleistung des Stillen i.S.v. § 705 BGB erfolgt (ist) oder ob ein getrenntes Rechtsverhältnis dieser Leistung ursächlich zugrundeliegt, welches nicht mit dem Gesellschaftsvertrag bzw. der darin zu vereinbarenden Zweckförderung in Verbindung gebracht werden darf. Dem Wortlaut des BGB[165] zufolge zählen Gegenstand und Inhalt der vertraglichen Förderungspflicht der Parteien zu den notwendigen Bestandteilen des stillen Gesellschaftsvertrags.[166] Nur diese vertraglichen Vereinbarungen bezüglich Art und Umfang der Beitragsleistung dürfen daher für die (Ursächlichkeits)Prüfung herangezogen werden, ob eine erbrachte Leistung dem stillen Gesellschaftsverhältnis oder anderen schuldrechtlichen Vereinbarungen zuzuordnen ist; die objektive Feststellung, welche "Beiträge der stille Gesellschafter [als solcher] schuldet, kann sich (...) nur aus den vertraglichen Vereinbarungen ergeben."[167]

In der Literatur wird teilweise die Auffassung vertreten, daß die Beitragsleistung des Stillen auf einer gesonderten schuldrechtlichen Vereinbarung beruhen kann, solange sie letztlich der Förderung des gemeinsamen Zwecks dient.[168] Dieser Meinung folgend müßte beurteilt werden, ob ein Beitrag, gewissermaßen als Ausfluß des stillen Gesellschaftsvertrags, (auch) der Erreichung des gemeinsamen Zwecks dient oder ob die Leistung davon unabhängig aufgrund der getrennten schuldrechtlichen Verpflichtung

---

163 Die Beiträge, die dabei nicht zu einer Erhöhung des Einlagekontos des Stillen beim Geschäftsinhaber führen, werden in der Literatur auch als "sonstige Beiträge" bezeichnet; vgl. so z.B. *Schmidt* (Schlegelberger HGB, 1986), zu § 335 HGB (§ 230 n.F.), Anm. 137 ff. (S. 440 ff.).

164 Die Notwendigkeit der Einstufung von Leistungen besteht in diesem Zusammenhang insbesondere für den Fall, daß Personenidentität zwischen GmbH-Gesellschafter (-Geschäftsführer) und Stillem besteht, da dann aufgrund mehrerer Verträge regelmäßig verschiedene Leistungen erbracht werden, die den einzelnen Rechtsverhältnissen zugeordnet werden müssen.

165 § 705 BGB: "Durch den Gesellschaftsvertrag verpflichten sich die Gesellschafter gegenseitig, die Erreichung eines gemeinsamen Zweckes in der *durch den Vertrag* bestimmten Weise zu fördern, insbesondere die *vereinbarten Beiträge* zu leisten" (Hervorheb. durch den Verf.).

166 Vgl. so auch *Ulmer* (BGB-Kommentar, 1980), zu § 705 BGB, RdNr. 79 (S. 67).

167 *Schmidt* (Schlegelberger HGB, 1986), zu § 335 HGB (§ 230 n.F.), Anm. 138 (S. 440).

168 Vgl. in diesem Sinne *Hense* (Stille Gesellschaft, 1990), S. 25 f.; *Schmidt* (Schlegelberger HGB, 1986), zu § 335 HGB (§ 230 n.F.), Anm. 138 (S. 440 f.); *Troost* (Abgrenzung, 1997), S. 43. Vgl. je nach den besonderen Umständen des Einzelfalles differenzierend *Paulick / Blaurock* (Stille Gesellschaft, 1988), S. 80. A.A. *Zutt* (Staub HGB, 1990), zu § 230 HGB, Rdn. 76 (S. 24).

erbracht wurde.[169] Eine solche Trennung läßt sich jedoch - im Gegensatz zu der ausschließlichen Orientierung an den getroffenen Vereinbarungen im stillen Gesellschaftsvertrag - mangels objektivierbarer Kriterien nicht immer problemlos vornehmen.[170] Vor diesem Hintergrund unterstreicht *Zutt* die Notwendigkeit einer Herstellbarkeit des Zusammenhangs zwischen der Motivation zur Beitragsleistung und dem stillen Gesellschaftsvertrag bzw. der daraus resultierenden Beitragspflicht der Gesellschafter. Es kann demnach das keine Beitragsleistung darstellen, "was vom stillen Gesellschafter dem Geschäftsinhaber ohnehin aus anderem Rechtsgrund (Liefervertrag, Dienstvertrag, etc.) geschuldet ist."[171] *Döllerer* argumentiert ähnlich, indem er als zwingende Voraussetzung für die Einstufung als Beitragsleistung ansieht, "daß das Gesellschaftsverhältnis ursächlich ist für die Überlassung von Kapital, Wirtschaftsgütern oder Diensten an den Geschäftsinhaber."[172]

Das Abstellen auf die Ursächlichkeit erscheint allein vor dem Hintergrund zwingend geboten, daß bei Leistungsbeziehungen der Zusammenhang zu den gesellschaftsvertraglichen Vereinbarungen eindeutig herstellbar sein muß, um die damit verbundene Leistung als Beitrag zur Förderung des gemeinsamen Zwecks dem (stillen) Gesellschaftsverhältnis zuordnen zu können.[173] Ein vertragsbezogener Ansatz entspricht dabei am ehesten den zivilrechtlichen Wesensmerkmalen der stillen Gesellschaft und im speziellen den grundlegenden Regelungen des § 705 BGB, aufgrund derer ein gemeinsamer Zweck sowie Gegenstand und Inhalt der vertraglichen Förderungspflicht als notwendige Bestandteile des stillen Gesellschaftsverhältnisses anzusehen sind.[174] Ist demzufolge die Ursächlichkeit des stillen Gesellschaftsvertrags für eine Leistung nicht eindeutig feststellbar, kann deren Erbringung nicht der Förderung des gemeinsamen Zwecks und damit nicht der stillen Gesellschaft, sondern allein dem ursächlichen Rechtsverhältnis zugeordnet werden.

5. Gestaltungsfreiheiten

Für die stille Gesellschaft als Innengesellschaft gilt, wie allgemein im Schuldrecht, der Grundsatz der Vertragsfreiheit,[175] obgleich der Gestaltungsfreiheit gewisse Grenzen

---

169 Vgl. *Schmidt* (Schlegelberger HGB, 1986), zu § 335 HGB (§ 230 n.F.), Anm. 138.

170 Vgl. daher auch kritisch *Troost* (Abgrenzung, 1997), S. 44. In solchen Fällen wird das Vorliegen einer Beitragsleistung aufgrund der besonderen Umstände des einzelnen Falles zu beurteilen sein; vgl. gl.A. *Paulick / Blaurock* (Stille Gesellschaft, 1988), S. 80.

171 *Zutt* (Staub HGB, 1990), zu § 230 HGB, Rdn. 76 (S. 24).

172 *Döllerer* (Atypisch stille Gesellschaft, 1988), S. 293; vgl. *ders.* (Atypisch stille Gesellschaft, 1985), S. 299.

173 Eine solche Zuordenbarkeit ist, wie noch ausführlich zu zeigen sein wird, (auch) aus steuerlicher Sicht von zentraler Bedeutung.

174 Vgl. ähnlich *Thomas* (Palandt BGB, 1997), zu § 705 BGB, Rn. 21, 23 (S. 788).

175 Vgl. *BGH* (27.03.1961), S. 574; *Thomas* (Palandt BGB, 1997), zu § 705 BGB, Rn. 26 (S. 789); *Ulmer* (BGB-Kommentar, 1980), zu § 705 BGB, RdNr. 83 (S. 68); vgl. zu der Vertragsfreiheit im Zusammenhang mit Personengesellschaften insbesondere die Ausführungen von *Westermann*

gesetzt sind. Diese Grenzen liegen zum einen in der zwingenden Berücksichtigung von notwendigen Vertragsbestandteilen, die sich aus dem Wesen der stillen Gesellschaft ergeben, zum anderen gelten die allgemeinen zivilrechtlichen Schranken, wonach vertragliche Vereinbarungen nicht gegen gesetzliche Verbote und nicht gegen die guten Sitten verstoßen dürfen.[176] Des weiteren sind bei Verträgen mit minderjährigen stillen Gesellschaftern gesonderte gesetzliche Vorschriften zu beachten.[177]

Die handelsrechtlichen Normen sind bezüglich der stillen Gesellschaft überwiegend dispositiver Natur; trotzdem gilt es - neben den in § 230 bzw. § 231 Abs. 2 HGB festgeschriebenen (zwingenden) Merkmalen - einige Regelungen zu beachten:[178] So besitzt der stille Gesellschafter bei Vorliegen eines wichtigen Grundes gem. § 233 Abs. 3 HGB ein außerordentliches Informationsrecht. Alle Vertragsbeteiligten haben darüber hinaus ein außerordentliches Kündigungsrecht i.S.v. § 234 Abs. 1 HGB; zudem sind die Vorschriften der §§ 236, 237 HGB einzuhalten, die im Fall eines Konkurses zur Anwendung kommen.[179] Aus zivilrechtlicher Sicht sind ansonsten bezüglich der Vertragsinhalte keine Grenzen gesetzt, d.h. das Verhältnis der Beteiligten läßt sich - insbesondere im Innenverhältnis - durch die per stillem Gesellschaftsvertrag getroffenen Vereinbarungen in vielfältiger Weise gestalten bzw. lenken.

Zur Schaffung klarer Rechtsverhältnisse haben sich im Gesellschaftsrecht weitere Vertragsinhalte etabliert: Bei stillen Gesellschaftsverträgen trifft man daher üblicherweise auf Vereinbarungen bezüglich Firma, Sitz und Gegenstand des Unternehmens, Informations-, Kontroll- und Mitwirkungsrechte des stillen Gesellschafters, Rechte und Pflichten des Geschäftsinhabers, Art und Höhe der Vermögenseinlage bzw. der Gewinn- und Verlustbeteiligung, Regelungen bezüglich eines Auseinandersetzungsguthabens und der Beendigung des stillen Gesellschaftsverhältnisses, etc.[180] Weist der

---

(Vertragsfreiheit, 1970); vgl. speziell für die stille Gesellschaft z.B. *Paulick / Blaurock* (Stille Gesellschaft, 1988), S. 10 ff.

176 Vgl. hierzu insbesondere § 134 BGB (Gesetzliches Verbot) bzw. § 138 BGB (Sittenwidriges Rechtsgeschäft).

177 Vgl. *Baumbach / Hopt* (HGB-Kommentar, 1995), zu § 230 HGB, Rn. 8 (S. 623); vgl. grundlegend dazu die Veröffentlichungen von *Stüttgen* (Stille Beteiligung, 1988); *Klamroth* (Anerkennung, 1975); *Nagel* (Familiengesellschaft, 1968).

178 Vgl. *BGH* (27.03.1961), S. 574; *Schmidt* (Schlegelberger HGB, 1986), zu § 335 HGB (§ 230 n.F.), Anm. 65 (S. 408 f.); *Stehle / Stehle* (Gesellschaften, 1977), S. 88; *Kübler* (Gesellschaftsrecht, 1994), S. 146.

179 Vgl. zu den genannten Vorschriften detailliert z.B. *Hartmann* (Stille Gesellschaft, 1974), S. 26 f.; *Horn* (Heymann HGB, 1996), zu § 230 HGB, Rdn. 30 (S. 496); *Koenigs* (Stille Gesellschaft, 1961), S. 17 ff.; *Schmidt* (Schlegelberger HGB, 1986), zu § 335 HGB (§ 230 n.F.), Anm. 65 (S. 408 f.); *Zacharias / Hebig / Rinnewitz* (Atypisch stille Gesellschaft, 1996), S. 46 f.; *Zutt* (Staub HGB, 1990), zu § 230 HGB, Rdn. 66 (S. 20).

180 Häufig vereinbarte Vertragsinhalte und Vorschläge bezüglich deren Formulierung findet man - auch in Form von Musterverträgen - z.B. bei *Klamroth* (Stille Gesellschaft, 1994); *Theißen* (Rechtsleitfaden, 1994); *Werner* (Stille Unternehmensbeteiligung, 1990); *Hartmann* (Stille Gesellschaft, 1974).

stille Gesellschaftsvertrag Lücken auf, greifen dort (ergänzend) die gesetzlichen Regelungen der §§ 230 ff. HGB und §§ 705 ff. BGB.[181]

Zivilrechtlich zulässige vertragliche Gestaltungsmaßnahmen finden grundsätzlich (später) auch aus steuerrechtlicher Sicht Anerkennung.[182] Zu beachten ist im Zuge steuerlicher Gestaltungsüberlegungen allerdings die Vorschrift des § 42 AO, nach der durch "Mißbrauch von Gestaltungsmöglichkeiten des Rechts (...) das Steuergesetz nicht umgangen werden" darf. So finden Strategien zur Steuervermeidung, Steuerminimierung oder sonstigen steuerlichen Begünstigung keine Anerkennung, die auf einem Mißbrauch von Gestaltungsmöglichkeiten des Rechts beruhen und damit zur sog. Steuerumgehung führen würden.[183] Wie später noch eingehender zu erläutern sein wird,[184] sind insbesondere der Gestaltung von stillen Gesellschaftsverträgen mit GmbH-Gesellschaftern bzw. mit deren Angehörigen gewisse Grenzen gesetzt. Trotz der gegebenen Einschränkungen besteht auch aus steuerrechtlicher Sicht bei stillen Gesellschaftsverträgen ein erhebliches Gestaltungspotential, mit dessen Einsatz unter anderem die Inanspruchnahme von Steuerbefreiungen, steuerlichen Förderungsinstrumenten und weiteren begünstigenden Regelungen realisiert werden kann.[185]

Innerhalb der umrissenen Grenzen bleibt die Ausgestaltung des stillen Gesellschaftsvertrags und damit die Möglichkeit einer (Fein)Steuerung des Gesellschaftsverhältnisses den Beteiligten überlassen.[186] Während ein gemeinsamer (Vor)Zweck der Gesell-

---

181 Die (subsidiäre) Anwendung des BGB unterliegt auch hier den - oben schon beschriebenen - rechtsnaturbedingten Restriktionen (stille Gesellschaft als Innengesellschaft ohne Gesamthandsvermögen); vgl. hierzu *Paulick / Blaurock* (Stille Gesellschaft, 1988), S. 174.

182 Vgl. *BFH* (09.07.1985), S. 722; *BFH* (12.07.1967), S. 781; *Tipke / Lang* (Steuerrecht, 1996), § 5, Rz. 98 (S. 158); *Döllerer* (Zivilrecht, 1995), S. 54; *Tipke* (Steuerrecht, 1970), S. 154 m.w.N.; vgl. bezüglich des "Zusammenspiels" von Steuerrecht und Zivilrecht die ausführliche Darstellung bei *Tipke / Lang* (Steuerrecht, 1996), § 1, Rz. 16 ff. (S. 6 ff.); vgl. auch *Crezelius* (Zivilrecht, 1995), S. 251 ff.; *Grimm* (Steuerrecht, 1978), S. 283 ff.

183 Vgl. *Hoffmann* (Koch AO, 1996), zu § 42 AO, Rz. 2 (S. 309); *Kühn / Kutter / Hofmann* (AO-Kommentar, 1990), Erläuterung zu § 42 AO, S. 119. Die Auslegung dieser Norm durch die Rechtsprechung ist ausgesprochen komplex und hat zu großer Rechtsunsicherheit beigetragen; die Anwendung dieser Vorschrift beruht auf einer umfangreichen Kasuistik; vgl. die umfassenden Beispiele hierzu bei *Hoffmann* (Koch AO, 1996), zu § 42 AO, Rz. 8 (S. 314 ff.); *Kühn / Kutter / Hofmann* (AO-Kommentar, 1990), Erläuterung zu § 42 AO, S. 122 ff. Grundsätzlich gilt allerdings, daß die (zuständige) Finanzbehörde die Steuerumgehung eindeutig nachweisen muß; vgl. z.B. *BFH* (02.03.1966), S. 509.

184 Aspekte bezüglich der Auslegung zivilrechtlicher Vertragsgestaltungen finden - abseits des § 42 AO - im Rahmen der steuerlichen Diskussion insbesondere im Bereich der verdeckten Gewinnausschüttung Berücksichtigung; vgl. so *Abschnitt I.2.3.* im *Dritten Kapitel.*

185 Vgl. z.B. *BFH* (31.05.1972), S. 836; *BFH* (08.12.1965), S. 148; *Tipke / Lang* (Steuerrecht, 1996), § 5, Rz. 107 (S. 160).

186 Bei eventuellen Rechtsstreitigkeiten ist es freilich von Vorteil, wenn der Gesellschaftsvertrag - über die zwingenden Bestandsmerkmale hinaus - möglichst umfassende Regelungen enthält. Aufgrund der beschriebenen Vertragsfreiheit im Recht der stillen Gesellschaft besteht jedoch insgesamt eine breite, in der Praxis kaum überschaubare Typenvielfalt; vgl. hierzu auch *Koenigs* (Stille Gesellschaft, 1961), S. 17 ff.; *Paulick / Blaurock* (Stille Gesellschaft, 1988), S. 10; *Rasner*

schafter, die Gewinnerzielung, aufgrund der Rechtsnatur der Vertragsbeziehung fest vorgegeben ist, sind die weiteren (End)Zwecke bzw. Motive der Gesellschafter und die deren Zielsetzungen konkretisierenden vertraglichen Gestaltungen vielfältig.[187] Aufgrund des dispositiven Rechts der stillen Gesellschaft können die Gesellschafter Art, Umfang, Dauer sowie Intensität ihrer Rechte und Pflichten den individuellen Präferenzen anpassen, die insbesondere von Finanzierungsgedanken sowie haftungs- und steuerrechtlichen Überlegungen geprägt sind.[188] Ein stilles Gesellschaftsverhältnis kann so die verschiedensten Funktionen erfüllen; inwieweit die Vertragspartner dabei ihre eigenen Zielsetzungen durchsetzen können, ist eine Frage der Verhandlungsmacht im Einzelfall.[189]

II. Stille Beteiligung an einer GmbH

1. Gründung

Einen hohen Stellenwert besitzt im Unternehmensbereich die - zivil- und steuerrechtlich grundsätzlich anerkannte[190] - stille Beteiligung am Handelsgewerbe einer GmbH, die sog. GmbH & Still.[191] Aufgrund der Gestaltungsfreiheit im Recht der stillen Gesellschaft gibt es auch bezüglich der GmbH & Still eine entsprechende Vielzahl an vertraglichen Gestaltungsmöglichkeiten, deren wesentliche Aspekte im folgenden beleuchtet werden sollen, um die Besonderheiten dieses Rechtskonstrukts, als gesellschaftliche Mischform zwischen einer Kapital- und einer Personengesellschaft, zu verdeutlichen und einer steuerlichen Diskussion zugänglich zu machen.

Die stille Beteiligung kann am gesamten Unternehmen, aber auch an abgrenzbaren Geschäftsbereichen der GmbH erfolgen (z.B. Zweigniederlassungen oder Filialbetrie-

---

(Atypische stille Gesellschaft, 1961), S. 43 ff.; *Schmidt* (Schlegelberger HGB, 1986), zu § 335 HGB (§ 230 n.F.), Anm. 66 (S. 409).

187 Vgl. *Stuhlfelner / Glanegger* (HGB-Kommentar, 1995), Rz 7 (S. 552 f.); *Westermann* (Vertragsfreiheit, 1970), S. 307 ff.; *Weimar* (GmbH & Still, 1993), S. 1511.

188 Eine ausführliche Darstellung von möglichen Beweggründen bzw. (End)Zwecken findet man bei *Paulick / Blaurock* (Stille Gesellschaft, 1988), S. 15 ff.; vgl. zudem *Schmidt* (Schlegelberger HGB, 1986), zu § 335 HGB (§ 230 n.F.), Anm. 63 ff. (S. 408 f.).

189 Solche Überlegungen sind (zentraler) Gegenstand spieltheoretischer Ansätze.

190 Vgl. z.B. *BGH* (29.06.1992), S. 2696; *BGH* (07.11.1988), S. 100; *BGH* (29.06.1987), S. 1193; *BFH* (08.02.1995), S. 764; *BFH* (21.06.1983), S. 565; *BFH* (09.12.1976), S. 155; *BFH* (09.07.1969), S. 690; *BFH* (28.10.1964), S. 119; *BFH* (20.08.1954), S. 336.

191 Angaben bezüglich des hohen Stellenwerts der GmbH & Still vgl. bei *Schulze zur Wiesche* (GmbH & Still, 1997), Rn. 1 (S. 1); *Hirth / Paus* (GmbH & Still, 1996), S. 802; *Jebens* (Stille Beteiligung), S. 701; *Sträter* (GmbH & Still, 1996), S. 58; *Zacharias / Hebig / Rinnewitz* (Atypisch stille Gesellschaft, 1996), S. 201; *Fichtelmann* (GmbH & Still, 1995), Rdnr. 5 (S. 2); *Dörner* (Rechtsform, 1994), Rdnr. 23 (S. 26); *Kübler* (Gesellschaftsrecht, 1994), S. 145; *Kampmann* (GmbH & Still, 1994), S. 188; *Weimar* (GmbH & Still, 1993), S. 1509; *Schwedhelm* (Mitunternehmerschaft, 1987), S. 1; *Post / Hoffmann* (Stille Beteiligung, 1984), S. 39; *Limberg* (Stille Beteiligung, 1972), S. 169.

ben).[192] Der stille Gesellschafter beteiligt sich dabei nicht an der GmbH bzw. an deren Bereichen als solche, sondern an einem bestimmten Handelsgewerbe, das durch diese ausgeübt wird.[193] Die Errichtung einer GmbH & Still setzt daher voraus, daß ein Handelsgewerbe der GmbH schon besteht, damit der stille Gesellschafter seine Beitragsleistung überhaupt erfüllen kann, wobei es nicht auf den Zeitpunkt des Vertragsschlusses ankommt, sondern auf das zeitliche Vorschalten der GmbH-Gründung vor den (auch vertraglich) zu vereinbarenden Beginn des stillen Gesellschaftsverhältnisses.[194] Die GmbH & Still wird als solche nicht im Handelsregister eingetragen; die stille Beteiligung darf zudem nicht mit in die Geschäftsbezeichnung bzw. den Firmennamen der GmbH einbezogen werden.[195]

Auf Seiten der GmbH ist grundsätzlich die Geschäftsführung befugt, einen stillen Gesellschaftsvertrag zu paraphieren, soweit dies per Geschäftsführungsvertrag nicht anders reglementiert worden ist.[196] Daß eine GmbH dabei die Kaufmannseigenschaft (schon) kraft Rechtsform[197] innehat, reicht in bezug auf die Fähigkeit des Geschäftsinhabers, ein stilles Gesellschaftsverhältnis einzugehen, nicht unbedingt aus. Die Tätigkeit der GmbH muß darüber hinaus so ausgerichtet sein, daß eine Gewinnerzielung nicht unmöglich ist, da die stille Beteiligung nur an einem Handelsgewerbe[198] und

---

192 Vgl. *BFH* (06.12.1995), S. 427; *BFH* (04.08.1988), S. 19; *BFH* (17.01.1975), S. 324; *Horn* (Heymann HGB, 1996), zu § 230 HGB, Rdn. 6 (S. 489); *Paulick / Blaurock* (Stille Gesellschaft, 1988), S. 68. Die Beschränkung einer stillen Beteiligung auf einzelne Geschäfte der GmbH ist dagegen nicht zulässig, da es sich dann nicht mehr um eine stille Beteiligung an einem gewerblichen Unternehmen handeln kann; vgl. so *BGH* (26.06.1989), S. 573; *BFH* (27.02.1975), S. 611.

193 Vgl. *Blaurock* (GmbH & Still, 1992), S. 1969; *Ebenroth / Auer* (GmbH & Still, 1990), S. 356.

194 Vgl. *Horn* (Heymann HGB, 1996), zu § 230 HGB, Rdn. 4 (S. 488 f.); *Zutt* (Staub HGB, 1990), zu § 230 HGB, Rdn. 35 (S. 12); *Kübler* (Gesellschaftsrecht, 1994), S. 142; *Lehmann / Dietz* (Gesellschaftsrecht, 1970), S. 216; *Hueck* (Gesellschaftsrecht, 1991), S. 167; *Flechtheim* (Hachenburg HGB, 1932), zu § 335 HGB (§ 230 n.F.), Anm. 5 (S. 1189 ff.); *Heymann-Kötter* (HGB-Kommentar, 1971), zu § 335 HGB (§ 230 n.F.), Anm. 2 (S. 687 f.).

195 Vgl. *BGH* (27.03.1961), S. 574; *Bitz* (GmbH & Still, 1997), S. 771; *Bezzenberger* (Stille Gesellschaft, 1991), § 1, Rdnr. 11 (S. 1085); *Zutt* (Staub HGB, 1990), zu § 230 HGB, Rdn. 105 (S. 32); *Schmidt* (Schlegelberger HGB, 1986), zu § 335 HGB (§ 230 n.F.), Anm. 10 (S. 389); *Klauss / Mittelbach* (Stille Gesellschaft, 1980), Rz. 29 (S. 31).

196 Eine Ermächtigung des bzw. der Geschäftsführer durch die Gesellschafterversammlung ist gem. § 53 Abs. 2 GmbHG z.B. dann nötig, wenn die Gewinne weitestgehend an den Stillen abfließen, dieser schuldrechtlich am Vermögen der GmbH beteiligt werden soll und/oder ihm Mitwirkungsrechte - insbesondere Geschäftsführungsbefugnis - eingeräumt werden sollen, wie sie z.B. ein Kommanditist besitzt. Das bedeutet im Ergebnis, daß die vertraglichen Vereinbarungen, die letztlich das Vorliegen einer atypischen stillen Gesellschaft im Sinne des Einkommensteuerrechts begründen, (vorher) eines Gesellschafterbeschlusses bedürfen; vgl. hierzu *Jebens* (Stille Beteiligung, 1996), S. 701 ff. m.w.N.; *Horn* (Heymann HGB, 1996), zu § 230 HGB, Rdn. 26 (S. 495 f.); *Schmidt* (Gesellschaftsrecht, 1997), S. 1851 f.; *ders.* (Schlegelberger HGB, 1986), zu § 335 HGB (§ 230 n.F.), Anm. 96 (S. 408 f.); *Koenigs* (Stille Gesellschaft, 1961), S. 86 f.

197 Vgl. § 6 HGB (Formkaufmannseigenschaft).

198 Der Begriff 'Handelsgewerbe' wird aus handelsrechtlicher Sicht definiert als "selbständige, auf Dauer angelegte und nach außen erkennbare Tätigkeit, die von der Absicht der dauernden Erzielung von Gewinn getragen ist." *Ruß* (HK-HGB, 1993), Rz 23 (S. 9) mit Urteilsnennung.

nicht etwa an der GmbH in ihrer Eigenschaft als (Form)Kaufmann rechtswirksam erfolgen kann. Eine vermögensverwaltende Tätigkeit der GmbH wird in diesem Zusammenhang deshalb als ausreichend erachtet, weil diese (VuV-)"Geschäfte (...) als in einem Handelsgewerbe vorgenommen (...) gelten", d.h. es werden hierbei über die "Kaufmannseigenschaft (...) auch die von der GmbH getätigten Geschäfte" ergriffen.[199] Verfolgt die GmbH dagegen ausschließlich gemeinnützige Zwecke, so kann der stille Gesellschaftszweck nicht auf Gewinnerzielung bzw. wegen der Kaufmannseigenschaft auf die Fiktion einer solchen gerichtet sein mit der Folge, daß eine (rein) gemeinnützige GmbH & Still nicht rechtswirksam begründet werden kann.[200]

Die Leistung zur Förderung des gemeinsamen Zwecks erbringt der Stille in Form einer Vermögenseinlage bzw. durch einen anderen vermögenswerten Beitrag. Im Falle der Einbringung einer Vermögenseinlage entsteht kein gemeinsames Gesellschaftsvermögen der GmbH & Still, sondern die Vermögenseinlage geht in das Betriebsvermögen der GmbH bzw. des Geschäftsbereichs über.[201] Der Fall einer Beitragsleistung ohne eigentliche Vermögenseinlage tritt bei der GmbH & Still z.B. dann ein, wenn im Rahmen der vorweggenommenen Erbfolge eine stille Beteiligung durch Schenkung begründet wird, bei der ein GmbH-Gesellschafter seinem Nachfolger einen stillen Gesellschaftsanteil überträgt bzw. einräumt.[202] Man trifft zudem des öfteren auf stille Mitarbeiterbeteiligungen, bei denen die Beiträge in Form von Arbeitsleistungen für die GmbH erbracht werden. Deren Ursächlichkeit darf allerdings nicht im gesonderten Arbeitsvertrag, sondern muß im stillen Gesellschaftsvertrag liegen, damit die Arbeits-

---

199 *BGH* (22.01.1976), S. 50 f. (beide Zitate); vgl. so auch *BFH* (21.06.1983), S. 563.

200 Vgl. *Paulick / Blaurock* (Stille Gesellschaft, 1988), S. 65; *Horn* (Heymann HGB, 1996), zu § 230 HGB, Rdn. 4 (S. 488 f.); *Zutt* (Staub HGB, 1990), zu § 230 HGB, Rdn. 37 (S. 13); *Koenigs* (Stille Gesellschaft, 1961), S. 13; *Zacharias / Hebig / Rinnewitz* (Atypisch stille Gesellschaft, 1996), S. 41. Zu beachten sind dabei jedoch - die schon angesprochenen - Restriktionen für stille Beteiligungen an bestimmten Berufsgruppen (Apotheker sowie u.U. Steuerberater oder Wirtschaftsprüfer).

201 Vgl. *BGH* (22.06.1981), S. 100; *BGH* (01.04.1965), S. 793; *BFH* (12.11.1985), S. 313; *BFH* (05.06.1986), S. 802; *BFH* (02.02.1973), S. 472; *BFH* (07.05.1971), S. 642; *Baumbach / Hopt* (HGB-Kommentar, 1995), zu § 230 HGB, Rn. 2 (S. 621); *Welmar* (GmbH & Still, 1993), S. 1510; *Bezzenberger* (Stille Gesellschaft, 1991), § 1, Rdnr. 10 (S. 1084); *Horn* (Heymann HGB, 1996), zu § 230 HGB, Rdn. 2 (S. 488); *Paulick / Blaurock* (Stille Gesellschaft, 1988), S. 55 f.; *Schmidt* (Gesellschaftsrecht, 1997), S. 1844; *ders.* (Schlegelberger HGB, 1986), zu § 335 HGB (§ 230 n.F.), Anm. 9 (S. 388 f.); *Zutt* (Staub HGB, 1990), zu § 230 HGB, Rdn. 8 (S. 5). Wird ein Vermögensgegenstand nur zur Nutzung überlassen, d.h. erfolgt die Beitragsleistung in Form einer Gebrauchsüberlassung, muß die GmbH zumindest die Verfügungsgewalt über den Vermögensgegenstand erlangen; vgl. *BFH* (29.10.1969), S. 329; z.B. *Stuhlfelner / Glanegger* (HGB-Kommentar, 1995), zu § 230 HGB, Rz 3 (S. 551); *Schilling* (Staub HGB, 1970), zu § 335 HGB (§ 230 n.F.), Anm. 16 (S. 281).

202 Vgl. zur rechtswirksamen Schenkung einer Einlage durch den Inhaber des Handelsgewerbes *Walter* (Verlustnutzung, 1997), S. 824; *Baumbach / Hopt* (HGB-Kommentar, 1995), zu § 230 HGB, Rn. 20 (S. 625); *Koenigs* (Stille Gesellschaft, 1961), S. 45; *Schmidt* (Schlegelberger HGB, 1986), zu § 335 HGB (§ 230 n.F.), Anm. 64 (S. 408 f.); vgl. überdies *Kühn* (Stille Gesellschaft, 1991), § 16, Rdnr. 14 ff. (S. 1193 f.).

leistung der Förderung des gemeinsamen Zwecks zuordenbar ist. So sind z.B. nicht durch den Arbeitsvertrag abgedeckte Sonderleistungen oder ggf. auch Überstunden dazu geeignet, einen Beitrag für die (Gründung der) GmbH & Still darzustellen.[203]

2. GmbH-Gesellschafter als Stiller

Der GmbH-Gesellschafter kann anerkanntermaßen mit seiner GmbH Vertragsbeziehungen eingehen wie ein fremder Dritter, da die GmbH als juristische Person eine eigene Rechtspersönlichkeit besitzt.[204] Während solche parallelen Vertragsgestaltungen im Zivilrecht weniger Probleme aufwerfen, finden sie steuerrechtlich nur dann Anerkennung, wenn die neben dem GmbH-Gesellschaftsvertrag bestehenden Verträge so ausgestaltet werden, daß Leistungen des Gesellschafters entweder seinem GmbH-Gesellschaftsverhältnis oder einer anderen Vertragsbeziehung eindeutig zuordenbar sind.[205] Separate schuldrechtliche Beziehungen werden (allgemein) nur dann steuerlich akzeptiert, wenn der GmbH-Gesellschafter die vereinbarten Leistungen an die Gesellschaft wie ein fremder Dritter erbringt.[206] Grundsätzlich bestehen dann auch keine Bedenken, wenn GmbH-Gesellschafter gleichzeitig ein stilles Gesellschaftsverhältnis eingehen; sie halten in dem Fall neben ihrem Gesellschaftsanteil eine stille Beteiligung an der GmbH.[207] Dies gilt ebenfalls für einen alleinigen GmbH-Gesellschafter,[208] wobei dort eine parallel vereinbarte stille Beteiligung zu der sog. Einmann-GmbH & Still führen würde.[209]

---

203 Vgl. m.w.N. *Schmidt* (Schlegelberger HGB, 1986), zu § 335 HGB (§ 230 n.F.), Anm. 64 (S. 408 f.); *Weimar* (GmbH & Still, 1993), S. 1510.

204 Vgl. *BFH* (16.12.1992), S. 792; *BFH* (06.02.1980), S. 477; statt vieler *Kübler* (Gesellschaftsrecht, 1994), S. 327.

205 Vgl. *BFH* (26.04.1989), S. 63; *BFH* (09.12.1976), S. 155; *Schulze zur Wiesche* (GmbH & Still, 1997), Rn. 120 (S. 48 f.); *Heinrich* (GmbH, 1996), § 5, Rdnr. 3 (S. 30); *Paulick / Blaurock* (Stille Gesellschaft, 1988), S. 452.

206 Vgl. *BFH* (16.12.1992), S. 792; *BFH* (06.02.1980), S. 477; *Schiessl* (GmbH, 1996), § 34, Rdnr. 17 (S. 463); *Fleischer / Thierfeld* (Stille Gesellschaft, 1995), S. 116; *Schulze zur Wiesche* (GmbH & Still, 1997), Rn. 120 (S. 48); *Zutt* (Staub HGB, 1990), zu § 230 HGB, Rdn. 40 (S. 14).

207 Vgl. bezüglich der Anerkennung *BFH* (16.12.1992), S. 792; *BFH* (12.12.1990), S. 59; *BFH* (21.06.1983), S. 563; *BFH* (06.02.1980), S. 477; *BFH* (10.02.1978), S. 256; *BFH* (09.12.1976), S. 155; *Schmidt* (EStG-Kommentar, 1997), zu § 15, Rz 354 (S. 1178); *Schulze zur Wiesche* (GmbH & Still, 1997), Rn. 119 (S. 48); *Zacharias / Hebig / Rinnewitz* (Atypisch stille Gesellschaft, 1996), S. 44; *Fichtelmann* (GmbH & Still, 1995), Rdnr. 24 (S. 10); *Schoor* (GmbH & Still, 1995), Rdn. 72 (S. 44); *Blaurock* (GmbH & Still, 1992), S. 1969; *Zutt* (Staub HGB, 1990), zu § 230 HGB, Rdn. 42 (S. 14); *Schneider / Reusch* (GmbH & Still, 1989), S. 716; *Paulick / Blaurock* (Stille Gesellschaft, 1988), S. 67, 451 f.; *Schmidt* (Schlegelberger HGB, 1986), zu § 335 HGB (§ 230 n.F.), Anm. 31 (S. 396); *Klauss / Mittelbach* (Stille Gesellschaft, 1980), Rz. 489 (S. 190); *Boettcher / Zartmann / Faut* (Stille Gesellschaft, 1978), S. 61.

208 Die Einmann-GmbH i.S.v. § 1 GmbHG fand erst durch die GmbH-Novelle zum 01.01.1981 Legitimation.

209 Vgl. *BFH* (26.04.1989), S. 63; *BFH* (21.06.1983), S. 563; *BFH* (06.02.1980), S. 477; *BFH* (20.08.1954), S. 336; *Paulick* (Einmann-GmbH & Still, 1993), S. 150; *ders.* (Einmann-GmbH &

Es ist so im Bereich der GmbH & Still eine strenge vertragliche Trennung der Gesellschaftsverhältnisse vorzunehmen, damit die stille Beteiligung neben der GmbH-Beteiligung - insbesondere auch aus steuerrechtlicher Sicht - anerkannt wird. Das stille Gesellschaftsverhältnis muß vertraglich im voraus klar und eindeutig vereinbart sein und zudem tatsächlich so durchgeführt werden.[210] Es muß erkennbar sein, daß außerhalb des GmbH-Gesellschaftsverhältnisses eine weitere Rechtsbeziehung - in diesem Fall die stille Gesellschaft - begründet werden soll.[211] Eine Vermischung von Leistungen der Gesellschafter aufgrund des GmbH-Verhältnisses mit solchen, die ursächlich auf dem stillen Gesellschaftsverhältnis beruhen, muß durch eine klare vertragliche Trennung der Rechtsverhältnisse verhindert werden, damit Beiträge des GmbH-Gesellschafters eindeutig dem GmbH-Gesellschaftsvertrag oder seiner stillen Beteiligung zugeordnet werden können.[212]

Das Gebot einer klaren Trennung der Vertragsverhältnisse aus Gründen der Zuordenbarkeit von (GmbH-)Gesellschafterleistungen stimmt insofern aus Sicht des Rechts der stillen Gesellschaft mit den allgemeinen zivilrechtlichen Anforderungen an den Leistungsbegriff überein. Um hiernach eine Beitragsleistung der Gesellschafter für die stille Gesellschaft annehmen zu können, muß der Beitrag einer Förderung des gemeinsamen Zwecks dienen und diesem generell zuordenbar sein.[213] Fehlt bei GmbH-Gesellschaftern, die gleichzeitig als stille Gesellschafter fungieren, aufgrund unklarer vertraglicher Vereinbarungen die Möglichkeit der eindeutigen Zuordnung von Leistungen zu einem der nebeneinander bestehenden Rechtsverhältnisse, erwächst der gemeinsame Zweck der stillen Gesellschaft zum entscheidenden Abgrenzungskriterium: Liegt so einer Leistung des GmbH-Gesellschafters ursächlich nicht der stille Gesellschaftsvertrag zugrunde bzw. ist ein Zusammenhang zur Zweckförderung nicht

---

Still, 1982), S. 237; *Schulze zur Wiesche* (Einmann-GmbH & Still, 1983), S. 202; *ders.* (GmbH & Still, 1997), Rn. 119 (S. 48); *Post / Hoffmann* (Stille Beteiligung, 1984), S. 79.

210 Vgl. *BFH* (21.06.1983), S. 565; *BFH* (09.12.1976), S. 155; *Schmidt* (EStG-Kommentar, 1997), zu § 15, Rz 354 (S. 1178); *Zimmermann / Reyher / Hottmann* (Personengesellschaften, 1995), S. 85; *Stüttgen* (Stille Beteiligung, 1988), S. 275 f.

211 Vgl. *BFH* (10.02.1978), S. 256; *Fleischer / Thierfeld* (Stille Gesellschaft, 1995), S. 116; *Schoor* (GmbH & Still, 1995), Rdn. 73 (S. 44 f.); *Blaurock* (GmbH & Still, 1992), S. 1970 m.w.N.; *Paulick / Blaurock* (Stille Gesellschaft, 1988), S. 452.

212 Vgl. *BFH* (09.12.1976), S. 157; *Schulze zur Wiesche* (GmbH & Still, 1997), Rn. 120 (S. 48); *Zutt* (Staub HGB, 1990), zu § 230 HGB, Rdn. 76 (S. 24); *Döllerer* (Atypisch stille Gesellschaft, 1988), S. 293; *ders.* (Atypisch stille Gesellschaft, 1985), S. 299; *Thomas* (Palandt BGB, 1997), zu § 705 BGB, Rn. 21, 23 (S. 788).

213 Es ist an dieser Stelle in Erinnerung zu rufen, daß eine Zuordnung der Leistung zum stillen Gesellschaftsverhältnis letztlich nur dann möglich ist, wenn sie mit keinem anderen Rechtsgrund (GmbH-Mitgliedschaft oder andere schuldrechtliche Verträge) in Verbindung gebracht werden kann; vgl. *Zutt* (Staub HGB, 1990), zu § 230 HGB, Rdn. 76 (S. 24); gl.A. *Blaurock* (GmbH & Still, 1992), S. 1970.

eindeutig herstellbar, muß diese grundsätzlich dem GmbH-Gesellschaftsverhältnis zugeordnet werden.[214]

Je mehr sich eine Machtposition des Gesellschafters aus seiner GmbH-Mitgliedschaft ergibt, um so notwendiger erscheint eine klare Unterscheidung der Rechtsverhältnisse bzw. bei Nichtvorhandensein einer solchen Trennung die Zuordnung der Leistung zur GmbH-Mitgliedschaft. Dieser Sachverhalt trifft auf eine breite Zustimmung:[215] Liegen hiernach zwischen einem beherrschenden Gesellschafter oder dem Einmann-GmbH-Gesellschafter und der GmbH keine eindeutigen Vereinbarungen bezüglich der zu leistenden Beiträge vor und ist die erbrachte Leistung nicht eindeutig dem gemeinsamen Zweck des stillen Gesellschaftsverhältnisses zuordenbar, so ist davon auszugehen, daß die Leistung gegenüber der GmbH aufgrund der GmbH-Mitgliedschaft und nicht aufgrund des stillen Gesellschaftsverhältnisses erbracht wurde.

Es gilt bei Personenidentität zwischen dem GmbH-Anteilseigner und dem Stillen auch die Vorschrift des § 32a GmbHG bezüglich eigenkapitalersetzender Gesellschafterdarlehen zu beachten, die eine analoge Anwendung der Beurteilungskriterien auf die stille Beteiligung eines GmbH-Gesellschafters beinhaltet.[216] Beim Abschluß des stillen Gesellschaftsvertrags sind darüber hinaus insbesondere die - später noch eingehender zu erläuternden - steuerrechtlichen Aspekte von Bedeutung. So ist z.B. bei vertraglichen Abreden bezüglich des stillen Gewinnanteils auf eine Angemessenheit der Gewinnverteilung zu achten, um eine Qualifikation als verdeckte Gewinnausschüttung zu vermeiden.[217] Ist ein stiller (GmbH-) Gesellschafter zugleich Geschäftsführer der GmbH, greifen weitere rechtliche Sonderregelungen.[218]

3. Geschäftsführung und Vertretung

Die GmbH & Still nimmt als reine Innengesellschaft nicht am Rechtsverkehr teil, so daß sich bei ihr als solche die Frage nach einer Geschäftsführung oder Vertretung nicht

---

214 Vgl. nachdrücklich auch *Schulze zur Wiesche* (GmbH & Still, 1997), Rn. 120 (S. 48). Ohne besondere Entgeltvereinbarung läge dann bei einer solchen Zuordnung der Leistung zur GmbH-Mitgliedschaft dort eine verdeckte Einlage vor.

215 Vgl. z.B. *BFH* (12.12.1990), S. 59; *BFH* (26.04.1989), S. 63; *Schulze zur Wiesche* (GmbH & Still, 1997), Rn. 19 (S. 8); *Fleischer / Thierfeld* (Stille Gesellschaft, 1995), S. 116; *Schoor* (GmbH & Still, 1995), Rdn. 74 (S. 45); *Blaurock* (GmbH & Still, 1992), S. 1970; *Paulick / Blaurock* (Stille Gesellschaft, 1988), S. 453.

216 Der stille Gesellschafter ist bei der Umqualifizierung von (Fremd-)Kapitalhingaben im Konkursfalle nicht mehr Konkursgläubiger, sondern wird als Eigenkapitalgeber behandelt; steuerlich bleibt die stille Einlage allerdings Fremdkapital; vgl. dazu z.B. *Horn* (Heymann HGB, 1996), zu § 230 HGB, Rdn. 10 (S. 490); *Weimar* (GmbH & Still, 1993), S. 1520. Der *BGH* hat vereinzelt sogar die Einlage eines (Nur-)Stillen als Kapitalersatz angesehen, dem nach der GmbH-Satzung hinsichtlich Beteiligung und Einfluß eine Rechtsposition eingeräumt worden war, die derjenigen eines normalen GmbH-Gesellschafters entsprach; vgl. so insbesondere *BGH* (07.11.1988), S. 218.

217 Vgl. hier statt vieler *Paulick* (Einmann-GmbH & Still, 1993), S. 159 ff.; vgl. ausführlich dazu *Abschnitt II.2.2.* im *Zweiten Kapitel* und *Abschnitt I.2.3. im Dritten Kapitel.*

218 Vgl. z.B. die Vorschrift des § 181 BGB.

stellt.[219] Nach außen tritt nur die Inhaberin des Handelsgewerbes, die GmbH,[220] in Erscheinung, die gem. § 230 Abs. 2 HGB "aus den in dem Betriebe geschlossenen Geschäften allein berechtigt und verpflichtet" wird.[221] Das Handelsgewerbe der GmbH wird auf eigenen Namen betrieben, erfolgt jedoch im Hinblick auf den zugrundeliegenden gemeinsamen Zweck der GmbH & Still im Innenverhältnis - innerhalb eines vertraglich bestimmten Rahmens - auch auf Rechnung der stillen Gesellschaft.[222]

Der stille Gesellschafter ist nach den Vorschriften der §§ 230 ff. HGB grundsätzlich nicht an der Geschäftsführung der GmbH beteiligt.[223] Er hat zwar die Möglichkeit, von seinem Kontrollrecht i.S.v. § 233 HGB Gebrauch zu machen, kann jedoch aufgrund der fehlenden eigenen Rechtspersönlichkeit der stillen Gesellschaft dem Handelsgewerbetreibenden die Geschäftsführung i.S.v. § 712 BGB nicht entziehen; die GmbH benötigt - wenn nicht anders im stillen Gesellschaftsvertrag vereinbart - auch bei ungewöhnlichen Geschäften weder die Zustimmung des Stillen noch hat dieser ein Wi-

---

219 Vgl. *BGH* (18.10.1965), S. 187; *BGH* (28.06.1962), S. 1086; *Kraft / Kreutz* (Gesellschaftsrecht, 1997), S. 240; *Horn* (Heymann HGB, 1996), zu § 230 HGB, Rdn. 3 (S. 488); *Hueck* (Gesellschaftsrecht, 1991), S. 172; *Paulick / Blaurock* (Stille Gesellschaft, 1988), S. 216 f.; *Post / Hoffmann* (Stille Beteiligung, 1984), S. 50; *Hämmerle / Wünsch* (Handelsrecht, 1978), S. 215; *Lehmann / Dietz* (Gesellschaftsrecht, 1970), S. 224; *Koenigs* (Stille Gesellschaft, 1961), S. 16. Bei *Klauss / Mittelbach* rückt die Rechtsstellung der stillen Gesellschaft m.E. nicht vertretbar in den Hintergrund; sie sehen die gesellschaftsrechtliche Verpflichtung des Geschäftsinhabers zur Führung der Geschäfte auf gemeinsame Rechnung der stillen Gesellschaft im Mittelpunkt und folgern daraus, daß man auch von einer Geschäftsführung für die stille Gesellschaft ausgehen müßte; vgl. *Klauss / Mittelbach* (Stille Gesellschaft, 1980), Rz. 65 (S. 45 f.).

220 Die GmbH wird (wiederum) gem. § 35 Abs. 1 GmbHG durch ihre(n) Geschäftsführer vertreten; vgl. hierzu auch *Paulick / Blaurock* (Stille Gesellschaft, 1988), S. 177 ff; *Weimar* (GmbH & Still, 1993), S. 1515; *Baumbach / Hopt* (HGB-Kommentar, 1995), zu § 230 HGB, Rn. 14 (S. 625).

221 Vgl. *Kübler* (Gesellschaftsrecht, 1994), S. 144; *Schmidt* (Gesellschaftsrecht, 1997), S. 1845; *ders.* (Schlegelberger HGB, 1986), zu § 335 HGB (§ 230 n.F.), Anm. 132 (S. 437); *Hense* (Stille Gesellschaft, 1990), S. 48 f.; *Hueck* (Gesellschaftsrecht, 1991), S. 171; *Zutt* (Staub HGB, 1990), zu § 230 HGB, Rdn. 91 (S. 29); *Klauss / Mittelbach* (Stille Gesellschaft, 1980), Rz. 66 (S. 46); *Hartmann* (Stille Gesellschaft, 1974), S. 62; *Lehmann / Dietz* (Gesellschaftsrecht, 1970), S. 224, *Koenigs* (Stille Gesellschaft, 1961), S. 152.

222 Vgl. *OLG München* (09.02.1968), S. 1386; *Keßler* (Staudinger BGB, 1991), zu vor § 705 BGB, Rz 91 (S. 311) m.w.N.; *Lehmann / Dietz* (Gesellschaftsrecht, 1970), S. 88 f.; *Zimmermann / Reyher / Hottmann* (Personengesellschaften, 1995), S. 39.

223 Vgl. *Kraft / Kreutz* (Gesellschaftsrecht, 1997), S. 240; *Schmidt* (Gesellschaftsrecht, 1997), S. 1856; *Horn* (Heymann HGB, 1996), zu § 230 HGB, Rdn. 34 (S. 497); *Zutt* (Staub HGB, 1990), zu § 230 HGB, Rdn. 91 (S. 29); *Paulick / Blaurock* (Stille Gesellschaft, 1988), S. 216 f.; *Hämmerle / Wünsch* (Handelsrecht, 1978), S. 215; *Sennhenn* (Stille Gesellschaft, 1975), S. 13; *Lehmann / Dietz* (Gesellschaftsrecht, 1970), S. 222; *Koenigs* (Stille Gesellschaft, 1961), S. 153. Bei *Schmidt* (Schlegelberger HGB, 1986), zu § 335 HGB (§ 230 n.F.), Anm. 132 (S. 437 f.), findet man die Differenzierung, daß bei Gesellschaften im Rechtssinne gem. § 709 BGB zwar eine gemeinschaftliche Geschäftsführung und Vertretung erfolgt, dies aber nicht für die stille Gesellschaft - als reine Innengesellschaft - zutreffen kann; vgl. so auch *Schilling* (Staub HGB, 1970), zu § 335 HGB (§ 230 n.F.), Anm. 59 (S. 297); *Koenigs* (Stille Gesellschaft, 1961), S. 157.

derspruchsrecht.[224] Die GmbH hat die Pflicht, i.S.d. gemeinsamen Zwecks, d.h. mit Gewinnerzielungsabsicht, zu agieren und unterliegt den aus dem stillen Gesellschaftsvertrag fließenden Beschränkungen.[225] Die Geschäftsführungsbefugnis der GmbH hat dort ihre Schranken, wo wesentliche Grundlagen des (gemeinsamen) Handelsgewerbes (z.B. Wechsel von einem Handels- zu einem Produktionsbetrieb) geändert werden sollen; eine solche Änderung bedarf der Zustimmung des Stillen.[226]

Eine Wahrnehmung der Interessen der stillen Gesellschaft durch die GmbH kann in der Weise vertraglich ausgestaltet sein, daß man dem Stillen Möglichkeiten der direkten Einflußnahme auf die Geschäftsführung der GmbH gewährt: So können gem. § 6 Abs. 3 Satz 1 GmbHG zu "Geschäftsführern (...) Gesellschafter oder andere Personen bestellt werden." Dem Stillen kann auch die alleinige Geschäftsführungsbefugnis eingeräumt werden,[227] wobei er in diesem Fall vertraglich vom Selbstkontrahierungsverbot bzw. dem "Verbot des Insichgeschäfts" gem. § 181 BGB zu befreien ist, damit der stille Gesellschaftsvertrag überhaupt rechtswirksam gilt.[228] Es besteht zudem die Möglichkeit, dem stillen Gesellschafter Handlungsvollmacht oder Prokura zu erteilen.[229]

---

224 Dies erscheint naheliegend, da ansonsten dem Geschäftsinhaber die Geschäftsführung seines eigenen Unternehmens genommen würde oder zumindest ein nicht zu vertretender Einfluß auf seine Geschäfte ausgeübt werden könnte; vgl. dazu auch *Baumbach / Hopt* (HGB-Kommentar, 1995), zu § 230 HGB, Rn. 14 (S. 625); *Weimar* (GmbH & Still, 1993), S. 1515; *Schmidt* (Gesellschaftsrecht, 1997), S. 1856; *ders.* (Schlegelberger HGB, 1986), zu § 335 HGB (§ 230 n.F.), Anm. 132 (S. 437 f.); *Zutt* (Staub HGB, 1990), zu § 230 HGB, Rdn. 91 (S. 29); *Klauss / Mittelbach* (Stille Gesellschaft, 1980), Rz. 72 (S. 48); *Koenigs* (Stille Gesellschaft, 1961), S. 154.

225 Vgl. zu möglichen Restriktionen ausführlich *Boettcher / Zartmann / Faut* (Stille Gesellschaft, 1978), S. 78 ff.

226 Vgl. *BGH* (29.06.1987), S. 1193; *BGH* (21.04.1980), S. 958; *BGH* (25.09.1963), S. 1210; *Weimar* (GmbH & Still, 1993), S. 1516; *Kühn* (Stille Gesellschaft, 1991), § 12, Rdnr. 1 ff. (S. 1157); *Zutt* (Staub HGB, 1990), zu § 230 HGB, Rdn. 86 (S. 27); *Brandes* (BGH-Rechtsprechung, 1989), S. 1363; *Paulick / Blaurock* (Stille Gesellschaft, 1988), S. 197; *Westermann* (Vertragsfreiheit, 1970), S. 314.

227 Dies ist bei einer Einmann-GmbH & Still regelmäßig der Fall; vgl. so *Horn* (Heymann HGB, 1996), zu § 230 HGB, Rdn. 51 (S. 501 f.); *Schoor* (GmbH & Still, 1995), Rdn. 34 (S. 33 f.); *Petzold* (Stille Gesellschaft, 1993), S. 2981; *Zutt* (Staub HGB, 1990), zu § 230 HGB, Rdn. 94 (S. 29 f.).

228 *Bitz* (GmbH & Still, 1997), S. 771 (Fn. 31); ähnlich vgl. *BFH* (10.04.1997), S. 777, gem. dem es "zum Nachweis des Vollzugs der zeitnahen Einbuchung der Einlage" bedarf. Bei mehreren Geschäftsführern könnte ein anderer die Vertragsunterzeichnung vornehmen, ansonsten bedarf der stille Gesellschaftsvertrag der Genehmigung aller GmbH-Gesellschafter. Bei einer Einmann-GmbH muß das Selbstkontrahierungsverbot i.S.v. §181 BGB für die gleichzeitige Gründung eines stillen Gesellschaftsverhältnisses in jedem Fall ausgeschlossen sein; vgl. dazu *BGH* (28.02.1983), S. 59; *Schulze zur Wiesche* (GmbH & Still, 1997), Rn. 107 (S. 41); *Heinrich* (GmbH, 1996), § 10, Rdnr. 6 (S. 94); *Fichtelmann* (GmbH & Still, 1995), Rdnr. 64 ff. (S. 21); *Glenk* (Atypische stille Beteiligung, 1995), S. 402; *Kübler* (Gesellschaftsrecht, 1994), S. 327; *Blaurock* (GmbH & Still, 1992), S. 1970; *Paulick / Blaurock* (Stille Gesellschaft, 1988), S. 453.

229 Vgl. *BGH* (18.10.1965), S. 187; *BGH* (06.11.1963), S. 327; *BGH* (27.03.1961), S. 574; *BGH* (29.11.1952), S. 160; *Horn* (Heymann HGB, 1996), zu § 230 HGB, Rdn. 34 (S. 497); *Koller*

Die GmbH & Still tritt als solche nach außen nicht in Erscheinung. Zur Förderung des gemeinsamen Zwecks ist die GmbH jedoch verpflichtet, das Handelsgewerbe im Innenverhältnis auch auf gemeinsame Rechnung der stillen Gesellschaft zu betreiben. Vor diesem Hintergrund stellt sich die Frage, ob im Falle einer Berufung des Stillen zur Geschäftsführung[230] diese Tätigkeit in jedem Fall als Beitragsleistung zur Förderung des gemeinsamen Zwecks angesehen werden muß. Dies ist allein deshalb strikt zu verneinen, weil nur die GmbH nach außen tätig wird, d.h. eine Geschäftsführung kann in jedem Fall nur im Namen der GmbH, nicht im Namen der GmbH & Still erfolgen.[231]

Die Geschäftsführertätigkeit des Stillen kann im stillen Gesellschaftsvertrag vereinbart worden sein,[232] es ist jedoch ebenfalls möglich, daß, unabhängig vom stillen Gesellschaftsverhältnis, ein GmbH-Geschäftsführervertrag abgeschlossen wurde. Diese Differenzierung ist aufgrund des zwingenden Erfordernisses einer Trennung der Rechtsverhältnisse im Hinblick auf eine Zuordnung der Leistung zu ihrer zugrundeliegenden vertraglichen Vereinbarung (Ursächlichkeitsprinzip) von zentraler Bedeutung. Um letztlich die Geschäftsführertätigkeit des Stillen als Beitragsleistung zur Förderung des gemeinsamen Zwecks der stillen Gesellschaft zuordnen zu können, muß diese (eindeutig) im stillen Gesellschaftsvertrag vereinbart worden sein bzw. darin begründet liegen.[233]

4. Gewinn- und Verlustbeteiligung

Die Beteiligung am Gewinn ist ein zentrales Wesensmerkmal der stillen Gesellschaft, sie kann i.S.v. § 231 Abs. 2 HGB (auch) im Rahmen einer GmbH & Still im Gegensatz zur Verlustbeteiligung nicht ausgeschlossen werden.[234] Ansonsten richten sich Gewinn- und Verlustbeteiligung primär nach den Vereinbarungen im stillen Gesell-

---

(HGB-Kommentar, 1996), zu § 230 HGB, Rz. 17 (S. 464); *Baumbach / Hopt* (HGB-Kommentar, 1995), zu § 230 HGB, Rn. 14 (S. 625); *Kübler* (Gesellschaftsrecht, 1994), S. 146; *Schwedhelm* (Geschäftsführer, 1994), S. 445; *Hense* (Stille Gesellschaft, 1990), S. 49 ff.; *Paulick / Blaurock* (Stille Gesellschaft, 1988), S. 211; *Post / Hoffmann* (Stille Beteiligung, 1984), S. 29 f., 49; *Westermann* (Vertragsfreiheit, 1970), S. 314; *Koenigs* (Stille Gesellschaft, 1961), S. 159.

230 Gleiches gilt für eine Tätigkeit des Stillen als Handlungsbevollmächtigter bzw. als Prokurist der GmbH.

231 Vgl. *Schulze zur Wiesche* (Geschäftsführung, 1980), S. 170.

232 Dem käme die Alternative gleich, daß im stillen Gesellschaftsvertrag eine Geschäftsführungstätigkeit des Stillen als Beitragsleistung vereinbart würde und ein Verweis auf einen weiteren (Geschäftsführer)Vertrag stattfände, in dem dann die Einzelheiten festzuschreiben wären.

233 Vgl. *Ulmer* (BGB-Kommentar, 1980), zu § 705 BGB, RdNr. 79 (S. 66); *Thomas* (Palandt BGB, 1997), zu § 705 BGB, Rn. 16 (S. 787); *Paulick / Blaurock* (Stille Gesellschaft, 1988), S. 77 f.

234 Vgl. *BGH* (15.06.1970), S. 1069; *BGH* (22.12.1953), S. 172; *BFH* (27.05.1993), S. 700; z.B. *Weimar* (GmbH & Still, 1993), S. 1519; *Bezzenberger* (Stille Gesellschaft, 1991), § 5, Rdnr. 7 (S. 1084); *Schmidt* (Schlegelberger HGB, 1986), zu § 335 HGB (§ 230 n.F.), Anm. 34 (S. 398) m.w.N.

schaftsvertrag, sekundär sind die Vorschriften der §§ 231, 232 HGB anzuwenden.[235] Um als Bemessungsgrundlage für den Gewinnanteil des Stillen dienen zu können, ist der handelsrechtliche Jahresabschluß[236] der GmbH um die Aufwendungen und Erträge zu bereinigen, die nicht durch den - im Innenverhältnis die GmbH & Still betreffenden - gewöhnlichen Geschäftsbetrieb bzw. den Betrieb des Handelsgewerbes des Inhabers verursacht worden sind.[237]

Neben den allgemeinen Anforderungen des Handelsrechts an eine Gewinnbeteiligung von stillen Gesellschaftern, die bereits ausführlich dargelegt wurden,[238] muß insbesondere im Hinblick auf eine steuerrechtliche Anerkennung speziell bei der GmbH & Still eine Angemessenheit der Gewinnverteilungsabreden gegenüber Familienangehö-

---

235 Vgl. *BGH* (28.09.1995), S. 1843; *Horn* (Heymann HGB, 1996), zu § 231 HGB, Rdn. 1 (S. 511); *Hüffer* (Gesellschaftsrecht, 1996), S. 247; *Koller* (HGB-Kommentar, 1996), zu § 231 HGB, Rz. 1 (S. 467); *Baumbach / Hopt* (HGB-Kommentar, 1995), zu § 231 HGB, Rn. 1 (S. 627); *Bezzenberger* (Stille Gesellschaft, 1991), § 22, Rdnr. 1 (S. 1238); *Koenigs* (Stille Gesellschaft, 1961), S. 181 ff.; *Flechtheim* (Hachenburg HGB, 1932), zu § 336 HGB (§ 231 n.F.), Anm. 2, 4, (S. 1218 f.).

236 Die Handelsbilanz bzw. der handelsrechtliche Gewinn ist, solange vertraglich nichts anderes (insb. die Steuerbilanz) vereinbart ist, nach überwiegender Auffassung als Grundlage für die Feststellung des Gewinnanteils des stillen Gesellschafters maßgebend; vgl. so z.B. *BFH* (22.05.1990), S. 965; *BFH* (22.04.1971), S. 600; *BFH* (09.07.1969), S. 690; vgl. *Horn* (Heymann HGB, 1996), zu § 232 HGB, Rdn. 2 (S. 513); *Koller* (HGB-Kommentar, 1996), zu § 232 HGB, Rz. 2 (S. 469); *Hense* (Stille Gesellschaft, 1990), S. 34. Bei *Glenk* (Typische stille Beteiligung, 1995), S. 178, wird dagegen für die Steuerbilanz als Bemessungsgrundlage plädiert, da diese ein "realistischeres Bild des erwirtschafteten Gewinns" zeige; vgl. ebenso *Schoor* (GmbH & Still, 1995), Rdn. 102 (S. 55); vgl. ansonsten die Diskussion bei *Schulze zur Wiesche* (GmbH & Still, 1997), Rn. 80 ff. (S. 29 ff.); *Zacharias / Hebig / Rinnewitz* (Atypisch stille Gesellschaft, 1996), S. 27 ff.; *Fichtelmann* (GmbH & Still, 1995), Rdnr. 40 (S. 13); *Fleischer / Thierfeld* (Stille Gesellschaft, 1995), S. 49 ff.; *Schmidt* (Schlegelberger HGB, 1986), zu § 337 HGB (§ 232 n.F.), Anm. 10 ff. (S. 479); *Stüttgen* (Stille Beteiligung, 1988), S. 191 ff.; *Boettcher / Zartmann / Faut* (Stille Gesellschaft, 1978), S. 76.

237 Dies können z.B. außerordentliche Erträge (Aufwendungen) aus Verkäufen von Vermögenswerten der GmbH sein, vertraglich nicht mit einbezogene Gewinn- und Verlustvorträge; dies gilt zudem auch für Wertveränderungen des Anlagevermögens, soweit deren betriebliche Verursachung nicht gegeben ist. Letztlich kann der Umfang der Bemessungsgrundlage jedoch beliebig vertraglich gestaltet werden; vgl. dazu auch *BGH* (30.11.1959), S. 261; *BGH* (29.10.1952), S. 379; *Schulze zur Wiesche* (GmbH & Still, 1997), Rn. 78 f. (S. 28); *Troost* (Abgrenzung, 1997), S. 67 ff.; *Baumbach / Hopt* (HGB-Kommentar, 1995), zu § 232 HGB, Rn. 1 f. (S. 627 f.); *Horn* (Heymann HGB, 1996), zu § 232 HGB, Rdn. 2 (S. 513); *Bezzenberger* (Stille Gesellschaft, 1991), § 5, Rdnr. 7 (S. 1084); *Schmidt* (Gesellschaftsrecht, 1997), S. 1857; *ders.* (Schlegelberger HGB, 1986), zu § 335 HGB (§ 230 n.F.), Anm. 35 (S. 399); *Rasner* (Atypische stille Gesellschaft, 1961), S. 61 ff.; *Winckelmann* (Gewinnbeteiligung, 1931), S. 7; *Saenger* (Stille Gesellschaft, 1924), S. 18.

238 Vgl. neben *Abschnitt I.2.5.* dieses Kapitels grundlegend zu der Gewinnbeteiligung des Stillen *Wachter* (Gewinn, 1996); vgl. zudem *Bitsch* (Gewinnverteilung, 1983), S. 56 f.; *Sudhoff* (Gewinnanteil, 1960), S. 2121 ff.

rigen oder GmbH-Gesellschaftern Beachtung finden.[239] Als Maßstab ist ein Gewinnanteil heranzuziehen, der gegenüber Nicht-GmbH-Gesellschaftern vereinbart würde,[240] wobei jeweils die Umstände des Einzelfalls (Höhe der Einlage, sonstige Beitragsleistungen, Rechte und Pflichten des Stillen etc.) zu berücksichtigen sind.[241] Ist die Gewinn- und Verlustbeteiligung des Stillen auf einzelne, selbständig abgrenzbare Geschäftszweige der GmbH beschränkt, muß ein angemessener Teil der allgemeinen Betriebs- und Verwaltungs(gemein)kosten der (übergeordneten) GmbH diesem Geschäftsbereich zugeordnet werden.[242]

Haben die Vertragsparteien eine Verlustbeteiligung nicht ausdrücklich durch den stillen Gesellschaftsvertrag ausgeschlossen,[243] ist der Stille i.S.v. § 231 Abs. 2 HGB auch

---

239 Es besteht die Gefahr der steuerlichen Qualifikation als verdeckte Gewinnausschüttung; vgl. z.B. die Urteilsauswertung bei *Haas / Haas* (Gewinnverteilung, 1979), S. 466 f.; *Bordewin* (Besonderheiten, 1996), S. 1359 ff.; vgl. ebenso *Felix* (Steuerliche Anerkennung, 1996), S. 734 f.; *Arndt* (Familiengesellschaft, 1991), S. 17 f. Aus gesellschaftsrechtlicher Sicht besteht dagegen bei Gewinnverteilungsabreden nicht die Prämisse der Angemessenheit; vgl. so auch *Fleischer / Thierfeld* (Stille Gesellschaft, 1995), S. 23; *Stuhlfelner / Glanegger* (HGB-Kommentar, 1995), zu § 231 HGB, Rz 1 (S. 558).

240 Als Richtwerte werden die Höchstwerte angesehen, die gem. R 138a Abs. 7 EStR für die steuerliche Anerkennung einer stillen Gewinnbeteiligung von Familienangehörigen eingehalten werden müssen. So gilt lt. *BFH* (14.02.1973), S. 395, max. 25 % des Nominalwertes der Einlage als angemessen, wenn der Stille nur am Gewinn beteiligt ist; gem. *BFH* (16.12.1981), S. 387, ist eine Erhöhung auf max. 35 % des Nominalwertes der Einlage möglich, wenn der Stille am Gewinn und Verlust beteiligt ist; vgl. dem zustimmend *Bitz* (GmbH & Still, 1997), S. 771; *Horn* (Heymann HGB, 1996), zu § 231 HGB, Rdn. 3 (S. 511); *Post / Hoffmann* (Stille Beteiligung, 1984), S. 56. Vgl. darüber hinaus *BFH* (10.06.1987), S. 25; *BFH* (18.07.1985), S. 635; *BFH* (06.02.1980), S. 478; *BFH* (14.02.1973), S. 395; *BFH* (29.05.1972), S. 5; *BFH* (13.12.1963), S. 156; vgl. auch die Diskussion bezüglich der Maßstäbe bei *Paulick / Blaurock* (Stille Gesellschaft, 1988), S. 384 ff.; *Stüttgen* (Stille Beteiligung, 1988), S. 348 ff.

241 Insgesamt unterliegt dabei regelmäßig nur die prozentuale Höhe des Gewinnanteils einer Angemessenheitsprüfung i.S.v. § 231 Abs. 1 HGB, nicht der Umfang der Bemessungsgrundlage; vgl. hierzu *Horn* (Heymann HGB, 1996), zu § 231 HGB, Rdn. 2 (S. 511); *Bezzenberger* (Stille Gesellschaft, 1991), § 22, Rdnr. 1 (S. 1238); *Schmidt* (Schlegelberger HGB, 1986), zu § 336 HGB (§ 231 n.F.), Anm. 4 (S. 408 f.).

242 Vgl. in bezug auf die Problematik einer solchen Zuordnung *BFH* (06.12.1995), S. 427; *BFH* (04.08.1988), S. 19; *BFH* (27.02.1975), S. 611; *Schulze zur Wiesche* (GmbH & Still, 1997), Rn. 81a (S. 31); *Zacharias / Hebig / Rinnewitz* (Atypisch stille Gesellschaft, 1996), S. 145 f.; *Fichtelmann* (GmbH & Still, 1995), Rdnr. 43 (S. 14); *Fleischer / Thierfeld* (Stille Gesellschaft, 1995), S. 14 f.; *Baumbach / Hopt* (HGB-Kommentar, 1995), zu § 230 HGB, Rn. 1 (S. 621); *Horn* (Heymann HGB, 1996), zu § 230 HGB, Rdn. 6 (S. 489); *Paulick / Blaurock* (Stille Gesellschaft, 1988), S. 68.

243 Ein Verlustausschluß wird diesbezüglich auch bei der Vereinbarung eines garantierten Mindestgewinns angenommen; vgl. so *BGH* (27.01.1975), S. 662; *Baumbach / Hopt* (HGB-Kommentar, 1995), zu § 231 HGB, Rn. 3 (S. 627); *Paulick / Blaurock* (Stille Gesellschaft, 1988), S. 279; *Schmidt* (Schlegelberger HGB, 1986), zu § 336 HGB (§ 231 n.F.), Anm. 20 (S. 479); *Zutt* (Staub HGB, 1990), zu § 230 HGB, Rdn. 17 (S. 8) mit weiterer Urteilsnennung; *Koenigs* (Stille Gesellschaft, 1961), S. 177; *Flechtheim* (Hachenburg HGB, 1932), zu § 336 HGB (§ 231 n.F.), Anm. 5 (S. 1219).

am Verlust der GmbH beteiligt.[244] Bei fehlender Festlegung eines Verlustanteils ist dieser gem. § 231 Abs. 1 HGB i.V.m. § 722 Abs. 2 BGB nach Maßgabe der Gewinnbeteiligung zu bemessen.[245] Der Stille nimmt dabei gem. § 232 Abs. 2 Satz 1 HGB "an dem Verluste nur bis zum Betrage seiner eingezahlten oder rückständigen Einlage teil."[246] Darüber hinaus findet überwiegend Anerkennung, daß dem stillen Gesellschafter auch Verlustanteile zugerechnet werden können, die den Betrag seiner Einlage übersteigen (negatives Kapitalkonto).[247] Diese müssen dann mit zukünftig anfallenden Gewinnen aus der Beteiligung wieder ausgeglichen werden, bevor wieder eine Gewinnausschüttung möglich ist. Eine (weitergehende) Nachschußpflicht des stillen Gesellschafters ist gem. der Vorschrift des § 232 Abs. 2 HGB zwar nicht vorgesehen, sie kann jedoch zusätzlich vereinbart werden.[248]

---

244 Vgl. *BGH* (29.06.1992), S. 2697; *BGH* (30.11.1959), S. 261; *BFH* (10.11.1987), S. 186; *Horn* (Heymann HGB, 1996), zu § 231 HGB, Rdn. 4 (S. 512); *Bezzenberger* (Stille Gesellschaft, 1991), § 22, Rdnr. 17 (S. 1243); *Hense* (Stille Gesellschaft, 1990), S. 44; *Zutt* (Staub HGB, 1990), zu § 231 HGB, Rdn. 11 (S. 41); *Paulick / Blaurock* (Stille Gesellschaft, 1988), S. 106, 279; *Heymann-Kötter* (HGB-Kommentar, 1971), zu § 336 HGB (§ 231 n.F.), Anm. 2 (S. 690 f.); *Sennhenn* (Stille Gesellschaft, 1975), S. 12; *Koenigs* (Stille Gesellschaft, 1961), S. 177; *Flechtheim* (Hachenburg HGB, 1932), zu § 336 HGB (§ 231 n.F.), Anm. 5 (S. 1219 f.).

245 Vgl. so auch *BGH* (30.11.1959), S. 261; *BFH* (09.03.1994), S. 28; *Schulze zur Wiesche* (GmbH & Still, 1997), Rn. 82 (S. 33); *Troost* (Abgrenzung, 1997), S. 77 f.; *Horn* (Heymann HGB, 1996), zu § 231 HGB, Rdn. 1 (S. 511); *Baumbach / Hopt* (HGB-Kommentar, 1995), zu § 231 HGB, Rn. 1 (S. 627); *Bezzenberger* (Stille Gesellschaft, 1991), § 22, Rdnr. 17 (S. 1243); *Hense* (Stille Gesellschaft, 1990), S. 44; *Zutt* (Staub HGB, 1990), zu § 231 HGB, Rdn. 11 (S. 41); *Paulick / Blaurock* (Stille Gesellschaft, 1988), S. 106, 279; *Klauss / Mittelbach* (Stille Gesellschaft, 1980), Rz. 151 ff. (S. 82 f.).

246 Vgl. auch die analoge Vorschrift für Kommanditisten in § 167 Abs. 3 HGB.

247 Vgl. befürwortend *OLG Karlsruhe* (19.02.1986), S. 917; *Horn* (Heymann HGB, 1996), zu § 232 HGB, Rdn. 9 (S. 515); *Bezzenberger* (Stille Gesellschaft, 1991), § 22, Rdnr. 17 (S. 1242); *Hense* (Stille Gesellschaft, 1990), S. 45; *Zutt* (Staub HGB, 1990), zu § 232 HGB, Rdn. 29 (S. 51); *Schmidt* (Schlegelberger HGB, 1986), zu § 337 HGB (§ 232 n.F.), Anm. 32 (S. 491); *Paulick / Blaurock* (Stille Gesellschaft, 1988), S. 280 f.; *Heymann-Kötter* (HGB-Kommentar, 1971), zu § 337 HGB (§ 231 n.F.), Anm. 4 (S. 691 f.); *Koenigs* (Stille Gesellschaft, 1961), S. 202; *Flechtheim* (Hachenburg HGB, 1932), zu § 337 HGB (§ 231 n.F.), Anm. 13 (S. 1230 f.); differenzierend *Groh* (Kapitalkonto, 1993), S. 453. A.A. *Schulze zur Wiesche* (GmbH & Still, 1997), Rn. 82 (S. 33); *Hartmann* (Stille Gesellschaft, 1974), S. 86 ff.; *Kormann* (Negatives Kapitalkonto, 1974), S. 894; vgl. darüber hinaus die Darstellung weiterer 'Gegenmeinungen' bei *Koenigs* (Stille Gesellschaft, 1961), S. 203 (Fn. 308).

248 Hierfür ist eine eindeutige Festlegung im stillen Gesellschaftsvertrag notwendig; vgl. dazu *OLG Karlsruhe* (19.02.1986), S. 917; *Baumbach / Hopt* (HGB-Kommentar, 1995), zu § 232 HGB, Rn. 6 (S. 628); *Fichtelmann* (GmbH & Still, 1995), Rdnr. 39 (S. 13); *Stuhlfelner / Glanegger* (HGB-Kommentar, 1995), zu § 232 HGB, Rz 11 (S. 561); *Zutt* (Staub HGB, 1990), zu § 231 HGB, Rdn. 6 (S. 38 f.); *Schmidt* (Schlegelberger HGB, 1986), zu § 337 HGB (§ 232 n.F.), Anm. 38 (S. 493); *Boettcher / Zartmann / Faut* (Stille Gesellschaft, 1978), S. 77; *Flechtheim* (Hachenburg HGB, 1932), zu § 336 HGB (§ 231 n.F.), Anm. 5 (S. 1219 f.).

5. Bilanzielle Behandlung der stillen Einlage

Die stille Gesellschaft ist als reine Innengesellschaft weder buchführungs- noch bilanzierungspflichtig. Diese Pflichten hat ausschließlich die GmbH als Inhaberin des Handelsgeschäfts zu erfüllen.[249] Aus dem Wesen des stillen Gesellschaftsverhältnisses ergibt sich i.S.v. § 233 Abs. 1 HGB eine Pflicht der GmbH zur Erstellung eines Jahresabschlusses, wobei der stille Gesellschafter nach dieser Vorschrift berechtigt ist, "die abschriftliche Mitteilung des Jahresabschlusses zu verlangen und dessen Richtigkeit unter Einsicht der Bücher und Papiere zu prüfen."[250]

Bei einer GmbH & Still sind auf bilanzieller Ebene der GmbH zwei Teilprobleme zu diskutieren. Erstens muß geprüft werden, unter welchen Voraussetzungen aufgrund einer Beitragsleistung des Stillen ein Vermögensgegenstand in der Bilanz der GmbH zu aktivieren ist und mit welchem Wert dieser Aktivposten zu Buche schlägt. Zweitens stellt sich die Frage nach der bilanziellen Behandlung des Einlageguthabens bzw. des Einlagekontos des Stillen bei der GmbH. Die Beitragsleistung des Stillen kann in der Einlage von bilanzierungsfähigen Vermögensgegenständen bestehen,[251] es können aber auch andere Leistungen, wie z.B. Nutzungsüberlassungen oder Dienstleistungen, erbracht werden, die keine bewertbare Vermögenseinlage darstellen.[252] Die Problematik einer Aktivierungsfähigkeit von Beitragsleistungen des Stillen bzw. einer Passivierungsfähigkeit von Einlageguthaben soll (hier) nicht weiter vertieft werden.[253] Es ist

---

249 Vgl. so zuletzt *OFD Frankfurt* (26.06.1996), S. 1407; vgl. zudem *BFH* (13.07.1993), S. 245; *BFH* (28.11.1989), S. 561; *BFH* (12.11.1985), S. 313; *BFH* (02.05.1984), S. 823; *Döllerer* (Atypisch stille Gesellschaft, 1985), S. 296; *Felix* (Stille Gesellschaft, 1973), S. 28; *Küting / Kessler* (Rechnungslegung, 1995), zu § 272 HGB, Rn. 220 (S. 1579); *Paulick / Blaurock* (Stille Gesellschaft, 1988), S. 237; *Post / Hoffmann* (Stille Beteiligung, 1984), S. 50; *Schmidt* (Schlegelberger HGB, 1986), zu § 335 HGB (§ 230 n.F.), Anm. 163 (S. 450); *Schulze-Osterloh* (Rechnungslegung, 1974), S. 401; *Zutt* (Staub HGB, 1990), zu § 232 HGB, Rdn. 2 (S. 49); a.A. *Groh* (Kapitalkonto, 1993), S. 442; *ders.* (Eigenkapitalersatz, 1993), S. 1891.

250 § 233 Abs. 1 HGB; vgl. z.B. so auch *Fichtelmann* (GmbH & Still, 1995), Rdnr. 44 (S. 15).

251 Wurde eine Vermögenseinlage geleistet, ist sie zwingend auf einem Einlagekonto gutzuschreiben; vgl. dazu *Schulze zur Wiesch* (Bilanzierung, 1995), S. 586; *Paulick / Blaurock* (Stille Gesellschaft, 1988), S. 92; *Glade* (Rechnungslegung, 1986), zu § 266 HGB, Rn. 580 (S. 1256).

252 In diesen Fällen besteht - abseits anderslautender vertraglicher Vereinbarungen - die Gegenleistung in der Gewinn- und ggf. der Verlustbeteiligung und nicht in der Verbuchung der Beitragsleistung auf einem Einlagekonto bei der GmbH, obwohl grundsätzlich auch eine (vertragliche) Bewertung der Gebrauchsüberlassung bzw. der Dienstleistung möglich ist; vgl. hierzu *BGH* (22.11.1965), S. 501; *BGH* (24.09.1952), S. 174; *Bezzenberger* (Stille Gesellschaft, 1991), § 18, Rdnr. 17 (S. 1209); *Paulick / Blaurock* (Stille Gesellschaft, 1988), S. 88, 96; a.A. wohl *Schmidt* (Gesellschaftsrecht, 1997), S. 1840, der das Vorhandensein eines Einlagekontos bzw. die Einlagefähigkeit der Beitragsleistung als zwingend notwendig für die stille Beteiligung an einer GmbH ansieht; vgl. *ders.* (Schlegelberger HGB, 1986), zu § 335 HGB (§ 230 n.F.), Anm. 152 (S. 446); *Stüttgen* (Stille Beteiligung, 1988), S. 179; *Zutt* (Staub HGB, 1990), zu § 232 HGB, Rdn. 31 (S. 52); vgl. bezüglich Gebrauchsüberlassungen auch *Felix* (Stille Gesellschaft, 1973), S. 63.

253 Diesem Problemfeld wurden schon einige Untersuchungen gewidmet; vgl. so z.B. (m.w.N.) *Hense* (Stille Gesellschaft, 1990), S. 106 ff.; vgl. zudem *Eberhartinger* (Bilanzierung, 1996).

vielmehr von Interesse, unter welche Passivposition die stille Einlage in der Handelsbilanz der GmbH zu fassen ist. Hierüber bestehen in der Literatur kontroverse Auffassungen.[254]

Es gilt als unbestritten, daß bei Verlustausschluß des stillen Gesellschafters die stille Einlage als Fremdkapital unter den sonstigen Verbindlichkeiten i.S.v. § 266 Abs. 3 HGB auszuweisen ist, da sie in diesem Falle einem Darlehensverhältnis wirtschaftlich sehr nahe kommt.[255] Uneinigkeit besteht dagegen bei der Frage, ob - und wenn ja unter welchen Voraussetzungen - eine stille Einlage auch als Eigenkapital qualifiziert werden kann. Für das Vorliegen von Eigenkapital müssen die Merkmale Kontinuitätsfunktion, Haftungsfunktion und Verlustausgleichsfunktion des Kapitals vorhanden sein.[256] Der stillen Einlage sind die Kontinuitätsfunktion und - bei vereinbarter Verlustbeteiligung - die Verlustausgleichsfunktion nicht abzusprechen. Es verbleibt jedoch die Frage nach der Haftungsfunktion im Falle von Verlusten und Insolvenz, die z.B. bei einem GmbH-Gesellschaftsanteil zu bejahen ist.[257]

Knobbe-Keuk[258] vertritt die Meinung, daß die stille Einlage allein durch die Verlustbeteiligung des stillen Gesellschafters dem Eigenkapital gleichzusetzen sei. Die Chance des Stillen auf die volle Rückzahlung seiner Einlage sei in diesem Fall geringer als die eines Gläubigers mit Rangrücktrittsvereinbarung. Er stünde somit auf einer Stufe mit dem Geschäftsinhaber, und seine Einlage sei folglich als Eigenkapital zu qualifizieren. Es müsse ein Ausweis der Einlage als Eigenkapitalposition (zumindest) in dem Fall erfolgen, daß dem stillen Gesellschafter eine Rechtsstellung ähnlich der eines Kom-

---

254 Vgl. die grundsätzliche Diskussion bei *Kaldenbach / Löhr* (Bilanzierung, 1997), S. 1089 ff.; *Fichtelmann* (GmbH & Still, 1995), Rdnr. 45 (S. 15); *Küting / Kessler* (Rechnungslegung, 1995), zu § 272 HGB, Rn. 223 (S. 1579) m.w.N.; *Schulze zur Wiesch* (Bilanzierung, 1995), S. 586; *Baetge* (Bilanzen, 1994), S. 405; *Adler / Düring / Schmaltz* (Rechnungslegung, 1995), zu § 266 HGB, Tz. 188 (S. 152); *Westerfelhaus* (Bilanzrecht, 1988), S. 1177, sieht bezüglich der Bilanzierung der stillen Beteiligung im Gliederungsschema des § 266 HGB eine Gesetzeslücke.

255 Vgl. übereinstimmend *Clemm / Nonnenmacher* (Kommentierung HGB, 1995), zu § 247 HGB, Anm. 234 (S. 160); *Küting / Kessler* (Rechnungslegung, 1995), zu § 272 HGB, Rn. 221 (S. 1579); *Schmidt* (Gesellschaftsrecht, 1997), S. 1846; *Hense* (Stille Gesellschaft, 1990), S. 204; *Reusch* (Eigenkapital, 1989), S. 2359; *Christoffel* (Vermögenseinlage, 1988), S. 255; *Paulick / Blaurock* (Stille Gesellschaft, 1988), S. 325; *Westerfelhaus* (Bilanzrecht, 1988), S. 1175; Knobbe-Keuk (Stille Beteiligung, 1983), S. 127.

256 Vgl. diese Untergliederung bei *Baetge* (Bilanzen, 1994), S. 359, der überdies die Gewinnbeteiligungs- und die Geschäftsführungsfunktion nennt, die für das stille Einlagekapital grundsätzlich zu bejahen sind.

257 Vgl. *BGH* (07.11.1988), S. 218; *Biener* (Eigenkapital, 1995), Sp. 469; *Busse von Colbe* (Rechnungswesen, 1994), S. 177. Ist keine Haftungsfunktion vorhanden, muß die stille Einlage als Fremdkapital qualifiziert werden, da sie nicht für die Verbindlichkeiten der Gesellschaft haftet.

258 *Knobbe-Keuk* (Stille Beteiligung, 1983), S. 130; vgl. in diesem Sinne auch *BGH* (10.10.1994), S. 2249.

manditisten eingeräumt werde und dementsprechend eine atypische stille Gesellschaft im steuerlichen Sinne vorläge.[259]

Gegen eine Eigenkapitalpositionierung der stillen Einlage - auch bei vereinbarter Verlustbeteiligung - wird angeführt, daß der stille Gesellschafter im Konkursfall eine Konkursforderung in Höhe des den Verlustanteil übersteigenden Restbetrags der Einlage geltend machen könne und insofern gleichberechtigt neben anderen Gläubigern stünde;[260] es fehle der "stillen Einlage (...) damit die Haftungsfunktion im Konkursfall."[261]

Letztlich muß man der stillen Einlage einen Mischcharakter zugestehen.[262] Der Teil der stillen Einlage, der vereinbarungsgemäß zur Verlustverrechnung herangezogen werden kann, steht im Insolvenzfall den Gläubigern zur Befriedigung ihrer Forderungen zur Verfügung. Er ist demzufolge als Eigenkapital zu behandeln, da die Haftungsfunktion erfüllt wird. Den Teil der stillen Einlage, der den Verlustanteil übersteigt, kann der stille Gesellschafter gem. § 236 Abs. 1 HGB als nicht bevorrechtigte Konkursforderung geltend machen, woraus für die anderen Gläubiger eine vergleichsweise geringere Konkursquote resultiert. Dieser Teil der stillen Einlage hat somit denselben Charakter wie die Forderungen gewöhnlicher Gläubiger, so daß er als Fremdkapital zu qualifizieren ist. Demzufolge stellt die stille Einlage handelsrechtlich weder vollständig Fremd- noch Eigenkapital dar. In welcher Höhe jedoch insgesamt die Haf-

---

259 Vgl. so *BGH* (17.12.1984), S. 372; *BGH* (01.03.1982), S. 341; *BGH* (09.02.1981), S. 2251; *BGH* (24.02.1969), S. 350; *Zacharias / Hebig / Rinnewitz* (Atypisch stille Gesellschaft, 1996), S. 111 f.; *Baumbach / Hopt* (HGB-Kommentar, 1995), zu § 230 HGB, Rn. 21 (S. 625 f.); *Clemm / Nonnenmacher* (Kommentierung HGB, 1995), zu § 247 HGB, Anm. 233 (S. 160); *Baetge* (Bilanzen, 1994), S. 405 f.; *Bezzenberger* (Stille Gesellschaft, 1991), § 18, Rdnr. 10 (S. 1207); *Paulick / Blaurock* (Stille Gesellschaft, 1988), S. 253 f.; *Adler / Düring / Schmaltz* (Rechnungslegung, 1987), zu § 246 HGB, Tz. 62 (S. 26); *Schmidt* (Schlegelberger HGB, 1986), zu § 335 HGB (§ 230 n.F.), Anm. 157 (S. 448); *Wahl* (Vermögenseinlage, 1975), S. 169. *Küting / Keßler* (Rechnungslegung, 1995), zu § 272 HGB, Rn. 221 (S. 1579), befürworten zwar regelmäßig eine Zuordnung zum Fremdkapital, auch sie halten jedoch eine gesonderte Positionierung bei entsprechender Ausgestaltung des stillen Gesellschaftsverhältnisses (als atypisch) für zulässig.

260 Vgl. so *Adler / Düring / Schmaltz* (Rechnungslegung, 1987), zu § 246 HGB, Tz. 60 (S. 25 f.) m.w.N.; gl.A. *Schulze zur Wiesch* (Bilanzierung, 1995), S. 588; so auch *OLG Frankfurt* (01.12.1981), S. 592; *Schulze zur Wiesche* (GmbH & Still, 1997), Rn. 76 (S. 27); *Groh* (Eigenkapitalersatz, 1993), S. 1891 f.; *Schön* (Stille Beteiligung, 1990), S. 228; *Zutt* (Staub HGB, 1990), zu § 232 HGB, Rdn. 32 (S. 53); *Paulick / Blaurock* (Stille Gesellschaft, 1988), S. 99, 253; *Reusch* (Eigenkapital, 1989), S. 2360; *Weimar* (KG & Still, 1987), S. 1077; *Post / Hoffmann* (Stille Beteiligung, 1984), S. 53. *Hense* (Stille Gesellschaft, 1990), S. 163, ordnet die stille Einlage zwar als Fremdkapital ein, er verlangt jedoch, bei vereinbarter Verlustbeteiligung die stille Einlage zumindest unter den Rückstellungen auszuweisen, weil die Höhe des bei Beendigung der stillen Gesellschaft zurückzuzahlenden Betrages noch offen sei. An anderer Stelle wird angeführt, daß, damit der stillen Einlage Eigenkapitalcharakter zugestanden werden könne, zusätzlich eine Vereinbarung über ihren Rangrücktritt notwendig sei, da dann ein Bezug zur Stammkapitalerhaltung durch den Gesellschafter hergestellt werden könne; vgl. *ders.* (Stille Gesellschaft, 1990), S. 202 und 222 ff.; vgl. ebenso *BGH* (21.03.1983), S. 1855.

261 *Bieg* (Eigenkapitalbeschaffung, 1997), S. 68.

262 Vgl. die analoge Diskussion zur bilanziellen Einordnung von Genußscheinen.

tungsfunktion von Eigenkapital erfüllt wird bzw. andererseits der stille Gesellschafter eine Konkursforderung anmelden kann, ist erst mit Bekanntwerden des auf den Stillen entfallenden Verlustanteils bestimmbar. Somit besteht das Problem, daß die stille Einlage deshalb nicht schon zu Beginn des Gesellschaftsverhältnisses und ebensowenig nicht zu Beginn eines jeden Wirtschaftsjahres in Fremd- und Eigenkapital aufgeteilt werden kann.

Als (Kompromiß)Lösung erscheint daher naheliegend, die stille Einlage in der Bilanz des Geschäftsinhabers als gesonderten Posten unmittelbar nach dem Eigenkapital auszuweisen.[263] Damit kann dem zum Teil vorhandenen Eigenkapitalcharakter der stillen Einlage Rechnung getragen werden; gleichzeitig wird dadurch Bilanzlesern bzw. Gläubigern signalisiert, daß unter Umständen nicht der gesamte ausgewiesene Betrag zur Befriedigung von Forderungen zur Verfügung steht.[264]

Bezüglich der Einlagebewertung bleibt anzumerken, daß der Wert der eingeräumten Beteiligung, der durch das stille Einlagekonto dokumentiert wird, nicht unbedingt dem Zeitwert der geleisteten Einlage entsprechen muß.[265] Gewinnansprüche des Stillen sind einem gesonderten Konto bzw. bei entsprechender vertraglicher Vereinbarung i.S.v. § 232 Abs. 3 HGB auch dem Einlagekonto gutzuschreiben.[266] Bei Verlustbeteiligung verringert der Verlustanteil des Stillen den Betrag der stillen Einlage; ist kein Einlagekonto vorhanden, entsteht eine (korrespondierende) Forderungsposition in der Handelsbilanz.[267] Ist zudem ein noch ausstehender Teil der vertraglich vereinbarten und

263 Ein Ergebnis in diesem Sinne präferieren auch *Küting / Kessler* (Rechnungslegung, 1995), zu § 272 HGB, Rn. 225 (S. 1580); *Geuenich* (Verlustzuweisung, 1998), S. 57 f.; *Hense / Jung / Schwaiger* (GmbH & Still, 1995), Rz. 184 (S. 327); *Glade* (Rechnungslegung, 1986), zu § 266 HGB, Rn. 582 (S. 1258); *Westerfelhaus* (Bilanzrecht, 1988), S. 1173, 1177 f.; vgl. zum Zwischenausweis auch *Knobbe-Keuk* (Steuerrecht, 1993), S. 110; *Adler / Düring / Schmaltz* (Rechnungslegung, 1995), zu § 266 HGB, Tz. 189 (S. 152 f.), schlagen als Kompromißlösung eine Positionierung der stillen Einlage hinter dem gezeichneten Kapital vor.

264 Im Zuge solcher Überlegungen gilt es zu berücksichtigen, daß (zumindest) die (individuelle) Anonymität eines stillen Gesellschaftsverhältnisses nicht (unbeabsichtigt) verloren geht.

265 Vgl. so auch *BGH* (21.04.1955), S. 130; *BGH* (24.09.1952), S. 179; *Baumbach / Hopt* (HGB-Kommentar, 1995), zu § 230 HGB, Rn. 22 (S. 626); *Horn* (Heymann HGB, 1996), zu § 230 HGB, Rdn. 28 (S. 500); *Bezzenberger* (Stille Gesellschaft, 1991), § 18, Rdnr. 15 (S. 1208 f.); *Boettcher / Zartmann / Faut* (Stille Gesellschaft, 1978), S. 70; *Koenigs* (Stille Gesellschaft, 1961), S. 124; *Post / Hoffmann* (Stille Beteiligung, 1984), S. 51; *Schmidt* (Schlegelberger HGB, 1986), zu § 335 HGB (§ 230 n.F.), Anm. 149 f. (S. 444 f.); *Zutt* (Staub HGB, 1990), zu § 230 HGB, Rdn. 78 (S. 24). Nur dann, wenn es zu keiner Vereinbarung bezüglich des Werts der Einlage kommt (auch im Streitfall), ist von dem objektiven Wert auszugehen; vgl. so z.B. *Paulick / Blaurock* (Stille Gesellschaft, 1988), S. 94; a.A. *Hense* (Stille Gesellschaft, 1990), S. 128 ff., der grundsätzlich nur den Zeitwert für maßgeblich hält.

266 Vgl. *BFH* (19.02.1991), S. 569; *Paulick / Blaurock* (Stille Gesellschaft, 1988), S. 278; *Stüttgen* (Stille Beteiligung, 1988), S. 179; *Boettcher / Zartmann / Faut* (Stille Gesellschaft, 1978), S. 70; Bei *Schulze zur Wiesche* (GmbH & Still, 1997), Rn. 76 (S. 27), werden im Hinblick auf eine mögliche Verlustverrechnung diverse Bilanzierungsvarianten vorgestellt.

267 Manche Autoren sehen auch ein Verlustvortragskonto des Stillen auf der Aktivseite der Bilanz der GmbH als zulässig an; vgl. so m.w.N. *Bezzenberger* (Stille Gesellschaft, 1991), § 18,

passivierungsfähigen stillen Einlage bilanziell zu berücksichtigen, muß dieser bei der GmbH ebenfalls als Forderung ausgewiesen werden.[268]

6. Übertragung und Beendigung

Die Übertragung der stillen Beteiligung auf einen Dritten ist ohne entsprechende vertragliche Vereinbarungen bzw. die Zustimmung aller Beteiligten grundsätzlich nicht möglich.[269] Im Gegensatz dazu läuft die Übertragung von vermögensrechtlichen Ansprüchen des stillen Gesellschafters gegen die GmbH, zu denen gem. § 717 Satz 2 BGB der Gewinnanspruch und der Anspruch auf Auszahlung des Auseinandersetzungsguthabens gehören, dem Gesellschaftszweck nicht zuwider, da der Betrieb des Handelsgewerbes davon nicht beeinflußt wird.[270] Darüber hinaus können jedoch bei der GmbH & Still aufgrund der engen Bindung zwischen den Gesellschaftern Ansprüche aus dem stillen Gesellschaftsverhältnis nicht übertragen werden.[271] Dies gilt aufgrund des persönlichen Charakters insbesondere für das Kontrollrecht des stillen Gesellschafters i.S.v. § 233 HGB oder auch für eine vertraglich vereinbarte Geschäftsführungsbefugnis. Damit soll verhindert werden, daß die GmbH einem fremden Dritten gegenüber auskunftspflichtig wird oder Abhängigkeiten in anderer Form entstehen.[272] Rechte und Pflichten der GmbH aus dem Vertragsverhältnis können generell nicht

---

Rdnr. 13 (S. 1208). *Eberhartinger* (Bilanzierung, 1996), S. 125, verweist darauf, daß für ein negatives Kapitalkonto keine Unterscheidung in Eigen- und Fremdkapital notwendig ist; vgl. zum negativen Kapitalkonto auch *Groh* (Kapitalkonto, 1993), S. 439 ff.

268 Vgl. hierzu *Bezzenberger* (Stille Gesellschaft, 1991), § 18, Rdnr. 11 (S. 1207); *Zutt* (Staub HGB, 1990), zu § 232 HGB, Rdn. 32 (S. 52 f.); *Paulick / Blaurock* (Stille Gesellschaft, 1988), S. 214; *Klauss / Mittelbach* (Stille Gesellschaft, 1980), Rz. 124 (S. 72); *Boettcher / Zartmann / Faut* (Stille Gesellschaft, 1978), S. 70; *Felix* (Stille Gesellschaft, 1973), S. 28; a.A. *Post / Hoffmann* (Stille Beteiligung, 1984), S. 54; vgl. für ein Wahlrecht sowie ggf. eine Kürzung der Passivposition z.B. *Clemm / Nonnenmacher* (Kommentierung HGB, 1995), zu § 247 HGB, Anm. 194 (S. 148).

269 Vgl. *BGH* (10.11.1951), S. 354; *Keßler* (Staudinger BGB, 1991), zu § 717 BGB, Rn. 22 ff. (S. 385); *Horn* (Heymann HGB, 1996), zu § 230 HGB, Rdn. 49 (S. 501); *Jung* (Stille Gesellschaft, 1996), S. 1734 f.; *Paulick / Blaurock* (Stille Gesellschaft, 1988), S. 162 ff.; *Schmidt* (Schlegelberger HGB, 1986), zu § 335 HGB (§ 230 n.F.), Anm. 160 (S. 449); *Zutt* (Staub HGB, 1990), zu § 230 HGB, Rdn. 97 (S. 31); *Boettcher / Zartmann / Faut* (Stille Gesellschaft, 1978), S. 71; *Koenigs* (Stille Gesellschaft, 1961), S. 244 ff.; *Saenger* (Stille Gesellschaft, 1924), S. 110.

270 Vgl. in diesem Sinne insbesondere *BGH* (14.07.1997), S. IX; *BGH* (03.11.1975), S. 1299; *BFH* (11.06.1975), S. 830; *Brandes* (BGH-Rechtsprechung, 1989), S. 1363; *Ulmer* (BGB-Kommentar, 1980), zu § 717 BGB, RdNr. 14 (S. 198 f.); *Horn* (Heymann HGB, 1996), zu § 230 HGB, Rdn. 49 (S. 501); *Paulick / Blaurock* (Stille Gesellschaft, 1988), S. 163; *Schilling* (Staub HGB, 1970), zu § 335 HGB, Anm. 66 (S. 299); *Saenger* (Stille Gesellschaft, 1924), S. 110.

271 Vgl. - neben der Vorschrift des § 717 Satz 1 BGB - *Zacharias / Hebig / Rinnewitz* (Atypisch stille Gesellschaft, 1996), S. 87 ff.; *Horn* (Heymann HGB, 1996), zu § 230 HGB, Rdn. 49 (S. 501); *Schmidt* (Schlegelberger HGB, 1986), zu § 335 HGB (§ 230 n.F.), Anm. 160 (S. 449).

272 Vgl. *BGH* (03.11.1975), S. 1299; vgl. ausführlich dazu *Terpitz* (Ansprüche, 1967), S. 136 f.; *Fischer* (BGH-Rechtsprechung, 1981), S. 644; *Kübler* (Gesellschaftsrecht, 1994), S. 148.

übertragen werden, da die stille Beteiligung (zwingend) mit deren Handelsgewerbe verbunden ist.[273]

Auflösungs- oder Beendigungsgründe ergeben sich für die GmbH & Still hauptsächlich aus den Vorschriften der §§ 723 ff. BGB:[274] Die stille Gesellschaft endet - neben einem vertraglich vereinbarten Zeitablauf - gem. § 727 Abs. 1 BGB durch den Tod des Geschäftsinhabers,[275] durch Konkurs eines Gesellschafters gem. § 728 Satz 1 BGB[276] und durch Kündigung. Ist der gemeinsame Zweck erreicht oder wird das Erreichen des stillen Vertragszwecks unmöglich, tritt die Auflösung der GmbH & Still automatisch ein.[277]

Ist per Gesellschaftsvertrag nicht für einen bestimmten Zeitpunkt die Beendigung der GmbH & Still vereinbart, beträgt die beidseitige Kündigungsfrist gem. § 234 Abs. 1 HGB i.V.m. § 132 HGB sechs Monate zum Geschäftsjahresende.[278] Geht die GmbH in

273 Vgl. *Zutt* (Staub HGB, 1990), zu § 230 HGB, Rdn. 97 f. (S. 30 f.).

274 Vgl. zudem die Möglichkeiten der Auflösung bei *Geck* (Auflösung, 1994), S. 657 ff.; *Hueck* (Gesellschaftsrecht, 1991), S. 72 ff.; *Hense* (Stille Gesellschaft, 1990), S. 52 ff.; *Paulick / Blaurock* (Stille Gesellschaft, 1988), S. 286 ff.; *Polzer* (Stille Gesellschaft, 1991), § 27, Rdnr. 1 ff. (S. 1287 ff.); *Schmidt* (Schlegelberger HGB, 1986), zu § 339 HGB (§ 234 n.F.), Anm. 20 ff. (S. 509 ff.); *Schulze zur Wiesche* (Beendigung, 1984), S. 320; *Zacharias / Hebig / Rinnewitz* (Atypisch stille Gesellschaft, 1996), S. 74 ff.; *Zutt* (Staub HGB, 1990), zu § 234 HGB, Rdn. 4 ff. (S. 62 ff.).

275 Dies gilt im Regelfall nicht für die GmbH & Still, da eine GmbH aufgrund mehrerer Gesellschafter bzw. Erbfallregelungen meist fortbestehen wird; es ist aber auch dort auf den Wortlaut des stillen Gesellschaftsvertrags zu achten; vgl. *BGH* (01.03.1982), S. 341; *BGH* (08.11.1965), S. 229; *Zacharias / Hebig / Rinnewitz* (Atypisch stille Gesellschaft, 1996), S. 83 f. Nicht beendet wird das stille Gesellschaftsverhältnis durch den Tod des Stillen (§ 234 Abs. 2 HGB); nach dem Tod des stillen Gesellschafters wird das Gesellschaftsverhältnis mit dessen Erben oder Erbengemeinschaft fortgesetzt; vgl. *Probst* (Stille Gesellschaft, 1995), S. 73; *Paulick / Blaurock* (Stille Gesellschaft, 1988), S. 296 ff.; *Zutt* (Staub HGB, 1990), zu § 230 HGB, Rdn. 99 (S. 31).

276 Vgl. zu der Beendigung durch Konkurs *BGH* (21.03.1983), S. 1855; *Koller* (HGB-Kommentar, 1996), zu § 234 HGB, Rz. 6 (S. 473). Daß auch der Konkurs des stillen Gesellschafters - abgesehen von anderslautenden vertraglichen Regelungen - Einfluß auf den Bestand des Vertragsverhältnisses hat, wird überwiegend befürwortet; vgl. z.B. *Fichtelmann* (GmbH & Still, 1995), Rdnr. 119 (S. 38); *Zacharias / Hebig / Rinnewitz* (Atypisch stille Gesellschaft, 1996), S. 87; *Zutt* (Staub HGB, 1990), zu § 236 HGB, Rdn. 20 (S. 92); *Klauss / Mittelbach* (Stille Gesellschaft, 1980), Rz. 168 (S. 89); *Boettcher / Zartmann / Faut* (Stille Gesellschaft, 1978), S. 90; a.A. z.B. *Geck* (Auflösung, 1994), S. 660.

277 Vgl. § 726 BGB (Zweckerreichung bzw. -vereitelung). Eine Unmöglichkeit, die sich als nachhaltig, d.h. nicht (nur) als vorübergehende Erscheinung, erweisen muß, kann z.B. dadurch entstehen, daß das Handelsgewerbe der GmbH polizeilich verboten wird; vgl. *BGH* (12.07.1982), S. 379; *BGH* (23.05.1957), S. 279; *Thomas* (Palandt BGB, 1997), zu § 726 BGB, Rn. 2 (S. 805) m.w.N.; *Fichtelmann* (GmbH & Still, 1995), Rdnr. 116 (S. 37). *Zutt* (Staub HGB, 1990), zu § 234 HGB, Rdn. 7 (S. 62 f.), vertritt diesbezüglich die Auffassung, daß im Rahmen einer GmbH & Still eine dauerhafte Unmöglichkeit der Zweckerreichung nur in sehr wenigen Fällen eintreten werde.

278 Bezüglich der ordentlichen Kündigungsfrist wird in § 234 Abs. 1 HGB ausdrücklich auf die Regelungen für die OHG (§ 132 HGB) verwiesen; zu Kündigungsfristen vgl. auch *BGH* (20.12.1956), S. 10; *Fichtelmann* (GmbH & Still, 1995), Rdnr. 128 (S. 40); *Geck* (Auflösung,

Konkurs, kann der Stille gem. § 236 Abs. 1 HGB "wegen der Einlage, soweit sie den Betrag des auf ihn fallenden Anteils am Verlust übersteigt, seine Forderung als Konkursgläubiger geltend machen."[279] Diese Regelung geht insofern nicht mit der Auffassung konform, daß die stille Einlage nicht zum "Leihkapital", sondern zum "verantwortlichen Kapital" gezählt werden müsse, das am Schicksal des Unternehmens partizipiere.[280] Die durch das Handelsrecht implementierte gleichrangige Behandlung der stillen Einlage mit gewöhnlichen Darlehensforderungen hat zur Konsequenz, daß aufgrund von stillen Gesellschaftsforderungen die Konkursquote zu Lasten der Darlehensgläubiger gemindert wird, was nicht unbedingt der Vorstellung von verantwortlichem Gesellschaftskapital entspricht.[281]

Da die GmbH & Still kein Gesamthandsvermögen bilden kann, ist bei deren Auflösung folglich auch keine Liquidation notwendig.[282] Die GmbH hat sich bei Beendigung des stillen Gesellschaftsverhältnisses gem. § 235 Abs. 1 HGB "mit dem stillen Gesellschafter auseinanderzusetzen und dessen Guthaben in Geld zu berichtigen." Letzteres besteht - abgesehen von anderslautenden vertraglichen Regelungen - aus dem Buchwert der Vermögenseinlage des Stillen und den (noch nicht ausgezahlten) Gewinnanteilen der vergangenen Wirtschaftsjahre.[283]

1994), S. 659; *Glenk* (Typische stille Beteiligung, 1995), S. 180. Wurde die stille Gesellschaft vertraglich auf bestimmte Zeit vereinbart, ist eine ordentliche Kündigung unzulässig; vgl. hierzu *Baumbach / Hopt* (HGB-Kommentar, 1995), zu § 234 HGB, Rn. 8 (S. 632). Das Recht zur außerordentlichen Kündigung bleibt den Gesellschaftern unbenommen und ist nicht abdingbar; vgl. *BGH* (21.04.1980), S. 958; *BGH* (08.07.1976), S. 1032.

279 Vgl. auch *Koller* (HGB-Kommentar, 1996), zu § 236 HGB, Rz. 6 (S. 480); *Schulze zur Wiesche* (GmbH & Still, 1997), Rn. 102 ff. (S. 39); *Kübler* (Gesellschaftsrecht, 1994), S. 148; *Paulick / Blaurock* (Stille Gesellschaft, 1988), S. 324.

280 Vgl. so z.B. *BGH* (30.01.1952), S. 422; gl.A. *Paulick / Blaurock* (Stille Gesellschaft, 1988), S. 325; *Knobbe-Keuk* (Stille Beteiligung, 1983), S. 127; *Kuhn* (BGH-Rechtsprechung, 1955), S. 282; *Wahl* (Vermögenseinlage, 1975), S. 169; vgl. auch die Diskussion bezüglich der Eigen- bzw. Fremdkapitalfunktion der stillen Einlage im vorherigen Abschnitt.

281 Bei GmbH-Gesellschaftern, die gleichzeitig als stille Gesellschafter an der GmbH beteiligt sind, kann bei einer Qualifikation der stillen Einlage als eigenkapitalersetzend i.S.v. § 32a GmbHG keine Konkursforderung geltend gemacht werden; in dem Fall stimmt die Zuordnung der stillen Beteiligung zum "verantwortlichen Kapital", wobei von der beschriebenen Umqualifikation auch "gewöhnliche" Darlehen betroffen sein können.

282 Vgl. so *BGH* (26.06.1989), S. 574; *BGH* (30.11.1967), S. 268; *OLG Düsseldorf* (17.10.1990), S. 435; *Schmidt* (Gesellschaftsrecht, 1997), S. 1859; *Zutt* (Staub HGB, 1990), zu § 235 HGB, Rdn. 1 (S. 75); *Schmidt* (Schlegelberger HGB, 1986), zu § 340 HGB (§ 235 n.F.), Anm. 3 (S. 533), 16 ff. (S. 534 f.); *Koenigs* (Stille Gesellschaft, 1961), S. 287.

283 Vgl. *BGH* (22.11.1965), S. 501; *BGH* (27.03.1961), S. 574; zur Auseinandersetzung bei einer GmbH & Still und den Ansprüchen des Stillen vgl. z.B. auch *Schulze zur Wiesche* (GmbH & Still, 1997), Rn. 94 ff. (S. 37 f.); *Geck* (Auflösung, 1994), S. 660 f.; *Hense* (Stille Gesellschaft, 1990), S. 59 ff.; *Boettcher / Zartmann / Faut* (Stille Gesellschaft, 1978), S. 87; zur Ermittlung des Guthabens muß der Geschäftsinhaber regelmäßig eine Gesamtabrechnung erstellen, außer der Auseinandersetzungsanspruch läßt sich ohne eine solche ermitteln; vgl. hierzu *BGH* (28.09.1995), S. 1844; *BGH* (29.06.1992), S. 2696; *BGH* (26.06.1989), S. 574; *BGH*

7. Wirtschaftliche Bedeutung

Bei der Rechtsformwahl dominieren häufig steuerliche (Belastungs) Überlegungen; zugleich sind jedoch wirtschaftliche Aspekte bezüglich Flexibilität, Haftung, Finanzierungsform, Nachfolgeüberlegungen etc. dafür ausschlaggebend, daß die GmbH & Still als Rechtsformalternative einen regen Zuspruch erfährt.[284] Zwei maßgebliche Vorteile der stillen Gesellschaft liegen in ihren Wesensmerkmalen begründet. Zum einen tritt sie als reine Innengesellschaft nicht nach außen in Erscheinung, tätig wird nur die GmbH als Handelsgewerbetreibende. Ohne Registrierungspflicht und ohne Firmierung besteht so für beide Vertragsseiten die Möglichkeit, über die stille Beteiligung Anonymität zu wahren.[285] Des weiteren ist das Instrument der Gewinnbeteiligung anzuführen: Sie ermöglicht der GmbH, die Finanzierungskosten ihrer konjunkturellen Situation anzupassen,[286] während zugleich für den Stillen die Chance besteht, eine Rendite aus seiner Beteiligung zu erzielen, die über dem Kapitalmarktzins liegt.[287]

Darüber hinaus kann - je nach Gestaltung des stillen Gesellschaftsvertrags - einerseits die Geschäftsführung ohne jeglichen Einfluß des Stillen erfolgen; andererseits kann dem Stillen auch eine, im Vergleich zu einer Darlehensbeziehung weitergehende, unternehmerische Beteiligung eingeräumt werden, ohne daß ihn gleichzeitig eine "unmittelbare Haftung gegenüber den Gesellschaftsgläubigern trifft, da er mit diesen nicht in eine Rechtsbeziehung tritt."[288] Der stille Gesellschaftsvertrag unterliegt zudem

---

(21.03.1984), S. 492; *BGH* (08.07.1976), S. 1032; *BGH* (30.11.1959), S. 261; *OLG Hamm* (10.01.1994), S. 1383; *BFH* (01.06.1978), S. 570; *Kuhn* (BGH-Rechtsprechung, 1975), S. 720; *Fischer* (BGH-Rechtsprechung, 1981), S. 644.

284 Eine umfassende Darstellung der allgemeinen Beweggründe für die Einrichtung einer stillen Gesellschaft findet man (z.B.) auch bei *Paulick / Blaurock* (Stille Gesellschaft, 1988), S. 14 ff.; *Beranek* (GmbH & Still, 1991), S. 132 f.

285 Vgl. *Bitz* (GmbH & Still, 1997), S. 771; *Walter* (Verlustnutzung, 1997), S. 823; *Hüffer* (Gesellschaftsrecht, 1996), S. 247; *Fichtelmann* (GmbH & Still, 1995), Rdnr. 7 (S. 3); *Zutt* (Staub HGB, 1990), zu § 230 HGB, Rdn. 2 (S. 3); *Neufang* (Rechtsinstrument, 1987), S. 8; *Klauss / Mittelbach* (Stille Gesellschaft, 1980), Rz. 21 (S. 26 ff.); *Boettcher / Zartmann / Faut* (Stille Gesellschaft, 1978), S. 23 f.

286 Vgl. *Fichtelmann* (GmbH & Still, 1995), Rdnr. 9 (S. 3); *Paulick* (Einmann-GmbH & Still, 1982), S. 237; *Schulze zur Wiesche* (GmbH & Still, 1979), S. 66; *Vollmer / Maurer* sehen daher auch die Umwandlung von Darlehen in stille Beteiligungen als eine Möglichkeit an, eine GmbH zu sanieren; vgl. *Vollmer / Maurer* (Eignung, 1994), S. 1173 ff.; so auch *Schulze zur Wiesche* (GmbH & Still, 1997), Rn. 2 (S. 2).

287 Vgl. *Paulick* (Einmann-GmbH & Still, 1982), S. 237; der Stille trägt freilich damit - von vertraglich vereinbarter Mindestverzinsung und Verlustbeteiligung einmal abgesehen - auch gleichzeitig das Risiko, daß die GmbH keine Gewinne erzielt; er unterliegt gewissermaßen dem "Risiko der Gewinnerzielung"; vgl. so *Stüttgen* (Stille Beteiligung, 1988), S. 106 mit Verweis auf *RG*-Urteil (06.12.1928), S. 390.

288 *Bitz* (GmbH & Still, 1997), S. 771; vgl. zu den diesbezüglichen Gestaltungsmöglichkeiten *Bieg* (Eigenkapitalbeschaffung, 1997), S. 67 f.; *Horn* (Heymann HGB, 1996), zu § 230 HGB, Rdn. 12 (S. 491); *Zutt* (Staub HGB, 1990), zu § 230 HGB, Rdn. 4 (S. 4); *Post / Hoffmann* (Stille Beteiligung, 1984), S. 185; *Felix* (Stille Beteiligung, 1974), S. 215; *Hartmann* (Stille Gesellschaft,

keiner bestimmten Form und kann vielfältig ausgestaltet sein; so bietet sich den Vertragsparteien insgesamt eine unkomplizierte und kostengünstige Finanzierungsalternative.[289] Abgesehen von diesen wirtschaftlichen Vorteilen ist die Möglichkeit einer spezifischen Ausgestaltung des stillen Gesellschaftsverhältnisses hervorzuheben; aufgrund der Gestaltungsfreiheit kann den Präferenzen bzw. den (End)Zwecken der Beteiligten individuell Rechnung getragen werden.

Als stille Gesellschafter kommen auch GmbH-Gesellschafter selbst, Mitarbeiter oder Familienangehörige in Frage. So können z.B. Gesellschafter einer GmbH - neben ihrem GmbH-Anteil - in Form von stillen Einlagen weiteres Kapital zuführen, ohne daß dies zwingend als haftendes Eigenkapital qualifiziert werden muß.[290] Die stille Beteiligung von Mitarbeitern fördert deren Bindung an das Unternehmen, wobei insbesondere von der dadurch erzeugten gewinnabhängigen Vergütungskomponente eine positive Motivationswirkung ausgehen soll.[291] Abgesehen von den - im Dritten Kapitel aufgeführten - steuerlichen Aspekten ermöglicht die stille Beteiligung von Familienangehörigen an einer GmbH im Rahmen von Nachfolgeüberlegungen die "Heranführung von Kindern an das Unternehmen";[292] sie kann jedoch ebenfalls der Abfindung von Erben dienen.[293]

1974), S. 23; *Beger* (Vorteile, 1972), S. 18. Eine solche Rechtsstellung kann z.B. Gesellschaftern einer OHG bzw. einer KG vertraglich nicht eingeräumt werden.

289 Vgl. so *Walter* (Verlustnutzung, 1997), S. 823; *Zacharias / Hebig / Rinnewitz* (Atypisch stille Gesellschaft, 1996), S. 22; *Bezzenberger* (Stille Gesellschaft, 1991), § 4, Rdnr. 14 (S. 1104); *Zutt* (Staub HGB, 1990), zu § 230 HGB, Rdn. 3 (S. 4); *Stüttgen* (Stille Beteiligung, 1988), S. 91; *Schwedhelm* (Mitunternehmerschaft, 1987), S. 2; *Post / Hoffmann* (Stille Beteiligung, 1984), S. 44 f.; *Schulze zur Wiesche* (GmbH & Still, 1979), S. 66; *Felix* (Stille Beteiligung, 1974), S. 214; *Beger* (Vorteile, 1972), S. 17; *Fasold* (Stille Gesellschaft, 1970), S. 159.

290 Vgl. *Bieg* (Eigenkapitalbeschaffung, 1997), S. 68; *Fichtelmann* (GmbH & Still, 1995), Rdnr. 2 (S. 1); *Schwedhelm* (Mitunternehmerschaft, 1987), S. 2. Zu beachten sind jedoch die gesellschaftsrechtlichen Schranken i.S.d. § 32a GmbHG (Eigenkapitalersatz) sowie steuerliche Restriktionen. Man findet als Argument für eine stille Beteiligung auch die Möglichkeit, daß Anteile von GmbH-Gesellschaftern, die nicht mehr aktiv am Geschehen der GmbH teilhaben möchten, sich in stille Beteiligungen umwandeln lassen; vgl. so z.B. *Horn* (Heymann HGB, 1996), zu § 230 HGB, Rdn. 12 (S. 491); *Koenigs* (Stille Gesellschaft, 1961), S. 45.

291 Vgl. zur stillen Beteiligung von Mitarbeitern *Kübler* (Gesellschaftsrecht, 1994), S. 145; *Hense* (Stille Gesellschaft, 1990), S. 4; *Schoen* (Stiller Gesellschafter, 1988), S. 2113 ff.; *Langhein* (Arbeitnehmerbeteiligungen, 1987), S. 66 ff.; *Schmidt* (Schlegelberger HGB, 1986), zu § 335 HGB (§ 230 n.F.), Anm. 64 (S. 408) m.w.N.; diese Beteiligungsform wird durch das 1. und 2. VermBG (Anlage vermögenswirksamer Leistungen) zusätzlich vom Gesetzgeber gefördert; vgl. hierzu *Iber* (Arbeitnehmer, 1975), S. 303; *Langhein* (Arbeitnehmerbeteiligungen, 1987), S. 146; Erfahrungsberichte aus der Praxis findet man bei *Boettcher / Zartmann / Faut* (Stille Gesellschaft, 1978), S. 25 ff.

292 *Bitz* (GmbH & Still, 1997), S. 771; vgl. ebenso z.B. *Bachem* (Mitunternehmer, 1995), S. 611 (Fn. 16); *Spiegelberger* (Vermögensnachfolge, 1994), Rdnr. 439 f. (S. 174 ff.).

293 Vgl. insbesondere *Ritzrow* (Familienpersonengesellschaften, 1995), S. 230 ff., 250 ff. und 274 ff.; vgl. z.B. auch *Fichtelmann* (GmbH & Still, 1995), Rdnr. 8 (S. 3); *Bezzenberger* (Stille Gesellschaft, 1991), § 4, Rdnr. 15 f. (S. 1104); *Paulick / Blaurock* (Stille Gesellschaft, 1988), S. 17

III. Rechtsstellung des stillen Gesellschafters

1. Maßgeblichkeit der Rechtsnatur und der Vertragsgestaltung

1.1. Rechte und Pflichten nach dem Leitbild des Gesetzes

Die Rechtsstellung eines stillen Gesellschafters bei der GmbH & Still variiert aufgrund der vertraglichen Gestaltungsmöglichkeiten, die das dispositive Recht beläßt. Allein die zwingenden Wesensmerkmale bzw. die Rechtsnatur der stillen Gesellschaft setzen dieser Gestaltungsfreiheit Grenzen und geben an gewissen Punkten die Rechtsposition des Stillen vor.[294] So liegt ein unabänderliches Merkmal darin begründet, daß der stille Gesellschafter in keinem Fall im Namen der GmbH & Still als solche tätig werden kann, da grundsätzlich nur die GmbH nach außen in Erscheinung tritt.[295]

Der Stille hat zudem als Innengesellschafter keinen dinglichen, sondern einen schuldrechtlichen Anspruch auf Gewinnbeteiligung gegenüber der GmbH.[296] Der stille Gesellschafter kann von den Gläubigern der GmbH nicht in die Haftung genommen werden, Geschäftsschulden treffen allein den Inhaber des Handelsgewerbes.[297] Die schuldrechtliche Beziehung zwischen dem stillen Gesellschafter und der GmbH und das Fehlen eines mitgliedschaftlichen bzw. gesamthänderischen Elements sind charakteristisch für die GmbH & Still. Eine Außenwirkung der stillen Gesellschaft oder eine sachenrechtliche (dingliche) Beteiligung des Stillen am Gesellschaftsvermögen können auch nicht vertraglich vereinbart werden.[298]

---

ff.; *Koenigs* (Stille Gesellschaft, 1961), S. 45; *Klauss / Mittelbach* (Stille Gesellschaft, 1980), Rz. 22 (S. 28); *Boettcher / Zartmann / Faut* (Stille Gesellschaft, 1978), S. 28 ff.; *Klamroth* (Anerkennung, 1975), S. 525 ff.; *Koenigs* (Stille Gesellschaft, 1961), S. 82.

294 Vgl. *BGH* (11.07.1988), S. 2090.

295 Vgl. *BGH* (18.10.1965), S. 187; *BGH* (28.06.1962), S. 1086; *BGH* (29.10.1952), S. 378; *BFH* (12.11.1985), S. 313; *BFH* (28.10.1992), S. 28; *Kraft / Kreutz* (Gesellschaftsrecht, 1997), S. 240; *Baumbach / Hopt* (HGB-Kommentar, 1995), zu § 230 HGB, Rn. 2 (S. 621); *Boettcher / Zartmann / Faut* (Stille Gesellschaft, 1978), S. 23; *Hopt / Hehl* (Gesellschaftsrecht, 1987), Rn. 825 (S. 198); *Klauss / Mittelbach* (Stille Gesellschaft, 1980), Rz. 14 (S. 3 f.); *Kübler* (Gesellschaftsrecht, 1994), S. 144; *Lehmann / Dietz* (Gesellschaftsrecht, 1970), S. 216; *Paulick / Blaurock* (Stille Gesellschaft, 1988), S. 54 ff.; *Post / Hoffmann* (Stille Beteiligung, 1984), S. 22; *Schmidt* (Gesellschaftsrecht, 1997), S. 1857 f.; *ders.* (Schlegelberger HGB, 1986), zu § 335 HGB (§ 230 n.F.), Anm. 7 (S. 388); *Ulmer* (BGB-Kommentar, 1980), zu § 705 BGB, RdNr. 197 (S. 110).

296 Im Innenverhältnis nimmt der Stille dagegen regelmäßig eine Stellung ein, als ob er gesamthänderisch beteiligt wäre; vgl. hierzu *OLG München* (08.07.1992), S. 2126; *Schmidt* (Schlegelberger HGB, 1986), zu § 335 HGB (§ 230 n.F.), Anm. 156 (S. 447 f.); *Koenigs* (Stille Gesellschaft, 1961), S. 16.

297 Der Stille haftet lt. *Bitz* (GmbH & Still, 1997), S. 771, Gesellschaftsgläubigern "nur aufgrund besonderer Verpflichtung, z.B. einer Bürgschaft."

298 Vgl. *BGH* (29.10.1952), S. 378; *BGH* (24.09.1952), S. 178; *App* (GmbH & Still; 1993), S. 478; *Aulinger* (Atypische stille Gesellschaft, 1955), S. 19; *Bezzenberger* (Stille Gesellschaft, 1991), § 2, Rdnr. 6 (S. 1088); *Fasold* (Stille Gesellschaft, 1970), S. 156; *Rasner* (Atypische stille Ge-

Die Pflichten des stillen Gesellschafters liegen im Gesellschaftsbegriff des § 705 BGB begründet:[299] Er muß einen Beitrag zu Förderung des gemeinsamen Zwecks der GmbH & Still leisten, der im Gesellschaftsvertrag entsprechend festzulegen ist.[300] Die Rechte des Stillen ergeben sich hauptsächlich aus den unabdingbaren handelsrechtlichen Vorschriften der §§ 230 ff. HGB. Neben der Beteiligung am Gewinn i.S.v. § 231 Abs. 2 HGB besitzt der stille Gesellschafter bei Vorliegen eines wichtigen Grundes lt. § 233 Abs. 3 HGB ein außerordentliches Kontrollrecht und ein außerordentliches Kündigungsrecht gem. § 234 Abs. 1 HGB.[301]

Neben den bisher genannten gesetzlichen Merkmalen kann die Rechtsstellung des Stillen bei einer GmbH & Still in vielfältiger Weise ausgestaltet sein, wobei dies insbesondere weitergehende Rechte und Pflichten betrifft. Weicht aufgrund dessen der stille Gesellschaftsvertrag in einem bestimmten Maße[302] vom gesetzlichen Regelstatut ab, wird handels- bzw. gesellschaftsrechtlich von einer atypischen stillen Gesellschaft

---

sellschaft, 1961), S. 60; *Schmidt* (Schlegelberger HGB, 1986), zu § 335 HGB (§ 230 n.F.), Anm. 69 (S. 410 f.); *Zutt* (Staub HGB, 1990), zu § 235 HGB, Rdn. 24 (S. 82).

299 Vgl. *Thomas* (Palandt BGB, 1997), zu § 705 BGB, Rn. 15 f. (S. 787 f.); *Ulmer* (BGB-Kommentar, 1980), zu § 705 BGB, RdNr. 79 (S. 67); *Keßler* (Staudinger BGB, 1991), zu § 705 BGB, Rn. 26 ff. (S. 291); *Westermann* (BGB-Handkommentar, 1993), zu § 705 BGB, Rn. 27 ff. (S. 2086 ff.); *Schmidt* (Gesellschaftsrecht, 1997), S. 1837 f. Die Treuepflicht, die jeden Personengesellschafter in gewissem Umfang betrifft, spielt für den Stillen bei einer normenbezogenen Vertragsgestaltung nur eine untergeordnete Rolle; vgl. so statt vieler *Schmidt* (Schlegelberger HGB, 1986), zu § 335 HGB (§ 230 n.F.), Anm. 130 (S. 437).

300 Dieser Beitrag kann, wie in *Abschnitt I.2.4.* dieses Kapitels ausführlich dargelegt wurde, in Form einer Vermögenseinlage, aber auch in Form von Dienstleistungen, Gebrauchsüberlassungen etc. geleistet werden.

301 Vgl. *Horn* (Heymann HGB, 1996), zu § 230 HGB, Rdn. 30 (S. 496); *Koenigs* (Stille Gesellschaft, 1961), S. 17 ff.; *Schmidt* (Schlegelberger HGB, 1986), zu § 335 HGB (§ 230 n.F.), Anm. 65 (S. 408 f.); *Zacharias / Hebig / Rinnewitz* (Atypisch stille Gesellschaft, 1996), S. 46 f.; *Zutt* (Staub HGB, 1990), zu § 230 HGB, Rdn. 66 (S. 20). Die Unabdingbarkeit ergibt sich analog zur KG; vgl. *Grunewald* (Informationsrecht, 1989), S. 550; *Veltins / Hikel* (Informationsrecht, 1989), S. 466. Zudem können auch die Rechte des Stillen für den Fall des Konkurses der GmbH gem. §§ 236, 237 HGB vertraglich nicht ausgeschlossen werden.

302 Lt. *Aulinger* (Atypische stille Gesellschaft, 1955), S. 16, führt praktisch jede Abweichung vom Regelstatut zu einer atypischen stillen Gesellschaft, während i.S.d. (überwiegend) herrschenden Auffassung für eine Einstufung als "atypisch" von strukturbildenden Merkmalen der stillen Gesellschaft abgewichen werden muß; vgl. so *Bezzenberger* (Stille Gesellschaft, 1991), § 2, Rdnr. 2 (S. 1086 f.); *Westermann* (Vertragsfreiheit, 1970), S. 107, 307. Diese Abgrenzung führt nicht zu einer eindeutigen Erscheinungsform bzw. zu "der atypischen stillen Gesellschaft"; vgl. *Hense* (Stille Gesellschaft, 1990), S. 18. Bei *Schmidt* (Schlegelberger HGB, 1986), zu § 335 HGB (§ 230 n.F.), Anm. 67 ff. (S. 409 ff.), wird z.B. zwischen vier gesellschaftsrechtlichen Varianten der atypischen Gesellschaft unterschieden; vgl. so auch *Zacharias / Hebig / Rinnewitz* (Atypisch stille Gesellschaft, 1996), S. 34 ff. Nicht jede atypische stille Gesellschaft im gesellschaftsrechtlichen Sinne wird steuerrechtlich als atypisch qualifiziert; vgl. *Stüttgen* (Stille Beteiligung, 1988), S. 245 f.; *Costede* (Mitunternehmerschaft, 1977), S. 208; *Sennhenn* (Stille Gesellschaft, 1975), S. 96 f., 103 f; *Felix* (Stille Beteiligung, 1971), S. 215.

gesprochen.[303] Im Rahmen einer Positionsbestimmung muß man den Umfang der Initiativrechte und der vermögensbezogenen Rechte[304] prüfen, die, je nach ihrer vertraglichen Ausgestaltung, bei der GmbH & Still zu einer starken bzw. weniger starken Rechtsstellung des Stillen führen können.

1.2. Initiativrechte

Unter den Begriff der Initiativrechte sind Kontrollrechte,[305] Stimmrechte, Zustimmungs- und Widerspruchsrechte in bezug auf die Geschäftstätigkeit der GmbH sowie Geschäftsführungs- und Vertretungsbefugnisse selbst zu subsumieren.[306] Die Kontrollrechte des Stillen werden in § 233 HGB umschrieben: Während das in § 233 Abs. 3 HGB geregelte außerordentliche Kontrollrecht grundsätzlich zu den zwingenden Vorschriften gezählt wird, sind die Grenzen einer Beschränkung des ordentlichen Kontroll- bzw. Informationsrechts i.S.v. § 233 Abs. 1 HGB umstritten.[307] Da der Wortlaut des § 233 Abs. 1 HGB dem des § 166 Abs. 1 HGB entspricht und das darin geregelte (ordentliche) Kontrollrecht eines Kommanditisten nicht ausgeschlossen werden kann,[308] wird im Hinblick auf die Unabdingbarkeit eine analoge Auslegung der Vorschrift des § 233 Abs. 1 HGB gefordert.[309] Dem steht jedoch die Auffassung entgegen,

---

303 Vgl. *Horn* (Heymann HGB, 1996), zu § 230 HGB, Rdn. 51 (S. 500); *Zacharias / Hebig / Rinnewitz* (Atypisch stille Gesellschaft, 1996), S. 33 f.; *Baumbach / Hopt* (HGB-Kommentar, 1995), zu § 230 HGB, Rn. 3 (S. 622); *Knobbe-Keuk* (Steuerrecht, 1993), S. 400; *Bezzenberger* (Stille Gesellschaft, 1991), § 2, Rdnr. 2 (S. 1086 ff.); *Paulick / Blaurock* (Stille Gesellschaft, 1988), S. 126 ff.; *Schmidt* (Schlegelberger HGB, 1986), zu § 335 HGB (§ 230 n.F.), Anm. 67 ff.; *Kuhn* (BGH-Rechtsprechung, 1975), S. 718 (S. 409 ff.); *Rasner* (Atypische stille Gesellschaft, 1961), S. 16 ff.; *Aulinger* (Atypische stille Gesellschaft, 1955), S. 15. Die handels- bzw. gesellschaftsrechtliche Abgrenzung stimmt, wie noch ausführlich zu zeigen sein wird, nicht mit der steuerrechtlichen Abgrenzung zwischen typisch und atypisch überein; vgl. an dieser Stelle statt vieler *BFH* (25.06.1984), S. 769.

304 Vgl. so *Kühn* (Stille Gesellschaft, 1991), S. 1155 ff., 1189 ff.; *Troost* (Abgrenzung, 1997), S. 54 m.w.N.; die Pflichten werden bei der weiteren Begriffsklärung unter den Rechten subsumiert.

305 Die Kontrollrechte umfassen die Informations- und die Prüfungsrechte des Stillen; vgl. eine solche Differenzierung z.B. bei *Kort* (Informationsrecht, 1997), S. 1372; vgl. zu den verschiedenen Informationsrechten des stillen Gesellschafters zudem die Untersuchung von *Schlitt* (Informationsrecht, 1996).

306 Vgl. *Schulze zur Wiesche* (GmbH & Still, 1997), Rn. 45 ff. (S. 17 ff.); *Troost* (Abgrenzung, 1997), S. 55; *Bezzenberger* (Stille Gesellschaft, 1991), § 2, Rdnr. 11 (S. 1089); *Hense* (Stille Gesellschaft, 1990), S. 49 ff.; *Horn* (Heymann HGB, 1996), zu § 230 HGB, Rdn. 51 (S. 502 f.); *Schmidt* (Schlegelberger HGB, 1986), zu § 335 HGB (§ 230 n.F.), Anm. 70 (S. 450); *Boettcher / Zartmann / Faut* (Stille Gesellschaft, 1978), S. 81 f.; *Aulinger* (Atypische stille Gesellschaft, 1955), S. 28.

307 Vgl. zu dem Zusammenspiel der §§ 233 Abs. 1 und Abs. 3 HGB die Untersuchung von *Kort* (Informationsrecht, 1997), S. 1374 f.

308 Vgl. insbesondere *BGH* (11.07.1988), S. 2090; zu dem Kontrollrecht des Kommanditisten vgl. *Grunewald* (Informationsrecht, 1989), S. 550; *Hahn* (Informationsrecht, 1997), S. 741 ff.; *Veltins / Hikel* (Informationsrecht, 1989), S. 466.

309 Vgl. so *Hense* (Stille Gesellschaft, 1990), S. 52; vgl. (wohl) auch *Zutt* (Staub HGB, 1990), zu § 233 HGB, Rdn. 17 (S. 59).

nach der die Möglichkeit einer vertraglichen Einschränkung des ordentlichen Kontrollrechts "bis hin zu seinem Ausschluß" als zulässig erachtet wird.[310] Übereinstimmung herrscht jedoch dahingehend, daß "Erweiterungen der Informations- und Kontrollrechte durch den [stillen] Gesellschaftsvertrag (...) uneingeschränkt möglich und vielfach üblich" sind.[311] So kann dem Stillen vertraglich eine Rechtsposition i.S.v. § 716 BGB, d.h. letztlich ein permanentes Informationsrecht bezüglich der Geschäftslage der GmbH, eingeräumt werden.[312]

In den §§ 230 ff. HGB findet man keinen Hinweis auf Stimmrechte des Stillen; diese beschränken sich folglich auf Gesellschafterbeschlüsse, die Änderungen des stillen Gesellschaftsvertrags betreffen.[313] Abgesehen von Maßnahmen, die die Grundlage des Handelsgewerbes verändern und daher wegen dessen (Gesellschafts)Zweckgebundenheit i.S.v. § 705 BGB nur gemeinsam eingeleitet werden können,[314] stehen dem stillen Gesellschafter - auch bei außergewöhnlichen Geschäften - Zustimmungs- und Widerspruchsrechte nicht zu.[315] Per Gesellschaftsvertrag können dem Stillen jedoch

---

310 *Horn* (Heymann HGB, 1996), zu § 233 HGB, Rdn. 14 (S. 519); vgl. auch *Baumbach / Hopt* (HGB-Kommentar, 1995), zu § 233 HGB, Rn. 11 (S. 630); *Koller* (HGB-Kommentar, 1996), zu § 233 HGB, Rz. 3 (S. 471); *Kühn* (Stille Gesellschaft, 1991), § 13, Rdnr. 4 (S. 1168); *Paulick / Blaurock* (Stille Gesellschaft, 1988), S. 225; *Schmidt* (Schlegelberger HGB, 1986), zu § 338 HGB (§ 233 n.F.), Anm. 15 f. (S. 495); *Koenigs* (Stille Gesellschaft, 1961), S. 171.

311 *Zutt* (Staub HGB, 1990), zu § 233 HGB, Rdn. 17 (S. 59), wo darüber hinaus festgehalten wird, daß eine Erweiterung dieser Rechte auch ohne ausdrückliche Bestimmungen erfolgen kann, wenn dem Stillen insgesamt vertraglich eine stärkere Rechtsstellung zukommt. Gl.A. *Koller* (HGB-Kommentar, 1996), zu § 233 HGB, Rz. 4 (S. 470); *Baumbach / Hopt* (HGB-Kommentar, 1995), zu § 233 HGB, Rn. 12 (S. 630).

312 Vgl. *Kort* (Informationsrecht, 1997), S. 1375 f.; *Horn* (Heymann HGB, 1996), zu § 233 HGB, Rdn. 14 (S. 519); *Hense* (Stille Gesellschaft, 1990), S. 52; *Schmidt* (Schlegelberger HGB, 1986), zu § 338 HGB (§ 233 n.F.), Anm. 15 (S. 499); *Paulick / Blaurock* (Stille Gesellschaft, 1988), S. 225; *Klauss / Mittelbach* (Stille Gesellschaft, 1980), Rz. 99 (S. 60 f.); *Hartmann* (Stille Gesellschaft, 1974), S. 67; *Rasner* (Atypische stille Gesellschaft, 1961), S. 79.

313 Vgl. so auch *Klauss / Mittelbach* (Stille Gesellschaft, 1980), Rz. 100 (S. 61). Eine Erweiterung des Stimmrechts wäre nur in der Form möglich, daß dem Stillen vertraglich ein Stimmrecht bei der Gesellschafterversammlung der GmbH eingeräumt wird; dies wird jedoch explizit durch die Vorschrift des § 47 Abs. 2 GmbHG (Stimmrecht nur für GmbH-Gesellschafter) ausgeschlossen; vgl. hierzu *Zöllner* (Baumbach GmbHG, 1996), zu § 47 GmbHG, Rn 26 (S. 850); *Lutter / Hommelhoff* (GmbHG-Kommentar, 1995), zu § 47 GmbHG, Rn 2 (S. 509); für die Einräumung von Stimmrechten auf "schuldrechtlicher Basis" vgl. m.w.N. *Kühn* (Stille Gesellschaft, 1991), § 14, Rdnr. 26 (S. 1180); *Troost* (Abgrenzung, 1997), S. 93.

314 Vgl. *BGH* (29.06.1987), S. 1193; *BGH* (21.04.1980), S. 958; *BGH* (25.09.1963), S. 1210; *Westermann* (Vertragsfreiheit, 1970), S. 314; *Weimar* (GmbH & Still, 1993), S. 1516; *Kühn* (Stille Gesellschaft, 1991), § 12, Rdnr. 1 ff. (S. 1157); *Paulick / Blaurock* (Stille Gesellschaft, 1988), S. 197; *Zutt* (Staub HGB, 1990), zu § 230 HGB, Rdn. 86 (S. 27).

315 Vgl. *Horn* (Heymann HGB, 1996), zu § 230 HGB, Rdn. 34 (S. 497); *Weimar* (GmbH & Still, 1993), S. 1515; *Schmidt* (Gesellschaftsrecht, 1997), S. 1856; *ders.* (Schlegelberger HGB, 1986), zu § 335 HGB (§ 230 n.F.), Anm. 132 (S. 437 f.); *Zutt* (Staub HGB, 1990), zu § 230 HGB, Rdn. 91 (S. 29); *Paulick / Blaurock* (Stille Gesellschaft, 1988), S. 196; *Klauss / Mittelbach* (Stille Gesellschaft, 1980), Rz. 72 (S. 48); *Hämmerle / Wünsch* (Handelsrecht, 1978), S. 211; *Koenigs* (Stille Gesellschaft, 1961), S. 154.

(Stimm)Rechte zugestanden werden, die denen eines Kommanditisten i.S.v. § 164 HGB entsprechen,[316] was dem stillen Gesellschafter Einflußmöglichkeiten auf die Geschäftsführung insgesamt bzw. auf bestimmte Geschäfte der GmbH eröffnen würde.[317]

Der Stille nimmt aus Sicht des (stillen) Gesellschaftsrechts keinen direkten Einfluß auf die Geschäftsführung der GmbH.[318] Vertraglich können ihm jedoch Leitungsbefugnisse, bis hin zu der Vereinbarung einer alleinigen Geschäftsführung,[319] zugestanden werden. Dies gilt in gleicher Form für die Erteilung von Vertretungsmachten (Handlungsvollmacht, Prokura).[320] Dabei gilt es zu beachten, daß sich die im stillen Gesellschaftsvertrag vereinbarten Leitungs- bzw. Vertretungsbefugnisse bei der GmbH & Still nur (schuldrechtlich) auf das Innenverhältnis auswirken, da nach außen ausschließlich die GmbH bzw. bei entsprechenden Vereinbarungen der Stille im Namen der GmbH in Erscheinung tritt.[321]

---

316 Vgl. *BGH* (15.06.1987), S. 1880; *Koller* (HGB-Kommentar, 1996), zu § 230 HGB, Rz. 17 (S. 464); *Hense* (Stille Gesellschaft, 1990), S. 49; *Martens* (Schlegelberger HGB, 1986), zu § 164 HGB, Anm. 23 (S. 241 f.); *Schmidt* (Schlegelberger HGB, 1986), zu § 335 HGB (§ 230 n.F.), Anm. 132 (S. 437 f.); *Klauss / Mittelbach* (Stille Gesellschaft, 1980), Rz. 86 (S. 55); *Koenigs* (Stille Gesellschaft, 1961), S. 159.

317 Vgl. zu den Einflußmöglichkeiten insbesondere *Kühn* (Stille Gesellschaft, 1991), § 14, Rdnr. 4 (S. 1174); *Hense* (Stille Gesellschaft, 1990), S. 50; *Westermann* (Vertragsfreiheit, 1970), S. 315.

318 Vgl. so *Kraft / Kreutz* (Gesellschaftsrecht, 1997), S. 240; *Horn* (Heymann HGB, 1996), zu § 230 HGB, Rdn. 34 (S. 497); *Kübler* (Gesellschaftsrecht, 1994), S. 147; *Hueck* (Gesellschaftsrecht, 1991), S. 172; *Schmidt* (Gesellschaftsrecht, 1997), S. 1856; *Zutt* (Staub HGB, 1990), zu § 230 HGB, Rdn. 91 (S. 29); *Paulick / Blaurock* (Stille Gesellschaft, 1988), S. 216 f.; *Hämmerle / Wünsch* (Handelsrecht, 1978), S. 215; *Sennhenn* (Stille Gesellschaft, 1975), S. 13; *Hartmann* (Stille Gesellschaft, 1974), S. 62; *Lehmann / Dietz* (Gesellschaftsrecht, 1970), S. 222; *Koenigs* (Stille Gesellschaft, 1961), S. 153.

319 Vgl. zu solchen vertraglichen Konstellationen *Horn* (Heymann HGB, 1996), zu § 230 HGB, Rdn. 51 (S. 501 f.); *Schoor* (GmbH & Still, 1995), Rdn. 34 (S. 33 f.); *Kübler* (Gesellschaftsrecht, 1994), S. 147; *Petzold* (Stille Gesellschaft, 1993), S. 2981; *Kühn* (Stille Gesellschaft, 1991), § 14, Rdnr. 5 (S. 1174); *Zutt* (Staub HGB, 1990), zu § 230 HGB, Rdn. 94 (S. 29 f.); *Schmidt* (Schlegelberger HGB, 1986), zu § 335 HGB (§ 230 n.F.), Anm. 70 (S. 411 f.); *Westermann* (Vertragsfreiheit, 1970), S. 315.

320 Hierüber bestehen in Rechtsprechung und Literatur keine Zweifel; vgl. so *BGH* (18.10.1965), S. 187; *BGH* (06.11.1963), S. 327; *BGH* (27.03.1961), S. 574; *BGH* (29.11.1952), S. 160; *Horn* (Heymann HGB, 1996), zu § 230 HGB, Rdn. 34 (S. 497); *Koller* (HGB-Kommentar, 1996), zu § 230 HGB, Rz. 17 (S. 464); *Baumbach / Hopt* (HGB-Kommentar, 1995), zu § 230 HGB, Rn. 14 (S. 625); *Schwedhelm* (Geschäftsführer, 1994), S. 445; *Hense* (Stille Gesellschaft, 1990), S. 49 ff.; *Paulick / Blaurock* (Stille Gesellschaft, 1988), S. 211; *Post / Hoffmann* (Stille Beteiligung, 1984), S. 29 f., 49; *Westermann* (Vertragsfreiheit, 1970), S. 314; *Koenigs* (Stille Gesellschaft, 1961), S. 159; *Rasner* (Atypische stille Gesellschaft, 1961), S. 80 ff.

321 Vgl. so ausdrücklich *BGH* (27.03.1961), S. 574; ähnlich *Bezzenberger* (Stille Gesellschaft, 1991), § 1, Rdnr. 13 (S. 1085).

1.3. Vermögensbezogene Rechte

Neben der Gewinn- und Verlustbeteiligung zählt auch die Partizipation an den stillen Reserven und am Geschäftswert des Betriebsvermögens einer GmbH zu den vermögensbezogenen Rechten des Stillen.[322] Während ohne zusätzliche Vereinbarungen die Gewinn- und Verlustbeteiligung des Stillen am Ergebnis der gewöhnlichen Geschäftstätigkeit der GmbH auszurichten ist,[323] lassen sich vertraglich weitere Bestandteile des Jahresergebnisses, die z.B. durch eine Aufdeckung stiller Reserven bei Verkäufen, aber auch in Form von außerordentlichen Erträgen (z.B. aus Wertpapiergeschäften) entstanden sind, in die Bemessungsgrundlage einbeziehen.[324]

Im Gegensatz zu der gesetzlich fixierten Gewinnbeteiligung ist der Umfang eines Auseinandersetzungsguthabens, das der Stille im Falle einer Auflösung bzw. Beendigung der GmbH & Still schließlich für sich beanspruchen kann, frei vereinbar. Bei fehlenden vertraglichen Abreden ist lt. § 235 HGB eine Abfindung des stillen Gesellschafters zum Buchwert seines Einlagekontos vorzunehmen.[325] Darüber hinaus erscheint es naheliegend, daß der Stille - auch ohne explizite vertragliche Vereinbarungen - an den Wertveränderungen partizipiert, die aus dem Betrieb des Handelsgewerbes i.S.d. gemeinsamen Zwecks der GmbH & Still resultieren.[326] Im Gesellschaftsver-

---

322 Vgl. *Bezzenberger* (Stille Gesellschaft, 1991), § 2, Rdnr. 7 (S. 1088); *Schmidt* (Schlegelberger HGB, 1986), zu § 335 HGB (§ 230 n.F.), Anm. 68 f. (S. 410 f.).

323 Vgl. *BGH* (30.11.1959), S. 261; *BGH* (29.10.1952), S. 379; *Schulze zur Wiesche* (GmbH & Still, 1997), Rn. 78 f. (S. 28); *Troost* (Abgrenzung, 1997), S. 67 ff.; *Baumbach / Hopt* (HGB-Kommentar, 1995), zu § 232 HGB, Rn. 1 f. (S. 627 f.); *Horn* (Heymann HGB, 1996), zu § 232 HGB, Rdn. 2 (S. 513); *Bezzenberger* (Stille Gesellschaft, 1991), § 5, Rdnr. 7 (S. 1084); *Schmidt* (Gesellschaftsrecht, 1997), S. 1845, 1857 f.; *ders.* (Schlegelberger HGB, 1986), zu § 335 HGB (§ 230 n.F.), Anm. 35 (S. 399); *Rasner* (Atypische stille Gesellschaft, 1961), S. 61 ff.; *Winckelmann* (Gewinnbeteiligung, 1931), S. 7; *Saenger* (Stille Gesellschaft, 1924), S. 18.

324 Vgl. in Bezug auf den Umfang der Bemessungsgrundlage *BGH* (29.10.1952), S. 379; *BGH* (24.09.1952), S. 178; *Horn* (Heymann HGB, 1996), zu § 232 HGB, Rdn. 5 (S. 514); *Bezzenberger* (Stille Gesellschaft, 1991), § 20, Rdnr. 24 (S. 1225); *Zutt* (Staub HGB, 1990), zu § 232 HGB, Rdn. 7 ff. (S. 46 ff.); *Flechtheim* (Hachenburg HGB, 1932), zu § 337 HGB (§ 232 n.F.), Anm. 6 (S. 1223 ff.).

325 Hierbei sind gem. § 235 Abs. 2 HGB noch nicht ausgezahlte Gewinnanteile zu berücksichtigen; vgl. zu dieser Form der Auseinandersetzung darüber hinaus *BGH* (10.10.1994), S. 2246; *BGH* (22.11.1965), S. 501; *BGH* (27.03.1961), S. 574; *Schulze zur Wiesche* (GmbH & Still, 1997), Rn. 94 ff. (S. 37 f.); *Geck* (Auflösung, 1994), S. 660 f.; *Hense* (Stille Gesellschaft, 1990), S. 59 ff.; *Paulick / Blaurock* (Stille Gesellschaft, 1988), S. 309; *Boettcher / Zartmann / Faut* (Stille Gesellschaft, 1978), S. 87.

326 Vgl. so *BGH* (24.09.1952), S. 177; *Horn* (Heymann HGB, 1996), zu § 232 HGB, Rdn. 2 (S. 513); *Baumbach / Hopt* (HGB-Kommentar, 1995), zu § 232 HGB, Rn. 1 (S. 627 f.); *Bezzenberger* (Stille Gesellschaft, 1991), § 20, Rdnr. 24 (S. 1225); *Zutt* (Staub HGB, 1990), zu § 232 HGB, Rdn. 6 (S. 45 f.); *Paulick / Blaurock* (Stille Gesellschaft, 1988), S. 274; *Schmidt* (Schlegelberger HGB, 1986), zu § 337 HGB (§ 232 n.F.), Anm. 9 (S. 484 f.); *Klauss / Mittelbach* (Stille Gesellschaft, 1980), Rz. 140 (S. 78); *Koenigs* (Stille Gesellschaft, 1961), S. 188; *Aulinger* (Atypische stille Gesellschaft, 1955), S. 24 f.; je nach Rechtsstellung des Stillen differenzierend vgl. *Rasner* (Atypische stille Gesellschaft, 1961), S. 65.

trag kann zudem die Beteiligung an den stillen Reserven des Anlage- und des Umlaufvermögens der GmbH vereinbart sein.[327]

An einem Geschäfts- bzw. Firmenwert ist der stille Gesellschafter grundsätzlich nicht beteiligt.[328] Mittels vertraglicher Vereinbarung besteht jedoch die Möglichkeit, dem Stillen einen schuldrechtlichen Anspruch an den Wertsteigerungen des Betriebsvermögens der GmbH unter Einbeziehung des Geschäfts- bzw. Firmenwertes zu gewähren.[329] Der stille Gesellschafter ist in dem Fall (schuldrechtlich) auf einer Ebene mit dem Gesellschafter einer Personenhandelsgesellschaft anzusiedeln.[330]

In Anbetracht des gesamten Umfangs der vertraglichen Möglichkeiten bleibt festzuhalten, daß - je nach Ausgestaltung des stillen Gesellschaftsvertrags und der darin vereinbarten Initiativ- und Vermögensrechte - die Rechtsstellung des Stillen der eines Darlehensgebers, aber auch der eines Personenhandelsgesellschafters angenähert werden kann, ohne daß dabei jedoch eine völlige Übereinstimmung herstellbar wäre.[331]

2. Abgrenzung zu ähnlichen Rechtsstellungen

2.1. Abgrenzung zum partiarischen Darlehensgeber

Nimmt der stille Gesellschafter bei der GmbH & Still eine normenbezogene, d.h. im handels- bzw. gesellschaftsrechtlichen Sinne typische Rechtsstellung ein, treten die

---

327 Die Beteiligung kann sich auch auf die stillen Reserven einzelner Wirtschaftsgüter des Gesellschaftsvermögens beziehen; vgl. dazu m.w.N. *Troost* (Abgrenzung, 1997), S. 107.

328 Vgl. *BGH* (12.05.1986), S. 908; *RG* (17.04.1928), S. 410; *Horn* (Heymann HGB, 1996), zu § 235 HGB, Rdn. 12 (S. 532); *Zutt* (Staub HGB, 1990), zu § 235 HGB, Rdn. 8 (S. 77 f.), 13 (S. 79); *Koenigs* (Stille Gesellschaft, 1961), S. 288 f.; *Paulick / Blaurock* (Stille Gesellschaft, 1988), S. 273; *Schmidt* (Schlegelberger HGB, 1986), zu § 340 HGB (§ 235 n.F.), Anm. 26 (S. 538 f.); *Klauss / Mittelbach* (Stille Gesellschaft, 1980), Rz. 205 (S. 105); *Sudhoff* (Gewinnanteil, 1960), S. 2127; *Flechtheim* (Hachenburg HGB, 1932), zu § 340 HGB (§ 235 n.F.), Anm. 3 (S. 1247 f.). Einige Autoren sind der Auffassung, daß, wenn ein Geschäftswert zu Lasten eines Gewinnanteils des Stillen entstanden ist, der stille Gesellschafter an diesem Teil auch ohne vertragliche Vereinbarungen partizipiert; vgl. *Baumbach / Hopt* (HGB-Kommentar, 1995), zu § 232 HGB, Rn. 1 (S. 627 f.); *Bezzenberger* (Stille Gesellschaft, 1991), § 28, Rdnr. 12 ff. (S. 1226); *Paulick / Blaurock* (Stille Gesellschaft, 1988), S. 310 m.w.N.; *Rasner* (Atypische stille Gesellschaft, 1961), S. 63; *Aulinger* (Atypische stille Gesellschaft, 1955), S. 22 ff.

329 Vgl. *Horn* (Heymann HGB, 1996), zu § 235 HGB, Rdn. 21 f. (S. 535); *Baumbach / Hopt* (HGB-Kommentar, 1995), zu § 235 HGB, Rn. 1 (S. 633 f.); *Boettcher / Zartmann / Faut* (Stille Gesellschaft, 1978), S. 131 f.; *Westermann* (Vertragsfreiheit, 1970), S. 313 ff.; *Koenigs* (Stille Gesellschaft, 1961), S. 192 f., 291; *Sudhoff* (Gewinnanteil, 1960), S. 2127; *Aulinger* (Atypische stille Gesellschaft, 1955), S. 25.

330 Vgl. *BGH* (24.09.1984), S. 193; *Bezzenberger* (Stille Gesellschaft, 1991), § 28, Rdnr. 27 (S. 1312); *Hense* (Stille Gesellschaft, 1990), S. 67; *Schmidt* (Schlegelberger HGB, 1986), zu § 340 HGB (§ 230 n.F.), Anm. 56 ff. (S. 548 f.). Im Innenverhältnis nimmt der Stille dann eine "quasi-gesamthänderische" Stellung ein; vgl. hier statt vieler *Horn* (Heymann HGB, 1996), zu § 235 HGB, Rdn. 21 f. (S. 535 f.).

331 Vgl. *Paulick / Blaurock* (Stille Gesellschaft, 1988), S. 135; *Boettcher / Zartmann / Faut* (Stille Gesellschaft, 1978), S. 50.

mitgliedschaftlichen Aspekte in den Hintergrund, und der stillen Einlage ist grundsätzlich Fremdkapitalcharakter zu bescheinigen.[332] Die Position des Stillen ist dann mit der eines partiarischen Darlehensgebers vergleichbar, der für seine Kapitalhergabe statt einer festen Verzinsung (auch) eine Beteiligung am Gewinn erhält.[333] Es stellt sich in dem Fall die Frage, anhand welcher Kriterien eine Abgrenzung der Vertragsverhältnisse - stille Gesellschaft und partiarisches Darlehen - vorgenommen werden kann.

Eine klare Unterscheidung läßt sich zum einen treffen, wenn der Kapitalgeber vertraglich nur an einem bestimmten Geschäft oder nur am Umsatz des Kapitalnehmers partizipiert, da eine solche Regelung nicht mit dem Wesen der stillen Gesellschaft vereinbar ist.[334] Ebenso (eindeutig) kann zum anderen ein Vertragsverhältnis bei vereinbarter Verlustbeteiligung nur als stilles Gesellschaftsverhältnis gewertet werden, da gem. § 607 BGB ein Darlehensgeber grundsätzlich nicht am Verlust teilnehmen kann.[335] Abseits der genannten (klaren) Indizien ist zu bezweifeln, ob die Möglichkeiten für eine eindeutige Zuordnung gegeben sind, wenngleich diesbezüglich diverse Ansätze bestehen.

In Rechtsprechung[336] und Literatur[337] wird die gesellschaftsrechtliche Natur der stillen Gesellschaft einerseits und die Qualifikation des partiarischen Darlehens als reines Austauschverhältnis andererseits in den Vordergrund gestellt: Haben sich "die Beteiligten (...) durch den Vertrag zur Erreichung eines gemeinsamen Zweckes verbunden (...) und tragen ihre schuldrechtlichen Beziehungen ein gesellschaftsrechtliches Element in sich," handelt es sich um eine stille Gesellschaft. Der Austauschcharakter des partiarischen Darlehensverhältnisses kommt demgegenüber dadurch zum Ausdruck, "daß die Beteiligten ohne jeden gemeinsamen Zweck lediglich ihre eigenen Interessen verfolgen und ihre Beziehungen zueinander ausschließlich durch die Verschiedenheit ihrer beiderseitigen Interessen bestimmt werden."[338] Für die Abgrenzung der GmbH & Still gegenüber dem partiarischen Darlehen wird also als maßgebend erachtet, ob die

332 Vgl. ebenso *Hense* (Stille Gesellschaft, 1990), S. 90; *Schmidt* (Stille Einlage, 1976), S. 479 ff.; *Rasner* (Atypische stille Gesellschaft, 1961), S. 43.

333 Vgl. die Vorschriften der §§ 607-610 BGB.

334 Vgl. dazu *Abschnitt I.2.5.* dieses Kapitels.

335 Vgl. *BGH* (13.07.1957), S. 177 f.; *Eisenhardt* (Gesellschaftsrecht, 1994), S. 241; zu § 607 BGB vgl. überdies *Putzo* (Palandt BGB, 1997), zu § 607 BGB; *Ulmer* (BGB-Kommentar, 1980), zu § 607 BGB; *Harbich* (Typische stille Gesellschaft, 1989), S. 36.

336 Vgl. *BGH* (10.10.1994), S. 2246; *BGH* (29.06.1992), S. 2696; *BGH* (26.06.1989), S. 573; *BGH* (09.02.1967), S. 321; *BGH* (10.06.1965), S. 1589; *BGH* (19.09.1951), S. 895; *BFH* (21.06.1983), S. 565; *BFH* (10.02.1978), S. 256; *BFH* (28.07.1971), S. 815.

337 Vgl. m.w.N. *Weimar* (GmbH & Still, 1993), S. 1513; *Fikentscher* (Schuldrecht, 1992), S. 603 f.; *Lienau / Lotz* (Abgrenzung, 1991), S. 620; *Zutt* (Staub HGB, 1990), zu § 230 HGB, Rdn. 21 (S. 9); *Eisenhardt* (Gesellschaftsrecht, 1989), S. 241; *Paulick / Blaurock* (Stille Gesellschaft, 1988), S. 112; *Schmidt* (Schlegelberger HGB, 1986), zu § 335 HGB (§ 230 n.F.), Anm. 48 (S. 402), 53 (S. 404); *Post / Hoffmann* (Stille Beteiligung, 1984), S. 32; *Kuhn* (BGH-Rechtsprechung, 1968), S. 1114.

338 *BGH* (10.10.1994), S. 2247 (beide Zitate).

Vertragsparteien einen gemeinsamen (Vor)Zweck verfolgen oder ob lediglich die persönlichen Interessen, d.h. die Endzwecke, zu dem Vertragsabschluß geführt haben: Der gemeinsame (Vor)Zweck tritt demnach als zentrales Abgrenzungskriterium in den Vordergrund.

Die Gesellschafter der GmbH & Still bezwecken den erfolgreichen Betrieb des Handelsgewerbes und daraus resultierend eine Gewinnerzielung durch die GmbH; die Vertragsbeteiligten sind verpflichtet, durch Beitragsleistung diese (gemeinsame) Zwecksetzung nachhaltig zu fördern.[339] Dem partiarischen Darlehensverhältnis liegt dagegen kein - im gesellschaftsrechtlichen Sinne -[340] gemeinsamer (Vor)Zweck zugrunde.[341] Für den partiarischen Darlehensnehmer besteht das Motiv für die Darlehensaufnahme in der Deckung des Kapitalbedarfs; das Motiv des partiarischen Darlehensgebers ist die Kreditgewährung gegen Gewinnbeteiligung.[342]

Darauf aufbauend wird argumentiert, daß ein partiarischer Darlehensvertrag (nur) diese unterschiedlichen Interessen, d.h. die Endzwecke zu einem Ausgleich bringe, ohne dabei einen übereinstimmenden Vorzweck, auf den beide Parteien gemeinsam hinarbeiteten, zu beinhalten.[343] Dem ist zu entgegnen, daß aufgrund des zweifelsohne beidseitig bestehenden Interesses an (möglichst) hohen Gewinnen eine Übereinstimmung der Zielvorstellungen, d.h. ein gemeinsamer Vorzweck von Darlehensgeber und Darlehensnehmer, gegeben ist.[344] So sind letztlich die Grenzen zwischen der (typischen) stillen Gesellschaft und dem partiarischen Darlehen als "fließend" zu bezeichnen.[345]

Weder der Rechtsprechung noch der Literatur ist es bisher gelungen, einen eindeutigen Maßstab zu entwickeln, der Aufschluß über das Vorliegen eines gemeinsamen Zwecks

---

339 Vgl. *BGH* (09.02.1967), S. 321; *BFH* (07.12.1983), S. 373; *BFH* (10.03.1971), S. 589; *Horn* (Heymann HGB, 1996), zu § 230 HGB, Rdn. 2 (S. 488) m.w.N.; *Bezzenberger* (Stille Gesellschaft, 1991), § 1, Rdnr. 12 (S. 1085); *Lienau / Lotz* (Abgrenzung, 1991), S. 620; *Thomas* (Palandt BGB, 1997), zu § 705 BGB, Rn. 4 ff. (S. 786 f.); *Ballerstedt* (Gemeinsamer Zweck, 1963), S. 261; *Feilhauer* (Stille Gesellschaft, 1959), S. 136.

340 Hierbei ist insbesondere die Vorschrift des § 705 BGB zu nennen.

341 Vgl. so *Hopt / Hehl* (Gesellschaftsrecht, 1987), Rn. 36 (S. 23); *Ballerstedt* (Gemeinsamer Zweck, 1963), S. 261.

342 Vgl. auch *BGH* (09.02.1967), S. 322; *Fikentscher* (Schuldrecht, 1992), S. 601; *Weimar* (GmbH & Still, 1993), S. 1513. Dies entspricht definitionsgemäß den individuellen (End)Zwecken; vgl. dazu *Abschnitt I.4.1.* in diesem Kapitel.

343 Dieser Argumentationsweise hat sich (auch) die Rechtsprechung bedient; vgl. so insbesondere *BFH* (22.10.1987), S. 63; *BFH* (07.12.1983), S. 373; zudem vgl. auch die Urteilsübersicht bei *Zutt* (Staub HGB, 1990), zu § 230 HGB, Fn. 27 (S. 9).

344 Vgl. eine Übereinstimmung bejahend *Zutt* (Staub HGB, 1990), zu § 230 HGB, Rdn. 22 (S. 9); *Paulick / Blaurock* (Stille Gesellschaft, 1988), S. 111; *Schmidt* (Schlegelberger HGB, 1986), zu § 335 HGB (§ 230 n.F.), Anm. 51, 53 (S. 404).

345 Vgl. so auch *Kübler* (Gesellschaftsrecht, 1994), S. 143; *Lienau / Lotz* (Abgrenzung, 1991), S. 620. *Schreiber* (Mitunternehmer, 1995), S. 108, schlägt aus diesem Grunde im Zuge einer Umformulierung des § 15 Abs. 1 Satz 1 Nr. 2 EStG die Gleichbehandlung von partiarischem Darlehensgeber und einem stillen Gesellschafter (mit Vermögensbeteiligung) vor.

zwischen den Vertragsparteien i.S.v. § 705 BGB und damit die Art des Vertragsverhältnisses gibt. Die Antwort auf die Frage, was die Vertragsparteien wirtschaftlich wollten, wird daher regelmäßig unter Berücksichtigung aller Gegebenheiten des Einzelfalls, des Vertragszwecks und der wirtschaftlichen Ziele der Vertragsparteien zu suchen sein. Es ist dabei grundsätzlich vom Wortlaut des Vertrags auszugehen,[346] da sich der gemeinsamer (Vor)Zweck ausschließlich daraus ergeben kann.[347]

Ist anhand des Vertragswortlauts eine solche Zuordnung nicht möglich, muß auf weitere Indizien zurückgegriffen werden.[348] Als ein (Hilfs)Kriterium bietet sich dabei z.B. der Umfang der vertraglich vereinbarten Initiativrechte des Kapitalgebers an: Je größer sich seine Einflußmöglichkeiten gestalten, desto eher wird von einer stillen Beteiligung auszugehen sein et vice versa.[349] Als weitere Abgrenzungskriterien werden (hilfsweise) vertragliche Vereinbarungen bezüglich gewinnunabhängiger Zinskomponenten,[350] der Kündigungsfrist,[351] der Forderungsabtretung[352] oder der Einräumung von Sicherheiten[353] herangezogen.[354]

---

346 Vgl. *BGH* (09.02.1967), S. 322; *BGH* (17.10.1957), S. 293; *BGH* (19.09.1951), S. 895; *OLG Frankfurt* (01.12.1981), S. 592; *BFH* (22.10.1987), S. 62; *BFH* (21.06.1983), S. 563; vgl. *Kübler* (Gesellschaftsrecht, 1994), S. 143; m.w.N. *Bezzenberger* (Stille Gesellschaft, 1991), § 3, Rdnr. 11 f. (S. 1096); *Zutt* (Staub HGB, 1990), zu § 230 HGB, Rdn. 23 (S. 9); *Schmidt* (Schlegelberger HGB, 1986), zu § 335 HGB (§ 230 n.F.), Anm. 54 (S. 404 f.); *Koenigs* (Stille Gesellschaft, 1961), S. 33. So weist das Bestehen von persönlichen oder wirtschaftlichen Beziehungen schon vor dem einzuordnenden Vertragsverhältnis auf eine stille Gesellschaft hin; vgl. dazu insbesondere *BFH* (10.02.1978), S. 256.

347 Vgl. *Abschnitt 4.1.* in diesem Kapitel.

348 Vgl. *BGH* (10.10.1994), S. 2247; *BGH* (10.06.1965), S. 1589; *Bezzenberger* (Stille Gesellschaft, 1991), § 3, Rdnr. 13 (S. 1096 f.); *Zutt* (Staub HGB, 1990), zu § 230 HGB, Rdn. 23 (S. 9 f.). Bei *Lienau / Lotz* (Abgrenzung, 1991), S. 620 (Fn. 37), wird angezweifelt, daß in einem solchen Falle überhaupt noch von der Existenz verschiedener Rechtsinstitute ausgegangen werden kann; vgl. so auch *Ebeling* (Stille Gesellschaft, 1956), S. 331.

349 Solche Initiativrechte werden in diesem Zusammenhang des öfteren als Abgrenzungskriterium herangezogen; vgl. dazu *BGH* (10.10.1994), S. 2247; *OLG Hamburg* (22.12.1993), S. 500; *OFD Münster* (12.07.1974), S. 559; *Fleischer / Thierfeld* (Stille Gesellschaft, 1995), S. 24 f.; *Lienau / Lotz* (Abgrenzung, 1991), S. 620; *Klauss / Mittelbach* (Stille Gesellschaft, 1980), Rz. 269 (S. 134); *Koenigs* (Stille Gesellschaft, 1961), S. 32 m.w.N.; *Paulick / Blaurock* (Stille Gesellschaft, 1988), S. 114, geben dabei zu bedenken, daß die Initiativrechte nicht mehr als ein Indiz darstellten, sie böten keinesfalls ein hinreichendes Kriterium; vgl. ähnlich argumentierend *Weimar* (GmbH & Still, 1993), S. 1513.

350 Je höher der Anteil der gewinnunabhängigen Verzinsung ist, desto eher wird von einem partiarischen Darlehensverhältnis auszugehen sein; vgl. hierzu *Schoen* (Stiller Gesellschafter, 1988), S. 2115.

351 Je länger die Kündigungsfrist vereinbart ist, desto eher wird von einem gesellschaftlichen Vertragsverhältnis auszugehen sein; vgl. so auch *BGH* (10.06.1965), S. 1589; *Bezzenberger* (Stille Gesellschaft, 1991), § 3, Rdnr. 14 (S. 1097); *Lienau / Lotz* (Abgrenzung, 1991), S. 620.

352 Ein Darlehen kann i.d.R. abgetreten bzw. übertragen werden, während bei der stillen Gesellschaft (zumindest) die Zustimmung der Vertragsparteien erforderlich ist; vgl. diesbezüglich z.B. *OLG Hamburg* (22.08.1949), S. 229; *Kübler* (Gesellschaftsrecht, 1994), S. 144; *Paulick / Blaurock* (Stille Gesellschaft, 1988), S. 116; *Hopt / Hehl* (Gesellschaftsrecht, 1987), Rn. 839 (S. 200);

Es entspricht darüber hinaus eher einem partiarischen Darlehensverhältnis, wenn dem Kapitalgeber vertraglich geringere Rechte als die in den §§ 230 ff. HGB vorgesehenen zugestanden werden, da eine solche Einschränkung dem Charakter einer GbR bzw. der persönlichen Verbundenheit der Gesellschafter zuwider läuft.[355] Daraus kann jedoch nicht der Umkehrschluß gezogen werden, da auch der Darlehensgeber Interesse an einer möglichst starken Rechtsposition haben wird.[356]

Insgesamt wird trotz der umrissenen Abgrenzungsansätze bei einigen Vertragskonstellationen die Einstufung willkürlich erfolgen müssen,[357] wobei die Konsequenzen einer solchen Zuordnung eher im rechtstheoretischen Bereich anzusiedeln[358] und (höchstens) von geringer materieller Bedeutung sind.

2.2. Abgrenzung zum Kommanditisten

Wurden vertraglich die Initiativrechte und/oder die vermögensbezogenen Rechte eines Stillen ggü. dem Regelstatut so erweitert, daß die mitgliedschaftliche Komponente in den Vordergrund tritt und man im handels- bzw. gesellschaftsrechtlichen Sinne von einer atypischen stillen Gesellschaft sprechen muß, ist die Rechtsstellung des Stillen mit der eines Kommanditisten vergleichbar.[359] Dabei liegt jedoch ein zentrales Unterscheidungsmerkmal darin begründet, daß der Stille immer nur Gesellschafter einer

---

Schmidt (Schlegelberger HGB, 1986), zu § 335 HGB (§ 230 n.F.), Anm. 163 (S. 450); *Boettcher / Zartmann / Faut* (Stille Gesellschaft, 1978), S. 54; *Koenigs* (Stille Gesellschaft, 1961), S. 244 ff.

353 Das Nichtvorhandensein von Sicherheiten spricht (tendenziell) für ein stilles Gesellschaftsverhältnis; vgl. hierzu *BGH* (10.10.1994), S. 2247; *BFH* (10.02.1978), S. 256; *Schmidt* (Schlegelberger HGB, 1986), zu § 335 HGB (§ 230 n.F.), Anm. 61 (S. 450). Diese Aussage ist jedoch nicht zwingend; vgl. *Zutt* (Staub HGB, 1990), zu § 230 HGB, Rdn. 23 (S. 9); *Kühnle* (Stille Gesellschaft, 1967), S. 129 m.w.N.; *Koenigs* (Stille Gesellschaft, 1961), S. 138.

354 Eine gelungene Gegenüberstellung der Merkmale bietet *Jestädt* (Partiarisches Darlehen, 1993), S. 389 f.

355 Vgl. so auch *BGH* (25.09.1963), S. 1210; *Lehmann / Dietz* (Gesellschaftsrecht, 1970), S. 216.

356 Es reicht daher z.B. auch die beherrschende Stellung eines GmbH-Gesellschafters nicht aus, um seine Fremdkapitalzuführung zwingend als stille Beteiligung zu qualifizieren; vgl. *BFH* (16.07.1986), S. 326.

357 Vgl. *BFH* (22.10.1987), S. 64; *Bezzenberger* (Stille Gesellschaft, 1991), § 3, Rdnr. 14 (S. 1097); *Paulick / Blaurock* (Stille Gesellschaft, 1988), S. 112; *Koenigs* (Stille Gesellschaft, 1961), S. 33.

358 Neben dem Sachverhalt, daß nur auf stille Gesellschaftsverhältnisse die speziellen handelsrechtlichen Vorschriften der §§ 230 ff. HGB Anwendung finden, kann eine Abgrenzung unter bestimmten (weiteren) Voraussetzungen aus gewerbesteuerlicher Sicht von Bedeutung sein: Verbirgt sich - lt. *Glanegger / Güroff* (GewStG-Kommentar, 1994), zu § 8 Nr. 1, Anm 70 (S. 553) - "hinter der Vereinbarung der gewinnabhängigen Vergütung eine Vereinbarung über einen festen Zins", sind diese Zinsen als "Dauerschulden i.S.d. § 8 Nr. 1 GewStG" zu behandeln. In dem Fall käme es zu einer hälftigen Hinzurechnung, während bei (typischen) stillen Gesellschaftsverhältnissen nach § 8 Nr. 3 GewStG grundsätzlich nur eine volle Hinzurechnung der Gewinnanteile in Frage kommt. Vgl. dazu auch *Pauka* (Gewerbesteuer, 1991), S. 1407.

359 Vergleichbar sind dann auch die Rechtsinstitute GmbH & (atypisch) Still und GmbH & Co. KG; vgl. so z.B. *Beger* (Vorteile, 1972), S. 18; *Hesselmann* (Stille Beteiligung, 1957), S. 191.

Innengesellschaft ist, die selbst keine Handelsgesellschaft darstellen kann.[360] Im Gegensatz zum Gesellschafter einer Personenhandelsgesellschaft, der über seine Gesellschaft nach außen in Erscheinung tritt, nimmt der Stille als solcher nicht am Rechtsverkehr der GmbH teil.[361]

Der Begriff der Vermögenseinlage stimmt zwar bei der stillen Gesellschaft mit dem der KG überein,[362] der Stille wird aber aufgrund seiner Einlage nur schuldrechtlich am Vermögen der GmbH beteiligt, während der Kommanditist dinglich, d.h. gesamthänderisch am gemeinsamen Betriebsvermögen partizipiert.[363] Eine Außenhaftung des Stillen kann folglich bei der GmbH & Still nicht entstehen, während der Kommanditist - zumindest bis zur Höhe seiner Einlage - i.S.v. § 171 HGB den Gläubigern unmittelbar haftet.[364] So ist einer Kommanditeinlage grundsätzlich Eigenkapitalstatus zu bescheinigen,[365] während die Frage nach der handelsbilanziellen Behandlung der stillen Einlage einer differenzierten Betrachtung zu unterziehen ist.[366]

Obgleich bezüglich der Wesensmerkmale zwingende Unterschiede bestehen, können die Rechte und Pflichten des Stillen denen eines Kommanditisten angepaßt werden. Bereits die gesetzlichen Formulierungen weisen auf einige Parallelen hin,[367] darüber

---

360 Vgl. ausführlich *Abschnitt I.3.1.* in diesem Kapitel.

361 Vgl. statt vieler *Weimar* (GmbH & Still, 1993), S. 1513. So führt die stille Gesellschaft - im Gegensatz zur KG - weder eine eigene Firma, noch kann sie im Handelsregister eingetragen werden; vgl. dazu *Bezzenberger* (Stille Gesellschaft, 1991), § 3, Rdnr. 2 (S. 1094); *Boettcher / Zartmann / Faut* (Stille Gesellschaft, 1978), S. 51. Im Außenverhältnis nimmt der Stille grundsätzlich die gleiche Stellung ein wie ein Darlehensgeber; vgl. *Hopt / Hehl* (Gesellschaftsrecht, 1987), Rn. 838 (S. 200).

362 Vgl. *BFH* (26.10.1987), S. 352; *Kühn* (Stille Gesellschaft, 1991), § 16, Rdnr. 4 (S. 1191); *Huber* (Vermögensanteil 1970), S. 192.

363 Vgl. zu diesen (Wesens)Unterschieden *BGH* (29.10.1952), S. 378; *BGH* (24.09.1952), S. 174; *BFH* (02.05.1984), S. 823; *OLG München* (08.07.1992), S. 2398; *Baumbach / Hopt* (HGB-Kommentar, 1995), zu § 230 HGB, Rn. 2 f. (S. 621 f.); *Kübler* (Gesellschaftsrecht, 1994), S. 144; *Zutt* (Staub HGB, 1990), zu § 230 HGB, Rdn. 25 (S. 10); *Paulick / Blaurock* (Stille Gesellschaft, 1988), S. 70, 80; *Schmidt* (Schlegelberger HGB, 1986), zu § 335 HGB (§ 230 n.F.), Anm. 8 f. (S. 388 f.); *Koenigs* (Stille Gesellschaft, 1961), S. 16. Im Innenverhältnis kann der Stille durch entsprechende vertragliche Gestaltung (Beteiligung an den stillen Reserven und/oder am Geschäfts- bzw. Firmenwert) gegenüber dem Handelsgewerbetreibenden so gestellt sein, als ob das Vermögen der GmbH beiden zur gesamten Hand zustünde; vgl. so auch *BGH* (24.09.1952), S. 177; *RG* (20.12.1929), S. 390; z.B. *Horn* (Heymann HGB, 1996), zu § 235 HGB, Rdn. 21 (S. 535).

364 Vgl. *Beger* (Vorteile, 1972), S. 18; *Hesselmann* (Stille Beteiligung, 1957), S. 192; *Bezzenberger* (Stille Gesellschaft, 1991), § 3, Rdnr. 3 (S. 1094). Der stille Gesellschafter kann gem. § 236 Abs. 1 HGB auch wegen seiner Einlage als Konkursgläubiger auftreten.

365 Vgl. *Greif* (Kommanditgesellschaft, 1991), § 20, Rdnr. 103 (S. 438); *von Falkenhausen* (Kommanditgesellschaft, 1991), § 19, Rdnr. 1 ff. (S. 405 ff.); *Zimmermann / Reyher / Hottmann* (Personengesellschaften, 1995), S. 584 ff.; *Brönner / Rux / Wagner* (GmbH & Co. KG, 1996), Rn. 121 ff. (S. 61 ff.).

366 Vgl. dazu *Abschnitt II.5.* in diesem Kapitel.

367 Vgl. insbesondere die (nahezu) übereinstimmenden Regelungen der §§ 166 und 233 HGB (Kontrollrecht). Vgl. für eine völlige sachliche Übereinstimmung plädierend *Baumbach / Hopt*

hinaus können im stillem Gesellschaftsvertrag die (dispositiven) Initiativ- und Vermögensrechte so ausgestaltet sein, daß die Rechtsstellung des Stillen im Innenverhältnis (zu der GmbH) der eines Kommanditisten (zu der KG) entspricht.[368]

Mögliche Vertragsbeteiligte einer GmbH & Still können auch die GmbH-Gesellschafter selbst sein, was insofern mit der Rechtskonstellation vergleichbar ist, bei der GmbH-Gesellschafter als Kommanditisten einer GmbH & Co. KG in Erscheinung treten.[369] Regelungen bezüglich der Geschäftsführung bzw. Vertretung sowie die Gewinn- und Verlustbeteiligung lassen sich vertraglich übereinstimmend gestalten, wobei diesbezügliche Vereinbarungen bei der GmbH & Still immer nur auf die Geschäftstätigkeit der GmbH bezogen sein können, während bei der GmbH & Co. KG sowohl die GmbH als auch die KG eine eigene Rechtspersönlichkeit besitzen. Als weitere Unterscheidungsmerkmale ggü. einem Kommanditisten können die für den Stillen einfacher handhabbare Gründung bzw. Beendigung des Rechtsverhältnisses oder auch die (nur) für ihn bestehende Möglichkeit einer anonymen Vertragsbeziehung angeführt werden.

Wurde bisher die Rechtsstellung des Stillen aus zivilrechtlicher Sicht beurteilt, stehen im weiteren Verlauf der Arbeit steuerrechtliche Kriterien im Vordergrund. Ein steuerlicher Vergleich des stillen Gesellschafters mit dem Kommanditisten erscheint daher an späterer Stelle sinnvoll; es sei hier nur vorweggenommen, daß sowohl der stille Gesellschafter mit entsprechend weitreichenden Initiativ- und Vermögensrechten als auch in aller Regel ein Kommanditist aus steuerrechtlicher Sicht zum Kreis der Mitunternehmer zu zählen sind.

(HGB-Kommentar, 1995), zu § 233 HGB, Rn. 1 (S. 629); *Heymann-Kötter* (HGB-Kommentar, 1971), zu § 338 HGB (§ 233 n.F.), Anm. 1 (S. 693).

368 Vgl. - neben *Abschnitt III.1.* - *Horn* (Heymann HGB, 1996), zu § 230 HGB, Rdn. 15 (S. 492); *Boettcher / Zartmann / Faut* (Stille Gesellschaft, 1978), S. 51.

369 Bei beiden besteht darüber hinaus die Möglichkeit, Einmann-Gesellschaften (Einmann-GmbH & Still bzw. Einmann-GmbH & Co. KG) zu begründen; vgl. so z.B. *Brönner / Rux / Wagner* (GmbH & Co. KG, 1996), Rn. 20 (S. 36) m.w.N.; *Fichtelmann* (GmbH & Co. KG, 1994), Rdnr. 44 (S. 17).

Zweites Kapitel: GmbH & atypisch Still als steuerrechtliche Mitunternehmerschaft

I. Der Mitunternehmerbegriff als Abgrenzungskriterium

Die Annahme einer atypischen stillen Gesellschaft zieht im zivilrechtlichen Sinne keine bedeutsamen Rechtsfolgen nach sich;[1] demgegenüber kommt der Abgrenzung zwischen typischer und atypischer stiller Gesellschaft erfolgsteuerrechtlich eine zentrale, materielle Funktion zu.[2] In Abhängigkeit davon entscheidet sich insbesondere, welcher Einkunftsart die Gewinnanteile des Stillen unterliegen: Grundsätzlich gehören gem. § 20 Abs. 1 Satz 1 Nr. 4 EStG zu "den Einkünften aus Kapitalvermögen (...) Einnahmen aus der Beteiligung an einem Handelsgewerbe als stiller Gesellschafter (...), es sei denn, daß der Gesellschafter (...) als Mitunternehmer anzusehen ist." Ist eine solche Mitunternehmschaft zu bejahen, liegt aus steuerlicher Sicht eine atypische stille Gesellschaft bzw. eine GmbH & atypisch Still vor und § 15 Abs. 1 Satz 1 Nr. 2 EStG kommt zur Anwendung:[3] Hiernach sind "Einkünfte aus Gewerbebetrieb (...) die Gewinnanteile der Gesellschafter einer Offenen Handelsgesellschaft, einer Kommanditgesellschaft und einer anderen Gesellschaft, bei der der Gesellschafter als Unternehmer (Mitunternehmer) des Betriebs anzusehen ist". Die stille Gesellschaft zählt dabei zu den "anderen Gesellschaften",[4] wobei aufgrund dieser Einordnung teilweise die - noch genauer zu hinterfragende - Auffassung vertreten wird, daß der Gesetzgeber damit eine steuerliche Gleichbehandlung der atypischen stillen Gesellschaft mit den Personenhandelsgesellschaften (OHG und KG) bezwecke.[5]

---

1 Die (wenigen) zivilrechtlichen Folgen besitzen im Vergleich zu den steuerlichen Konsequenzen nur marginalen Charakter; vgl. *Klauss / Mittelbach* (Stille Gesellschaft, 1980), Rz. 217 (S. 109); vgl. die Darstellung möglicher zivilrechtlicher Folgen bei *Paulick / Blaurock* (Stille Gesellschaft, 1988), S. 129 ff.

2 Der Terminus 'atypische stille Gesellschaft' findet daher auch überwiegend im steuerrechtlichen Sinne Verwendung; vgl. übereinstimmend bei *BFH* (25.06.1984), S. 769; *Felix* (Stille Beteiligung, 1971), S. 207 f.; *Zutt* (Staub HGB, 1990), zu § 230 HGB, Rdn. 33 (S. 12); vgl. zur begrifflichen Verwendung *Klauss / Mittelbach* (Stille Gesellschaft, 1980), Rz. 214 (S. 108); *Boettcher / Zartmann / Faut* (Stille Gesellschaft, 1978), S. 128 ff.; *Koenigs* (Stille Gesellschaft, 1961), S. 50 f.; *Aulinger* (Atypische stille Gesellschaft, 1955), S. 16.

3 In dem Urteil des *I. Senats* des *BFH* (20.08.1954), S. 338, liest man hierzu: "Einkünfte aus stillen Gesellschaften sind, soweit es sich um typische stille Gesellschaften handelt, (...) Einkünfte aus Kapitalvermögen. Im Gegensatz dazu sieht das Steuerrecht in der sogenannten atypischen stillen Gesellschaft Mitunternehmerschaft." Der *BFH* erkennt in diesem Urteil zugleich (erstmalig) die GmbH & Still an; vgl. so auch *Schmidt* (EStG-Kommentar, 1997), zu § 15, Rz 340 f. (S. 1142); *Schulze zur Wiesche / Zenthöfer* (ESt, 1991), S. 455 f. Die Mitunternehmerschaft ist dabei nicht auf eine gewerblich tätige Gesellschaft beschränkt, sondern gilt für den gesamten Bereich der Gewinneinkünfte; man findet entsprechende Verweise in den §§ 13 Abs. 5 EStG (LuF) und 18 Abs. 5 EStG (selbständige Tätigkeit).

4 Vgl. statt vieler *BFH* (01.08.1996), S. 272; *Schmidt* (EStG-Kommentar, 1997), zu § 15, Rz 169 (S. 1144); *Schulze zur Wiesche* (Mitunternehmer, 1997), S. 221.

5 Vgl. so insbesondere *Knobbe-Keuk* (Mitunternehmerschaft, 1986), S. 106 ff.; *Schön* (Steuerbilanz, 1985), S. 314; *Becker* (Grundfragen, 1925), Sp. 1604 ff.; *Knobbe-Keuk* (Steuerrecht,

Neben der Mitunternehmerschaft ist das Vorliegen eines Gesellschaftsverhältnisses mit Gewinnerzielungsabsicht eine unabdingbare Voraussetzung für die Anwendung des § 15 Abs. 1 Satz 1 Nr. 2 EStG.[6] Da die stille Gesellschaft grundsätzlich dieses (Wesens)Merkmal aufweist, ist aus steuerrechtlicher Sicht (nur) die Beurteilung der Frage von Bedeutung, ob der stille Gesellschafter als Mitunternehmer anzusehen ist. Die Mitunternehmereigenschaft des stillen Gesellschafters stellt somit letztlich das einzige steuerliche Kriterium für die Abgrenzung der typischen von der atypischen stillen Gesellschaft dar.[7] Während die Gewinnanteile aus der typischen stillen Beteiligung an einer GmbH i.d.R. unter die Einkünfte aus Kapitalvermögen i.S.v. § 20 Abs. 1 Satz 1 Nr. 4 EStG zu subsumieren sind,[8] führt die steuerrechtliche Einstufung des stillen Gesellschafters als Mitunternehmer zu der Mitunternehmerschaft 'GmbH & atypisch Still' mit der Folge, daß die Gewinnanteile aus einer solchen stillen Beteiligung i.S.v. § 15 Abs. 1 Satz 1 Nr. 2 EStG unter die gewerblichen Einkünfte fallen.[9]

Die Grenze zwischen Mitunternehmerschaft und Gläubigerschaft[10] liegt zwischen der gesetzestypischen Rechtsstellung eines Kommanditisten und der des stillen Gesellschafters.[11] In erster Annäherung kann die Rechtsstellung des Stillen in der Weise beurteilt werden, ob er eher die Position eines Darlehensgebers einnimmt oder ob er im Innenverhältnis eher die Stellung eines Kommanditisten innehat: Erweist sich eine

---

1993), S. 406, sieht dabei die Vorschrift des § 15 Abs. 1 Satz 1 Nr. 2 EStG auf Außengesellschaften zugeschnitten und zieht den weitergehenden Schluß, daß vom Gesetzgeber mit dieser Vorschrift letztlich eine Behandlung der atypischen stillen Gesellschaft als Außengesellschaft bezweckt wird.

6 Vgl. *BFH* (06.12.1995), S. 118; *BFH* (11.12.1990), S. 348; *Schmidt* (EStG-Kommentar, 1997), zu § 15, Rz 37 ff. (S. 1115 f.).

7 So wird auch bei *Schwedhelm* (Mitunternehmerschaft, 1987), S. 6, angeführt, daß über "die Frage, welcher Einkunftsart die Einnahmen des stillen Gesellschafters unterliegen, (...) zunächst die Qualifikation als Mitunternehmer [entscheidet]. Demzufolge spielt der Mitunternehmerbegriff die zentrale Rolle in der Diskussion um die Einkommensbesteuerung der GmbH & Still." Vgl. grundlegend zur Bedeutung des Mitunternehmerbegriffs für die (atypische) stille Gesellschaft *Jakob* (Mitunternehmerschaft, 1986), S. 1615 ff.

8 Voraussetzung hierfür ist, daß die Beteiligung nicht aus einem gewerblichen Betriebsvermögen heraus gehalten wird; vgl. diesbezüglich *BFH* (18.02.1993), S. 648; *BFH* (19.02.1991), S. 569.

9 Vgl. *BFH* (12.11.1985), S. 311; *BFH* (05.07.1988), S. 644; *Schmidt* (EStG-Kommentar, 1997), zu § 15, Rz 341 (S. 1175); *Schulze zur Wiesche* (GmbH & Still, 1997), Rn. 149 (S. 59); *Söffing* (Mitunternehmer, 1994), S. 59; *Bitz* (Mitunternehmerschaft, 1984), S. 316; *Post / Hoffmann* (Stille Beteiligung, 1984), S. 84.

10 Der Begriff der 'Gläubigerschaft' soll deutlich machen, daß ein Kapitalgeber bzw. in unserem Fall der stille Gesellschafter die Stellung eines Darlehensgebers einnimmt und seine Gewinnanteile folglich zu den Einkünften aus Kapitalvermögen i.S.d. § 20 Abs. 1 Satz 1 Nr. 4 EStG zu zählen sind; vgl. dazu *BFH* (20.03.1962), S. 337; vgl. zu dieser Begriffsverwendung insbesondere *Boettcher / Zartmann / Faut* (Stille Gesellschaft, 1978), S. 155 ff.; *Post / Hoffmann* (Stille Beteiligung, 1984), S. 84 ff.

11 Vgl. diese Grenzen ähnlich umschreibend *Bitz* (GmbH & Still, 1997), S. 770; *Schmidt* (EStG-Kommentar, 1997), zu § 15, Rz 341 (S. 1175); *Knobbe-Keuk* (Steuerrecht, 1993), S. 402; *Paulick / Blaurock* (Stille Gesellschaft, 1988), S. 345; *Stüttgen* (Stille Beteiligung, 1988), S. 273; *Schwedhelm* (Mitunternehmerschaft, 1987), S. 24.

GmbH & Still bezüglich der Ausgestaltung des Gesellschaftsvertrags als normengerecht i.S.d. §§ 230 ff. HGB, ist von dem Vorliegen einer typischen stillen Beteiligung, d.h. von einer Gläubigerstellung des Stillen - ähnlich eines Darlehensgebers - auszugehen.[12] Nimmt der Stille dagegen bei der GmbH & Still im Innenverhältnis eine Rechtsstellung ein, die der eines Kommanditisten gleicht, ist er aus steuerlicher Sicht als Mitunternehmer anzusehen.[13]

Dazwischen liegt eine Vielzahl von vertraglichen Gestaltungsvarianten, bei denen eine Abgrenzung bzw. die Feststellung einer Mitunternehmerschaft nicht ohne weiteres möglich ist, da der Begriff des Mitunternehmers keiner eindeutigen steuergesetzlichen Legaldefinition unterliegt; er ist vielmehr ein "offener" bzw. "unbestimmter" Typusbegriff.[14] Typusbegriffe lassen sich grundsätzlich nicht durch eine bestimmte Anzahl von Kriterien definieren, da die Grenzen fließend sind und es letztlich auf eine Auslegung anhand des Gesamtbilds der Verhältnisse ankommt.[15] Die folglich (nur) unscharfen Konturen des Mitunternehmerbegriffs führen zu einer gewissen Rechtsunsicherheit.[16] Daher ist der Begriff des Mitunternehmers laufend Gegenstand von höchstrichterlichen Entscheidungen und Veröffentlichungen;[17] er unterliegt dabei zwar einer ständigen

---

12 Vgl. *BFH* (08.08.1974), S. 36; *Fichtelmann* (GmbH & Still, 1995), RdNr. 159 (S. 51 f.); *Costede* (GmbH & Still, 1983), S. 309; *Schulze zur Wiesche* (Einmann-GmbH & Still, 1983), S. 202; *Boettcher / Zartmann / Faut* (Stille Gesellschaft, 1978), S. 170 f. In diesem (speziellen) Fall ist eine Übereinstimmung mit der handels- bzw. gesellschaftsrechtlichen Zuordnung gegeben; vgl. hierzu *Zacharias / Hebig / Rinnewitz* (Atypisch stille Gesellschaft, 1996), S. 147; *Bezzenberger* (Stille Gesellschaft, 1991), § 2, RdNr. 3 (S. 1087).

13 Vgl. so *BFH* (12.11.1985), S. 314; *BFH* (25.06.1981), S. 59; *BFH* (29.04.1981), S. 664; *BFH* (03.05.1979), S. 515; *BFH* (10.08.1978), S. 74; *RFH* (10.09.1930), S. 191; *Hessisches Finanzgericht* (01.12.1977), S. 427; *Schmidt* (EStG-Kommentar, 1997), zu § 15, Rz 341 (S. 1175); *Ruban* (Atypisch stille Gesellschaft, 1995), S. 638; *Knobbe-Keuk* (Steuerrecht, 1993), S. 402; *Paulick / Blaurock* (Stille Gesellschaft, 1988), S. 345; *Stüttgen* (Stille Beteiligung, 1988), S. 273; *Schwedhelm* (Mitunternehmerschaft, 1987), S. 24.

14 Vgl. insbesondere *Tipke / Lang* (Steuerrecht, 1996), § 5, Rz. 45 (S. 137 f.); vgl. auch *BFH* (21.02.1974), S. 407; *BFH* (25.06.1984), S. 769; *BFH* (17.01.1980), S. 338; auf diese Problematik trifft man erstmals bei *Raupach* (Durchgriff, 1968), S. 77; vgl. zudem *Drüen* (Typus 1997), S. 264; *Schreiber* (Mitunternehmer, 1995), S. 70 ff.; *Woerner* (Mitunternehmerbegriff, 1986), S. 704; *Streck* (Mitunternehmerschaft, 1973), S. 300.

15 Vgl. zu der Notwendigkeit einer 'Gesamtbetrachtung' *BFH* (01.08.1996), S. 272; *BFH* (25.06.1984), S. 769; *BFH* (09.05.1984), S. 726; *BFH* (22.01.1981), S. 426; *BFH* (05.07.1978), S. 646; *BFH* (09.10.1969), S. 320; *Schmidt* (EStG-Kommentar, 1997), zu § 15, Rz 261 (S. 1162); *Tipke / Lang* (Steuerrecht, 1996), § 5, Rz. 45 (S. 137 f.); *Crezelius* (Rechtsanwendung, 1983), S. 239; vgl. bezüglich der allgemeinen Auslegung von Gesetzesbegriffen grundlegend *Larenz* (Methodenlehre, 1995), S. 133 ff.

16 Zu dieser Erkenntnis gelangt (sogar) der *BFH* selbst; vgl. so *BFH* (13.10.1994), S. 10; vgl. kritisch auch *Kneip* (Mitunternehmer, 1994), S. 2 ff.; *Groh* (Kriterien, 1982), S. 1229, spricht von "juristischem Halbdunkel"; ähnlich *Dornbach* (Mitunternehmereigenschaft, 1976), S. 117 f.; *Sennhenn* (Stille Gesellschaft, 1975), S. 104 ff.; *Langenmayr* (Mitunternehmer, 1969), S. 210; a.A. *Streck* (Mitunternehmerschaft, 1973), S. 307.

17 Vgl. - mit jeweils umfassender Urteilsnennung - z.B. die Veröffentlichungen von *Fischer* (Mitunternehmer, 1997); *Schulze zur Wiesche* (Mitunternehmerschaft, 1997); *ders.* (Mitunternehmer-

Weiterentwicklung, ohne daß es jedoch bisher zu einer festumrissenen Definition gekommen wäre.[18]

Trotz des Fehlens einer eindeutigen (Mitunternehmer)Begriffsdefinition lassen gesellschaftsvertragliche Abweichungen von der gesetzestypischen Form zumindest Rückschlüsse auf die Rechtsstellung des Stillen zu. Wie zivilrechtlich die Position des Stillen anhand der ihm vertraglich eingeräumten Initiativ- und Vermögensrechte umrissen werden konnte, sind auch aus steuerlicher Sicht Kennzeichen einer erweiterten Rechtsposition aus den Vereinbarungen des stillen Gesellschaftsvertrags ableitbar.[19] So wird letztlich im Rahmen der steuerrechtlichen Beurteilung, ob der stille Gesellschafter als Mitunternehmer angesehen werden kann, auf zwei spezifische, die Rechtsstellung des Stillen konkretisierende (Begriffs)Kriterien zurückgegriffen:[20] Es ist hiernach kennzeichnend für den Mitunternehmer i.S.v. § 15 Abs. 1 Satz 1 Nr. 2 EStG, "daß er zusammen mit anderen Personen (...) Unternehmerinitiative (...) entfalten kann und (...) Unternehmerrisiko (...) trägt."[21]

---

anteil, 1996); *Felix* (Mitunternehmerschaft, 1995); *Schreiber* (Mitunternehmer, 1995); *Kneip* (Mitunternehmer, 1994); *Söffing* (Mitunternehmer, 1994); *Crezelius* (Mitunternehmerbegriff, 1993); *Messmer* (Mitunternehmer, 1988); *Knobbe-Keuk* (Mitunternehmerschaft, 1986); *Costede* (Mitunternehmerschaft, 1977); *Feilhauer* (Mitunternehmerschaft, 1960).

18 Vgl. zur (Weiter)Entwicklung des Mitunternehmerbegriffs in der Rechtsprechung *Bitz* (Mitunternehmerschaft, 1984), S. 316 ff.

19 Vgl. *BFH* (06.07.1995), S. 269; *BFH* (01.08.1996), S. 272; *BFH* (13.07.1993), S. 282; *RFH* (04.05.1938), S. 647; *Schmidt* (EStG-Kommentar, 1997), zu § 15, Rz 341 (S. 1175); *Paulick / Blaurock* (Stille Gesellschaft, 1988), S. 122; *Post / Hoffmann* (Stille Beteiligung, 1984), S. 85. Es kommt dabei nicht etwa auf eine im Gesellschaftsvertrag (ggf.) gewählte Bezeichnung ‘Mitunternehmerschaft‘ an, sondern nur auf die entsprechende Erweiterung der Rechtsstellung des Stillen; vgl. *BFH* (18.02.1993), S. 648; *Schoor* (GmbH & Still, 1995), Rdn. 80 (S. 47). Vgl. zur allgemeinen Bedeutung des Gesellschaftsvertrags für die Feststellung der Mitunternehmerschaft *Schulze zur Wiesche* (Mitunternehmer, 1997), S. 221. Die Rechtsstellung des stillen Gesellschafters kann dabei nur dann als einkommensteuerrechtliche Mitunternehmerschaft i.S.v. § 15 Abs. 1 Satz 1 Nr. 2 EStG angesehen werden, wenn diese realisierbar ist, d.h. wenn sie rechtlich und wirtschaftlich Bedeutung erlangt; vgl. so *BFH* (22.01.1981), S. 426; *BFH* (26.01.1970), S. 264.

20 Diese zwei Merkmale werden grundsätzlich, d.h. bei allen Gesellschaften i.S.d. § 15 Abs. 1 Satz 1 Nr. 2 EStG, für die Prüfung herangezogen, ob eine Mitunternehmerschaft vorliegt, da dieser Vorschrift ein einheitlicher Mitunternehmerbegriff zugrundeliegt; vgl. dazu H 138 Abs. 1 EStR; *BFH* (12.11.1985), S. 314 m.w.N.; *Woerner* (Mitunternehmerbegriff, 1986), S. 594; a.A. z.B. *Messmer* (Mitunternehmer, 1988), S. 429 ff.

21 *BFH* (25.06.1984), S. 769; vgl. so zudem *BFH* (03.05.1993), S. 616; *BFH* (21.04.1988), S. 722; *BFH* (14.08.1986), S. 60; *BFH* (05.06.1986), S. 802; *BFH* (28.01.1986), S. 599; *BFH* (02.09.1985), S. 10; *BFH* (22.01.1985), S. 363; *BFH* (24.07.1984), S. 85; erstmalig *BFH* (17.11.1964), S. 260; jüngst *Niedersächsisches FG* (28.11.1996), S. 529; vgl. grundlegend *Woerner* (Mitunternehmerbegriff, 1986), S. 704 ff.; *Schmidt* (EStG-Kommentar, 1997), zu § 15, Rz 262 (S. 1162); *Groh* (Kriterien, 1982), S. 1229 ff.; vgl. auch H 138 Abs. 1 EStR.

II. Der stille Gesellschafter als Mitunternehmer

1. Kriterien der Mitunternehmerschaft

1.1. Unternehmerinitiative

Die vertraglich eingeräumten Mitwirkungs- und Kontrollrechte des Stillen, die zivilrechtlich unter den Begriff der Initiativrechte subsumiert werden konnten, sind aus steuerlicher Sicht vor dem Hintergrund zu beleuchten, ob der stille Gesellschafter aufgrund seiner Rechtsstellung gemeinsam mit der GmbH eine gewisse unternehmerische Initiative entfalten kann. In diesem Zusammenhang entwickelte sich der Begriff der Unternehmerinitiative, der erstmals in dem Urteil des *VI. Senats* des *BFH* vom 17.11.1964 Verwendung fand.[22] Im Anschluß daran wurde zwar fast in jeder Entscheidung darauf hingewiesen, daß ein Mitunternehmer auch Mitunternehmerinitiative entfalten muß, dies erfolgte jedoch ohne eine nähere Umschreibung dieses Begriffs."[23] Eine solche lieferte (dann) der *Große Senat* des *BFH* in seinem Beschluß vom 25.06.1984:[24]

> "Mitunternehmerinitiative bedeutet vor allem Teilhabe an unternehmerischen Entscheidungen, wie sie z.B. Gesellschaftern oder diesen vergleichbaren Personen als Geschäftsführern, Prokuristen oder anderen leitenden Angestellten obliegen. Ausreichend ist indes schon die Möglichkeit zur Ausübung von Gesellschafterrechten, die wenigstens den Stimm-, Kontroll- und Widerspruchsrechten angenähert sind, die einem Kommanditisten nach dem HGB zustehen oder die den gesellschaftsrechtlichen Kontrollrechten nach § 716 Abs. 1 BGB entsprechen."

Das Entfalten von Mitunternehmerinitiative kann hiernach als gleichbedeutend angesehen werden mit einer Teilhabe an unternehmerischen Entscheidungen.[25] Es sehen weder die Vorschriften der §§ 230 ff. HGB noch die Rechtsnatur der stillen Gesellschaft als reine Innengesellschaft eine aktive Mitbestimmung der Geschäftspolitik einer GmbH durch den Stillen vor. Daraus folgerte der *IV. Senat* des *BFH* in seinem Urteil vom 25.06.1981, daß "ein stiller Gesellschafter nach den §§ 335 ff. HGB [n.F.: §§ 230 ff. HGB] nicht an der Unternehmensführung beteiligt ist, [und daher] grund-

---

22 Vgl. *BFH* (17.11.1964), S. 260, nach dem die "Beteiligung an den stillen Reserven (...) nicht das allein entscheidende Merkmal" darstellt. Es gilt vielmehr zu beurteilen, "ob der Beteiligte eine Unternehmerinitiative entfalten kann und ein Unternehmerrisiko trägt."

23 *Troost* (Abgrenzung, 1997), S. 122 mit umfassender Urteilsübersicht. Es ist dabei nicht erforderlich, daß Mitunternehmerinitiative tatsächlich entfaltet wird, es muß nur die rechtliche Möglichkeit dazu bestehen; vgl. so insbesondere *BFH* (24.07.1984), S. 85; *Schwedhelm* (Mitunternehmerschaft, 1987), S. 87.

24 *BFH* (25.06.1984), S. 769 m.w.N. Diese Umschreibung des Begriffs 'Mitunternehmerinitiative' wurde (wörtlich) in die Einkommensteuerrichtlinien übernommen; vgl. dazu H 138 Abs. 1 EStR.

25 Vgl. dazu *BFH* (08.11.1988), S. 572; *BFH* (11.12.1986), S. 553; *BFH* (28.01.1982), S. 389; *BFH* (23.01.1974), S. 480; m.w.N. *Schmidt* (EStG-Kommentar, 1997), zu § 15, Rz 263 (S. 1163); *Schulze zur Wiesche* (GmbH & Still, 1997), Rn. 157 (S. 62); *ders.* (Mitunternehmer, 1997), S. 222; *Bitz* (Littmann EStG, 1994), zu § 15, Rn 23b (S. 1941); *Reusch* (Publikumsgesellschaft, 1989), S. 57; *Costede* (Stille Gesellschaft, 1987), S. 243; *Jakob* (Mitunternehmerschaft, 1986), S. 1618; *Lindner* (Mitunternehmerschaft, 1986), S. 65; *Woerner* (Mitunternehmerbegriff, 1986), S. 707; *Groh* (Kriterien, 1982), S. 1232.

sätzlich (...) keine Unternehmerinitiative entfalten kann."[26] Daß eine unternehmerische Tätigkeit des Stillen in keinem Fall über die GmbH & Still Außenwirkung entfalten kann, ist jedoch für die Annahme einer Mitunternehmerschaft - in Übereinstimmung mit der (inzwischen) herrschenden Rechtsprechung - als irrelevant anzusehen.[27] Es reicht vielmehr aus, daß der stille Gesellschafter im Innenverhältnis gewisse Entfaltungsmöglichkeiten besitzt, um insgesamt eine Mitunternehmerinitiative des stillen Gesellschafters bejahen zu können.

Wurde z.B. dem Stillen Geschäftsführungsbefugnis erteilt, d.h. ist dieser als Geschäftsführer für die GmbH tätig, so kann darin ein Indiz für unternehmerische Initiative gesehen werden.[28] Je nach Umfang einer solchen Befugnis und der damit verbundenen Machtstellung steigt entsprechend die Möglichkeit des Stillen, Mitunternehmerinitiative zu entfalten. So ist bei einer GmbH & Still in jedem Fall von unternehmerischer Initiative des stillen Gesellschafters auszugehen, wenn dem Stillen ermöglicht wird, "wie ein Unternehmer auf das Schicksal (...) [der GmbH] und damit auch seiner eigenen Erfolgsbeteiligung Einfluß zu nehmen."[29]

Bezugnehmend auf die *BFH*-Rechtsprechung reicht es - neben der Einräumung von Kontrollrechten i.S.v. § 716 BGB [30]- zur Bejahung von Mitunternehmerinitiative aus, wenn der Stille die Möglichkeit hat, Rechte auszuüben, die wenigstens den Stimm-, Kontroll- und Widerspruchsrechten eines Kommanditisten i.S.d. §§ 164, 166 HGB angenähert sind, ohne daß damit ein direkter Einfluß auf die Geschäftsführung verbunden sein muß.[31] Dem Stillen stehen aufgrund der Vorschrift des § 233 HGB gesetzliche

---

26 *BFH* (25.06.1981), S. 59. Dies läßt vermuten, daß die Mitunternehmerinitiative des Stillen als Kriterium eher in den Hintergrund rückt; vgl. in diesem Sinne auch *BFH* (12.11.1985), S. 311; *BFH* (28.10.1981), S. 186; *Söffing* (Mitunternehmer, 1994), S. 60; *ders.* (Atypisch stille Gesellschaft, 1993), S. 8768; *Stüttgen* (Stille Beteiligung, 1988), S. 274; *Jakob* (Mitunternehmerschaft, 1986), S. 1619; *Groh* (Kriterien, 1982), S. 1229.

27 Vgl. hierzu *BFH* (12.11.1985), S. 314; *BFH* (10.08.1994), S. 361; *BFH* (26.05.1993), S. 96; *BFH* (06.05.1986), S. 891; *BFH* (28.10.1981), S. 186.

28 Der Mindestumfang einer solchen Befugnis wird von der Rechtsprechung nicht eindeutig festgelegt: Vgl. für eine "maßgebliche Beteiligung an der Leitung des Unternehmens" *RFH* (20.01.1944), S. 437; für die "wesentliche Entscheidungsbefugnis eines Arbeitnehmers" *BFH* (09.10.1969), S. 320; für "unternehmerische Entscheidungen, insbesondere im Bereich der Geschäftsführung" *BFH* (22.01.1981), S. 426; für eine "Geschäftsführung, die dem Stillen überlassen wird" *BFH* (09.05.1984), S. 727; vgl. ähnlich *BFH* (20.11.1990), S. 336; vgl. darüber hinaus ausführlich *Schwedhelm* (Mitunternehmerschaft, 1987), S. 41 ff.

29 *BFH* (28.01.1982), S. 390. In diesem Urteil sah der *BFH* aufgrund der Rechtsstellung des Stillen sogar (insgesamt) eine Mitunternehmerschaft als gegeben an, ohne daß gleichzeitig das Kriterium des Mitunternehmerrisikos - nur annähernd - erfüllt war; ähnlich auch *BFH* (11.12.1990), S. 349; *BFH* (10.08.1978), S. 74; *BFH* (28.11.1974), S. 498; *BFH* (23.01.1974), S. 480.

30 Vgl. für das Vorliegen von Mitunternehmerinitiative bei einem zugestandenen Kontrollrecht i.S.v. § 716 BGB *BFH* (19.02.1981), S. 604; *BFH* (01.08.1996), S. 272; vgl. überdies *Schwedhelm* (Mitunternehmerschaft, 1987), S. 89.

31 Vgl. so z.B. *BFH* (06.05.1986), S. 891; *BFH* (29.04.1981), S. 664; *BFH* (25.06.1984), S. 769; *BFH* (10.08.1978), S. 75; gl.A. *Schmidt* (EStG-Kommentar, 1997), zu § 15, Rz 263 (S. 1163); *Tipke / Lang* (Steuerrecht, 1996), § 9, Rz. 507 (S. 376); *Bitz* (Littmann EStG, 1994), zu § 15,

Kontrollrechte zu, die denen des Kommanditisten nahezu entsprechen; dagegen sind Widerspruchs- oder Stimmrechte gesetzlich nicht vorgesehen. Es können jedoch auf vertraglicher Basis Zustimmungs- bzw. Widerspruchsrechte eingeräumt werden,[32] die, ähnlich der (Rechts)Position eines Kommanditisten, dem Stillen im Innenverhältnis einer GmbH & Still die Entfaltung von Mitunternehmerinitiative ermöglichen.[33] Für die Annahme von gemeinsamer unternehmerischer Initiative sind hierbei schon die typischen Kontrollrechte des stillen Gesellschafters i.S.d. § 233 HGB hinreichend. Als Mindestanforderung für eine Entfaltung von Mitunternehmerinitiative müssen diese handelsgesetzlichen Merkmale jedoch ohne Einschränkungen Geltung finden.[34]

1.2. Unternehmerrisiko

Die vertraglich eingeräumten vermögensbezogenen Rechte des Stillen bei einer GmbH & Still sind aus steuerlicher Sicht vor dem Hintergrund zu beleuchten, ob der stille Gesellschafter aufgrund seiner vertraglichen Rechtsstellung unternehmerisches Risiko trägt. Mit Urteil vom 09.09.1954 bezeichnete der *IV. Senat* des *BFH* "die Beteiligung am Betrieb auf Gedeih und Verderb" als wesentliches Merkmal einer Mitunternehmerschaft.[35] Neben dem Begriff der Mitunternehmerinitiative konkretisierte schließlich der *Große Senat* des *BFH* in seinem Beschluß vom 25.06.1984 zugleich auch seine Vorstellungen von (mit)unternehmerischem Risiko:[36]

Rn 23b (S. 1941); *Bezzenberger* (Stille Gesellschaft, 1991), § 2, RdNr. 19 (S. 1092); *Paulick / Blaurock* (Stille Gesellschaft, 1988), S. 362; *Lindner* (Mitunternehmerschaft, 1986), S. 65; *Hoffmann* (Abgrenzung, 1975), S. 259; a.A. *BFH* (23.01.1974), S. 480 f.; *Knobbe-Keuk* (Steuerrecht, 1993), S. 382; *Freundlieb* (Mitunternehmerschaft, 1985), S. 2326.

32 Vgl. die *Abschnitte III.1.2.* und *2.2.* im *Ersten Kapitel*; vgl. (hier) statt vieler *BGH* (15.06.1987), S. 1880. Inwieweit im Zusammenhang mit GmbH-Gesellschaftern deren Stimmrechte bei gleichzeitiger stiller Beteiligung zu einem Vorliegen von Mitunternehmerinitiative führen können, wird noch zu klären sein; vgl. *Abschnitt II.2.2.1* in diesem Kapitel.

33 Vgl. *BFH* (06.04.1979), S. 622; vgl. in Verbindung mit Stimmrechten *BFH* (07.12.1989), S. 364; *BFH* (21.04.1988), S. 724; *BFH* (24.01.1980), S. 273; *BFH* (30.07.1975), S. 820.

34 Dieser Sachverhalt trifft (inzwischen) auf breite Zustimmung; vgl. so *BFH* (01.08.1996), S. 272; *BFH* (13.06.1989), S. 722; *BFH* (25.06.1981), S. 59; *BFH* (24.07.1986), S. 56; *BFH* (11.12.1990), S. 349; *BFH* (28.02.1993), S. 648; *BFH* (20.11.1990), S. 336; *BFH* (12.11.1985), S. 314; *BFH* (28.10.1981), S. 186; *Schmidt* (EStG-Kommentar, 1997), zu § 15, Rz 343 (S. 1176); *Söffing* (Mitunternehmer, 1994), S. 59 f.; *Schwedhelm* (Mitunternehmerschaft, 1987), S. 88; *Jakob* (Mitunternehmerschaft, 1986), S. 1619; *Schulze zur Wiesche* (Stille Gesellschaft, 1982), S. 1976 f.; vgl. ablehnend *OFD Frankfurt* (26.10.1983), S. 21; *Troost* (Abgrenzung, 1997), S. 195 f.; *Kneip* (Mitunternehmer, 1994), S. 399 ff.; *Gassner* (Abgrenzung, 1988), S. 383 m.w.N.; *Stüttgen* (Stille Beteiligung, 1988), S. 272; *Freundlieb* (Mitunternehmerschaft, 1985), S. 2328.

35 *BFH* (09.09.1954), S. 318; vgl. ähnlich schon *RFH* (03.02.1926), S. 126.

36 *BFH* (25.06.1984), S. 769 m.w.N.; vgl. zudem H 138 Abs. 1 EStR; *BFH* (01.08.1996), S. 272 m.w.N.; *BFH* (08.02.1979), S. 408.

"Mitunternehmerrisiko bedeutet gesellschaftsrechtliche oder eine dieser wirtschaftlich vergleichbare Teilnahme am Erfolg oder Mißerfolg eines gewerblichen Unternehmens. Dieses Risiko wird regelmäßig durch Beteiligung am Gewinn und Verlust sowie an den stillen Reserven des Anlagevermögens einschließlich eines Geschäftswerts vermittelt."

Während sich das Entfalten von Mitunternehmerinitiative auf die Person des Gesellschafters bzw. Mitunternehmers bezieht, ist ein Mitunternehmerrisiko unternehmens- bzw. betriebsvermögensbezogen zu sehen.[37] Dementsprechend kann im Rahmen einer GmbH & Still das Vorliegen von Mitunternehmerrisiko unterstellt werden, wenn der "stille Gesellschafter am Erfolg oder Mißerfolg der GmbH teilhat."[38] Hierzu muß - als zentrales Merkmal - eine Gewinnbeteiligung vereinbart sein, wobei es in diesem Zusammenhang für "den stillen Gesellschafter (...) wesentlich [ist], daß er an dem vom tätigen Teilhaber [GmbH] erstrebten Gewinn teilhaben will und vertraglich auch teilhat."[39] Dieser Tatbestand wird bei der GmbH & Still stets erfüllt, da Teilhabe am Gewinn als gesetzliches Wesensmerkmal eines stillen Gesellschaftsverhältnisses zwingend zu vereinbaren ist.[40]

Darüber hinaus erhebt sich die Frage, inwieweit das Vorliegen von Mitunternehmerrisiko abhängig zu machen ist von einer Verlustbeteiligung. Es kann einerseits der herrschenden Auffassung gefolgt werden, gem. der ein vertraglicher Ausschluß des Stillen von der Verlustbeteiligung nicht gleichzusetzen sei mit fehlendem gemeinsamen Unternehmerrisiko.[41] Ein Vorhandensein von unternehmerischem Risiko sei vielmehr schon dann zu bejahen, wenn die individuelle "wirtschaftliche Position entscheidend von der wirtschaftlichen Lage des Unternehmens abhängt."[42] In ein solches Abhängigkeitsverhältnis können sich stille Gesellschafter zweifellos auch ohne

37 Vgl. *BFH* (24.07.1984), S. 87; *Jakob* (Mitunternehmerschaft, 1986), S. 1618; *Horn* (Mitunternehmerschaft, 1985), S. 2037; *Stüttgen* (Stille Beteiligung, 1988), S. 269.

38 *BFH* (27.05.1993), S. 701; gl.A. darüber hinaus *BFH* (18.02.1993), S. 647; *BFH* (29.04.1991), S. 388; *BFH* (07.12.1989), S. 364; *BFH* (09.10.1986), S. 124; *BFH* (01.07.1982), S. 650; *BFH* (25.06.1981), S. 59; *Schmidt* (EStG-Kommentar, 1997), zu § 15, Rz 343 (S. 1176); *Schulze zur Wiesche* (Mitunternehmer, 1997), S. 222; *Söffing* (Mitunternehmer, 1994), S. 52 ff.; *Jakob* (Mitunternehmerschaft, 1986), S. 1620; *Groh* (Kriterien, 1982), S. 1230.

39 *BFH* (25.06.1984), S. 770 m.w.N.; vgl. so z.B. auch *BFH* (18.02.1993), S. 647.

40 Vgl. neben der (unabdingbaren) Vorschrift des § 231 Abs. 2 HGB, die in *Abschnitt I.2.5.* im *Ersten Kapitel* dargelegt wurde, (hier) stellvertretend für viele *BFH* (22.10.1987), S. 64; *BGH* (15.06.1970), S. 1069.

41 Vgl. *BFH* (27.05.1993), S. 701; *BFH* (18.02.1993), S. 647; *BFH* (28.01.1982), S. 389; *BFH* (22.01.1981), S. 424; *BFH* (05.07.1978), S. 646; *BFH* (30.07.1975), S. 818; *BFH* (09.10.1969), S. 321; *BFH* (22.11.1955), S. 5; vgl. so auch *Schmidt* (EStG-Kommentar, 1997), zu § 15, Rz 344 (S. 1176); *Schulze zur Wiesche* (GmbH & Still, 1997), Rn. 152 (S. 60); *ders.* (GmbH & Still, 1979), S. 35; *Fichtelmann* (GmbH & Still, 1995), RdNr. 261 (S. 83); *Schoor* (GmbH & Still, 1995), Rdn. 81 (S. 48); *Stüttgen* (Stille Beteiligung, 1988), S. 269 f.; *Schwedhelm* (Mitunternehmerschaft, 1987), S. 80; vgl. ablehnend *BFH* (09.09.1954), S. 317; *OFD Frankfurt* (26.10.1983), S. 21; *Zacharias / Hebig / Rinnewitz* (Atypisch stille Gesellschaft, 1996), S. 151; *Söffing* (Mitunternehmer, 1994), S. 54.

42 *Schulze zur Wiesche* (GmbH & Still, 1997), Rn. 152 (S. 60).

Partizipation am Verlust begeben.[43] Andererseits kann auch bei typischen Vertragsverhältnissen neben der Partizipation am Gewinn eine Verlustbeteiligung bestehen. Insgesamt verliert daher bei stillen Gesellschaftsverhältnissen die Teilhabe an Gewinn und Verlust als Abgrenzungskriterium ggü. dem Aspekt der Vermögensbeteiligung an Bedeutung.

Als zweites wesentliches Kennzeichen für das Vorliegen von Mitunternehmerrisiko ist die vertragliche Beteiligung an den stillen Reserven und am Geschäfts- bzw. Firmenwert heranzuziehen.[44] Eine solche Vermögensbeteiligung rückt regelmäßig als das zentrale Mitunternehmerschafts- bzw. Abgrenzungskriterium zwischen typischer und atypischer stiller Gesellschaft in den Mittelpunkt.[45] Diese Einschätzung findet durch die steuerliche Rechtsprechung Bestätigung, da hinsichtlich "des Merkmals des Mitunternehmerrisikos (...) als wesentlich angesehen [wird], ob der stille Gesellschafter nicht nur am laufenden Gewinn und ggf. Verlust des vom tätigen Teilhaber betriebenen Unternehmens teilhat, sondern im Innenverhältnis schuldrechtlich auch an den stillen Reserven und an einem Geschäftswert beteiligt sein soll etwa in der Weise, daß er bei einer Auflösung des Gesellschaftsverhältnisses nach Maßgabe einer Auseinandersetzungsbilanz und seiner prozentualen Gewinnbeteiligung auch einen Anteil an den Wertsteigerungen des Betriebsvermögens haben soll."[46] Eine vertragliche Vermögensbeteiligung des Stillen muß jedoch insgesamt von wirtschaftlicher Bedeutung sein. Ist bei der GmbH (& Still) eine Wertsteigerung von vornherein auszuschließen bzw. unmöglich, kann eine darauf gerichtete Vereinbarung nicht als Kriterium für das Vorliegen von Mitunternehmerrisiko herangezogen werden.[47]

Eine Teilhabe des Stillen an den stillen Reserven und am Geschäftswert der GmbH wird regelmäßig als Indiz dafür gesehen, daß der Betrieb der GmbH im Innenverhält-

---

43 Hiervon wäre z.B. auszugehen, wenn die Gewinnanteile aus einer GmbH & Still die einzige Einnahmequelle des Stillen darstellen würden. Dies implizierte das (unternehmerische) Risiko, daß - insbesondere in Verlustjahren - der Stille aufgrund zu geringer bzw. ganz ausbleibender Gewinnanteile in wirtschaftliche Notlage gerät.

44 Dies kann auch als eine Chance der Gewinnerzielung durch Betriebsvermögensmehrung bzw. ein Risiko der Verlusttragung durch Betriebsvermögensminderung angesehen werden; vgl. so *BFH* (18.02.1993), S. 648; *Zacharias / Hebig / Rinnewitz* (Atypisch stille Gesellschaft, 1996), S. 151.

45 Vgl. so auch *Zacharias / Hebig / Rinnewitz* (Atypisch stille Gesellschaft, 1996), S. 151; *Fichtelmann* (GmbH & Still, 1995), RdNr. 260 (S. 83); *Söffing* (Mitunternehmer, 1994), S. 59; *Paulick / Blaurock* (Stille Gesellschaft, 1988), S. 366; *Stüttgen* (Stille Beteiligung, 1988), S. 267; *Schwedhelm* (Mitunternehmerschaft, 1987), S. 80.

46 *BFH* (06.07.1995), S. 270; vgl. überdies *BFH* (27.05.1993), S. 701; *BFH* (18.02.1993), S. 648; *BFH* (15.12.1992), S. 705; *BFH* (12.11.1985), S. 314; *BFH* (01.07.1982), S. 650; *BFH* (25.06.1981), S. 59 f.; *BFH* (22.01.1981), S. 426; *BFH* (08.08.1979), S. 770; *BFH* (05.07.1978), S. 646; *BFH* (29.08.1973), S. 101; *BFH* (14.06.1972), S. 734; *BFH* (18.03.1966), S. 197; *BFH* (21.03.1961), S. 221; *BFH* (19.01.1960), S. 229; *Niedersächsisches FG* (28.11.1996), S. 529. Eine umfassende Übersicht über die *RFH*-Rechtsprechung findet man darüber hinaus bei *Troost* (Abgrenzung, 1997), S. 148 f. (Fn. 98).

47 Vgl. zu der Unmöglichkeit einer Wertsteigerung *BFH* (18.02.1993), S. 649; *BFH* (22.01.1981), S. 426; *Olbrich* (Spekulationsgewinne, 1997), S. 188; *Bordewin* (Mitunternehmerschaft, 1988), S. 386.

nis auf gemeinsame Rechnung und Gefahr der GmbH und des stillen Gesellschafters geführt wird.[48] Umgekehrt wäre ein Tragen von Mitunternehmerrisiko durch den Stillen (schon) dann zu bejahen, wenn eine stille Beteiligung dem handelsgesetzlichen Leitbild entspricht. So unterstellt auch die steuerliche Rechtsprechung einem stillen Gesellschaftsverhältnis ein (wenngleich) "weniger stark ausgeprägte[s] Merkmal des Mitunternehmerrisikos", wenn ausschließlich eine vertragliche Gewinnbeteiligung - ohne Beteiligung am Verlust, den stillen Reserven und dem Geschäfts- bzw. Firmenwert - vereinbart wurde.[49] Um abschließend jedoch das Vorliegen einer Mitunternehmerschaft 'GmbH & atypisch Still' beurteilen zu können, müssen im Rahmen einer Betrachtung des gesamten Vertragsverhältnisses die Ausprägungen beider Mitunternehmerkriterien - Mitunternehmerinitiative und Mitunternehmerrisiko - zusammenhängend einer Würdigung unterzogen werden.

1.3. Verhältnis der Kriterien

Unternehmerinitiative und -risiko müssen gemeinsam vorliegen, um insgesamt eine Mitunternehmerstellung des Stillen i.S.v. § 15 Abs. 1 Satz 1 Nr. 2 EStG zu begründen.[50] Diese Merkmale können jedoch unterschiedlich stark ausgeprägt sein, sofern durch eine größere Gewichtung des jeweils anderen Kriteriums eine Kompensation stattfinden kann. Dementsprechend erscheint ein schwach "ausgeprägtes Mitunternehmerrisiko für die Annahme einer Mitunternehmerstellung ausreichend, wenn die Mitunternehmerinitiative besonders stark ist (und umgekehrt)"[51], wobei keines der beiden Kriterien das andere völlig ersetzen kann.[52]

Der (atypische) stille Gesellschafter kann nur im Rahmen des Handelsgewerbes der GmbH, an dem er still beteiligt ist, Mitunternehmerrisiko tragen und Mitunternehmerinitiative entfalten, "da die stille Gesellschaft selbst kein Unternehmen betreibt und

---

48 Vgl. statt vieler *BFH* (12.11.1985), S. 314; *Stüttgen* (Stille Beteiligung, 1988), S. 269.

49 *BFH* (11.12.1990), S. 349. Vgl. so auch *BFH* (15.12.1992), S. 705; *BFH* (28.01.1982), S. 389; *Niedersächsisches FG* (28.11.1996), S. 530; vgl. bezüglich eines Ausschlusses von den stillen Reserven *BFH* (05.07.1978), S. 646; bezüglich einer Nichtberücksichtigung des Geschäftswerts *BFH* (10.08.1978), S. 75; bezüglich einer Nichtberücksichtigung des Firmenwerts *Jakob* (Mitunternehmerschaft, 1986), S. 1619 m.w.N. (Fn. 51); vgl. insgesamt kritisch *Schwedhelm* (Mitunternehmerschaft, 1987), S. 86.

50 Vgl. neben H 138 Abs. 1 EStR, *BFH* (25.06.1984), S. 769; *BFH* (12.11.1985), S. 314; *BFH* (01.08.1996), S. 272 m.w.N.; *Fichtelmann* (GmbH & Still, 1995), RdNr. 258 (S. 82); *Mayer* (Personengesellschaft, 1991), Rdn. 482 (S. 133).

51 *BFH* (11.12.1990), S. 349; vgl. so z.B. auch *BFH* (01.08.1996), S. 272; *BFH* (20.11.1990), S. 336; *BFH* (02.09.1985), S. 10; *BFH* (28.01.1982), S. 389; *BFH* (19.02.1981), S. 602. Es ist zudem nicht ausgeschlossen, daß einzelne Komponenten - insbesondere des Mitunternehmerrisikos - sich innerhalb eines Kriteriums kompensieren; vgl. so *Schwedhelm* (Mitunternehmerschaft, 1987), S. 80.

52 Vgl. *BFH* (09.10.1969), S. 320; gl.A. *Niedersächsisches FG* (28.11.1996), S. 529; *Bitz* (Mitunternehmerschaft, 1984), S. 317. A.A. *Bachem* (Mitunternehmer, 1995), S. 610, der seine Auffassung damit begründet, daß eine "Mitunternehmerschaft von Kleinkindern [Alter: 1 bis 2 Jahre] (...) möglich" ist und diese eine "Mitunternehmerinitiative (...) nicht ausüben" können.

auch kein Gesellschaftsvermögen hat."[53] Für die Beurteilung einer Mitunternehmerstellung ist letztlich das Gesamtbild der Verhältnisse im Einzelfall maßgebend,[54] wobei es nicht den Wortlaut des stillen Gesellschaftsvertrags, sondern die rechtliche und wirtschaftliche Bedeutung bzw. die Wirkung, die von diesem Vertragswerk ausgeht, zu würdigen gilt.[55] Als Richtschnur für das Vorliegen einer Mitunternehmerstellung des stillen Gesellschafters bei der GmbH & Still werden die gesetzestypischen Ausprägungen von Mitunternehmerinitiative und Mitunternehmerrisiko angesehen, die bei einem Kommanditisten anzutreffen sind.[56] So ist ein "stiller Gesellschafter (...) stets Mitunternehmer, wenn die Vertragspartner vereinbart haben, daß der stille Gesellschafter im Innenverhältnis wie ein Kommanditist gestellt sein soll."[57]

Da der stille Gesellschafter einer GmbH als solcher nicht an deren Unternehmensführung partizipiert, so daß "grundsätzlich also seine Unternehmerinitiative auf die Einsichts- und Kontrollrechte nach § 233 HGB beschränkt ist, kommt seiner vermögensrechtlichen Stellung, also dem Merkmal des Tragens von Mitunternehmerrisiko, besondere Bedeutung zu."[58] Ist demzufolge "ein stiller Gesellschafter am Gewinn und Verlust sowie an den stillen Reserven und am Geschäftswert beteiligt, so ist er bereits dann Mitunternehmer, wenn er annähernd die Rechte hat, die einem stillen Gesellschafter nach dem Regelstatut des HGB zustehen. Dabei handelt es sich im wesentlichen um die Einsichts- und Kontrollrechte des § 233 HGB."[59] Im Falle einer solchen

---

53 *BFH* (11.12.1990), S. 348.

54 Dies ist aufgrund der - oben schon angesprochenen - Tatsache vonnöten, daß der Mitunternehmerbegriff als Typusbegriff nur unscharfe Konturen besitzt. Vgl. zur Einzelfallbetrachtung insbesondere *BFH* (12.11.1985), S. 311.

55 Vgl. übereinstimmend *BFH* (18.02.1993), S. 648; *BFH* (22.01.1981), S. 426; *BFH* (26.01.1970), S. 264; *OFD Frankfurt* (26.06.1996), S. 1406. Fest steht - in Anlehnung an *Schulze zur Wiesche* (Mitunternehmer, 1997), S. 221 - dabei jedoch, daß die "Mitunternehmerschaft (...) auf einem Gesellschaftsvertrag beruhen" muß; vgl. zudem auch *BFH* (13.07.1993), S. 282; *BFH* (01.08.1996), S. 272.

56 Vgl. zu der Rechtsstellung des Kommanditisten als Richtschnur *BFH* (12.11.1985), S. 314; *BFH* (25.06.1981), S. 59; *BFH* (29.04.1981), S. 664; *BFH* (03.05.1979), S. 515; *BFH* (10.08.1978), S. 74; *Schmidt* (EStG-Kommentar, 1997), zu § 15, Rz 341 (S. 1175); *Ruban* (Atypisch stille Gesellschaft, 1995), S. 638; *Knobbe-Keuk* (Steuerrecht, 1993), S. 402; *Paulick / Blaurock* (Stille Gesellschaft, 1988), S. 345; *Stüttgen* (Stille Beteiligung, 1988), S. 273; *Schwedhelm* (Mitunternehmerschaft, 1987), S. 24.

57 *Söffing* (Mitunternehmer, 1994), S. 60. Zu berücksichtigen sind - im Rahmen einer generell vorzunehmenden Abgrenzung der beiden Rechtsstellungen - hierbei immer die unterschiedlichen Wesensmerkmale; so ist der stille Gesellschafter reiner Innengesellschafter und kann z.B. keine Stimmrechte bei der GmbH ausüben.

58 *Söffing* (Mitunternehmer, 1994), S. 60; vgl. so z.B. auch *Stuhlfelner / Glanegger* (HGB-Kommentar, 1995), zu § 230, Rz 9 (S. 553); *Söffing* (Atypisch stille Gesellschaft, 1993), S. 8768; *Stüttgen* (Stille Beteiligung, 1988), S. 267; *Stüttgen* (Stille Beteiligung, 1988), S. 274; *Jakob* (Mitunternehmerschaft, 1986), S. 1619; *Groh* (Kriterien, 1982), S. 1229.

59 *BFH* (11.12.1990), S. 349; vgl. so auch *BFH* (12.11.1985), S. 314; *BFH* (25.06.1981), S. 59; *BFH* (28.10.1981), S. 186; a.A. *OFD Frankfurt* (26.10.1983), S. 21; *Freundlieb* (Mitunternehmerschaft, 1985), S. 2328, S. 2241; *Troost* (Abgrenzung, 1997), S. 195 f.; *Kneip* (Mitunternehmer, 1994), S. 399 ff.; *Stüttgen* (Stille Beteiligung, 1988), S. 272.

(Vermögens)Beteiligung des Stillen an der GmbH müssen demnach gar keine weitergehenden Initiativrechte vereinbart sein. Die normenbezogenen Einsichts- bzw. Kontrollrechte i.S.v. § 233 HGB reichen für die Annahme einer (schwachen) Mitunternehmerinitiative aus, um in Verbindung mit dem im stillen Gesellschaftsvertrag begründet liegenden Mitunternehmerrisiko insgesamt eine Mitunternehmerstellung des Stillen und damit eine GmbH & atypisch Still durch die Vorschrift des § 15 Abs. 1 Satz 1 Nr. 2 EStG konstatieren zu können.[60]

Ist die Teilhabe des Stillen am unternehmerischen Risiko der GmbH - mangels vertraglich erweiterter Vermögensrechte - weniger stark ausgeprägt, kann dies wiederum durch stärkere Initiativrechte kompensiert werden. Beinhaltet ein Gesellschaftsvertrag z.B. nicht die "schuldrechtliche Beteiligung an den stillen Reserven, so müssen (...) besondere Verhältnisse vorliegen, die die Annahme einer Mitunternehmerschaft rechtfertigen, z.B. die rechtliche und tatsächliche Möglichkeit, typische unternehmerische Entscheidungen, insbesondere im Bereich der Geschäftsführung, zu treffen."[61] Bei fehlender Vermögensbeteiligung begründen dem gesetzlichen Leitbild entsprechende Einsichts- und Kontrollrechte freilich keine Mitunternehmerstellung; es müssen vielmehr zusätzliche Einflußmöglichkeiten des Stillen auf das Handelsgewerbe der GmbH bestehen.

Ist der stille Gesellschafter z.B. aufgrund vertraglicher Vereinbarungen in einer Weise zur GmbH-Geschäftsführung befugt, daß er durch seine Tätigkeit im Namen der GmbH die Höhe seiner eigenen (stillen) Gewinnbeteiligung mit beeinflussen kann,[62] liegt eine stark ausgeprägte Mitunternehmerinitiative vor. Diese kompensiert das (schwache) Mitunternehmerrisiko des Stillen, das sich aufgrund fehlender Vereinbarung weitergehender vermögensbezogener Rechte auf das wesenstypische Risiko (Gewinn- und Verlustbeteiligung) beschränkt. In solchen Fällen ist - im Zuge einer Gesamtbetrachtung - die Qualifizierung des stillen Gesellschafters als Mitunternehmer i.S.v. § 15 Abs. 1 Satz 1 Nr. 2 EStG und damit das Vorliegen einer GmbH & atypisch Still zu bejahen.[63]

In einem Urteil des *IV. Senats* des *BFH* vom 28.01.1982 wird aufgrund vertraglich eingeräumter Geschäftsführungsbefugnisse des Stillen seine Mitunternehmerstellung

---

60 Bei *Schreiber* (Mitunternehmer, 1995), S. 108 ff., findet man den Vorschlag, ganz auf das Kriterium der Mitunternehmerinitiative zu verzichten. Es wird eine eigene (Mitunternehmer)Definition gegeben, nach der "Mitunternehmer ist, wer in Gewinnerzielungsabsicht als stiller Gesellschafter (...) neben einer Beteiligung am Ergebnis auch an den Wertveränderungen des gesamten Vermögens des Inhabers des Handelsgeschäfts (...) beteiligt ist."

61 *BFH* (22.01.1981), S. 426; vgl. ebenso *BFH* (15.12.1992), S. 704 f.; *BFH* (11.12.1990), S. 350; *BFH* (28.01.1982), S. 389; *BFH* (10.08.1978), S. 74; *BFH* (05.07.1978), S. 646; *BFH* (11.04.1973), S. 528; *BFH* (09.10.1969), S. 320; *RFH* (04.05.1938), S. 647; *BFH* (28.11.1974), S. 498; *BFH* (23.01.1974), S. 480.

62 Dies wird insbesondere bei einer alleinigen Geschäftsführungsbefugnis der Fall sein.

63 Vgl. in diesem Sinne *BFH* (15.12.1992), S. 704 f.; *BFH* (11.12.1990), S. 349; vgl. *BFH* (28.01.1982), S. 390; *BFH* (23.01.1974), S. 480; *BFH* (28.11.1974), S. 498.

festgestellt, ohne daß dieser an Verlusten aus dem Handelsgewerbe teilhatte.[64] Im Urteilsfall erhielt der stille Gesellschafter zwar zusätzlich hohe Gewinn- und Umsatzprovisionen, war Eigentümer des an den Inhaber des Handelsgeschäfts vermieteten Gebäudes und hatte eine eigene Firma zum Vertrieb der Produkte des Inhabers des Handelsgeschäfts. Seine Mitunternehmerstellung wird in diesem Urteil jedoch allein mit der Geschäftsführerposition begründet.[65]

Eine Beteiligung des Stillen ausschließlich am laufenden Ergebnis der GmbH führt ohne weitere vertragliche Vereinbarungen, die eine Kompensation des schwach ausgeprägten Mitunternehmerrisikos zur Folge haben, nicht zum Vorliegen einer Mitunternehmerschaft.[66] Vereinzelt zieht man aus außergewöhnlichen, vom Verhältnis der Kapitalkonten[67] erheblich abweichenden Beteiligungsquoten zusätzliche Rückschlüsse auf mitunternehmerische Elemente eines stillen Gesellschaftsverhältnisses. So werden vertragliche Vereinbarungen, die eine sehr hohe Gewinnbeteiligung[68] - bis hin zum Ausschluß der GmbH von einer solchen -[69] oder eine hohe bzw. alleinige Verlusttragung des Stillen[70] beinhalten, als Indizien für dessen Mitunternehmerstellung

64 Vgl. *BFH* (28.01.1982), S. 390. Die Verlustbeteiligung wurde in dem Fall per stillem Gesellschaftsvertrag ausgeschlossen.

65 *Söffing* (Mitunternehmerschaft, 1982), S. 333, stellt in seinen Anmerkungen zu diesem Urteil lobend fest, daß der *IV. Senat* des *BFH* hierdurch "eine erfreulich klare (...) Abgrenzung zwischen typisch und atypisch stiller Gesellschaft gefunden hat."

66 Vgl. so auch *Paulick / Blaurock* (Stille Gesellschaft, 1988), S. 363; *Harbich* (Typische stille Gesellschaft, 1989), S. 38; *Schwedhelm* (Mitunternehmerschaft, 1987), S. 73.

67 Das Verhältnis läßt sich dabei z.B. durch den Wert des stillen Einlagekontos in Relation zum Stammkapital der GmbH bestimmen.

68 Es wird bei einer sehr hohen Gewinnbeteiligung die Vermutung geäußert, daß der stille Gesellschafter hierdurch in eine wirtschaftliche Abhängigkeit von der GmbH gerät und ihr so gewissermaßen "ausgeliefert" ist; vgl. so *BFH* (05.07.1978), S. 646; vgl. ähnlich auch *BFH* (28.01.1971), S. 664; *OFD Frankfurt* (26.06.1996), S. 1406; a.A. *Schwedhelm* (Mitunternehmerschaft, 1987), S. 74.

69 Im Gegensatz zur Beteiligung des Stillen am Gewinn kann die GmbH von einer solchen ausgeschlossen werden; vgl. hierzu z.B. *Zutt* (Staub HGB, 1990), zu § 231 HGB, Rdn. 10 (S. 40); *Paulick / Blaurock* (Stille Gesellschaft, 1988), S. 104 m.w.N.; *Koenigs* (Stille Gesellschaft, 1961), S. 75. In diesem Fall ist (gleichzeitig) von einer hohen stillen Einlage in Relation zu einem geringen Stammkapital auszugehen mit der Konsequenz, daß die GmbH letztlich nur als "Strohmann" des stillen Gesellschafters nach außen tätig wird; vgl. so *Boettcher / Zartmann / Faut* (Stille Gesellschaft, 1978), S. 72. Zumindest im Innenverhältnis führte dies zu einer wirtschaftlichen Machtstellung des Stillen, die einer Mitunternehmerstellung gleichkäme, so daß dies - i.S.v. § 15 Abs. 1 Satz 1 Nr. 2 EStG - auch als solche qualifiziert werden sollte; gl.A. *Schwedhelm* (Mitunternehmerschaft, 1987), S. 76.

70 Bei solchen Vertragskonstellationen, die ggf. auch die Vereinbarung einer Nachschußpflicht beinhalten, kann das Haftungsrisiko so ausgeprägt sein, daß von einer Beteiligung des Stillen an der GmbH auf "Gedeih und Verderb" auszugehen und eine Mitunternehmerstellung des Stillen zu bejahen ist; vgl. entsprechend auch *BFH* (09.05.1954), S. 318; *Schwedhelm* (Mitunternehmerschaft, 1987), S. 77 f. Vgl. für die Möglichkeit einer alleinigen Verlusttragung durch den Stillen *Boettcher / Zartmann / Faut* (Stille Gesellschaft, 1978), S. 77. Eine Mitunternehmerschaft wird andererseits verneint, wenn im Rahmen einer reinen Abschreibungs-KG ausschließlich eine

angesehen. Ob sich jedoch allein aufgrund solcher Vereinbarungen eine Mitunternehmerstellung des Stillen begründen läßt, ist letztlich einzelfallabhängig und mittels des gesamten Vertragswerks zu würdigen. Inwieweit dabei von anderen, neben dem stillen Gesellschaftsverhältnis bestehenden Vertragsverhältnissen, wie z.B. einem GmbH-Geschäftsführer- oder (und) Gesellschaftervertrag, auf eine Mitunternehmerstellung des Stillen und damit auf das Vorliegen einer GmbH & atypisch Still geschlossen werden kann, ist umstritten und bedarf nun der eingehenderen Klärung.

2. Ungeklärte Rechtsfragen

2.1. Wirtschaftliche und formalrechtliche Betrachtungsweise

Das verfassungsmäßige Gleichheitsgebot nach Art. 3 I GG läßt sich bei einer Erfolgsbesteuerung durch die Anforderung konkretisieren, daß diese an wirtschaftliche Vorgänge anknüpft, um damit eine laufende Besteuerung nach Maßgabe der individuellen wirtschaftlichen Leistungsfähigkeit der Steuersubjekte zu sichern.[71] Dabei sind "insbesondere die in den Steuergesetzen verwendeten Begriffe (...) im Hinblick auf ihre wirtschaftliche Bedeutung auszulegen"[72], was auch mit der Bezeichnung der 'teleologischen Gesetzesauslegung' umschrieben werden kann.[73] Einer solchen Auslegung entspricht die wirtschaftliche Betrachtungsweise, deren Aufgabe es ist, die im Gesetz verwendeten Begriffe vom steuerrechtlichen Normzweck her mit Inhalt zu füllen.[74] Dies betrifft freilich auch den in § 15 Abs. 1 Satz 1 Nr. 2 EStG verwendeten Mitunternehmerbegriff. Dabei führt die inhaltliche Unbestimmtheit dieses Typusbegriffs im Rahmen einer GmbH & Still zu ungeklärten Rechtsfragen in bezug auf die Mitunternehmereigenschaft des stillen Gesellschafters.

Es muß insbesondere über die steuerliche Mitunternehmerstellung des Stillen aufgrund einer Rechtsposition entschieden werden, die ihm normenkonform bzw. aufgrund abweichender vertraglicher Bestimmungen zukommt. Wie schon dargelegt wurde, schlagen sich diese Rechte aus steuerlicher Sicht in den zwei Grundmerkmalen Un-

---

Beteiligung am Verlust erfolgt; vgl. dazu § 15 Abs. 2 Satz 2 EStG; vgl. mit Urteilsnennung auch *Bitz* (Mitunternehmerschaft, 1984), S. 317.

71 Vgl. *Beisse* (Wirtschaftliche Betrachtungsweise, 1981), S. 3; *Söffing* (Wirtschaftliche Betrachtungsweise, 1992), S. 52. Vgl. ähnlich *Jakob* (Einkommensteuer, 1996), S. 4 f., lt. dem der "Einkommensteuertatbestand des geltenden Rechts (...) seine verfassungsrechtlichen Direktiven vor allem aus dem Gleichheitsgrundrecht [empfängt]. Aus der Gleichheit vor dem Gesetz respektive dem Steuergesetz leitet sich das Leistungsfähigkeitsprinzip ab."

72 *Kneip* (Mitunternehmer, 1994), S. 16.

73 Vgl. zu einer teleologischen Gesetzesauslegung *Söffing* (Wirtschaftliche Betrachtungsweise, 1992), S. 54 f.; *Tipke / Lang* (Steuerrecht, 1996), § 5, Rz. 66 ff. (S. 147 ff.); *Döllerer* (Zivilrecht, 1987), S. 37 f.; *Kneip* (Mitunternehmer, 1994), S. 16; *Kraft* (Entwicklungstendenzen, 1995), S. 922 f.; *Stüttgen* (Stille Beteiligung, 1988), S. 240; grundlegend zum Begriff der Teleologie vgl. *Larenz* (Methodenlehre, 1995), S. 209.

74 Vgl. *Beisse* (Wirtschaftliche Betrachtungsweise, 1981), S. 2; *Söffing* (Wirtschaftliche Betrachtungsweise, 1992), S. 55 f.; *Raupach* (Durchgriff, 1968), S. 54; *Tipke / Lang* (Steuerrecht, 1996), § 1, Rz. 19 ff. (S. 7 f.), Rz. 65 ff. (S. 147 ff.).

ternehmerinitiative und Unternehmerrisiko nieder.[75] Ob diese Merkmale beim stillen Gesellschafter einer GmbH in ausreichendem Umfang vorliegen, ist durch wirtschaftliche Betrachtungsweise, d.h. anhand einer Gesamtbetrachtung der rechtlichen und wirtschaftlichen Situation des jeweiligen Einzelfalls, zu klären.[76]

Ist ausschließlich ein stilles Gesellschaftsverhältnis vereinbart, d.h. steht der Stille in keiner weiteren Rechtsbeziehung zu der GmbH, kann sich eine Gesamtbetrachtung nur auf den stillen Gesellschaftsvertrag und auf die von ihm ausgehende Wirkung bzw. Bedeutung beziehen. Existieren neben dem stillen Gesellschaftsvertrag weitere Vertragsbeziehungen zwischen dem Stillen und der GmbH (z.B. GmbH-Gesellschaftsverträge, Geschäftsführerverträge, Darlehensverträge, Pachtverträge etc.), stellt sich die Frage, ob sich Unternehmerinitiative und Unternehmerrisiko ausschließlich durch das stille Gesellschaftsverhältnis begründen lassen oder ob das Vorliegen dieser Tatbestandsmerkmale einer Mitunternehmerschaft auch aus anderen Rechtsverhältnissen des Stillen mit der GmbH abgeleitet werden muß. Hierzu bestehen, einhergehend mit den differierenden Interpretationen des Mitunternehmerbegriffs, konträre Ansichten.

Knobbe-Keuk vertritt die Meinung, daß bei der Beurteilung der Frage, ob der Stille als Mitunternehmer angesehen werden kann, das "Gesamtbild der Person" heranzuziehen sei, und daß vor dem Hintergrund einer gebotenen wirtschaftlichen Betrachtungsweise bei der Rechtsstellung des stillen Gesellschafters nicht auf einzelne Vertragsbeziehungen abgestellt werden dürfe.[77] Diese Auffassung stößt auf breite Zustimmung,[78] wobei vorrangig argumentiert wird, daß der Gesetzgeber mit der Vorschrift des § 15 Abs. 1 Satz 1 Nr. 2 EStG auf eine steuerliche Gleichbehandlung der atypischen stillen Gesellschaft mit der KG bzw. der GmbH & atypisch Still mit der GmbH & Co. KG ziele, d.h. es stünde im Rahmen der sog. Einheitstheorie letztlich der Beitragsgedanke

75 Vgl. *Abschnitt II.1.* in diesem Kapitel.

76 Vgl. so *BFH* (27.05.1993), S. 701; *BFH* (12.11.1985), S. 314; *BFH* (22.01.1981), S. 426 m.w.N.; *BFH* (19.02.1981), S. 602; *BFH* (18.02.1993), S. 648 m.w.N.; *BFH* (14.08.1986), S. 61; *BFH* (25.06.1984), S. 769; *BFH* (21.03.1961), S. 221; vgl. *Crezelius* (Zivilrecht, 1995), S. 300; *Söffing* (Mitunternehmer, 1994), S. 51; *Paulick / Blaurock* (Stille Gesellschaft, 1988), S. 361 m.w.N.; *Post / Hoffmann* (Stille Beteiligung, 1984), S. 85. *Schwedhelm* (Mitunternehmerschaft, 1987), S. 19 und 25, unterstreicht die Bedeutung der vertraglichen Rechtsstellung des Stillen und lehnt eine Orientierung an den wirtschaftlichen Einflußfaktoren ab. Vgl. überdies zur wirtschaftlichen Betrachtungsweise im Zusammenhang mit der (atypischen) stillen Gesellschaft *Ruban* (Atypisch stille Gesellschaft, 1995), S. 637; *Paulick / Blaurock* (Stille Gesellschaft, 1988), S. 360; *Knobbe-Keuk* (Steuerrecht, 1993), S. 401.

77 *Knobbe-Keuk* (Fremdfinanzierung, 1982), S. 221, die ihre Auffassung insbesondere damit begründet, daß man "auch sonst bei der Beurteilung der Frage, ob eine Person als Mitunternehmer anzusehen ist, nicht einzelne Vertragsbeziehungen rauszupicken [pflegt], sondern (...) auf das Gesamtbild der Stellung dieser Person" schaut. Vgl. auch *dies.* (Steuerrecht, 1993), S. 406.

78 Vgl. *BFH* (20.11.1990), S. 336; *BFH* (11.12.1990), S. 346; *BFH* (11.12.1980), S. 310; *BFH* (28.01.1982), S.389; *BFH* (29.01.1976), S. 332; vgl. ähnlich *BFH* (19.02.1981), S. 602 ("Rechtliche oder wirtschaftliche Stellung einer Person insgesamt"); vgl. zudem *Kleine* (Typische Gesellschaft, 1995), S. 149; vgl. auch *Hoffmann* (Abgrenzung, 1975), S. 259 ff.; *Schmidt* (EStG-Kommentar, 1997), zu § 15, Rz 355 (S. 1178); *o.V.* (Mitunternehmerschaft, 1993), S. 30; *Sudhoff / Sudhoff* (Stille Beteiligung, 1984), S. 78.

im Vordergrund, so daß alle Leistungs- bzw. Gesellschaftsbeziehungen zwischen dem Stillen und der GmbH - analog zu denen zwischen Kommanditisten und KG bzw. GmbH & Co. KG - mit zu berücksichtigen seien.[79]

Diese allgemein "auf die Person des Steuerpflichtigen bezogene Bewertung der wirtschaftlichen Einflußmöglichkeiten" kann als "rein wirtschaftliche Betrachtungsweise" bezeichnet werden,[80] die eine Vermischung der Rechtsverhältnisse impliziert und damit einhergehend zivilrechtliche Gestaltungen mißachtet. So erscheint es nicht verwunderlich, daß in der Literatur auch formalrechtliche Ansätze bestehen, nach denen im Zuge einer wirtschaftlichen Einzelfallbetrachtung nur die Rechtsstellung des Stillen hinterfragt werden darf, die durch den - dem stillen Gesellschaftsverhältnis zugrundeliegenden - stillen Gesellschaftsvertrag begründet wird.[81]

Grundsätzlich sind die gewählten "zivilrechtlichen Formen (...) auch für das Steuerrecht bedeutsam" und dürfen "daher steuerrechtlich nicht vermischt" werden.[82] Es ist zwar die Auffassung zu teilen, daß es bezüglich einer Auslegung von Gesetzesbegriffen keine "teleologische Prävalenz des Zivilrechts gibt,"[83] dies bedeutet jedoch nicht, daß zivilrechtliche Gestaltungen außer acht zu lassen sind. Die Aufgabe einer teleologischen Gesetzesauslegung besteht vielmehr darin, zivilrechtliche Gegebenheiten vor dem Hintergrund des steuerlichen Gesetzeszwecks zu bewerten und einzuordnen.[84] Insofern knüpft das Steuerrecht - auch bei wirtschaftlicher Betrachtungsweise -

---

79 Vgl. insbesondere *Knobbe-Keuk* (Steuerrecht, 1993), S. 406 ff.; *dies.* (Mitunternehmerschaft, 1986), S. 106 ff.; *Schön* (Steuerbilanz, 1985), S. 314; *Becker* (Grundfragen, 1925), Sp. 1604 ff.; vgl. ähnlich (wohl) auch *Schmidt* (EStG-Kommentar, 1997), zu § 15, Rz 357 (S. 1178 f.).

80 *Schwedhelm* (Mitunternehmerschaft, 1987), S. 17 (beide Zitate). Diese Auffassung entspricht der sog. Methodenlehre der Freirechtsbewegung, die von einer rein wirtschaftlichen Betrachtungsweise ausging, im Rahmen derer eine steuerliche Gesetzesauslegung völlig unabhängig vom Zivilrecht befürwortet wurde. Die Tragweite dieser Form der wirtschaftlichen Betrachtungsweise war (jedoch) Gegenstand heftigster Diskussionen; eine - ebenfalls höchst umstrittene - Gegenposition bildeten so die Befürworter eines "Primats des Zivilrechts", lt. denen das Steuerrecht nur eine Folge des Zivilrechts sei; vgl. so z.B. *BFH* (12.07.1967), S. 782. Vgl. die Diskussion bezüglich der Tragweite einer wirtschaftlichen Betrachtungsweise z.B. (m.w.N.) bei *Böcking* (Wirtschaftliche Betrachtungsweise, 1997), S. 85 ff.; *Döllerer* (Zivilrecht, 1987), S. 37 f.; *Söffing* (Wirtschaftliche Betrachtungsweise, 1992), S. 54 f.; *Tipke / Lang* (Steuerrecht, 1996), § 5, Rz. 66 ff. (S. 147 ff.).

81 So stellen insbesondere *Paulick / Blaurock* (Stille Gesellschaft, 1988), S. 78, mit Nachdruck fest, daß sich die "Rechtsstellung des stillen Gesellschafters (...) einzig und allein aus dem Gesellschaftsvertrag" ableitet; gl.A. z.B. auch *Crezelius* (Zivilrecht, 1995), S. 300.

82 *BFH* (21.06.1983), S. 565 (beide Zitate); gl.A. *BFH* (25.02.1991), S. 691; *Tipke / Lang* (Steuerrecht, 1996), § 5, Rz. 101 (S. 159); *Stüttgen* (Stille Beteiligung, 1988), S. 238 und 281; *Grimm* (Steuerrecht, 1978), S. 287.

83 *Tipke / Lang* (Steuerrecht, 1996), § 1, Rz. 19 (S. 7); vgl. in diesem Sinne auch *Weber-Grellet* (Tendenzen, 1993), S. 204.

84 Vgl. so *BFH* (20.05.1992), S. 907; *Beisse* (Wirtschaftliche Betrachtungsweise, 1981), S. 3 f.; vgl. kritisch dazu *Kneip* (Mitunternehmer, 1994), S. 20: "Entgegen [dem] allgemeinen (...) Verhältnis 'Privatrecht - Steuerrecht' und der Funktion der wirtschaftlichen Betrachtungsweise geht widersprüchlicherweise die neuere Rechtsprechung des *BFH* und mit ihr die h.M. bei der Bestimmung

an die vertraglichen Gestaltungsmöglichkeiten des Zivilrechts an.[85] Dies gilt uneingeschränkt für die Auslegung des Mitunternehmerbegriffs, zumal ein "methodologische[r] Ansatz, (...) zivilrechtliche Strukturen auszublenden, nicht vom Tatbestand des § 15 Abs. 1 Satz 1 Nr. 2 EStG gedeckt ist."[86]

Eine GmbH & Still besteht getrennt von anderen - die GmbH betreffenden - Rechtsverhältnissen.[87] Hierbei kommt als "Mitunternehmerschaft nur die stille Gesellschaft"[88] in Betracht. Selbst unter wirtschaftlichen Gesichtspunkten ist ausschließlich ein "Blick auf das Gesamtbild der Gesellschafterstellung [gestattet], die als Mitunternehmerschaft in Betracht kommt, also auf das stille Gesellschaftsverhältnis"[89]. Um insgesamt den besonderen zivilrechtlichen Strukturen einer GmbH & Still gerecht zu werden, muß also letztlich im Rahmen der Auslegung des Mitunternehmerbegriffs i.S.v. § 15 Abs. 1 Satz 1 Nr. 2 EStG die (steuerliche) Rechtsstellung des stillen Gesellschafters einer Beurteilung unterzogen werden, die sich auf den stillen "Gesellschaftsvertrag und dessen tatsächliche Durchführung"[90] beschränkt.[91] Für eine wirtschaftliche Gesamtbetrachtung verbleibt in dem Fall wenig Raum, so daß hier eher vertragsbezogene Gesichtspunkte im Vordergrund stehen.

---

des Mitunternehmerbegriffs in § 15 Abs. 1 Satz 1 Nr. 2 EStG von einem Primat des Zivilrechts aus."

85 Vgl. zu der Notwendigkeit eines Rückgriffs auf zivilrechtliche Strukturen *BFH* (28.01.1986), S. 600; *BFH* (31.01.1985), S. 18; *BFH* (02.05.1984), S. 823; *BFH* (21.06.1983), S. 565; *BFH* (01.07.1982), S. 646; *BFH* (08.02.1979), S. 408; *BFH* (09.12.1976), S. 158; *Grimm* (Steuerrecht, 1978), S. 287; *Dreher* (Korrespondierende Bilanzierung, 1996), S. 140; vgl. bezugnehmend auf "das neue Steuerrecht der Personengesellschaft" *Mellwig* (Vermögensverwaltung, 1985), S. 2122. Nur bei einem Rückgriff auf die zivilrechtlichen Vertragsgestaltungen kann - insbesondere bei der Auslegung des (unscharfen) Mitunternehmerbegriffs - überhaupt eine gewisse Rechtssicherheit erzeugt werden; vgl. so auch *Döllerer* (Zivilrecht, 1987), S. 54.

86 *Haas* (Bilanzbündeltheorie, 1997), S. 1709.

87 Dieser Sachverhalt ergibt sich allein in Anbetracht der Tatsache, daß der gemeinsame Zweck, durch den ein Gesellschaftsverhältnis überhaupt erst legitimiert wird, ausschließlich im stillen Gesellschaftsvertrag begründet liegt. Vgl. dazu insbesondere *Abschnitt 4.2.* im *Ersten Kapitel.*

88 *Lenski / Steinberg* (GewStG, 1995), zu § 2, Anm. 952 (S. 232).

89 *Schwedhelm* (Mitunternehmerschaft, 1987), S. 29; vgl. so auch *Bitz* (GmbH & Still, 1997), S. 770; *Haas* (Bilanzbündeltheorie, 1997), S. 1709; *Crezelius* (Zivilrecht, 1995), S. 300; *Kneip* (Mitunternehmer, 1994), S. 23; *Neumann* (Einkünfteermittlung, 1997), S. 624; *Stüttgen* (Stille Beteiligung, 1988), S. 240 f.

90 *BFH* (25.06.1984), S. 769. Vgl. zur tatsächlichen Durchführung *BFH* (19.11.1990), S. 321; *BFH* (10.04.1997), S. 777.

91 So ist auch *Bezzenberger* (Stille Gesellschaft, 1991), § 9, RdNr. 18 (S. 1147), der Auffassung, daß eine "steuerliche Mitunternehmerschaft des stillen Gesellschafters im Sinne von § 15 Abs. 1 Satz 1 Nr. 2 EStG im Gesellschaftsvertrag ihre Grundlage haben" muß. Vgl. zudem *Zacharias / Hebig / Rinnewitz* (Atypisch stille Gesellschaft, 1996), S. 152; ähnlich *Zimmermann / Reyher / Hottmann* (Personengesellschaften, 1995), S. 85, nach denen eine "Mitunternehmerschaft (...) nur anzunehmen [ist], wenn sie klar und eindeutig vereinbart ist." Vgl. ebenso *Bitz* (GmbH & Still, 1997), S. 770; *Neufang* (Innengesellschaft, 1986), S. 172.

Einige anderslautende Urteile[92] können nicht darüber hinwegtäuschen, daß auch das Steuerrecht eine ausschließliche Maßgeblichkeit des stillen Gesellschaftsvertrags für das Vorliegen einer Mitunternehmerstellung unterstellt. So dürfen "Mitunternehmerinitiative und Mitunternehmerrisiko (...) nicht lediglich auf einzelne Schuldverhältnisse als gegenseitige Austauschverträge zurückzuführen sein. Vielmehr müssen entsprechend der zivilrechtlichen Gestaltung die verschiedenen Vertragsbeziehungen und Funktionen auseinandergehalten und auch steuerrechtlich je eigenständig gewürdigt werden."[93] Es ist daher nach *BFH*-Rechtsprechung für die Annahme einer Mitunternehmerschaft bzw. einer atypischen stillen Gesellschaft allein maßgebend, "welche Regelungen der Gesellschaftsvertrag im einzelnen enthält und welche rechtlichen und wirtschaftlichen Wirkungen diese Regelungen im jeweiligen Einzelfall nach Maßgabe seiner Besonderheiten haben. Insgesamt muß sich aus der gebotenen Gesamtwürdigung ergeben, daß der stille Gesellschafter auf der Grundlage des Gesellschaftsvertrags Mitunternehmerrisiko trägt und Mitunternehmerinitiative ausüben kann."[94]

Eine vertragsbezogene Vorgehensweise entspricht den zivilrechtlichen Strukturen einer GmbH & Still - im Gegensatz zur GmbH & Co. KG - auch insofern, als bei diesem Gesellschaftsverhältnis ausschließlich die GmbH tätig wird[95] und bei Rechtsbeziehungen mit Kapitalgesellschaften grundsätzlich ein "Trennungsprinzip" zu beachten ist.[96] Bei der GmbH & Co. KG kann dagegen - im Rahmen der dort gebotenen wirtschaftlichen Betrachtungsweise - eine Berücksichtigung aller Vertragsbeziehungen zwischen Kommanditisten und KG (auch mittelbar über die GmbH) als Gesellschafterbeiträge schon deshalb nachvollzogen werden, weil die KG als Personenhandelsgesellschaft selbst tätig wird.[97]

---

92 Insbesondere sind hier zwei Urteile des *VIII. Senats* anzuführen: *BFH* (20.11.1990), S. 336; *BFH* (11.12.1990), S. 346.

93 *BFH* (01.08.1996), S. 272, wo darüber hinaus festgehalten wird, daß die "bloße Bündelung von Risiken aus Leistungsaustauschverhältnissen bei Vereinbarung angemessener leistungsbezogener Entgelte (...) noch nicht zu einem gesellschaftsrechtlichen Risiko" führen; gl.A. *BFH* (13.07.1993), S. 284 m.w.N.; *Schulze zur Wiesche* (Mitunternehmer, 1997), S. 222.

94 *BFH* (18.02.1993), S. 648; vgl. ebenso *BFH* (22.10.1987), S. 62; *BFH* (05.06.1986), S. 802; *BFH* (12.11.1985), S. 311; *BFH* (02.09.1985), S. 10; *BFH* (22.01.1981), S. 426; vgl. z.B. auch *OFD Frankfurt* (26.06.1996), S. 1406.

95 Vgl. so insbesondere auch *Ruppel* (Fragwürdigkeit, 1982), S. 468.

96 *Tipke / Lang* (Steuerrecht, 1996), § 9, Rz. 527 (S. 383) und Rz. 6 (S. 447); vgl. so auch *BFH* (09.12.1976), S. 157; *Nonnenmacher* (Rechtsformwahl, 1995), Rz. 3 (S. 2); *Seer* (Unternehmensbesteuerung, 1993), S. 120 ff.; *Heinrich* (GmbH, 1991), § 10, RdNr. 1 (S. 92); *Kneip* (Mitunternehmer, 1994), S. 436; *Jacobs* (Unternehmensbesteuerung, 1988), S. 289 f.; *Klauss / Mittelbach* (Stille Gesellschaft, 1980), Rz. 497 (S. 193); *Stüttgen* (Stille Beteiligung, 1988), S. 283; *Schwedhelm* (Mitunternehmerschaft, 1987), S. 28; *Costede* (GmbH & Still, 1983), S. 309. Bei einer anderen Vorgehensweise bestünde zudem auch die Gefahr einer Aufhebung der zivilrechtlichen Eigenständigkeit der GmbH.

97 Bei der GmbH & Co. KG kann daher - im Gegensatz zur GmbH & atypisch Still - auch das Problem einer sog. "verdeckten Mitunternehmerschaft" bzw. des "verdeckten Gesellschaftsverhältnisses" auftreten, bei dem auch ohne ausdrückliche vertragliche Vereinbarung bzw. ohne eine direkte Gesellschafterstellung z.B. einem (Nur-)GmbH-Gesellschafter aufgrund der "Summe der

Im folgenden soll die hier entwickelte (Rechts)Systematik, nach der es bei der Interpretation des Mitunternehmerbegriffs im allgemeinen und der Würdigung der Rechtsstellung des Stillen im besonderen nicht zu einer Vermischung von verschiedenen Vertragsverhältnissen kommen darf, anhand von unterschiedlichen Vertragskonstellationen bei der GmbH & (atypisch) Still aus steuerrechtlicher Sicht überprüft und so letztlich gefestigt werden.

2.2. Vorliegen unterschiedlicher Rechtsverhältnisse

2.2.1 Stiller Gesellschafter ist gleichzeitig GmbH-Gesellschafter

Hat der stille Gesellschafter zugleich die Stellung eines Anteilseigners bei der GmbH inne, entfaltet er durch Ausübung seines Gesellschafterstimmrechts unternehmerische Initiative und trägt durch seine mitgliedschaftliche Beteiligung am GmbH-Ergebnis und an den stillen Reserven unternehmerisches Risiko.[98] Ist der zwischen einer GmbH und deren Anteilseigner geschlossene stille Gesellschaftsvertrag in gesetzestypischer Weise ausgestaltet, so stellt sich die Frage, ob man die Rechtsstellung, die der stille Gesellschafter als gleichzeitiger Anteilseigner der GmbH einnimmt, zum Anlaß nehmen darf, ihn aus steuerlicher Sicht als Mitunternehmer und damit die GmbH & Still als atypisch zu qualifizieren.

Es wird diesbezüglich die Auffassung vertreten, daß im Rahmen einer rein wirtschaftlichen Gesamtbetrachtung bei Personenidentität von GmbH-Gesellschafter und Stillem stets von einer Mitunternehmerschaft auszugehen ist, da bei ihm die Mitunternehmerkriterien bereits aufgrund seiner GmbH-Gesellschafterstellung erfüllt seien.[99] Demnach müsse bzw. könne eine Mitunternehmerstellung "gar nicht erst (...) durch die Annahme einer atypischen stillen Beteiligung vermittelt werden"[100]. Diese (Literatur)Meinung hätte zur Konsequenz, daß jeder GmbH-Gesellschafter, der eine unternehmerähnliche Rechtsstellung einnimmt, als Mitunternehmer anzusehen wäre. Dieser Auffassung sind

---

(...) Austauschbeziehungen" von der Rechtsprechung (ggf.) eine Mitunternehmerschaft unterstellt wird; vgl. dazu *Rodewald* (Verdeckte Mitunternehmerschaft, 1997), S. 583; ähnlich *Fichtelmann* (Verdeckte Mitunternehmerschaft, 1996), S. 259; *Schulze zur Wiesche* (Mitunternehmerschaft, 1982), S. 921 f. ("Anwendungsfälle"). A.A. jedoch *Neufang* (Innengesellschaft, 1986), S. 172, nach dem als Mitunternehmer nur der in Frage kommt, der "zivilrechtlich als Gesellschafter angesehen werden kann."

98 Vgl. so statt vieler *Blaurock* (GmbH & Still, 1992), S. 1974 f. Je höher dabei der GmbH-Anteil ist, desto stärker wird sich die unternehmerische Position des Gesellschafters (insgesamt) darstellen.

99 Vgl. *Knobbe-Keuk* (Fremdfinanzierung, 1982), S. 221; *Sudhoff/ Sudhoff* (Stille Beteiligung, 1984), S. 78; *Fritsch* (Atypisch stille Beteiligung, 1962), S. 1155; *Kreischer* (GmbH & Still, 1983), S. 186.

100 *Knobbe-Keuk* (Fremdfinanzierung, 1982), S. 221, wo auf zwei *BFH*-Urteile verwiesen wird, bei denen eine solche Gesamtbildbetrachtung im Rahmen einer GmbH & Co. KG vorgenommen wurde, bei der Personen als Mitunternehmer qualifiziert wurden, die weder Gesellschafter der GmbH, noch Gesellschafter der KG waren; ihnen wurde nur aufgrund sonstiger vertraglicher Beziehungen eine unternehmerähnliche Stellung bescheinigt; vgl. so *BFH* (11.12.1980), S. 310; *BFH* (29.01.1976), S. 332.

allein deshalb Zweifel entgegenzubringen, weil generell der "Gesellschafter einer Kapitalgesellschaft als solcher einkommensteuerrechtlich nicht Unternehmer des von der Kapitalgesellschaft betriebenen Unternehmens" sein kann.[101]

Rein wirtschaftlich ist die - insbesondere von *Knobbe-Keuk* geprägte - gesamtheitliche Sichtweise zwar insoweit nachvollziehbar, als ein und die selbe Person Einflußmöglichkeiten auf die GmbH besitzt und aufgrund dessen insgesamt eine unternehmerische Rechtsposition einnimmt.[102] Dabei bleibt jedoch unberücksichtigt, daß durch ein vom stillen Gesellschaftsvertrag getrenntes Rechtsverhältnis, die GmbH-Mitgliedschaft, die Rechtsstellung des Gesellschafters begründet wird. Diesem Sachverhalt kann nur dadurch Rechnung getragen werden, daß eine strenge Trennung zwischen der GmbH-Mitgliedschaft einerseits und dem stillen Gesellschaftsverhältnis andererseits, als nebeneinander existierende, unterschiedliche Rechtsverhältnisse, vorgenommen wird.[103] Die Notwendigkeit einer solchen Abgrenzung sieht der *BFH* zudem schon deshalb, weil die "zivilrechtlichen Formen, in denen jemand mittelbar oder unmittelbar an einer Kapitalgesellschaft beteiligt ist, (...) auch für das Steuerrecht wirksam [sind]. Sie dürfen daher steuerrechtlich nicht vermischt werden."[104]

Döllerer schlägt als (Kompromiß)Lösung im Hinblick auf die steuerliche Zuordnungsproblematik vor, in Zweifelsfällen das stille Gesellschaftsverhältnis dann als ursächlich für Leistungsbeziehungen des Stillen zu der GmbH anzusehen, wenn eine - in Relation zum Eigenkapital der GmbH - wirtschaftlich dominierende stille Beteiligung besteht. Beträgt demgemäß "die Einlage des stillen Gesellschafters [z.B.] 10 Mio. DM und das Eigenkapital der GmbH 100.000 DM, dann spricht dies für die Ursächlichkeit des atypisch stillen Gesellschaftsverhältnisses."[105] Eine solche Betrachtungsweise würde jedoch aufgrund der fehlenden Objektivierbarkeit eines wirtschaftlichen Übergewichts bzw. einer Dominanz der stillen Beteiligung gegenüber dem Eigenkapital der GmbH

---

101 *BFH* (09.12.1976), S. 158; vgl. auch m.w.N. *Stüttgen* (Stille Beteiligung, 1988), S. 281. Im Gegensatz hierzu wirkt sich eine GmbH-Gesellschafterstellung des Kommanditisten im Rahmen einer GmbH & Co. KG i.d.R. (mittelbar) auf seine KG-Mitgliedschaft aus; vgl. hier statt vieler *Fichtelmann* (GmbH & Co. KG, 1994), RdNr. 292 (S. 96 ff.).

102 Vgl. *Paulick / Blaurock* (Stille Gesellschaft, 1988), S. 457; *Steinacker* (GmbH & atypisch Still, 1993), S. 10.

103 Eine strenge Trennung solcher Rechtsverhältnisse befürworten *Fleischer / Thierfeld* (Stille Gesellschaft, 1995), S. 42; gl.A. *Hense / Jung / Schwaiger* (GmbH & Still, 1995), Rz. 180 (S. 326); *Blaurock* (GmbH & Still, 1992), S. 1875; *Paulick / Blaurock* (Stille Gesellschaft, 1988), S. 457; *Costede* (GmbH & Still, 1983), S. 309; *Schulze zur Wiesche* (Einmann-GmbH & Still, 1983), S. 202; *Steinacker* (GmbH & atypisch Still, 1993), S. 11; *Kneip* (Mitunternehmer, 1994), S. 436.

104 *BFH* (21.06.1983), S. 565; vgl. z.B. so auch *FG Rheinland Pfalz* (09.12.1981), S. 466. Man findet daher zu Recht die Auffassung, daß, soweit der GmbH-Gesellschafter seine Aufgaben als solcher wahrnimmt, seine Handlungen ausschließlich der GmbH, d.h. nicht der stillen Gesellschaft, zuzurechnen sind; vgl. zustimmend m.w.N. *Bitz* (GmbH & Still, 1997), S. 770; *Schwedhelm* (Mitunternehmerschaft, 1987), S. 28.

105 *Döllerer* (Atypisch stille Gesellschaft, 1985), S. 299; vgl. auf die Bedeutung der stillen Beteiligung für das Unternehmen abstellend auch *Blaurock* (GmbH & Still, 1992), S. 1977; *Gassner* (Atypisch stille Beteiligung, 1986), S. 353; *Costede* (GmbH & Still, 1983), S. 311.

erhebliche Abgrenzungsprobleme aufwerfen; so müßten "willkürliche Grenzen gezogen werden"[106]. Darüber hinaus wären neben der (ungeklärten) Frage, welche Eigenkapitalbestandteile überhaupt mit der stillen Einlage in Relation gesetzt werden sollten,[107] konsequenterweise auch Einflußmöglichkeiten über Darlehensverhältnisse oder sonstige Leistungsbeziehungen mit in die Überlegungen einzubeziehen. Solche Rechtsverhältnisse können, als Ausfluß des stillen Gesellschaftervertrags, eine wirtschaftliche Machtposition des Stillen mit begründen, aber in gleicher Weise, als unabhängig vereinbartes Vertragsverhältnis, eine solche auch verhindern. In jedem Fall wird bei einer solchen Vorgehensweise einer strengen Trennung der Rechtsverhältnisse widersprochen, so daß es weitaus sachgerechter erscheint, bei einer Ursächlichkeitsprüfung nur auf den Inhalt des stillen Gesellschaftsvertrags abzustellen. Die aus sonstigen Verträgen mit der GmbH resultierenden wirtschaftlichen Möglichkeiten des Stillen müssen dabei unberücksichtigt bleiben. Insgesamt ist daher einer Berücksichtigung von Kapitalrelationen bzw. von faktischen Machtverhältnissen ablehnend gegenüberzustehen.[108]

Über das Gebot einer getrennten einkommensteuerlichen Beurteilung der Vertragsbeziehungen können auch Ansätze nicht hinwegtäuschen, die den gegenüber dem GmbH-Gesellschaftervertrag zeitlich vorgelagerten Abschluß des stillen Gesellschaftsvertrags als Indiz einer Ursächlichkeit des stillen Gesellschaftsverhältnisses für die GmbH-Mitgliedschaft sehen und bezugnehmend darauf das Vorliegen einer Mitunternehmerstellung im Rahmen einer GmbH & atypisch Still unterstellen.[109] Auch die Tatsache, daß es "faktisch oft schwierig zu differenzieren sein [wird], ob der still beteiligte GmbH-Gesellschafter seinen Einfluß" auf die GmbH "aus seiner Stellung als Stiller oder als GmbH-Mitglied bezieht und welchen Gesellschaftszweck er zu fördern beabsichtigt", kann nicht der Anlaß dafür sein, die zivilrechtlichen Maßgaben zu verdrängen und eine Vermischung der Vertragsverhältnisse vorzunehmen.[110] Rechtlich ist "eine (...) Trennung (...) sehr wohl möglich und nach dem geltenden Einkommensteu-

---

106 *Steinacker* (GmbH & atypisch Still, 1993), S. 38.

107 Vgl. für das gesamte Eigenkapital der GmbH z.B. *Döllerer* (Atypisch stille Gesellschaft, 1985), S. 299; für eine Gegenüberstellung nur mit dem Stammkapital der GmbH z.B. *Costede* (GmbH & Still, 1983), S. 311. Vgl. darüber hinaus die Diskussion bei *Steinacker* (GmbH & atypisch Still, 1993), S. 38.

108 Vgl. dementsprechend selbst im Zweifel über eine solche Vorgehensweise *Döllerer* (Atypisch stille Gesellschaft, 1985), S. 299; vgl. kritisch dazu *Gassner* (Abgrenzung, 1988), S. 385; vgl. ablehnend *Stüttgen* (Stille Beteiligung, 1988), S. 283, der seine Haltung damit begründet, daß ein Abstellen auf Quoten zu einer "unzulässigen Pauschalierung und zu einem Verstoß gegen das Gebot der Individualbesteuerung führen würde"; vgl. so auch *Steinacker* (GmbH & atypisch Still, 1993), S. 38; *Carlé* (GmbH & Still, 1987), S. 7037.

109 Eine solche Auffassung vertritt z.B. *Costede* (GmbH & Still, 1983), S. 310 f.

110 *Schwedhelm* (Mitunternehmerschaft, 1987), S. 29 (beide Zitate), der damit insbesondere der Argumentationsweise von *Knobbe-Keuk* (Fremdfinanzierung, 1982), S. 202, entgegentritt; gl.A. *Lenski / Steinberg* (GewStG, 1995), zu § 2, Anm. 952 (S. 232).

errecht notwendig, weil das Einkommensteuergesetz zwischen den verschiedenen Einkunftsarten einer natürlichen Person unterscheidet."[111]

Es bleibt schließlich festzuhalten, daß der stille Gesellschafter nicht deshalb als Mitunternehmer angesehen werden kann, weil sich unternehmerische Merkmale aus seiner GmbH-Gesellschafterstellung ergeben. Das bedeutet im Hinblick auf die Auslegung des Mitunternehmerbegriffs i.S.v. § 15 Abs. 1 Satz 1 Nr. 2 EStG, daß ein Stiller bei der GmbH & Still aufgrund seiner GmbH-Gesellschafterstellung keine Unternehmerinitiative entfalten und kein Unternehmerrisiko tragen kann. Die Mitunternehmermerkmale müssen vielmehr expressis verbis vertraglich im stillen Gesellschaftsverhältnis begründet liegen,[112] d.h. eine steuerliche Würdigung der Rechtsstellung des Stillen kann sich nur auf den Inhalt bzw. die wirtschaftliche Bedeutung und die Auswirkungen eines stillen Gesellschaftsvertrags beziehen. Die GmbH-Gesellschafterstellung besitzt demzufolge für eine Abgrenzung der typischen von der atypischen GmbH & Still keine Relevanz.[113] Dies entspricht insoweit der herrschenden Auffassung, nach der auch beherrschende GmbH-Anteilseigner bzw. Einmann-GmbH-Gesellschafter aus steuerlicher Sicht eine typische GmbH & Still begründen können,[114] wobei für eine abschließende Wertung die Frage nach der Geschäftsführung mit einbezogen werden muß.

---

111 *Schwedhelm* (Mitunternehmerschaft, 1987), S. 29; gl.A. *Hermann / Heuer / Raupach* (EStG-Kommentar, 1996), zu § 15, Anm. 83 (S. E 49 f.).

112 Vgl. *BFH* (21.06.1983), S. 565; *BFH* (09.12.1976), S. 155; *Bitz* (GmbH & Still, 1997), S. 769 f.; *Fleischer / Thierfeld* (Stille Gesellschaft, 1995), S. 42; *Steinacker* (GmbH & atypisch Still, 1993), S. 11; *Weber* (Stille Beteiligung, 1992), S. 547; *Stüttgen* (Stille Beteiligung, 1988), S. 282; *Schwedhelm* (Mitunternehmerschaft, 1987), S. 29; *Costede* (GmbH & Still, 1983), S. 309; *Schulze zur Wiesche* (Einmann-GmbH & Still, 1983), S. 202.

113 Vgl. so auch *BFH* (28.01.1986), S. 599; *BFH* (31.01.1985), S. 17; *OFD Frankfurt* (26.06.1996), S. 1407; *Bitz* (GmbH & Still, 1997), S. 769; *Fleischer / Thierfeld* (Stille Gesellschaft, 1995), S. 42; *Stüttgen* (Stille Beteiligung, 1988), S. 282; *Schwedhelm* (Mitunternehmerschaft, 1987), S. 28; *Costede* (GmbH & Still, 1983), S. 309; *ders.* (GmbH-Anteile, 1980), S. 246; *Woltmann* (GmbH & Still, 1974), S. 157. A.A. *Sudhoff / Sudhoff* (Stille Beteiligung, 1984), S. 78; *Knobbe-Keuk* (Fremdfinanzierung, 1982), S. 221; *Kreischer* (GmbH & Still, 1983), S. 186; *Paulick* (Einmann-GmbH & Still, 1982), S. 240.

114 Vgl. befürwortend *BFH* (19.02.1991), S. 569; *BFH* (21.06.1983), S. 565; vgl. *Schmidt* (EStG-Kommentar, 1997), zu § 15, Rz 355 (S. 1178); *Troost* (Abgrenzung, 1997), S. 204; *Fichtelmann* (GmbH & Still, 1995), RdNr. 264 (S. 84); *Glanegger / Güroff* (GewStG-Kommentar, 1994), zu § 7, Anm 92 (S. 436); *Söffing* (ESt-Kommentar, 1994), zu § 15, Anm. 255 (S. 179); *Steinacker* (GmbH & atypisch Still, 1993), S. 11; *Weber* (Stille Beteiligung, 1992), S. 548; *Schulze zur Wiesche* (GmbH & typisch Still, 1991), S. 534; *Stuhrmann* (Blümich EStG, 1991), zu § 15, Rz. 226 (S. 149 f.); *Paulick / Blaurock* (Stille Gesellschaft, 1988), S. 457; *Schwedhelm* (Mitunternehmerschaft, 1987), S. 14 f., 28; *Hermann / Heuer / Raupach* (EStG-Kommentar, 1996), zu § 20, Anm. 83 (S. E 49 f.); *Costede* (GmbH & Still, 1983), S. 309; vgl. (unsicher) *Schulze zur Wiesche* (GmbH & Still, 1997), Rn. 161 f. (S. 64 f.); *Schoor* (GmbH & Still, 1995), Rdn. 87 (S. 50 f.). Vgl. ablehnend *BFH* (15.12.1992), S. 702; *Post / Hoffmann* (Stille Beteiligung, 1984), S. 80; *Paulick* (Einmann-GmbH & Still, 1982), S. 237; *Knobbe-Keuk* (Fremdfinanzierung, 1982), S. 221. Je nachdem, ob der Stille neben seiner Eigenschaft als GmbH-Gesellschafter gleichzeitig

2.2.2 Stiller Gesellschafter ist gleichzeitig (Gesellschafter-)Geschäftsführer der GmbH

Es ergeben sich ähnliche Abgrenzungsprobleme, wenn Personenidentität zwischen dem stillen Gesellschafter und dem Geschäftsführer der GmbH besteht:[115] Beteiligt sich ein GmbH-Geschäftsführer als stiller Gesellschafter an der GmbH bzw. "wird einem stillen Gesellschafter die Geschäftsführerposition in der GmbH eingeräumt, erhebt sich die Frage, ob der stille Gesellschafter wegen der Geschäftsführungsbefugnis in der GmbH eine Mitunternehmerstellung innehat, so daß steuerrechtlich eine GmbH & atypisch Still vorliegt."[116] Da nach ständiger Rechtsprechung durch eine Geschäftsführertätigkeit in besonderem Maße Unternehmerinitiative zum Ausdruck gebracht wird und darin regelmäßig die Mitunternehmerstellung eines Gesellschafters begründet liegt,[117] wird daraus gefolgert, daß auch ein stiller Gesellschafter, dem Geschäftsführungsbefugnisse zustehen, unabhängig vom zugrundeliegenden Vertragswerk als Mitunternehmer anzusehen sei.[118] Diese Annahme gilt es näher zu durchleuchten, da im Zusammenhang mit der Beurteilung einer Mitunternehmerschaft des Stillen auch bei vertraglich eingeräumten Geschäftsführungsbefugnissen die zivilrechtlichen Strukturen nicht außer acht gelassen werden dürfen.[119]

Es gilt daher im Rahmen der vertraglichen Gestaltungen bei einer GmbH & Still zu prüfen, ob eine Geschäftsführertätigkeit des Stillen für die GmbH im stillen Gesellschaftsvertrag begründet liegt[120] oder ob, unabhängig vom stillen Gesellschaftsverhältnis, ein GmbH-Geschäftsführervertrag existiert. Wurde dem Stillen im Rahmen seiner stillen Beteiligung eine Geschäftsführungsbefugnis eingeräumt, ist das steuerliche Kriterium der Mitunternehmerinitiative zweifelsohne erfüllt und der stille Gesell-

---

Geschäftsführer ist, differenziert *Schulze zur Wiesche* (GmbH & Still, 1997), Rn. 162 (S. 65); a.A. wohl *Geuenich* (Verlustzuweisung, 1998), S. 59.

115 Es liegt in der Praxis regelmäßig zugleich auch eine GmbH-Gesellschafterstellung vor.

116 *Steinacker* (GmbH & atypisch Still, 1993), S. 14. Auch *Stüttgen* (Stille Beteiligung, 1988), S. 285, mißt der Problematik große Bedeutung bei.

117 Vgl. insbesondere *BFH* (29.01.1976), S. 332; vgl. darüber hinaus *BFH* (11.12.1990), S. 349; *BFH* (25.06.1984), S. 769; *BFH* (28.01.1982), S. 390; *BFH* (10.08.1978), S. 74; *BFH* (28.11.1974), S. 498; *BFH* (23.01.1974), S. 480; *FG Münster* (25.02.1986), S. 23. Vgl. zudem eine umfassende Darstellung der diesbezüglichen Entwicklung der Rechtsprechung bei *Schwedhelm* (Mitunternehmerschaft, 1987), S. 37 ff.

118 Vgl. *Paulick* (Einmann-GmbH & Still, 1982), S. 238; *Hölzel* (GmbH & Still, 1981), S. 36; vgl. auch in der 2. Aufl. noch *Fichtelmann* (GmbH & Still, 1983), S. 44, der inzwischen eine andere Ansicht, nämlich die Anerkennung unterschiedlicher Rechtsverhältnisse, vertritt; vgl. so *Fichtelmann* (GmbH & Still, 1995), RdNr. 267 (S. 84).

119 Auch bezüglich dieser Vertragskonstellation steht - stellvertretend für viele - die Auffassung von *Bitz* (GmbH & Still, 1997), S. 770, zur Diskussion, lt. dem "nur im stillen Gesellschaftsverhältnis begründete Rechte eine Mitunternehmerschaft begründen können."

120 Dem Fall kann die Konstellation gleichgesetzt werden, bei der im stillen Gesellschaftsvertrag auf einen separaten (Geschäftsführungs-) Vertrag verwiesen wird; vgl. *Troost* (Abgrenzung, 1997), S. 43; *Hense* (Stille Gesellschaft, 1990), S. 25 f.; *Schmidt* (Schlegelberger HGB, 1986), zu § 335 HGB (§ 230 n.F.), Anm. 138 (S. 440 f.).

schafter ist, ein erforderliches Mindestmaß an Mitunternehmerrisiko vorausgesetzt, als Mitunternehmer bei der GmbH & atypisch Still anzusehen.[121]

Liegt dagegen der Geschäftsführertätigkeit des Stillen - unabhängig vom stillen Gesellschaftsvertrag - ein separater Geschäftsführervertrag zugrunde, wird das Vorliegen von Mitunternehmerinitiative beim Stillen kontrovers diskutiert. Diese Diskussion wurde insbesondere durch die Rechtsprechung des *BFH* entfacht: Mit den Urteilen vom 20.11.1990[122] und 11.12.1990[123] stellte der *VIII. Senat* fest, daß der stille Gesellschafter einer GmbH & Co. KG als Mitunternehmer der KG anzusehen sei, wenn er mittelbar über die GmbH als deren Geschäftsführer auch die Geschäfte der KG führe, obgleich keine Beteiligung an den stillen Reserven vorlag. In einem späteren Urteil[124] wurden dann die für die stille Beteiligung an einer GmbH & Co. KG aufgestellten Grundsätze auf die GmbH & Still übertragen: Hiernach sei ein stiller Gesellschafter, der zugleich als beherrschender Gesellschafter und alleiniger Geschäftsführer einer GmbH auftrete, als Mitunternehmer anzusehen.[125]

Entgegen seinem Urteil vom 21.06.1983[126] vermischt der *VIII. Senat* in seiner Entscheidung vom 15.12.1992 die Rechte eines Gesellschafters aus seiner stillen Beteiligung mit den Befugnissen, die er aufgrund der Gesellschafter-Geschäftsführerposition bei der GmbH besitzt. Es wird hierbei durch eine rein wirtschaftliche Betrachtungsweise von der ansonsten in bezug auf die Beurteilung einer Mitunternehmerschaft des Stillen vertretenen Auffassung abgewichen, nach der ein Rückgriff auf den zivilrechtlich vorgegebenen Rahmen zwingend zu erfolgen hat.[127] Abgesehen davon, daß

---

121 Vgl. übereinstimmend *Schmidt* (EStG-Kommentar, 1997), zu § 15, Rz 355 (S. 1178); *Schulze zur Wiesche* (GmbH & Still, 1997), Rn. 157 ff. (S. 62 ff.); *ders.* (GmbH & typisch Still, 1991), S. 535; *ders.* (Einmann-GmbH & Still, 1983), S. 203; *Fichtelmann* (GmbH & Still, 1995), RdNr. 267 (S. 84); *Schwedhelm* (Geschäftsführer, 1994), S. 447; *ders.* (Mitunternehmerschaft, 1987), S. 48; *Blaurock* (GmbH & Still, 1992), S. 1976; *Paulick / Blaurock* (Stille Gesellschaft, 1988), S. 459; *Paulick* (Einmann-GmbH & Still, 1982), S. 337; *Söffing* (Mitunternehmerschaft, 1982), S. 333.

122 *BFH* (20.11.1990), S. 336.

123 *BFH* (11.12.1990), S. 346.

124 *BFH* (15.12.1992), S. 702; vgl. zu dem Urteil insbesondere *Weber* (Geschäftsführertätigkeit, 1994), S. 146; *ders.* (Stille Beteiligung, 1992), S. 547.

125 Die Geschäftsführung lag in diesem Fall in einem separaten Geschäftsführervertrag begründet; im stillen Gesellschaftsvertrag war dagegen explizit aufgeführt, daß der Stille als solcher nicht an der Geschäftsführung des Unternehmens beteiligt ist.

126 *BFH* (21.06.1983), S. 565 ("Die zivilrechtlichen Formen (...) sind auch für das Steuerrecht bedeutsam. Sie dürfen daher steuerrechtlich nicht vermischt werden").

127 Vgl. zu der vom selben (*VIII.*) *Senat* des *BFH* verlautbarten Maßgeblichkeit des Zivilrechts für das Steuerrecht bei der Beurteilung einer Mitunternehmerschaft neben *BFH* (21.06.1983), S. 565, auch *BFH* (28.01.1986), S. 600; *BFH* (02.05.1984), S. 823; *BFH* (01.07.1982), S. 646; vgl. überdies den Beschluß des *Großen Senats* des *BFH* (25.06.1984), S. 769; in die gleiche Richtung tendieren auch die Beschlüsse des *IV. Senats*, wie z.B. *BFH* (14.12.1995), S. 227; *BFH* (31.01.1985), S. 18; *BFH* (08.02.1979), S. 408; *BFH* (09.12.1976), S. 155.

die vorgenommene "Gesamtbetrachtung des *BFH* (...) die im Gesellschaftsvertrag der stillen Gesellschaft getroffenen Regelungen beiseite" schiebt und "allein auf die wirtschaftliche Betrachtungsweise" abstellt, übt *Weber* schon deshalb Kritik an besagtem Urteil, weil die "vom *BFH* vorgenommene Vermischung der unterschiedlichen Rechtsverhältnisse des still an einer GmbH beteiligten Gesellschafter-Geschäftsführers (...) zu einer erheblichen Rechtsunsicherheit" führt.[128]

Neben der durch den *BFH* vorgenommenen Vermischung unterschiedlicher Rechtsverhältnisse sind bei der zitierten Entscheidung weitere Ungereimtheiten festzustellen: Es erscheint höchst fragwürdig, warum einerseits die stringente Ableitung der für die GmbH & Co. KG (& Still) entwickelten Grundsätze auf die GmbH & Still befürwortet wird, ohne andererseits eine gleichermaßen stringente Differenzierung in bezug auf die besondere Rechtsnatur der GmbH & Still vorzunehmen.[129] Eine differenzierte Beurteilung ist insbesondere vor dem Hintergrund notwendig, daß "eine Geschäftsführertätigkeit im Außenverhältnis bei der GmbH & Still im Gegensatz zur GmbH & Co. KG nicht besteht"[130] und sich daher eine (vereinbarte) Geschäftsführertätigkeit des Stillen ausschließlich auf den Betrieb der GmbH beziehen kann.[131] Eine Gleichbehandlung wäre letztlich nur unter dem Gesichtspunkt einer rein wirtschaftliche Betrachtungsweise zu rechtfertigen, wobei dann zivilrechtliche Aspekte bzw. vertragliche Gestaltungsmöglichkeiten sowie das Trennungsprinzip unberücksichtigt blieben, so daß diese Auffassung im Ergebnis nicht geteilt werden kann.[132]

Man trifft zwar in diesem Zusammenhang auf das Argument, daß eine Geschäftsführung des Stillen bei der GmbH & Still im Innenverhältnis auch auf gemeinsame Rechnung der stillen Gesellschaft erfolge und daher ein Beitrag zur Förderung des gemeinsamen Zwecks grundsätzlich gegeben sei;[133] eine solche Sichtweise ist jedoch schon

---

128 *Weber* (Geschäftsführertätigkeit, 1994), S. 147 (alle Zitate). Vgl. ebenfalls dieses Urteil strikt ablehnend *Bitz* (GmbH & Still, 1997), S. 770; *Troost* (Abgrenzung, 1997), S. 204; *Lenski / Steinberg* (GewStG, 1995), zu § 2, Anm. 952 (S. 232); *Schulze zur Wiesche* (GmbH & Still, 1997), Rn. 160 (S. 64), widerspricht nicht diesem Urteil, obwohl er an anderer Stelle - zu Rn. 84 (S. 34) - ausdrücklich eine Trennung der Rechtsverhältnisse befürwortet.

129 Vgl. daher (kritisch) *Paulick / Blaurock* (Stille Gesellschaft, 1988), S. 458; *Stüttgen* (Stille Beteiligung, 1988), S. 286.

130 *Paulick / Blaurock* (Stille Gesellschaft, 1988), S. 459; vgl. so überdies *o.V.* (Geschäftsführer, 1992), S. 252; *Blaurock* (GmbH & Still, 1992), S. 1976.

131 Bei *Schulze zur Wiesche* (GmbH & typisch Still, 1991), S. 535, wird daraus gefolgert, daß im Fall der GmbH & Co. KG der *VIII. Senat* zu Recht den Durchgriff auf das getrennt zu sehende Rechtsverhältnis 'Geschäftsführung' vornahm, wogegen ein solcher Durchgriff bei der GmbH & Still aufgrund deren Rechtsnatur aber nicht möglich sei; vgl. auch *ders.* (Geschäftsführung, 1980), S. 170; gl.A. *Bitz* (GmbH & Still, 1997), S. 770; *Stüttgen* (Stille Beteiligung, 1988), S. 286; a.A. *Bormann* (GmbH & Still, 1984), S. 26 f., der eine Gleichstellung befürwortet.

132 Vgl. ablehnend auch *Troost* (Abgrenzung, 1997), S. 204; *Steinacker* (GmbH & atypisch Still, 1993), S. 14.

133 Vgl. so insbesondere *FG Münster* (25.02.1986), S. 24, mit der Begründung, daß die Geschäftsführung für die GmbH durch den stillen Gesellschafter aufgrund gleichgerichteter wirtschaftli-

im Hinblick auf die Tatsache strikt zu negieren, daß der gemeinsame Zweck allein im stillen Gesellschaftsvertrag begründet liegt und nicht mit dem Gesellschaftszweck der GmbH übereinstimmen muß. Von einer unterschiedlichen Zwecksetzung ist insbesondere dann auszugehen, wenn die stille Beteiligung nur an einem Geschäftsbereich oder an einer Filiale der GmbH erfolgt, die Geschäftsführung sich aber auf das gesamte Unternehmen bezieht. Für eine Zuordnung der Geschäftsführertätigkeit des Stillen ist ausschließlich die Ursächlichkeit seiner Leistungsverpflichtung maßgeblich und nicht die Folgewirkung, die seine Tätigkeit im Namen der GmbH möglicherweise mittelbar für die stille Gesellschaft bzw. für die Förderung des gemeinsamen Zwecks mit sich bringt.[134] So kann auch aufgrund der Annahme, daß eine Geschäftsführertätigkeit des Stillen für die GmbH letztlich auch zu einer höheren (stillen) Gewinnbeteiligung führt, nicht im Umkehrschluß von einer Ursächlichkeit des stillen Gesellschaftsvertrags für diese Tätigkeit ausgegangen werden.

Insgesamt muß man einer Allgemeingültigkeit des oben diskutierten Urteils[135] ablehnend gegenüberstehen, da auch im Fall der Geschäftsführung durch den Stillen eine getrennte Beurteilung der Rechtsverhältnisse geboten ist.[136] Die Geschäftsführertätigkeit für die GmbH beruht - abgesehen von einer entsprechenden Vereinbarung im stillen Gesellschaftsvertrag - auf einem zwischen der GmbH und dem Geschäftsführer bestehenden unabhängigen Rechtsverhältnis. Daraus folgt, daß die Befugnis zur Geschäftsführung kein Wesensbestandteil der stillen Beteiligung des Geschäftsführers ist.[137] Eine Ursächlichkeit läßt sich aus Sicht der streng vertragsbezogenen Betrachtungsweise überdies nicht aus einer wirtschaftlichen Dominanz der stillen Beteiligung ableiten bzw. nicht durch ein Abstellen auf Kapitalrelationen konstruieren.[138] Die Einflußmöglichkeiten im Rahmen einer Tätigkeit als Geschäftsführer ergeben sich ausschließlich durch den zugrundeliegenden Anstellungsvertrag und dürfen demzufolge

---

cher Interessen zwischen stillem Gesellschafter und der GmbH nicht im Fremdinteresse stattfinden könne.

134 Vgl. *Döllerer* (Atypisch stille Gesellschaft, 1988), S. 293; *ders.* (Atypisch stille Gesellschaft, 1985), S. 299; vgl. in diesem Sinne auch *Thomas* (Palandt BGB, 1997), zu § 705 BGB, Rn. 21, 23 (S. 788).

135 Vgl. *BFH* (15.12.1992), S. 702.

136 Vgl. ebenso *Bitz* (GmbH & Still, 1997), S. 770; *Schulze zur Wiesche* (GmbH & Still, 1997), Rn. 84 (S. 34); *Fichtelmann* (GmbH & Still, 1995), RdNr. 267 (S. 84); *Fleischer / Thierfeld* (Stille Gesellschaft, 1995), S. 42; *Schwedhelm* (Geschäftsführer, 1994), S. 448; *Weber* (Stille Beteiligung, 1992), S. 549; *Stüttgen* (Stille Beteiligung, 1988), S. 285; *Costede* (GmbH & Still, 1983), S. 310. *Schoor* (GmbH & Still, 1995), Rdn. 87 (S. 50 f.), zeigt sich aufgrund dieser Entscheidung unsicher im Hinblick auf die zukünftige Rechtsprechung.

137 Vgl. *Schwedhelm* (Mitunternehmerschaft, 1987), S. 44; *Costede* (GmbH & Still, 1983), S. 310. Zu der Bestellung der Geschäftsführer ist gem. § 6 GmbHG vielmehr nur die GmbH berechtigt oder verpflichtet.

138 Vgl. hierzu die Darlegung der Konzeption von *Döllerer* im Rahmen des *Abschnitts II.2.2.1* in diesem Kapitel.

nicht für eine einkommensteuerrechtliche Beurteilung der GmbH & Still i.S.v. § 20 Abs. 1 Satz 1 Nr. 4 bzw. § 15 Abs. 1 Satz 1 Nr. 2 EStG herangezogen werden.[139]

Eine Geschäftsführungstätigkeit für die GmbH durch den stillen Gesellschafter kann folglich nicht in jedem Fall "als Indiz für eine Mitunternehmerschaft gewertet werden."[140] Um objektiv die Geschäftsführertätigkeit des Stillen als Beitragsleistung zur Förderung des gemeinsamen Zwecks der stillen Gesellschaft zuordnen und damit eine Ursächlichkeit des stillen Gesellschaftsverhältnisses feststellen zu können, muß diese Tätigkeit im stillen Gesellschaftsvertrag vereinbart worden sein.[141] Nur dann kann der stille Gesellschafter Mitunternehmerinitiative im Rahmen dieses Rechtsverhältnisses entfalten.[142] Ist das nicht der Fall, muß die Leistung ihrem eigentlichen bzw. ursprünglichen Rechtsgrund (Geschäftsführervertrag, oder auch GmbH-Gesellschaftsvertrag, wenn Stiller gleichzeitig GmbH-Gesellschafter ist) zugeordnet werden.[143]

Die gebotene Trennung unterschiedlicher Rechtsverhältnisse gilt auch für den Fall eines stillen Gesellschafters, der beherrschender bzw. Einmann-GmbH-Gesellschafter-

---

139 Vgl. *Fichtelmann* (GmbH & Still, 1995), RdNr. 266 ff. (S. 84 f.); *Steinacker* (GmbH & atypisch Still, 1993), S. 12. *Schwedhelm* (Mitunternehmerschaft, 1987), S. 47 (m.w.N.), betont, daß eine solche "Differenzierung notwendige Folge des Dualismus im Einkommensteuerrecht" ist.

140 *Paulick / Blaurock* (Stille Gesellschaft, 1988), S. 459; vgl. so auch *BFH* (31.01.1985), S. 18; *BFH* (22.01.1985), S. 364; *BFH* (09.12.1976), S. 158; *BFH* (20.01.1971), S. 308; *BFH* (09.07.1970), S. 722; *Bitz* (GmbH & Still, 1997), S. 770; *Schmidt* (EStG-Kommentar, 1997), zu § 15, Rz 344 (S. 1176); *Blaurock* (GmbH & Still, 1992), S. 1976; *Weber* (Stille Beteiligung, 1992), S. 547 f.; *Steinacker* (GmbH & atypisch Still, 1993), S. 12 f.; *Costede* (GmbH & Still, 1983), S. 310; *Woltmann* (GmbH & Still, 1974), S. 159; a.A. *FG Münster* (25.02.1986), S. 24. Auch bei diesem Rechtsverhältnis gilt das Prinzip der "Fremdorganschaft" von Kapitalgesellschaften in Verbindung mit der Tatsache, daß nur die GmbH (nach außen) tätig wird; vgl. *Paulick / Blaurock* (Stille Gesellschaft, 1988), S. 457.

141 So betonen *Paulick / Blaurock* (Stille Gesellschaft, 1988), S. 78, daß sich die "Rechtsstellung des stillen Gesellschafters (...) einzig und allein aus dem Gesellschaftsvertrag" ableitet. Vgl. auch *Schulze zur Wiesche* (Mitunternehmer, 1997), Rn. S. 221; *ders.* (Einmann-GmbH & Still, 1983), S. 202; *Blaurock* (GmbH & Still, 1992), S. 1976; *Schwedhelm* (Mitunternehmerschaft, 1987), S. 287; *Costede* (GmbH & Still, 1983), S. 310; *ders.* (1977), S. 215; *Ulmer* (BGB-Kommentar, 1980), zu § 705 BGB, RdNr. 79 (S. 66); *Thomas* (Palandt BGB, 1997), zu § 705 BGB, Rn. 16 (S. 787); a.A. *Paulick* (Einmann-GmbH & Still, 1982), S. 240.

142 Aufgrund dieser Tatsache kann - in Anlehnung an *Schwedhelm* (Mitunternehmerschaft, 1987), S. 48 - festgehalten werden, daß der "still beteiligte Geschäftsführer einer GmbH (...) nur dann Mitunternehmer [ist], wenn er über die sich aus seiner Geschäftsführertätigkeit und seiner GmbH-Beteiligung ergebenden Möglichkeiten hinaus Unternehmerinitiative entfalten kann." Gl.A. (im Ergebnis) auch *Freundlieb* (Mitunternehmerschaft, 1985), S. 2328; *Blaurock* (GmbH & Still, 1992), S. 1976; vgl. - mit Verweis auf den Beschluß des *Großen Senats* vom 25.06.1984 - *Stüttgen* (Stille Beteiligung, 1988), S. 287.

143 Vgl. *Schulze zur Wiesche* (GmbH & Still, 1997), Rn. 83 ff. (S. 34 f.); *Troost* (Abgrenzung, 1997), S. 103; *Hense / Jung / Schwaiger* (GmbH & Still, 1995), Rz. 181 (S. 326); *Paulick / Blaurock* (Stille Gesellschaft, 1988), S. 80; *Costede* (GmbH & Still, 1983), S. 310; vgl. so im Ergebnis auch *Schmidt* (Schlegelberger HGB, 1986), zu § 335 HGB (§ 230 n.F.), Anm. 138 (S. 440 f.); *Zutt* (Staub HGB, 1990), zu § 230 HGB, Rdn. 76 (S. 24).

Geschäftsführer ist.[144] In Anbetracht der Ergebnisse des oben diskutierten *BFH*-Urteils[145] erhebt sich die Frage, ob bei einer solchen Machtposition des Gesellschafters weiterhin eine typische GmbH & Still vorliegen kann.[146] Es besteht hierbei eine erhebliche Rechtsunsicherheit. Ein solcher Zustand könnte jedoch vermieden werden, indem man strikt das Vorliegen unterschiedlicher Rechtsverhältnisse berücksichtigt mit der Konsequenz, daß, solange "verschiedene Rechtsverhältnisse der Gesellschafter nebeneinander mit der GmbH anerkannt werden, aus den Elementen 'Geschäftsführung für die GmbH', (...)'Gesellschafterstellung bei der GmbH' und 'stilles Gesellschaftsverhältnis' kein einheitliches Mitunternehmerverhältnis" ableitbar ist.[147]

2.2.3 Sonstige Leistungsbeziehungen

Man trifft regelmäßig auf die Konstellation, daß im Rahmen einer GmbH & Still "der stille Gesellschafter neben seiner stillen Beteiligung der GmbH als Angestellter, Darlehensgläubiger, Vermieter oder Verpächter seine Dienste, Kapital oder Wirtschaftsgüter zur Verfügung stellt." Es erhebt sich auch hier die Frage, "ob ein nach gesellschaftsrechtlicher Stellung typischer stiller Gesellschafter aufgrund derartiger zusätzlicher Rechtsbeziehungen zu der GmbH als Mitunternehmer anzusehen ist."[148]

Unabhängig davon, ob der Stille gleichzeitig GmbH-Gesellschafter ist, sind - analog zu einem Geschäftsführervertrag - grundsätzlich "alle weiteren Rechtsbeziehungen, wie Anstellungsverträge, Pachtverträge, (...) getrennt und unabhängig von der stillen Beteiligung zu betrachten".[149] Immerhin werden bei Kapitalgesellschaften verschiedene schuldrechtliche Vertragsverhältnisse "zwischen Gesellschaft und Gesellschaftern prinzipiell steuerrechtlich respektiert".[150] Eine Ausnahme gilt jedoch, wenn "gerade diese Leistungen Gegenstand des stillen Gesellschaftsverhältnisses sind."[151] Eine Mit-

---

144 Vgl. *BFH* (21.06.1983), S. 565; *Troost* (Abgrenzung, 1997), S. 204; *Fleischer / Thierfeld* (Stille Gesellschaft, 1995), S. 42; a.A. *Schulze zur Wiesche* (GmbH & Still, 1997), Rn. 160 (S. 64).

145 *BFH* (15.12.1992), S. 702.

146 So konstatiert *Felix* (GmbH & atypisch Still, 1995), S. 10156, daß durch das Urteil "die beherrschte GmbH & typisch Still (...) praktisch zu Grabe getragen worden" ist. Vgl. ähnlich hierzu *Bitz* (GmbH & Still, 1997), S. 770.

147 *Schulze zur Wiesche* (GmbH & Still, 1997), Rn. 267 (S. 84).

148 *Schwedhelm* (Mitunternehmerschaft, 1987), S. 49 (beide Zitate). Diese Problematik umschreibt überdies *Stüttgen* (Stille Beteiligung, 1988), S. 290.

149 *Fichtelmann* (GmbH & Still, 1995), RdNr. 83 (S. 34).

150 *Steinacker* (GmbH & atypisch Still, 1993), S. 48; vgl. zum diesbezüglich vorherrschenden Trennungsprinzip neben *BFH* (09.12.1976), S. 157, auch *Tipke / Lang* (Steuerrecht, 1996), § 9, Rz. 527 (S. 383) und Rz. 6 (S. 447); *Heinrich* (GmbH, 1991), § 10, RdNr. 1 (S. 92); *Kneip* (Mitunternehmer, 1994), S. 436; *Klauss / Mittelbach* (Stille Gesellschaft, 1980), Rz. 497 (S. 193); *Stüttgen* (Stille Beteiligung, 1988), S. 283; *Schwedhelm* (Mitunternehmerschaft, 1987), S. 28; *Costede* (GmbH & Still, 1983), S. 309.

151 *Fichtelmann* (GmbH & Still, 1995), RdNr. 83 (S. 34); gl.A. *Stüttgen* (Stille Beteiligung, 1988), S. 292; *Klauss / Mittelbach* (Stille Gesellschaft, 1980), Rz. 497 (S. 193).

unternehmerstellung des Stillen kann folglich auch hier nur im stillen Gesellschaftsvertrag begründet liegen, wenn dort die entsprechende (Beitrags)Leistung vereinbart ist.[152]

Liegt schließlich eine Leistungsbeziehung zwischen dem Stillen und der GmbH im stillen Gesellschaftsvertrag begründet, muß in einem weiteren Schritt anhand der steuerlichen Mitunternehmerkriterien überprüft werden, ob aus diesem Vertragsverhältnis überhaupt eine Mitunternehmerstellung des stillen Gesellschafters resultiert: So muß z.B. ein Dienstvertrag nach der ständigen Rechtsprechung schon zu einer leitenden Funktion bzw. zu der Geschäftsführertätigkeit des Stillen bei der GmbH führen, um insgesamt eine Mitunternehmerstellung bejahen zu können.[153] Grundsätzlich sind auch Darlehens-, Pacht-, Miet-, oder Lizenzverträge als solche weder dazu geeignet, dem stillen Gesellschafter Mitunternehmerinitiative zu vermitteln, noch begründen sie ein Mitunternehmerrisiko.[154] Diese können "demzufolge auf die Bewertung des Stillen als Mitunternehmer keinen Einfluß haben."[155]

Bei gleichzeitigem Vorliegen mehrerer Vertragsbeziehungen zwischen dem stillen Gesellschafter und der GmbH kann nicht etwa eine Vermischung einzelner, die wirtschaftliche Stellung des Stillen stärkender Vertragsbestandteile aus verschiedenen Verträgen stattfinden, um insgesamt dann eine Mitunternehmerstellung festzustellen.[156] So führt beispielsweise die "bloße Bündelung von Risiken aus Leistungsaustauschverhältnissen (...) noch nicht zu einem gesellschaftsrechtlichen Risiko."[157] Im Rahmen einer steuerlichen Einordnung der Rechtsposition des Stillen sind vielmehr ausschließlich die im stillen Gesellschaftsvertrag begründet liegenden Leistungsbeziehungen zwischen Stillem und GmbH zu berücksichtigen.[158]

---

152 Dies kann direkt im stillen Gesellschaftsvertrag geschehen, es genügt jedoch auch ein entsprechender Verweis auf weitere Verträge, da es - in Anlehnung an *Stüttgen* (Stille Beteiligung, 1988), S. 291 - letztlich nur auf die "einheitliche Zwecksetzung" ankommt. Vgl. dem zustimmend z.B. auch *Costede* (GmbH & Still, 1983), S. 312; *Schulze zur Wiesche* (GmbH & Still, 1979), S. 36.

153 Vgl. zu den diesbezüglichen Anforderungen *RFH* (20.01.1944), S. 437 ("maßgebend beteiligt an der Leitung des Unternehmens"); *BFH* (22.01.1981), S. 426 ("unternehmerische Entscheidungen im Bereich der Geschäftsführung"); *BFH* (09.05.1984), S. 727 f. ("Geschäftsführung"); ansonsten ist die "gewöhnliche Mitarbeit" kein Indiz für Mitunternehmerinitiative; vgl. *BFH* (20.01.1971), S. 308. Ein Werkvertrag wird lt. *Schwedhelm* (Mitunternehmerschaft, 1987), S. 70, grundsätzlich "keinen Anlaß bieten, die Frage nach (...) einer Mitunternehmerschaft zu stellen."

154 Vgl. z.B. *BFH* (22.01.1985), S. 363; *BFH* (24.07.1984), S. 85. So begründen auch Bürgschafts- oder Garantieversprechen im Normalfall kein nachhaltiges Mitunternehmerrisiko (ähnlich einer Verlustbeteiligung); vgl. dazu *Schwedhelm* (Mitunternehmerschaft, 1987), S. 71; vgl. darüber hinaus *Schulze zur Wiesche* (GmbH & Still, 1997), Rn. 86 ff. (S. 35); *Costede* (GmbH & Still, 1983), S. 311 f.

155 *Schwedhelm* (Mitunternehmerschaft, 1987), S. 70.

156 Vgl. statt vieler hierzu *Fleischer / Thierfeld* (Stille Gesellschaft, 1995), S. 42.

157 *BFH* (01.08.1996), S. 272. Gl.A. *BFH* (13.07.1993), S. 610.

158 Dies gilt nach *Weber* (Stille Beteiligung, 1992), S. 548, auch im Falle verschiedener Einzelverträge, die nach dem "Willen der Vertragsschließenden" als "untrennbare Einheit [des stillen Ge-

2.2.4 Eigenkapitalersetzende Gesellschafterdarlehen

Als weiteres Indiz für das Vorliegen einer Mitunternehmerschaft des Stillen werden die sog. eigenkapitalersetzenden Leistungen angesehen: Sofern nach § 32a Abs. 1 GmbHG ein Gesellschafter seiner GmbH zu einem Zeitpunkt ein Darlehen gewährt, zu dem nach der Sorgfalt eines ordentlichen Kaufmanns Eigenkapital hätte zugeführt werden müssen, kann er im Konkurs- oder Vergleichsverfahren seine Darlehensforderung nicht geltend machen. Diese, eigentlich als Fremdkapitalüberlassung gedachte, Leistung ist in dem Fall wie Eigenkapital zu behandeln.[159] Nach § 32a Abs. 3 GmbHG gilt diese Regelung "sinngemäß für andere Rechtshandlungen eines Gesellschafters (...), die der Darlehensgewährung (...) wirtschaftlich entsprechen." Hierzu wird unter anderem die Kapitalhergabe in Form einer typischen stillen Beteiligung gerechnet, soweit der Stille im Zeitpunkt der Begründung des Gesellschaftsverhältnisses auch Gesellschafter der GmbH war.[160] Sind die Voraussetzungen des § 32a GmbHG gegeben, hat der Stille im Fall des Konkurses bzw. Vergleichs faktisch keinen Anspruch auf Rückzahlung der Einlage.[161]

Bezugnehmend darauf wird die Ansicht vertreten, die Qualifizierung einer typischen stillen Beteiligung als Eigenkapitalersatz i.S.d. § 32a GmbHG erfülle als solche die Voraussetzungen für das Vorliegen einer Mitunternehmerstellung, da der Stille "nicht nur dem allgemeinen Gläubigerrisiko, sondern auch dem unternehmerischen Verlustrisiko" unterläge.[162] Diese Auffassung gilt es jedoch kritisch zu durchleuchten:[163]

---

sellschaftsverhältnisses] zu behandeln" sind; vgl. ähnlich *Schulze zur Wiesche* (Mitunternehmer, 1997), S. 222.

159 Vgl. *Hueck* (Baumbach GmbHG, 1996), zu § 32a, Rn 1 f. (S. 343 f.); *Rowedder* (GmbHG-Kommentar, 1997), zu § 32a, RdNr. 2 (S. 625), RdNr. 49a (S. 647); *Lutter / Hommelhoff* (GmbHG-Kommentar, 1995), zu § 32a, Rn 1 (S. 330 f.), Rn 66 (S. 313); vgl. zur steuerlichen Behandlung *BFH* (07.07.1992), S. 333; *BMF* (14.04.1994), S. 257; vgl. z.B. auch *Beine* (Eigenkapitalersetzende Gesellschafterleistungen, 1994), S. 113; *Klaus* (Eigenkapitalersetzende Gesellschafterdarlehen, 1994), S. 681.

160 Vgl. *BGH* (07.11.1988), S. 100; *Ulmer* (Hachenburg GmbHG, 1992), zu § 32a; Rdn. 97 (S. 43); *Biber* (Kapitalersetzende stille Beteiligung, 1984), S. 426. Die typische stille Beteiligung eines Nicht-GmbH-Gesellschafters fällt - im Gegensatz zu der atypischen - ebenso wenig unter die Regelungen des § 32a GmbHG wie die Darlehensgewährung eines stillen Gesellschafters, der nicht GmbH-Gesellschafter ist; vgl. hierzu *Hueck* (Baumbach GmbHG, 1996), zu § 32a, Rn 30 (S. 354); *Rowedder* (GmbHG-Kommentar, 1997), zu § 32a, RdNr. 14 ff. (S. 630 ff.), RdNr. 34 (S. 639 f.); *Groh* (Eigenkapitalersatz, 1993), S. 1891; *Schmid / Hamann* (Stille Einlage, 1992), S. 951.

161 Das hätte gem. *BGH* (17.12.1984), S. 373, wiederum zur Folge, "daß etwaige Ansprüche (...) aus der stillen Beteiligung (...) hinter Drittgläubigerforderungen zurückzutreten haben und rückständige Einlagen jedenfalls insoweit einzuzahlen sind, als sie zur Befriedigung der Gläubiger (...) erforderlich sind; vgl. zudem auch *BGH* (07.11.1988), S. 100. Vgl. zu den Folgen einer solchen Qualifikation überdies *OLG Frankfurt* (30.04.1997), S. 892; *Fichtelmann* (GmbH & Still, 1995), RdNr. 114 (S. 35 f.).

162 *Biber* (Kapitalersetzende stille Beteiligung, 1984), S. 427, mit Verweis auf *BFH* (09.12.1976), S. 157. Das Kriterium des Mitunternehmerrisiko sei dann stark ausgeprägt, so daß es nur einer

Da die Rechtsfolgen des § 32a GmbHG nur durch Eintritt des Konkurses der GmbH ausgelöst werden, wäre dementsprechend auch erst aufgrund der Konkurseröffnung überhaupt auf das Vorliegen einer Mitunternehmerschaft zu schließen.[164] Somit kann letztlich eine Mitunternehmerstellung des Stillen allenfalls für den Zeitraum nach Konkurseröffnung festgestellt werden, während für den Zeitraum davor die Qualifizierung der stillen Beteiligung als Eigenkapital ersetzend keine steuerlichen Folgen hat und der Charakter einer stillen Beteiligung unberührt bleibt.[165]

Die Anwendung des § 32a GmbHG auf eine typische stille Beteiligung setzt die GmbH-Mitgliedschaft des Stillen voraus.[166] Dies impliziert eine Vermischung von verschiedenen Rechtsverhältnissen, da das Risiko des Stillen, den Rückzahlungsanspruch seiner Einlage zu verlieren, nicht in dem stillen Gesellschaftsverhältnis begründet liegt, sondern vielmehr in seiner Stellung als Gesellschafter der GmbH.[167] Es besteht auch hier die Notwendigkeit, unterschiedliche Vertragsverhältnisse getrennt zu behandeln. Eine Mitunternehmerstellung des stillen Gesellschafters läßt sich, wie schon mehrfach dargelegt wurde, nur anhand der Befugnisse und Risiken beurteilen, die im stillen Beteiligungsverhältnis begründet liegen. Das für den Konkursfall erhöhte unternehmerische Verlustrisiko ist jedoch ausschließlich der GmbH-Mitgliedschaft zuordenbar und stellt somit kein Indiz für das Vorliegen einer GmbH & atypisch Still dar.

Kontrovers wird darüber hinaus diskutiert, wie eine als kapitalersetzend eingestufte stille Einlage steuerrechtlich nach der Konkurseröffnung zu behandeln ist. Nach vorherrschender Meinung müsse diese als verdecktes Stammkapital angesehen werden, da der stille Gesellschafter keine Konkursforderung mehr geltend machen kann. Der typischen stillen Beteiligung selbst bliebe dadurch die weitere steuerrechtliche Anerkennung - als Forderung - versagt.[168] Diese Auffassung kann jedoch nicht unwidersprochen bleiben, da der Fremdkapitalcharakter der typischen stillen Einlage

---

schwächeren Ausprägung der Mitunternehmerinitiative, z.B. dem gesetzestypischen Kontrollrecht des Stillen i.S.d. § 233 HGB bedarf.

163 Vgl. kritisch hierzu z.B. auch *Paulick / Blaurock* (Stille Gesellschaft, 1988), S. 460; *Steinacker* (GmbH & atypisch Still, 1993), S. 15 ff.; *Schwedhelm* (Mitunternehmerschaft, 1987), S. 31 ff.; *Tillmann* (Eigenkapitalersatz, 1981), S. 19.

164 *Tillmann* (Eigenkapitalersatz, 1981), S. 19, spricht daher zu Recht von einer "ex-post-Betrachtung".

165 Vgl. so insbesondere *Steinacker* (GmbH & atypisch Still, 1993), S. 16; *Schwedhelm* (Mitunternehmerschaft, 1987), S. 33.

166 Eine GmbH-Mitgliedschaft ist nach herrschender Rechtsprechung - insbesondere lt. *BGH* (07.11.1988), S. 100 - bei einer atypischen stillen Beteiligung nicht vonnöten, wenn der stille Gesellschafter so wie "der GmbH-Gesellschafter (...) die Geschicke der GmbH bestimmt sowie an Vermögen und Ertrag beteiligt ist."

167 Vgl. *Steinacker* (GmbH & atypisch Still, 1993), S. 16; *Schwedhelm* (Mitunternehmerschaft, 1987), S. 35.

168 Gl.A. *Tillmann* (Eigenkapitalersatz, 1981), S. 19; *Paulick / Blaurock* (Stille Gesellschaft, 1988), S. 461; *Stüttgen* (Stille Beteiligung, 1988), S. 285; *Schwedhelm* (Mitunternehmerschaft, 1987), S. 35; *Paulick* (Einmann-GmbH & Still, 1982), S. 239.

schlechthin ignoriert würde.[169] Für die typische stille Einlage kann nichts anderes gelten als für ein Gesellschafterdarlehen, bei dem "die Beurteilung (...) als eigenkapitalersetzendes weder die Umwandlung des Darlehens in haftendes Kapital noch dessen interne Gleichstellung mit Eigenkapital bedeutet."[170] So ist aufgrund der genannten nachhaltigen Kritikpunkte das Vorliegen einer Mitunternehmerstellung bzw. die Umdeutung der typischen in eine GmbH & atypisch Still aufgrund von kapitalersetzenden stillen Beteiligungen insgesamt zu negieren.[171]

III. Steuerliche Rechtsstellung der GmbH & atypisch Still

1. GmbH & atypisch Still als gewerblicher Zusammenschluß

Eine zivilrechtlich anerkannte GmbH & Still findet grundsätzlich auch im Steuerrecht Anerkennung, wobei dies für typische und für atypische Vertragsverhältnisse gilt.[172] Ergibt sich aus einer Gesamtwürdigung des Sachverhalts, daß der stille Gesellschafter einer GmbH aus steuerrechtlicher Sicht eine Mitunternehmerstellung einnimmt, d.h. daß er auf der Grundlage des stillen Gesellschaftsvertrags Mitunternehmerinitiative entfalten kann und Mitunternehmerrisiko trägt, ist das Vorliegen einer Mitunternehmerschaft 'GmbH & atypisch Still' zu konstatieren.[173] Da in Anbetracht der Mitunternehmerstellung des Stillen nicht (mehr) § 20 Abs. 1 Satz 1 Nr. 4 EStG, sondern § 15 Abs. 1 Satz 1 Nr. 2 EStG zur Anwendung kommt, gilt es zu untersuchen, welche steuerlichen Folgen sich aus einer solchen Umqualifizierung ergeben.

Grundsätzlich ist eine "Mitunternehmerschaft (...) der Zusammenschluß von Mitunternehmern, also der Zusammenschluß von Personen, die auf gemeinsame Rechnung und Gefahr ein Unternehmen führen."[174] Im Rahmen einer Anwendung des § 15 Abs. 1 Satz 1 Nr. 2 EStG auf die GmbH & atypisch Still müssen überdies die spezifischen und zwingenden zivilrechtlichen Wesensmerkmale einer solchen Vertragsbeziehung Beachtung finden. Dazu zählt insbesondere die Tatsache, daß auch aus steuerrechtlicher

---

169 Vgl. dazu insbesondere *BFH* (05.02.1992), S. 534; *Steinacker* (GmbH & atypisch Still, 1993), S. 17 f.; *Knobbe-Keuk* (Steuerrecht, 1993), S. 536.

170 *BFH* (05.02.1992), S. 534.

171 Vgl. *Steinacker* (GmbH & atypisch Still, 1993), S. 18; *Paulick / Blaurock* (Stille Gesellschaft, 1988), S. 461; *Schwedhelm* (Mitunternehmerschaft, 1987), S. 35; *Post / Hoffmann* (Stille Beteiligung, 1984), S. 147.

172 Vgl. (erstmalig) *BFH* (20.08.1954), S. 336; vgl. ebenso *BFH* (08.02.1995), S. 764; *BFH* (19.02.1991), S. 569; *BFH* (12.12.1990), S. 59; *BFH* (26.04.1989), S. 63; *BFH* (09.07.1985), S. 722; *BFH* (21.06.1983), S. 565; *BFH* (06.02.1980), S. 477; *BFH* (09.12.1976), S. 155; *BFH* (09.07.1969), S. 690; *BFH* (12.07.1967), S. 781; *BFH* (18.03.1966), S. 197; *BFH* (28.10.1964), S. 119; vgl. statt vieler hierzu auch *Paulick / Blaurock* (Stille Gesellschaft, 1988), S. 469.

173 Von dem Vorliegen einer solchen Vertragsbeziehung wird im folgenden ausgegangen.

174 *BFH* (01.07.1982), S. 646; vgl. so auch *Söffing* (Mitunternehmer, 1994), S. 70.

Sicht in der typischen wie auch "in der atypischen Form (...) die stille Gesellschaft (...) eine reine Innengesellschaft" bleibt.[175]

Ungeachtet dessen wird teilweise die Auffassung vertreten, daß die atypische stille Gesellschaft steuerlich als Trägerin eines Gewerbebetriebs anzusehen sei.[176] Hierbei erfolgt ein Rückgriff auf die sog. zweistufige Betrachtungsweise[177] des *BFH*, nach der, neben einer Mitunternehmerstellung des Gesellschafters, für eine Annahme gewerblicher Einkünfte gem. § 15 Abs. 1 Satz 1 Nr. 2 EStG bei der Gesellschaft alle Merkmale eines gewerblichen Unternehmens i.S.v. § 15 Abs. 1 Nr. 1 EStG vorliegen müssen.[178] So verlange der Gesetzesbegriff, daß auch die atypische stille Gesellschaft als solche eine gewinnerzielende Tätigkeit ausübt.[179] So müsse der GmbH & atypisch Still - analog zu der KG im Rahmen einer GmbH & Co. KG - neben der GmbH ein eigener Gewerbebetrieb zugesprochen werden.[180] Es lägen, ganz im Sinne des Beschlusses des *Großen Senats* vom 25.06.1984,[181] in der Einheit der Gesellschafter die Merkmale eines Besteuerungstatbestandes vor, so daß auch die atypische stille Gesellschaft als solche ein partielles Steuerrechtssubjekt darstelle.[182]

Diese Betrachtungsweise impliziert eine Abkehr von den zivilrechtlichen Grundlagen, "die der Bundesfinanzhof gerade jüngst zunehmend als maßgeblich auch für das Steuerrecht anerkennt."[183] In Anbetracht dessen erscheint eine Sichtweise geboten, die ein

---

175 *Knobbe-Keuk* (Steuerrecht, 1993), S. 401. Vgl. übereinstimmend *BFH* (06.07.1995), S. 270; *BFH* (27.05.1993), S. 700; *BFH* (15.12.1992), S. 702; *BFH* (13.10.1992), S. 654; *Schulze zur Wiesche* (Mitunternehmer, 1997), S. 222.

176 Vgl. insbesondere *BFH* (26.11.1996), S. 103; gl.A. z.B. auch *Binger* (Atypisch stille Gesellschaft, 1988), S. 414.

177 Vgl. diese Begriffsverwendung bei *Binger* (Atypisch stille Gesellschaft, 1988), S. 414; vgl. zu dem zweistufigen Konzept überdies *Best* (Einkünftequalifikation, 1991), S. 1546.

178 Vgl. *BFH* (26.11.1996), S. 101; *BFH* (10.08.1994), S. 357; *Knobbe-Keuk* (Steuerrecht, 1993), S. 372, die sich auf den Beschluß des *Großen Senats* des *BFH* vom 25.06.1984 (S. 761 f.) beruft, im Rahmen dessen der Personengesellschaft eine partielle Steuerrechtssubjektivität zugesprochen wurde.

179 Vgl. *BFH* (26.11.1996), S. 101; *BFH* (10.08.1994), S. 357; *Wassermeyer* (Atypisch stille Beteiligung, 1986), S. 357.

180 Vgl. *Sarrazin* (Stille Beteiligung, 1989), S. 12; *ders.* (Gepräge-Gesetz, 1987), S. 472.

181 Im Sinne des *BFH* (25.06.1984), S. 761 f., ist eine Personengesellschaft "für die Einkommensteuer (...) insoweit Steuerrechtssubjekt, als sie in der Einheit ihrer Gesellschafter Merkmale eines Besteuerungstatbestandes verwirklicht, welche den Gesellschaftern für deren Besteuerung zuzurechnen sind. Solche Merkmale sind insbesondere die Verwirklichung oder Nichtverwirklichung des Tatbestandes einer bestimmten Einkunftsart und das Erzielen von Gewinn oder Überschuß im Rahmen dieser Einkunftsart."

182 Vgl. so *BFH* (26.11.1996), S. 101; *BFH* (10.08.1994), S. 357; *Binger* (Atypisch stille Gesellschaft, 1988), S. 416; *Bopp* (Stille Gesellschaft, 1987), S. 238; *Herzig* (Gepräge-Gesetz, 1987), S. 473; *Herzig / Kessler* (Steuerrechtsfähigkeit 1985), S. 2530; *Schön* (Steuerbilanz, 1985), S. 314.

183 *Töben* (Stille Gesellschaft, 1991), § 19, RdNr. 18 (S. 1214).

Anknüpfen an das Zivilrecht impliziert.[184] Dies ist Ansatzpunkt der sog. einstufigen Betrachtungsweise.[185] Ein Rückgriff auf zivilgesetzliche Vorgaben gilt hiernach auch für die atypische stille Gesellschaft. Die Regelungen der §§ 230 ff. HGB sind aus steuerrechtlicher Sicht grundsätzlich zu beachten, so daß auch bei der Anwendung des § 15 Abs. 1 Satz 1 Nr. 2 EStG auf die GmbH & atypisch Still deren besondere Rechtsnatur zugrunde gelegt werden muß. So zieht der *BFH* nach Maßgabe der Vorschrift des § 230 Abs. 2 HGB, gem. der der Inhaber des Handelsgeschäfts "aus den in dem Betriebe geschlossenen Geschäften allein berechtigt und verpflichtet" wird, in seinem Urteil vom 12.11.1985 die Konsequenz, daß die "atypische stille Gesellschaft als solche - anders als die Personenhandelsgesellschaft - kein gewerbliches Unternehmen [betreibt]. Eine Tätigkeit der atypischen stillen Gesellschaft gibt es nicht. Tätig ist nur der Inhaber des Handelsgeschäfts; nur dieser betreibt ein gewerbliches Unternehmen i.S. des § 15 EStG, auch wenn das Ergebnis dieser Betätigung wegen der schuldrechtlichen Beteiligung des stillen Gesellschafters einkommensteuerrechtlich zum Teil diesem zugerechnet wird."[186]

Demnach ist auch aus steuerlicher Sicht (§ 15 Abs. 1 Nr. 1 EStG i.V.m. § 15 Abs. 1 Satz 1 Nr. 2 EStG) die GmbH & atypisch Still nicht tätig, sondern - als Handelsgewerbetreibende - ausschließlich die GmbH.[187] Da nur eine Gesellschaft, die selbst tätig wird, ihren Gesellschaftern steuerliche Tatbestände vermitteln kann,[188] stellt die atypische stille Beteiligung an einer GmbH demnach kein "Steuerrechtssubjekt" bzw. "Subjekt der Gewinnerzielung"[189] dar.[190] Die GmbH & atypisch Still erfüllt zwar nicht

---

184 Eine solche Sichtweise vertreten nachdrücklich (insbesondere) *BFH* (11.05.1989), S. 546; *Döllerer* (Atypisch stille Gesellschaft, 1988), S. 290 f.; *ders.* (Atypisch stille Gesellschaft, 1985), S. 303; *Haas* (Bilanzbündeltheorie, 1997), S. 1709; *Binger* (Atypisch stille Gesellschaft, 1988), S. 414; *Paulick / Blaurock* (Stille Gesellschaft, 1988), S. 443; *Bormann* (GmbH & Still, 1984), S. 25; *Schulze zur Wiesche* (Stille Gesellschaft, 1982), S. 1978.

185 Vgl. *Binger* (Atypisch stille Gesellschaft, 1988), S. 414.

186 *BFH* (12.11.1985), S. 313; vgl. darüber hinaus auch *Ruban* (Atypisch stille Gesellschaft, 1995), S. 639.

187 Vgl. neben *BFH* (12.11.1985), S. 313, *BFH* (28.11.1989), S. 562; *BFH* (11.05.1989), S. 546; *FG Baden-Württemberg* (29.10.1992), S. 337; *FG Köln* (30.06.1993), S. 103 f.; vgl. so auch *Brandmüller* (GmbH & Still, 1996), Rz 836 (S. 20a); *Katterbe* (BGB-Gesellschaft, 1994), Rz. 23 (S. 7); *Zacharias / Suttmeyer / Rinnewitz* (GmbH & atypisch Still, 1988), S. 131; *Schulze zur Wiesche* (GmbH & Still, 1976), S. 410; *Christoffel / Dankmeyer* (Gesetzliche Verankerung, 1986), S. 351; *Bitz* (Littmann EStG, 1994), zu § 15, Rn 51 (S. 1971); *Söffing* (ESt-Kommentar, 1994), zu § 15, Anm. 257 (S. 180); a.A. *BFH* (26.11.1996), S. 101.

188 Vgl. *Jurkat* (Beschluß, 1985), S. 69; *Steinacker* (GmbH & atypisch Still, 1993), S. 24 f.; *Schulze zur Wiesche* (Stille Gesellschaft, 1982), S. 1978.

189 Der *BFH* verwendete diese Bezeichnung erstmalig im Zuge der neueren Rechtsprechung zu Personengesellschaften, die zwar nicht als Subjekt der Besteuerung, zumindest jedoch als "Subjekt der Gewinnerzielung" angesehen wurden; vgl. so *BFH* (10.11.1980), S. 244; *BFH* (24.03.1983), S. 598. Der *Große Senat* des *BFH* entwickelte diesen Begriff dann weiter zum "Steuerrechtssubjekt" und verstand es in dem Sinne, daß ein eigenständiger Vermögensvergleich der Kommanditgesellschaft selbst zu erfolgen hatte, und nicht der einzelnen Gesellschafter; vgl. *BFH*

das in § 15 Abs. 2 EStG verankerte Tatbestandsmerkmal der Beteiligung am allgemeinen wirtschaftlichen Verkehr und stellt keinen Gewerbebetrieb dar;[191] es kann jedoch immer "dort, wo § 15 EStG von Gesellschaft spricht, (...) gedanklich auf den Inhaber des Handelsgeschäfts" abgestellt werden.[192] Es bedarf somit für eine Anwendung des § 15 Abs. 1 Satz 1 Nr. 2 EStG nicht zwingend einer Tätigkeit der Mitunternehmerschaft als solcher. Entscheidend ist vielmehr "die einkommensteuerrechtliche Gleichbehandlung auf der Ebene der Mitunternehmer."[193]

Vor diesem Hintergrund kann dem Urteil des *VIII. Senats* vom 26.11.1996 nur insoweit gefolgt werden, als die GmbH im Innenverhältnis die Geschäfte auf gemeinschaftliche Rechnung führt und "das Einkommensteuerrecht in § 15 Abs. 1 Satz 1 Nr. 2 EStG und Abs. 3 EStG" auf "dieses Innenverhältnis" abstellt; so daß letztlich "eine atypisch stille Gesellschaft i.S. dieser Regelungen gewerblich" ist.[194] Ohne Zweifel ist die Tätigkeit der GmbH im Innenverhältnis auch dem atypischen stillen Gesellschafter zuzurechnen, da er am Ergebnis dieser Tätigkeit (schuldrechtlich) partizipiert.[195] In Anbetracht der Tatsache, daß ausschließlich die Mitunternehmerstellung des Stillen im Innenverhältnis zu der Verwirklichung des Besteuerungstatbestandes nach § 15 Abs. 1 Satz 1 Nr. 2 EStG führt und die GmbH im Außenverhältnis an die Stelle der GmbH & atypisch Still tritt, sollte man "nicht formulieren, auch die atypisch stille Gesellschaft sei steuerlich - begrenzt - Steuerrechtssubjekt, sondern nur, sie sei *wie* ein Steuerrechtssubjekt anzusehen."[196]

(25.06.1984), S. 751; vgl. dazu insbesondere *Döllerer* (Handelsrecht und Steuerrecht, 1988), S. 203; *ders.* (Zivilrecht, 1987), S. 46 ff.; *ders.* (Atypisch stille Gesellschaft, 1988), S. 297.

190 Vgl. insbesondere *BFH* (12.11.1985), S. 313; vgl. so auch *BFH* (28.11.1989), S. 563; *FG Köln* (20.02.1997), S. 677; *Bitz* (GmbH & Still, 1997), S. 770; *Brandmüller* (GmbH & Still, 1996), Rz 836 (S. 20a); *Zimmermann / Reyher / Hottmann* (Personengesellschaften, 1995), S. 494; *Söffing* (ESt-Kommentar, 1994), zu § 15, Anm. 257 (S. 180); *Schulze zur Wiesche* (Hartmann EStG, 1994), zu § 15, Rz. 442 (S. 126); *Blaurock* (GmbH & Still, 1992), S. 1973; *Steinacker* (GmbH & atypisch Still, 1993), S. 24 f.; *Paulick / Blaurock* (Stille Gesellschaft, 1988), S. 443 f.; *Bordewin* (Gepräge-Rechtsprechung, 1985), S. 98; a.A. *BFH* (26.11.1996), S. 101.

191 Vgl. *Ruban* (Atypisch stille Gesellschaft, 1995), S. 639; *Katterbe* (BGB-Gesellschaft, 1994), Rz. 23 (S. 7); *Zacharias / Suttmeyer / Rinnewitz* (GmbH & atypisch Still, 1988), S. 131.

192 *Bitz* (Littmann EStG, 1994), zu § 15, Rn 51 (S. 1971); gl.A. *Herzig / Kessler* (Gepräge-Gesetz, 1986), S. 453.

193 *BFH* (28.11.1989), S. 563; vgl. so auch *Knobbe-Keuk* (Steuerrecht, 1993), S. 406.

194 *BFH* (26.11.1996), S. 103 (alle Zitate). Es wird darüber hinaus eine gewerbliche Tätigkeit im Innenverhältnis unterstellt und dabei auf weitere Urteile verwiesen. Diese beziehen sich jedoch, abgesehen von einem Urteil des *I. Senats* vom 10.08.1994 (S. 356), der - m.E. abwegig - der atypischen stillen Gesellschaft die Fähigkeit zuspricht, als solche eine gewerbliche Tätigkeit i.S.d. § 15 Abs. 1 Nr. 1 EStG auszuüben, ausschließlich auf eine sachliche Gewerbesteuerpflicht der atypischen stillen Gesellschaft; vgl. so *BFH* (25.07.1995), S. 794; *BFH* (25.10.1995), S. 504; *BFH* (06.12.1995), S. 427.

195 Vgl. so auch die Anmerkung zu dem zitierten Urteil *o.V.* (Anmerkung, 1997), S. 817.

196 *Knobbe-Keuk* (Steuerrecht, 1993), S. 408 f. (Hervorheb. im Orig.); vgl. so auch *Bitz* (Littmann EStG, 1994) zu § 15, Rn 51 (S. 1971); *Stuhrmann* (Blümich EStG, 1991), zu § 15, Rz. 225a (S. 149); vgl. zudem *Ruban* (Atypisch stille Gesellschaft, 1995), S. 639.

Es erscheint daher nicht nachvollziehbar, weshalb der *VIII. Senat* des *BFH* in seinem Urteil vom 26.11.1996 in diesem Kontext eine Abkehr von seiner bisherigen Position vornimmt.[197] Er führt an, daß aus einer gewerblichen Tätigkeit der Mitunternehmerschaft im Innenverhältnis geschlossen werden könne, die GmbH & atypisch Still als solche stelle ein "selbständiges Steuerrechtssubjekt", d.h. ein "selbständiges Subjekt der Gewinnerzielung, Gewinnermittlung und Einkünftequalifikation" dar.[198] Diese Annahme führte schließlich zu dem Ergebnis, daß - analog zur GmbH & Co. KG - die "atypisch stille Gesellschaft als solche i.S.v. § 15 Abs. 3 Nr. 2 EStG durch den tätigen Gesellschafter gewerblich geprägt werden" könne.[199] Ob es jedoch im Rahmen einer GmbH & atypisch Still überhaupt der Anwendung des § 15 Abs. 3 Nr. 2 EStG bedarf[200] und ob eine der GmbH & atypisch Still zugewiesene Steuersubjektivität nachhaltige steuerliche Änderungen mit sich bringt, wird noch zu diskutieren sein.[201] In Bezugnahme auf die in der oben dargelegten Weise zu befürwortende einstufige steuerliche Betrachtungsweise kann jedoch die Vermutung geäußert werden, daß für eine Anwendbarkeit des § 15 Abs. 1 Satz 1 Nr. 2 EStG gar nicht die Notwendigkeit besteht, die GmbH & atypisch Still als eigenständiges Steuerrechtssubjekt bzw. als ein gewerbliches Unternehmen zu behandeln.[202] Daß die Mitunternehmerschaft einer GmbH & atypisch Still ihren Gesellschaftern i.S.v. § 15 Abs. 1 Satz 1 Nr. 2 EStG gewerbliche Einkünfte vermittelt, läßt sich allein schon aus dem gewerblichen Charakter des Innenverhältnisses herleiten, der schließlich in der Mitunternehmerstellung des Stillen begründet liegt.[203]

---

197 Der *VIII. Senat* des *BFH* (26.11.1996), S. 103, hält so aussagegemäß "an seiner im Urteil vom 12.11.1985 (...) vertretenen gegenteiligen Meinung (...) nicht mehr fest."

198 *BFH* (26.11.1996), S. 103 (beide Zitate). *Kempermann* (Anmerkung, 1997), S. 445, merkt bezeichnenderweise dazu an, daß der *BFH* im Streitfall gar nicht die atypische stille Gesellschaft als "Subjekt der Gewinnerzielung" hätte bezeichnen müssen; "dieses Bekenntnis wäre nicht nötig gewesen." Vgl. die sehr "vorsichtige" Reaktion auf dieses Urteil bei *Schulze zur Wiesche* (Atypische stille Gesellschaft, 1997), Rn. 19 (S. 8); vgl. ablehnend *Bitz* (GmbH & Still, 1997), S. 770.

199 *BFH* (26.11.1996), S. 103; vgl. so die Anmerkung zu diesem Urteil *o.V.* (Anmerkung, 1997), S. 817.

200 Vgl. ablehnend hierzu z.B. *Schmidt* (EStG-Kommentar, 1997), zu § 15, Rz 220 (S. 1155), Rz 228 (S. 1158).

201 Siehe *Abschnitt I.3.2.* im *Dritten Kapitel.*

202 Vgl. ebenso *BFH* (28.11.1989), S. 563; *Ruban* (Atypisch stille Gesellschaft, 1995), S. 639; *Bitz* (Littmann EStG, 1994), zu § 15, Rn 51 (S. 1971); *Knobbe-Keuk* (Steuerrecht, 1993), S. 406; *Zacharias / Suttmeyer / Rinnewitz* (GmbH & atypisch Still, 1988), S. 131; *Herzig / Kessler* (Gepräge-Gesetz, 1986), S. 453; *Schwedhelm* (Mitunternehmerschaft, 1987), S. 13.

203 Vgl. in diesem Sinne auch *BFH* (26.11.1996), S. 103; *BFH* (25.07.1995), S. 794; *BFH* (25.10.1995), S. 504; *BFH* (06.12.1995), S. 427. Ob man im Innenverhältnis von einer gewerblichen Tätigkeit des Stillen bzw. der Mitunternehmerschaft sprechen muß oder ob nicht eher von dem Vorliegen einer Mitunternehmerschaft in Form eines gewerblichen Beteiligungsverhältnisses ausgegangen werden sollte, wird Gegenstand der Diskussion in *Abschnitt III.3.* dieses Kapitels sein.

2. Mitunternehmerische Beteiligung des Stillen

Zwingende Voraussetzung für das Vorliegen einer GmbH & atypisch Still ist eine vertraglich vereinbarte Rechtsposition des Stillen, die aus steuerlicher Sicht zu einer Mitunternehmerstellung i.S.v. § 15 Abs. 1 Satz 1 Nr. 2 EStG führt. In Anbetracht der gebotenen Anlehnung des Steuerrechts an die zivilrechtlichen Wesensmerkmale der GmbH & atypisch Still erhebt sich die Frage, wie man das interne und das externe Verhältnis zwischen dem stillem Gesellschafter und der GmbH steuerlich einzuordnen hat. Aufgrund der zivilrechtlichen Struktur weist der mitunternehmerische Zusammenschluß zwischen dem Stillen und der GmbH im Vergleich zu anderen Mitunternehmerschaften, wie z.B. der KG bzw. der GmbH & Co. KG, Besonderheiten auf: Nur die GmbH wird für die Mitunternehmerschaft tätig, wobei ihre Tätigkeit nicht zwingend auf das Handelsgewerbe, das im Innenverhältnis auf gemeinsame Rechnung betrieben wird, beschränkt sein muß.[204]

Vor diesem Hintergrund gilt es zu untersuchen, wie man die Mitunternehmerstellung des Stillen einkommensteuerrechtlich einzuordnen hat. Folgte man der zweistufigen Betrachtungsweise, die eine Tätigkeit bzw. einen Gewerbebetrieb der GmbH & atypisch Still impliziert, führte das zwangsläufig zu dem Schluß, daß neben der Tätigkeit der GmbH "die Annahme einer Mitunternehmerschaft auch die Initiative des atypisch still Beteiligten ähnlich wie bei einem Kommanditisten voraussetzt."[205] Allein die Tatsache, daß man im Innenverhältnis mit der GmbH durch vertraglich eingeräumte Initiativrechte die Möglichkeit des Entfaltens von Mitunternehmerinitiative bejaht, darf nicht dazu führen, daß man eine solche auch im Außenverhältnis unterstellt. Die Annahme einer Tätigkeit des Stillen im Außenverhältnis implizierte letztendlich eine Gleichstellung der GmbH & atypisch Still mit Außen- bzw. Personenhandelsgesellschaften; dies liefe dem zivilrechtlichen Wesen bzw. der Zwecksetzung einer (atypischen) stillen Beteiligung völlig zuwider. Berücksichtigt man zudem, daß ein atypischer stiller Gesellschafter überwiegend dadurch die Stellung eines Mitunternehmers einnimmt, daß er - neben laufenden Gewinnen und Verlusten - an den stillen Reserven und am Geschäfts- bzw. Firmenwert der GmbH beteiligt ist (Mitunternehmerrisiko) und sich seine Mitunternehmerinitiative aufgrund der zivilrechtlichen Struktur einer GmbH & atypisch Still regelmäßig auf die Kontrollrechte i.S.v. § 233 HGB beschränkt,[206] erscheint es höchst fragwürdig, ob insgesamt von einer mitunternehmerischen Tätigkeit des Stillen ausgegangen werden sollte.

---

204 Hier ist insbesondere der Fall zu nennen, bei dem sich das stille Gesellschaftsverhältnis nur auf einzelne Geschäftsbereiche der GmbH beschränkt. So muß auch nicht unbedingt das komplette Betriebsvermögen der GmbH anteilig dem stillen Gesellschafter zugerechnet werden; vgl. hierzu *Schulze zur Wiesche* (Atypisch stille Gesellschaft, 1997), S. 407.

205 *Binger* (Atypisch stille Gesellschaft, 1988), S. 416; vgl. wohl auch *BFH* (26.11.1996), S. 101; *BFH* (10.08.1994), S. 357.

206 Vgl. zur Bedeutung der Mitunternehmerinitiative im Rahmen eines stillen Gesellschaftsverhältnisses *BFH* (13.06.1989), S. 720; *BFH* (28.10.1981), S. 186; *Bitz* (Littmann EStG, 1994), zu § 15, Rn 51 (S. 1971); *Söffing* (Mitunternehmer, 1994), S. 60; *Stuhlfelner / Glanegger* (HGB-Kommentar, 1995), zu § 230, Rz 9 (S. 553); *Söffing* (Atypisch stille Gesellschaft, 1993), S. 8768;

Auch aus einkommensteuerrechtlicher Sicht tritt im Außenverhältnis die GmbH an die Stelle der GmbH & atypisch Still, denn tätig "ist nicht die atypisch stille Gesellschaft, sondern nur der Inhaber des Handelsgeschäfts"[207]. Der stille Gesellschafter kann ausschließlich "im Rahmen des Unternehmens des Inhabers des Handelsgewerbes, an dem er sich beteiligt, Mitunternehmerrisiko tragen und Mitunternehmerinitiative entfalten"[208]. Verwendet § 15 EStG den Begriff der Gesellschaft, ist bei einer GmbH & atypisch Still letztlich die GmbH angesprochen.[209] So leistet man der Vorschrift des § 15 Abs. 1 Satz 1 Nr. 2 EStG Genüge, wenn über die Tätigkeit der GmbH die Mitunternehmerschaft repräsentiert wird und die hierfür notwendigen Rechtsbeziehungen bzw. -verhältnisse bei der GmbH vorliegen.[210] Aufgrund der Annahme, daß bei "der *atypischen* stillen Gesellschaft (...) der Gewerbebetrieb im Innenverhältnis auf gemeinsame Rechnung und Gefahr des Geschäftsinhabers und des Stillen geführt" wird, kommt die Mitunternehmerschaft zum Tragen.[211] Der (atypische) stille Gesellschafter verwirklicht seine Mitunternehmerinitiative über die "Quasi-Gesellschaftstätigkeit" und sein Mitunternehmerrisiko über das "Quasi-Gesamthandsvermögen" der GmbH,[212] mit der er im Innenverhältnis die gemeinsame und risikobehaftete Zwecksetzung verfolgt.[213]

Da es eine Tätigkeit der atypischen stillen Gesellschaft im Rechtssinne nicht gibt, sondern vielmehr ausschließlich die GmbH in Erscheinung tritt, kann der Stille zwangsläufig nicht für die GmbH & atypisch Still als solche unternehmerisch tätig werden.[214] Das Vertragsverhältnis bietet demzufolge auch aus steuerlicher Sicht dem atypischen stillen Gesellschafter "keinen rechtlichen Rahmen für eine mitunternehmerische Betä-

---

Stüttgen (Stille Beteiligung, 1988), S. 267; *Jakob* (Mitunternehmerschaft, 1986), S. 1619; *Groh* (Kriterien, 1982), S. 1229.

207 *BFH* (28.11.1989), S. 562; ähnlich *BFH* (12.11.1985), S. 313, nach dem der "Inhaber des Handelsgeschäfts (...) im Rahmen des § 15 Abs. 1 Satz 1 Nr. 2 EStG an die Stelle der [atypischen stillen] Gesellschaft" tritt. Vgl. zudem *Döllerer* (Beschluß, 1986), S. 313.

208 *BFH* (11.12.1990), S. 348.

209 Vgl. *Bitz* (Littmann EStG, 1994), zu § 15, Rn 51 (S. 1971); *Herzig / Kessler* (Gepräge-Gesetz, 1986), S. 453.

210 Vgl. *BFH* (12.11.1985), S. 313 f.; *BFH* (10.08.1994), S. 361; *BFH* (26.05.1993), S. 96; *Schmidt* (EStG-Kommentar, 1997), zu § 15, Rz 169 (S. 1144); *Knobbe-Keuk* (Steuerrecht, 1993), S. 408; vgl. überdies - mit Verweis auf den Beschluß des *Großen Senats* vom 25.06.1984, S. 762 - *Schwedhelm* (Mitunternehmerschaft, 1987), S. 12 f.

211 *Knobbe-Keuk* (Steuerrecht, 1993), S. 402 (Hervorheb. im Orig.); vgl. ebenso *Schulze zur Wiesche* (Hartmann EStG, 1994), zu § 15, Rz 638 (S. 213); *Herzig / Kessler* (Steuerrechtsfähigkeit 1985), S. 2530; vgl. grundlegend *BFH* (01.07.1982), S. 646; *Söffing* (Mitunternehmer, 1994), S. 70.

212 Vgl. *Herzig / Kessler* (Gepräge-Gesetz, 1986), S. 453.

213 Aufgrund dieses Sachverhalts könnte man nach *Ruban* (Atypisch stille Gesellschaft, 1995), S. 639, die atypische stille Gesellschaft dann als "Subjekt der Einkünfteerzielung" ansehen, wenn man ihr "steuerrechtlich - auf einer Zwischenstufe der Einkünfteermittlung - die Tätigkeit des Geschäftsinhabers zurechnete".

214 Dies entspricht auch der zivilrechtlichen Sichtweise; vgl. hierzu *BGH* (18.10.1965), S. 187; *BGH* (28.06.1962), S. 1086; *BGH* (27.03.1961), S. 574; *Kraft / Kreutz* (Gesellschaftsrecht, 1997), S. 240; *Bezzenberger* (Stille Gesellschaft, 1991), § 1, RdNr. 13 (S. 1085).

tigung,"[215] die überdies "für die Annahme einer Mitunternehmerschaft des Stillen nach laufender Rechtsprechung bei Anwendung des § 15 Abs. 1 Satz 1 Nr. 2 EStG irrelevant" ist.[216] Dem Gesellschafter kommt aufgrund eines (atypischen) stillen Beteiligungsvertrags mit der GmbH eine Mitunternehmerstellung zu, wobei sich der "mitunternehmerische Zusammenschluß von GmbH und stillem Gesellschafter (...) auf die interne Beteiligung an dem Betrieb der GmbH", d.h. auf ein Innenverhältnis beschränkt.[217] Die GmbH wird (auch) für die Mitunternehmerschaft tätig, was im gewerblichen Innenverhältnis (dann) auf gemeinschaftliche Rechnung geschieht.

Man sollte daher mit Blick auf die steuerliche Rechtsstellung nicht von einer mitunternehmerischen Tätigkeit des Stillen für die GmbH & atypisch Still sprechen, sondern vielmehr von einer mitunternehmerischen Beteiligung des Stillen an dem Gewerbebetrieb der GmbH.[218] Durch eine solche Bezeichnung kann verdeutlicht werden, daß bei der GmbH & atypisch Still nur die Vertragsbeziehungen unter die Vorschrift des § 15 Abs. 1 Satz 1 Nr. 2 EStG fallen, deren Ursächlichkeit in der mitunternehmerischen Beteiligung an der GmbH liegt, so daß hier in bezug auf die Mitunternehmerstellung des Stillen "das Innenverhältnis dem Außenverhältnis voraus [eilt]."[219]

IV. Steuerliches Betriebsvermögen bei der GmbH & atypisch Still

1. Gesellschaftsvermögen

Im Zuge einer Beurteilung der steuerlichen (Rechts)Struktur einer GmbH & atypisch Still stellt sich auch die Frage, inwieweit bei dieser Gesellschaftsvermögen vorhanden sein kann. Nach § 230 HGB hat der stille Gesellschafter seine Einlage so zu leisten, daß sie in das Vermögen des Inhabers des Handelsgeschäfts übergeht. So ist aus zivilrechtlicher Sicht unbestritten, daß es ein Gesellschafts- bzw. Gesamthandsvermögen

---

215 *Winkeljohann / Halfar* (Gewerbesteuerliche Vorzüge, 1994), S. 2472; gl.A. *Bitz* (GmbH & Still, 1997), S. 770; *Steinacker* (GmbH & atypisch Still, 1993), S. 26.

216 *BFH* (10.08.1994), S. 361; vgl. so z.B. auch *BFH* (26.05.1993), S. 96; *BFH* (12.11.1985), S. 313 f.; *Reusch* (Publikumsgesellschaft, 1989), S. 53 f.; *Schwedhelm* (Mitunternehmerschaft, 1987), S. 12 f.; *Müller* (Atypisch stille Gesellschaft, 1996), S. 268 m.w.N. (Fn. 14).

217 *Schwedhelm* (Mitunternehmerschaft, 1987), S. 48.

218 Gl.A. *Hense / Jung / Schwaiger* (GmbH & Still, 1995), Rz. 177 (S. 325); *Ruppel* (Fragwürdigkeit, 1982), S. 468; *Schwedhelm* (Mitunternehmerschaft, 1987), S. 7; *Steinacker* (GmbH & atypisch Still, 1993), S. 26; ähnlich *Winkeljohann / Halfar* (Gewerbesteuerliche Vorzüge, 1994), S. 2472, die folgerichtig an gleicher Stelle negieren, daß die GmbH & atypisch Still eine "Mitunternehmerschaft wie die GmbH & Co. KG" darstellt; vgl. auch *Horn / Maertins* (GmbH & atypisch Still, 1994), S. 149; (ausdrücklich) a.A. vgl. jedoch *dies.* (Mitunternehmerische Betätigung, 1995), S. 817.

219 *Ruppel* (Fragwürdigkeit, 1982), S. 468, der in diesem Zusammenhang auch von einem "überschießende[n] Innenverhältnis" spricht. Im Gegensatz dazu zählen bei GmbH & Co. KG alle Vertragsbeziehungen zwischen der (tätigen) KG und deren Gesellschaftern zur Mitunternehmerschaft, so daß hier in bezug auf die Mitunternehmerstellung des Kommanditisten - in Anlehnung an *Ruppel* - "das Innenverhältnis mit dem Außenverhältnis nicht Schritt halten kann (überschießendes Außenverhältnis)".

der stillen Gesellschaft nicht geben kann, wodurch auch die Möglichkeit einer gesamthänderischen Beteiligung des Stillen zu negieren ist.[220]

Man trifft in der Literatur auf einige Ansätze, die mit dem Ziel einer steuerlichen Gleichbehandlung der stillen Gesellschaft mit der KG in unterschiedlicher Weise versuchen, der GmbH & atypisch Still steuerlich ein Geschäftsvermögen zuzuordnen:[221] *Schön* geht in Anlehnung an die Vorschrift des § 39 Abs. 2 Nr. 1 Satz 1 AO davon aus, daß "die atypische stille Gesellschaft als wirtschaftliche Eigentümerin des Betriebsvermögens" anzusehen ist.[222] Dem ist zu entgegnen, daß eine "stille Gesellschaft (...) die hierfür erforderliche Sachherrschaft ebensowenig ausüben [kann] wie eine GbR, OHG oder KG."[223] *Ehlers / Busse* sprechen sich dafür aus, § 39 Abs. 2 Nr. 2 AO analog anzuwenden und postulieren damit eine anteilige Vermögenszuordnung zum atypischen stillen Gesellschafter.[224] Nach überwiegender Auffassung ist § 39 AO jedoch generell "nicht geeignet, die Vorschrift des § 230 HGB beiseite zu schieben." Die Vorschrift enthalte zwar "Regeln über die Zuordnung an bestimmte Rechtssubjekte," sei "aber nicht selbst Quelle für die Entstehung neuer Rechtssubjekte wie etwa der atypisch stillen Gesellschaft."[225] *Schulze-Osterloh* plädiert für eine Vermögenszuordnung mit dem Argument, daß die "GmbH nur als Treuhänder des atypisch stillen Gesellschafters" fungiere.[226] Diese Annahme impliziert jedoch Wesenszüge einer GmbH & atypisch Still, die in keiner Weise mit den handelsrechtlichen Vorschriften vereinbar sind. So macht der *BFH* in seinem Urteil vom 30.11.1983 auch deutlich, daß der Inhaber des Handelsgeschäfts nicht Treuhänder des atypischen stillen Gesellschafters sein kann.[227] *Schulze zur Wiesche* vertritt schließlich die Ansicht, das gesamte Betriebsvermögen der GmbH sei als Sonderbetriebsvermögen im Rahmen der stillen

---

220 Vgl. dazu ausführlich (insbesondere) *Abschnitt I.3.2.2* im *Ersten Kapitel.*

221 Einen ausführlichen Überblick über verschiedene Ansätze gibt *Töben* (Stille Gesellschaft, 1991), § 19, RdNr. 1 ff. (S. 1210 ff.); vgl. zudem *Blaurock* (GmbH & Still, 1992), S. 1974; *Knobbe-Keuk* (Steuerrecht, 1993), S. 404 ff.; vgl. ohne weitere Begründung ein Gesellschaftsvermögen befürwortend *Littmann* (GmbH & atypisch Still, 1955), S. 108.

222 *Schön* (Steuerbilanz, 1985), S. 314; ähnlich *Bormann* (GmbH & Still, 1984), S. 30.

223 *Ehlers / Busse* (Vermögenszuordnung, 1989), S. 449. Vgl. auch die berechtigte Kritik bei *Döllerer* (Atypisch stille Gesellschaft, 1985), S. 297; *ders.* (Atypisch stille Gesellschaft, 1988), S. 297; *Blaurock* (GmbH & Still, 1992), S. 1974; *Paulick / Blaurock* (Stille Gesellschaft, 1988), S. 392.

224 Vgl. *Ehlers / Busse* (Vermögenszuordnung, 1989), S. 449.

225 *Blaurock* (GmbH & Still, 1992), S. 1974 (alle Zitate); vgl. so auch *Paulick / Blaurock* (Stille Gesellschaft, 1988), S. 392; *Töben* (Stille Gesellschaft, 1991), § 19, RdNr. 11 (S. 1213); *Döllerer* (Atypisch stille Gesellschaft, 1985), S. 297 (Fn. 7); *ders.* (Atypisch stille Gesellschaft, 1988), S. 299.

226 *Schulze-Osterloh* (Innengesellschaft, 1974), S. 401.

227 Vgl. *BFH* (30.11.1983), S. 159. Ebenso wenig sind Personenhandelsgesellschaften oder Kapitalgesellschaften Treuhänder ihrer Gesellschafter; vgl. so z.B. *BFH* (29.01.1975), S. 553. Vgl. zudem die Kritik bei *Döllerer* (Atypisch stille Gesellschaft, 1985), S. 296 (Fn. 6); *Ehlers / Busse* (Vermögenszuordnung, 1989), S. 449.

Gesellschaft anzusehen.[228] Eine solche Zuordnung hat der *Große Senat* des *BFH* in seinem Urteil vom 02.05.1984 explizit abgelehnt.[229]

Knobbe-Keuk sieht dagegen die Vorschrift des § 15 Abs. 1 Satz 1 Nr. 2 EStG auf Außengesellschaften "zugeschnitten" und folgert daraus, "daß das Vermögen des Geschäftsinhabers steuerlich *wie* ein Gesellschaftsvermögen, daß die atypische stille Gesellschaft *wie* eine Außengesellschaft anzusehen ist."[230] Das Betriebsvermögen der GmbH müsse daher als Betriebsvermögen der atypischen stillen Gesellschaft ausgewiesen werden.[231] Es erscheint jedoch höchst zweifelhaft, ob aus der Vorschrift des § 15 Abs. 1 Satz 1 Nr. 2 EStG gefolgert werden kann, daß das Betriebsvermögen im Rahmen einer atypischen stillen Beteiligung wie das einer Kommanditgesellschaft zu behandeln ist.[232] Der Auffassung *Knobbe-Keuks*, daß § 15 Abs. 1 Satz 1 Nr. 2 EStG auf Außengesellschaften mit Gesamthandsvermögen zugeschnitten sei und daher eine "Unterstellung der atypischen stillen Gesellschaft unter das Regime des § 15 Abs. 1 Satz 1 Nr. 2 EStG" zu erfolgen hätte,[233] muß entgegengehalten werden, daß es "bei der gewerblichen Mitunternehmerschaft einkommensteuerlich (...) nicht darum [geht], wem das Betriebsvermögen zivilrechtlich mit dinglicher Wirkung gehört. Vielmehr ist festzustellen, wem gewerbliche Einkünfte zuzurechnen sind."[234]

Den vorstehend umrissenen Ansätzen steht der gemeinsame Kritikpunkt entgegen, daß sie die zivilrechtlichen Wesensmerkmale der GmbH & atypisch Still nicht ausreichend berücksichtigen.[235] Trotz der in der Literatur unter dem Gesichtspunkt einer wirtschaftlichen Betrachtungsweise geforderten steuerlichen Gleichstellung des Betriebsvermögens einer atypischen stillen Gesellschaft mit dem einer Personenhandelsgesellschaft[236] dürfen die spezifischen Merkmale einer GmbH & atypisch Still nicht übergangen werden. Es muß vielmehr dem zivilrechtlichen Wesen einer Innengesellschaft Rechnung

---

228 Vgl. *Schulze zur Wiesche* (GmbH & atypisch Still, 1982), S. 115; ähnlich *Bormann* (GmbH & Still, 1984), S. 26.

229 Vgl. *BFH* (02.05.1984), S. 823; *Töben* (Stille Gesellschaft, 1991) § 19, RdNr. 15 (S. 1213); vgl. kritisch dazu *Paulick / Blaurock* (Stille Gesellschaft, 1988), S. 392.

230 *Knobbe-Keuk* (Steuerrecht, 1993), S. 406 (beide Zitate; Hervorheb. im Orig.). Diese Annahme impliziert eine steuerliche Gleichstellung der atypisch stillen Gesellschaft mit einer KG bzw. der GmbH & atypisch Still mit der GmbH & Co. KG.

231 Vgl. ähnliche Folgerungen bei *Blaurock* (GmbH & Still, 1992), S. 1974.

232 Vgl. ablehnend *BFH* (28.11.1989), S. 563; *Ehlers / Busse* (Vermögenszuordnung, 1989), S. 448; *Töben* (Stille Gesellschaft, 1991), § 19, RdNr. 10 (S. 1212); *Döllerer* (Atypisch stille Gesellschaft, 1985), S. 297. Vgl. für eine Gleichbehandlung *Schön* (Steuerbilanz, 1985), S. 314; *Knobbe-Keuk* (Steuerrecht, 1993), S. 406.

233 *Knobbe-Keuk* (Steuerrecht, 1993), S. 406.

234 *Costede* (Stille Gesellschaft, 1987), S. 240. Vgl. in diesem Sinne auch *BFH* (28.11.1989), S. 563.

235 So ist auch *Töben* (Stille Gesellschaft, 1991), § 19, RdNr. 18 (S. 1214), der Auffassung, daß gegen eine Vermögenszuordnung "die damit verbundene Abkehr von den handelsrechtlichen Grundlagen [spricht], die der Bundesfinanzhof gerade jüngst zunehmend als maßgeblich auch für das Steuerrecht anerkennt."

236 Vgl. so schon die Forderung von *Becker* (Grundfragen, 1925), Sp. 1602, 1606; vgl. auch *RFH* (03.02.1926), S. 162; *Knobbe-Keuk* (Steuerrecht, 1993), S. 404 ff.

getragen werden.[237] Auch in bezug auf eine Vermögenszuordnung ist daher der einstufigen Betrachtungsweise zu folgen, im Rahmen derer die GmbH & atypisch Still unter Beachtung ihrer zivilrechtlichen (Vermögens)Strukturen steuerrechtlich beurteilt bzw. eingeordnet wird. Hiernach geht eine Einlage des atypischen Stillen in das Vermögen der GmbH über. Letztlich gibt es auch aus steuerlicher Sicht bei der GmbH & atypisch Still als solche "- im Gegensatz zur Personenhandelsgesellschaft und zur Gesellschaft des bürgerlichen Rechts - kein Gesellschaftsvermögen; es gibt nur ein Vermögen des Inhabers des Handelsgeschäfts, an dem sich der stille Gesellschafter schuldrechtlich beteiligt hat."[238]

Es bleibt festzuhalten, "daß § 15 Abs. 1 Satz 1 Nr. 2 EStG nicht gebietet, die atypische stille Gesellschaft in jeder Beziehung wie eine KG zu behandeln,"[239] da ein Gesellschaftsvermögen im Sinne eines Gesamthandsvermögens bei der GmbH & atypisch Still nicht besteht und damit einhergehend eine dingliche Beteiligung des Stillen an einem solchen Betriebsvermögen in keiner Weise existent sein kann.[240] In seiner Grundsatzentscheidung zur Vermögensstruktur einer atypischen stillen Gesellschaft hat der *BFH* so auch festgestellt, daß "das Betriebsvermögen des Inhabers des Handelsgeschäfts dem Gesellschaftsvermögen einer Personengesellschaft mit Gesamthandsvermögen" entspricht.[241] Für das Betriebsvermögen der GmbH im Rahmen einer GmbH & atypisch Still trifft man daher auch auf die Bezeichnung des "Quasi-Gesamthandsvermögens".[242] In Analogie dazu existiert bei der GmbH & atypisch Still außer dem Betriebsvermögen der GmbH, dem auch eine Vermögenseinlage des Stillen zuzuordnen ist, kein Gesellschaftsvermögen der GmbH & atypisch Still als solches, an dem der Stille einen Anteil haben könnte. Das Gesellschaftsvermögen wird für die steuerliche Behandlung gewissermaßen fiktiv bestimmt;[243] § 39 AO findet dabei keine Anwendung.[244] Allein die GmbH ist Trägerin des Vermögens, d.h. die "stille Gesellschaft als solche ist (...) vermögenslos."[245]

---

237 Vgl. *BFH* (06.07.1995), S. 270; *BFH* (27.05.1993), S. 700; *BFH* (15.12.1992), S. 702; *BFH* (13.10.1992), S. 654; *Schulze zur Wiesche* (Mitunternehmer, 1997), S. 222.

238 *Döllerer* (Atypisch stille Gesellschaft, 1985), S. 295.

239 *Döllerer* (Atypisch stille Gesellschaft, 1985), S. 297 (Fn. 7).

240 Vgl. übereinstimmend *BFH* (12.11.1985), S. 313; *BFH* (02.05.1984), S. 823; *BFH* (02.02.1973), S. 472; *BFH* (07.05.1971), S. 642; *OFD Frankfurt* (26.10.1983), S. 21; *Bitz* (GmbH & Still, 1997), S. 770; *Döllerer* (Atypisch stille Gesellschaft, 1985), S. 298; *ders.* (Atypisch stille Gesellschaft, 1988), S. 292; *Fichtelmann* (GmbH & Still, 1995), RdNr. 274 (S. 87); *Hüffer* (Gesellschaftsrecht, 1996), S. 250; *Blaurock* (GmbH & Still, 1992), S. 1974; *Steinacker* (GmbH & atypisch Still, 1993), S. 69; *Costede* (Stille Gesellschaft, 1987), S. 255; *Horn / Maertins* (GmbH & atypisch Still, 1994), S. 149; *Gassner* (Atypisch stille Beteiligung, 1986), S. 357.

241 *BFH* (02.05.1984), S. 823. Vgl. dazu auch *Döllerer* (Atypisch stille Gesellschaft, 1985), S. 298; *Ritzrow* (Gesamthandsvermögen, 1997), S. 18; *Schoor* (GmbH & Still, 1995), Rdn. 129 (S. 129).

242 Vgl. eine solche (Begriffs)Verwendung z.B. bei *Christoffel* (Betriebsvermögen, 1985), S. 2430; *Bitz* (Littmann EStG, 1994), zu § 15, Rn 51 (S. 1971).

243 Vgl. so *Bitz* (Littmann EStG, 1994), zu § 15, Rn 51 (S. 1971).

244 Vgl. *Blaurock* (GmbH & Still, 1992), S. 1974; *Döllerer* (Atypisch stille Gesellschaft, 1988), S. 298; vgl. ausführlich dazu *Steinacker* (GmbH & atypisch Still, 1993), S. 59 ff.; a.A. *Ehlers /*

Unter Einbeziehung der in *Abschnitt III* dargelegten Rechtsstellung einer GmbH & atypisch Still bleibt zusammenfassend festzuhalten, daß einkommensteuerrechtlich im Hinblick auf die unternehmerische Tätigkeit und das Gesellschaftsvermögen der "Inhaber des Handelsgeschäfts (...) im Rahmen des § 15 Abs. 1 Satz 1 Nr. 2 EStG an die Stelle der Gesellschaft" tritt,[246] denn "tätig ist nicht die Gesellschaft, sondern nur der Inhaber des Handelsgeschäfts, der regelmäßig der Rechtsträger des dem Handelsgewerbe dienenden Betriebsvermögens ist."[247] Insofern ist (auch) aus vermögens- bzw. bilanzrechtlicher Sicht die jüngst getroffene Aussage des *BFH* in Frage zu stellen, daß die GmbH & atypisch Still als solche ein "selbständiges Subjekt der Gewinnerzielung" bzw. "-ermittlung" darstelle.[248]

2. Steuerbilanz

2.1. Steuerbilanz der GmbH & atypisch Still?

Analog zu der Frage, ob die atypische stille Gesellschaft steuerlich überhaupt ein Gesellschafts- bzw. Gesamthandsvermögen besitzt, das Gegenstand eines Betriebsvermögensvergleichs i.S.v. § 4 Abs. 1 EStG sein könnte, ist die Frage bezüglich einer steuerlichen Rechnungslegungspflicht der GmbH & atypisch Still zu diskutieren. Wie oben schon dargelegt wurde, kann es auch aus einkommensteuerrechtlicher Sicht kein Gesellschaftsvermögen der GmbH & atypisch Still geben, sondern nur eines der GmbH, das an die Stelle des Vermögens der GmbH & atypisch Still tritt (Quasi-Gesamthandsvermögen). Da "die atypische stille Gesellschaft als Innengesellschaft (...) kein Gesamthandsvermögen hat, ist (...) eine Diskussion über die Gewinnermittlung und Bilanzierung bei der atypischen stillen Gesellschaft entstanden."[249]

Nach Meinung von *Schulze-Osterloh* sind die Anteile an den Wirtschaftsgütern des Unternehmens, die auf den atypischen stillen Gesellschafter entfallen, in einer geson-

---

Busse (Vermögenszuordnung, 1989), S. 449 ff.; *Schulze-Osterloh* (Innengesellschaft, 1974), S. 398 ff.; *Schön* (Steuerbilanz, 1985), S. 314.

245 *Steinacker* (GmbH & atypisch Still, 1993), S. 24; vgl. dazu insbesondere auch *BFH* (12.11.1985), S. 313; *Döllerer* (Atypisch stille Gesellschaft, 1985), S. 295; *Costede* (Stille Gesellschaft, 1987), S. 255.

246 *BFH* (12.11.1985), S. 313.

247 *BFH* (28.11.1989), S. 562.

248 *BFH* (26.11.1996), S. 103; gl.A. *Groh* (Kapitalkonto, 1993), S. 439 ff.; vgl. ablehnend zuletzt *FG Köln* (20.02.1997), S. 677; vgl. überdies *Bitz* (GmbH & Still, 1997), S. 770. *Schulze zur Wiesche* (Atypisch stille Gesellschaft, 1997), S. 407, führt in seiner (kritischen) Anmerkung zu dem zitierten Urteil - trotz der darin getroffenen Annahmen - auch aus, daß "Gewinnermittlungssubjekt (...) der Betrieb des Geschäftsinhabers [ist], nicht die Mitunternehmerschaft in der Form der atypischen stillen Gesellschaft."

249 *Paulick / Blaurock* (Stille Gesellschaft, 1988), S. 391; vgl. auch die Diskussion bei *Schmidt* (EStG-Kommentar, 1997), zu § 15, Rz 347 (S. 1177); *Gschwendtner* (Personengesellschaft, 1994), S. 777 ff.

derten Bilanz des Stillen auszuweisen.[250] Dies ist allein schon aufgrund der fehlenden Kaufmannseigenschaft des (atypischen) stillen Gesellschafters bzw. der Gesellschaft abzulehnen.[251] So plädiert *Schulze zur Wiesche* für das Vorliegen eines Betriebsvermögens der Mitunternehmerschaft in der Form, daß die Steuerbilanz der GmbH & atypisch Still "mangels gemeinschaftlichen Vermögens" nur aus "Sonderbetriebsvermögen" des Stillen und der GmbH bestehen würde.[252] Diese Ansicht führte "zu dem sonderbaren Ergebnis, daß die Gewinnanteile des atypischen stillen Gesellschafters am Handelsgeschäft sich steuerrechtlich als Anteile aus dem Sonderbetriebsvermögen des Geschäftsinhabers darstellen"[253]. Insgesamt können jedoch Ansätze, die eine Steuerbilanz der GmbH & atypisch Still als solche befürworten,[254] schon deshalb nicht überzeugen, weil der atypische stille Gesellschafter auch aus steuerlicher Sicht nur schuldrechtlich am Betriebsvermögen der GmbH beteiligt ist und das Steuerrecht keine (eigenständige) Bilanz "für ein nur obligatorisch vergemeinschaftetes Betriebsvermögen" kennt.[255]

Das einkommensteuerrechtliche Maßgeblichkeitsprinzip i.S.v. § 5 Abs. 1 EStG findet generell auch im Zusammenhang mit einer GmbH & atypisch Still Anwendung.[256] So gilt es vorschriftsgemäß, "das Betriebsvermögen anzusetzen (...), das nach den handelsrechtlichen Grundsätzen ordnungsmäßiger Buchführung auszuweisen ist."[257] Die stille Gesellschaft kann als Innengesellschaft nicht Kaufmann sein und somit nicht

---

250 Vgl. *Schulze-Osterloh* (Innengesellschaft, 1974), S. 398 ff., der eine solche Bilanz nur für die stillen Gesellschafter befürwortet, die an der Geschäftsführung maßgeblich beteiligt sind.

251 Vgl. so dementsprechend ablehnend auch *Töben* (Stille Gesellschaft, 1991), § 19, RdNr. 13 (S. 1213); m.w.N. *Döllerer* (Atypisch stille Gesellschaft, 1985), S. 296 (Fn. 6); *ders.* (Atypisch stille Gesellschaft, 1988), S. 296; *Ruban* (Atypisch stille Gesellschaft, 1995), S. 641.

252 *Schulze zur Wiesche* (GmbH & atypisch Still, 1982), S. 115 (beide Zitate); vgl. so auch *Bormann* (GmbH & Still, 1984), S. 25; vgl. kritisch dazu statt vieler *Costede* (Stille Gesellschaft, 1987), S. 255. *Schulze zur Wiesche* hält selbst wohl an dieser Auffassung nicht mehr fest; vgl. dazu *ders.* (GmbH & Still, 1997), Rn. 246 ff. (S. 101 ff.).

253 *Paulick / Blaurock* (Stille Gesellschaft, 1988), S. 392. Vgl. zu der Frage, ob der Geschäftsinhaber bzw. die GmbH überhaupt Sonderbetriebsvermögen bilden können, ausführlich die Diskussion in *Abschnitt IV.3.1.* dieses Kapitels.

254 Neben den dargelegten Ansätzen der Literatur befürworten eine eigenständige Steuerbilanz der GmbH & atypisch Still insbesondere auch *Knobbe-Keuk* (Steuerrecht, 1993), S. 406 f.; *Neubert / Weinläder* (GmbH & atypisch Still, 1983), S. 631; *Nonnenmacher* (Rechtsformwahl, 1995), Rz. 73 (S. 25); *Schön* (Steuerbilanz, 1985), S. 314; *Littmann* (GmbH & atypisch Still, 1955), S. 108.

255 *Ruban* (Atypisch stille Gesellschaft, 1995), S. 642; ähnlich *Töben* (Stille Gesellschaft, 1991), § 19, Rdnr. 11 (S. 1213); *Costede* (Stille Gesellschaft, 1987), S. 253; *Bormann* (GmbH & Still, 1984), S. 25; *Knoche* (Atypische stille Beteiligung, 1972), S. 656.

256 Vgl. hierzu *BFH* (04.02.1987), S. 453; *Steinacker* (GmbH & atypisch Still, 1993), S. 68; *Paulick / Blaurock* (Stille Gesellschaft, 1988), S. 237 f.; *Döllerer* (Atypisch stille Gesellschaft, 1985), S. 295; *ders.* (Atypisch stille Gesellschaft, 1988), S. 290; *Schulze zur Wiesche* (Stille Gesellschaft, 1982), S. 1978.

257 § 5 Abs. 1 Satz 1 EStG.

nach § 238 HGB zur Buchführung bzw. Bilanzierung verpflichtet werden.[258] In Verbindung mit dem Fehlen eines Gesellschaftsvermögens führt dies dazu, daß es keine Handelsbilanz der GmbH & atypisch Still, sondern nur eine Handelsbilanz der GmbH gibt.[259] Angesichts dieser handelsrechtlichen Maßgaben erscheint - in Anlehnung an *Döllerer* - der Schluß naheliegend, daß "es auch keine Steuerbilanz der atypischen stillen Gesellschaft, sondern nur eine Steuerbilanz des Inhabers des Handelsgeschäfts" gibt.[260] Diese Folgerung geht mit der in den §§ 140 ff. AO festgeschriebenen steuerrechtlichen Rechnungslegungspflicht einher, wonach an die handelsrechtliche Buchführungs- und Bilanzierungspflicht anzuknüpfen ist, sofern eine solche besteht.[261] In Anbetracht dessen kann die GmbH & atypisch Still als "Innengesellschaft (...) steuerrechtlich nicht buchführungs- und bilanzierungspflichtig" sein.[262]

Am ehesten überzeugt daher - basierend auf der Aussage, daß "die atypische stille Gesellschaft steuerlich *wie* eine Außengesellschaft anzusehen ist" - der Lösungsvorschlag von *Knobbe-Keuk*, nach dem "die aus der Handelsbilanz des Geschäftsinhabers abgeleitete Steuerbilanz wie die Steuerbilanz einer Außengesellschaft" anzusehen sei. Hierbei treffe eine "Buchführungs- und Bilanzierungspflicht (...) den Geschäftsinhaber".[263] Dieser Ansatz geht konform mit der Tatsache, daß das Betriebsvermögen der GmbH an die Stelle der atypischen stillen Gesellschaft tritt und die Bilanz der GmbH

---

258 Vgl. *Klauss / Mittelbach* (Stille Gesellschaft, 1980), Rz. 41 (S. 35); *Lehmann / Dietz* (Gesellschaftsrecht, 1970), S. 217.

259 Vgl. zuletzt *OFD Frankfurt* (26.06.1996), S. 1407; vgl. auch z.B. *BFH* (13.07.1993), S. 245; *BFH* (28.11.1989), S. 561; *BFH* (12.11.1985), S. 313; *BFH* (02.05.1984), S. 823; *Döllerer* (Atypisch stille Gesellschaft, 1985), S. 296; *Felix* (Stille Gesellschaft, 1973), S. 28; *Küting / Kessler* (Rechnungslegung, 1995), zu § 272 HGB, Rn. 220 (S. 1579); *Paulick / Blaurock* (Stille Gesellschaft, 1988), S. 237; *Post / Hoffmann* (Stille Beteiligung, 1984), S. 50; *Schmidt* (Schlegelberger HGB, 1986), zu § 335 HGB (§ 230 n.F.), Anm. 163 (S. 450); *Schulze-Osterloh* (Rechnungslegung, 1974), S. 401; *Zutt* (Staub HGB, 1990), zu § 232 HGB, Rdn. 2 (S. 49); a.A. *Groh* (Kapitalkonto, 1993), S. 442; *ders.* (Eigenkapitalersatz, 1993), S. 1891.

260 *Döllerer* (Atypisch stille Gesellschaft, 1985), S. 296, der seine Folgerung zusätzlich damit begründet, daß eine atypische stille Gesellschaft nicht als "Steuerrechtssubjekt" bzw. "Subjekt der Gewinnerzielung" angesehen werden kann; gl.A. auch *Gassner* (Atypisch stille Beteiligung, 1986), S. 357; *Spiegelberger* (Vermögensnachfolge, 1994), RdNr. 453 (S. 180). A.A. bezüglich einer (eigenständigen) Bilanz *Groh* (Kapitalkonto, 1993), S. 439 ff.

261 Vgl. *Tipke / Kruse* (AO-Kommentar, 1996), zu § 141, Tz. 2 (S. 24 f.); *Mösbauer* (Koch AO, 1996), zu § 140, Rz. 5 ff. (S. 867); *ders.* (Buchführungspflicht, 1996), S. 2584; *Mathiak* (Kirchhof EStG, 1995), zu § 5, RdNr. A 217 (S. 92); *Paulick / Blaurock* (Stille Gesellschaft, 1988), S. 237.

262 *Ruban* (Atypisch stille Gesellschaft, 1995), S. 641; vgl. ebenso *Bitz* (Littmann EStG, 1994) zu § 15, Rn 51 (S. 1971); *Steinacker* (GmbH & atypisch Still, 1993), S. 66; *Stuhrmann* (Blümich EStG, 1991), zu § 15, Rz. 225a (S. 149). Dies findet zudem durch die ständige Rechtsprechung Bestätigung; vgl. so zuletzt *OFD Frankfurt* (26.06.1996), S. 1406; vgl. insbesondere auch *BFH* (11.05.1989), S. 546; *BFH* (13.07.1993), S. 243 (m.w.N.); *BFH* (12.11.1985), S. 313.

263 *Knobbe-Keuk* (Steuerrecht, 1993), S. 406 (alle Zitate - Hervorheb. im Orig.).

daher eine Bilanz der GmbH & atypisch Still - sozusagen als Quasi-Gesamthandsbilanz - ersetzt.[264]

Auch die in einem Urteil vom 26.11.1996 getroffene Annahme des *VIII. Senats* des *BFH*, die atypische stille Gesellschaft sei ein "Subjekt der Gewinnermittlung",[265] vermag nichts daran zu ändern, daß aus steuerrechtlicher Sicht kein Gesellschaftsvermögen existiert, das Grundlage eines Betriebsvermögensvergleichs sein könnte.[266] Der *VIII. Senat* selbst vertrat hierzu die Auffassung, daß die atypische stille Gesellschaft "handelsrechtlich und steuerrechtlich kein Gesellschaftsvermögen (Betriebsvermögen) hat (...) [und somit] für sie auch kein Betriebsvermögensvergleich (...) durchgeführt werden" kann.[267] Dies geht einher mit der Tatsache, daß "der Vermögensvergleich nach § 4 Abs. 1 EStG (...) ein Betriebsvermögen [voraussetzt], das dem Unternehmer zuzurechnen ist."[268] So erscheint - in Übereinstimmung mit *Schulze zur Wiesche* - die durch das Urteil vom 26.11.1996 vorgenommene Abkehr des *BFH* von seiner bisherigen Rechtsprechung insoweit nicht nachvollziehbar, als "Gewinnermittlungssubjekt der Betrieb des Geschäftsinhabers [ist], nicht die Mitunternehmerschaft in der Form der atypischen stillen Gesellschaft."[269] *Ruban* erkennt einerseits zwar "ein steuerrechtliches Bedürfnis für eine Steuerbilanz der atypischen stillen Gesellschaft"; sieht aber andererseits keine Rechtsnorm, aus der "sich die Verpflichtung zur Aufstellung einer solchen Bilanz für ein zivil- und steuerrechtlich nicht vorhandenes Gesellschaftsvermögen ergeben soll."[270] So bleibt insgesamt festzuhalten, daß es weder eine Handels- noch eine Steuerbilanz der GmbH & atypisch Still geben kann.[271]

---

264 Vgl. so *Bitz* (GmbH & Still, 1997), S. 770; *Schulze zur Wiesche* (GmbH & Still, 1997), Rn. 249 (S. 102); *Ruban* (Atypisch stille Gesellschaft, 1995), S. 641; *Horn / Maertins* (GmbH & atypisch Still, 1994), S. 149; *Winkeljohann / Halfar* (Gewerbesteuerliche Vorzüge, 1994), S. 2472; *Straub* (Einmann GmbH & Still, 1990), S. 1302; *Paulick / Blaurock* (Stille Gesellschaft, 1988), S. 393; *Stüttgen* (Stille Beteiligung, 1988), S. 442 ff.; *Döllerer* (Atypisch stille Gesellschaft, 1985), S. 296.

265 *BFH* (26.11.1996), S. 103, der die atypische stille Gesellschaft zugleich auch als "Subjekt der Gewinnerzielung" bezeichnet, ohne seine Aussage jedoch näher zu begründen.

266 Vgl. daher ablehnend auch *FG Köln* (20.02.1997), S. 576. Ähnlich (kritisch) äußert sich *Kempermann* (Anmerkung, 1997), S. 445, zu diesem Urteil; vgl. darüber hinaus *Zimmermann / Reyher / Hottmann* (Personengesellschaften, 1995), S. 494.

267 *BFH* (12.11.1985), S. 313, der in seinem Urteil explizit anführt, daß die atypische stille Gesellschaft " auch nicht Subjekt der Gewinnerzielung" ist. Vgl. - in Anlehnung an dieses Urteil - insbesondere *Döllerer* (Atypisch stille Gesellschaft, 1988), S. 298.

268 *Ruban* (Atypisch stille Gesellschaft, 1995), S. 641; vgl. insbesondere *Heinicke* (Schmidt EStG, 1997), zu § 4, Rz 101, (S. 134) und Rz 128 ff. (S. 138 f.).

269 *Schulze zur Wiesche* (Atypisch stille Gesellschaft, 1997), S. 407. So ist auch *Bitz* (Littmann EStG, 1994) zu § 15, Rn 51 (S. 1971), der Auffassung, daß eine atypische stille Gesellschaft "wegen fehlenden Gesamthandsvermögens und mangelnder eigener Tätigkeit (...) nicht Subjekt der Gewinnermittlung sein [kann]." Gl.A. *BFH* (29.04.1991), S. 388; *BFH* (11.12.1990), S. 346; *BFH* (28.11.1989), S. 561.

270 *Ruban* (Atypisch stille Gesellschaft, 1995), S. 624 (beide Zitate), die sich an gleicher Stelle sehr unsicher bezüglich der Frage zeigt, "wie sich die Rechtsprechung des *BFH* zu diesen Fragen

Analog zu der Frage einer Steuerrechtssubjektivität und im Hinblick auf die Tatsache, daß die Steuerbilanz der GmbH an die Stelle einer Steuerbilanz der GmbH & atypisch Still tritt, kann der *BFH* die Bezeichnung "Subjekt der Gewinnermittlung" nur in dem Sinne verstanden haben, daß die GmbH & atypisch Still steuerlich "*wie* ein solches zu behandeln" ist.[272] Auch in dem (vieldiskutierten) Urteil gesteht der *BFH* einer GmbH & atypisch Still als solcher kein Gesellschaftsvermögen zu, das Gegenstand eines Betriebsvermögensvergleichs sein könnte. Vielmehr gehörten die "Wirtschaftsgüter zum Betriebsvermögen der (...) GmbH" und dienten dem "zwischen allen Gesellschaftern" der GmbH & atypisch Still "vereinbarten Gesellschaftszweck."[273] Hierzu bedarf es jedoch keiner (eigenen) Steuerbilanz der GmbH & atypisch Still; erforderlich ist ausschließlich die Steuerbilanz der GmbH. So kann schließlich der Auffassung von *Fleischer / Thierfeld* gefolgt werden, wonach es "des Denkmodells einer eigenen Steuerbilanz der atypischen stillen Gesellschaft (...) nicht [bedarf], um § 15 Abs. 1 Satz 1 Nr. 2 EStG gerecht zu werden."[274]

2.2. Steuerbilanz der GmbH als modifizierte Handelsbilanz

Nach § 5 Abs. 1 Satz 1 EStG ist die Handelsbilanz für die Steuerbilanz maßgeblich.[275] An die Stelle einer Steuerbilanz der GmbH & atypisch Still tritt dabei die Steuerbilanz der GmbH, die aus ihrer Handelsbilanz abzuleiten ist.[276] Während eine Einlage des

---

künftig entwickeln wird". Demgegenüber vertritt *Groh* (Bilanzen, 1995), S. 389, die Auffassung, daß grundsätzlich für "eine Gesamtbilanz der Mitunternehmerschaft (...) kein Bedürfnis" besteht.

271 Vgl. dementsprechend auch (m.w.N.) *BFH* (13.07.1993), S. 243; *BFH* (11.05.1989), S. 546; *BFH* (12.11.1985), S. 313; *OFD Frankfurt* (26.06.1996), S. 1406; *Bitz* (Littmann EStG, 1994) zu § 15, Rn 51 (S. 1971); *Fleischer / Thierfeld* (Stille Gesellschaft, 1995), S. 103; *Horn / Maertins* (GmbH & atypisch Still, 1994), S. 149; *Steinacker* (GmbH & atypisch Still, 1993), S. 67 f.; *Döllerer* (Atypisch stille Gesellschaft, 1985), S. 295.

272 *Bitz* (Littmann EStG, 1994) zu § 15, Rn 51 (S. 1971) m.w.N. (Hervorheb. im Orig.); vgl. *ders.* (GmbH & atypisch Still, 1997), S. 770; gl.A. *BFH* (13.07.1993), S. 243; *Stuhrmann* (Blümich EStG, 1991), zu § 15, Rz. 225a (S. 149); *Herzig / Kessler* (Gepräge-Gesetz, 1986), S. 451. Diese Auslegung kommt der Auffassung von *Knobbe-Keuk* (Steuerrecht, 1993), S. 406, zumindest entgegen, nach der der Geschäftsinhaber so zu bilanzieren habe, als sei die atypische stille Gesellschaft eine Außengesellschaft.

273 *BFH* (26.11.1996), S. 103 (alle Zitate); vgl. so auch in einer Anmerkung zu diesem Urteil *Kempermann* (Anmerkung, 1997), S. 445, nach dem es sich zwar "bei dem überlassenen Wirtschaftsgut nicht um Gesamthandsvermögen [handelt], wohl aber um Vermögen, das aufgrund der schuldrechtlichen Beteiligung des stillen Gesellschafters zur Erzielung gemeinschaftlicher Gewinne einzusetzen ist."

274 *Fleischer / Thierfeld* (Stille Gesellschaft, 1995), S. 103; vgl. ähnlich *Groh* (Bilanzen, 1995), S. 389; *Hense / Jung / Schwaiger* (GmbH & Still, 1995), Rz. 195 (S. 332).

275 Vgl. zu dem Maßgeblichkeitsprinzip i.V.m. der stillen Gesellschaft *BFH* (11.05.1989), S. 546; *BFH* (04.02.1987), S. 453; *Bormann* (GmbH & Still, 1984), S. 25 f.; *Paulick / Blaurock* (Stille Gesellschaft, 1988), S. 237 f.; *Döllerer* (Atypisch stille Gesellschaft, 1985), S. 295; *ders.* (Atypisch stille Gesellschaft, 1988), S. 290; *Schulze zur Wiesche* (Stille Gesellschaft, 1982), S. 1978; *Knoche* (Atypische stille Beteiligung, 1972), S. 656.

276 Vgl. statt vieler hier *Paulick / Blaurock* (Stille Gesellschaft, 1988), S. 393.

atypischen stillen Gesellschafters in der Handelsbilanz der GmbH ggf. noch als Verbindlichkeit bzw. als 'Mischposition' zwischen dem Fremd- und dem Eigenkapital auszuweisen war,[277] ist diese in der Steuerbilanz in jedem Fall wie Eigenkapital zu behandeln.[278]

Die steuerliche Gesamtbilanz bzw. der daraus resultierende steuerliche Gesamtgewinn der Mitunternehmerschaft 'GmbH & atypisch Still' ergibt sich durch eine Zusammenfassung der Ergebnisse der Steuerbilanz der GmbH, etwaiger Sonderbilanzen unter Hinzurechnung des Gewinnanteils des Stillen sowie etwaiger Sondervergütungen bzw. -ausgaben (Gewinnermittlung zweiter Stufe).[279] Falls ein Gewinnanteil des atypischen stillen Gesellschafters in der Handelsbilanz der GmbH als Aufwand berücksichtigt wurde, ist dieser zur Feststellung des Gewinnanteils aus der Mitunternehmerschaft entsprechend wieder hinzuzurechnen.[280]

3. Sonderbetriebsvermögen

3.1. Sonderbetriebsvermögen der GmbH?

Grundsätzlich besteht das steuerliche Betriebsvermögen einer Mitunternehmerschaft aus dem Gesamthandsvermögen und dem Sonderbetriebsvermögen der Gesellschafter.[281] Der Begriff des Sonderbetriebs dient hierbei einer (Vermögens)Abgrenzung, da als Sonderbetriebsvermögen im Gegensatz zum Gesellschaftsvermögen "diejenigen Wirtschaftsgüter eingeordnet werden, die zivilrechtlich einem der Gesellschafter gehören".[282] Dabei zählen zum "Sonderbetriebsvermögen des Gesellschafters einer Perso-

---

277 Vgl. dazu die ausführliche Diskussion bezüglich der handelsrechtlichen Bilanzposition in *Abschnitt II.5.* im *Ersten Kapitel.*

278 Vgl. *Ruban* (Atypisch stille Gesellschaft, 1995), S. 641; *Knobbe-Keuk* (Steuerrecht, 1993), S. 407, die diesen Vorgang als "erste Gewinnermittlungsstufe bei der atypischen stillen Gesellschaft" bezeichnet; vgl. auch *Paulick / Blaurock* (Stille Gesellschaft, 1988), S. 393. Ob diese Behandlung faktisch oder ausweislich zu erfolgen hat, ist nicht eindeutig geklärt. So wird z.B. in diesem Zusammenhang unter anderem das Instrument der Ergänzungsbilanz diskutiert; vgl. hierzu *Regniet* (Ergänzungsbilanzen, 1990), S. 209.

279 Vgl. *BFH* (22.05.1990), S. 456; *Ruban* (Atypisch stille Gesellschaft, 1995), S. 641; *Döllerer* (Atypisch stille Gesellschaft, 1988), S. 298.

280 Vgl. *Schulze zur Wiesche* (Stille Gesellschaft, 1982), S. 1979; *ders.* (GmbH & atypisch Still, 1982), S. 115. Für Verlustanteile ist diese Aussage entgegengesetzt zu verstehen. Vgl. zu notwendigen Ergänzungsrechnungen *Horn / Maertins* (GmbH & atypisch Still, 1994), S. 149; *Raupach* (Atypische stille Gesellschaft, 1986), S. 359; *Knoche* (Atypische stille Beteiligung, 1972), S. 656.

281 Vgl. *BFH* (07.12.1984), S. 236 ff. m.w.N.; *Döllerer* (Atypisch stille Gesellschaft, 1985), S. 298. Nach *BFH* (03.05.1993), S. 622, beruht dabei grundsätzlich die "steuerliche Anerkennung des Sonderbetriebsvermögens (...) auf der (Mit-) Unternehmereigenschaft der Gesellschafter und setzt diese voraus"; vgl. zudem auch *Schön* (Großer Senat, 1996), S. 284.

282 *Knobbe-Keuk* (Steuerrecht, 1993), S. 437. Vgl. z.B. auch *BFH* (06.07.1989), S. 890; *Ruban* (Atypisch stille Gesellschaft, 1995), S. 642. Vgl. zu der Differenzierung zwischen notwendigem und gewillkürtem Sonderbetriebsvermögen z.B. ausführlich *Söffing* (Mitunternehmer, 1994),

nengesellschaft (...) Wirtschaftsgüter, die dem Gesellschafter gehören und (als Sonderbetriebsvermögen I) dem Betrieb der Personengesellschaft oder (als Sonderbetriebsvermögen II) der Begründung oder Stärkung der Beteiligung an der Personengesellschaft dienen."[283] Aufgrund der besonderen Wesensmerkmale einer GmbH & atypisch Still muß überprüft werden, wer angesichts einer "zwangsweisen Trennung der Zwillinge Beteiligung und Sonderbetriebsvermögen"[284] im Rahmen dieser Mitunternehmerschaft Sonderbetriebsvermögen begründen kann.[285]

Es wird die Auffassung vertreten, daß im Rahmen einer GmbH & atypisch Still auch der GmbH Sonderbetriebsvermögen zuzuordnen sei.[286] Da es bei der atypischen stillen Gesellschaft kein Gesellschaftsvermögen geben kann, hätte eine solche Zuordnung zur Konsequenz, daß das steuerliche Betriebsvermögen der GmbH & atypisch Still nur aus Sonderbetriebsvermögen bestünde. Folglich könnte es z.B. überhaupt keinen Anteil des atypischen Stillen am Veräußerungsgewinn von Wirtschaftsgütern der GmbH geben, da in einem solchen Fall der gesamte Veräußerungsgewinn als Sonderbetriebseinnahme der GmbH zuzuordnen wäre.[287] Allein deshalb gilt es eine solche Sichtweise kritisch zu hinterfragen.

Da zudem das Vermögen der GmbH an die Stelle eines Gesellschaftsvermögens der GmbH & atypisch Still tritt (Quasi-Gesamthandsvermögen), gibt es im Zusammenhang mit der Mitunternehmerschaft überhaupt kein Vermögen der GmbH, das vom Gesamthandsvermögen zu unterscheiden wäre.[288] Soweit die der Mitunternehmerschaft dienenden Wirtschaftsgüter im Eigentum der GmbH stehen, stellen diese weder Sonderbetriebsvermögen der GmbH noch Gesellschaftsvermögen der GmbH & atypisch Still dar, sondern zählen ausschließlich zum Betriebsvermögen der GmbH.[289] Die GmbH kann demzufolge in keinem Fall einen Sonderbetrieb bei der GmbH & atypisch

---

S. 104 ff.; darüber hinaus soll das Problemfeld bezüglich "gewillkürtem (Sonder)Betriebsvermögen" im Rahmen dieser Arbeit nicht weiter vertieft werden.

283 *Ruban* (Atypisch stille Gesellschaft, 1995), S. 642; vgl. auch R 13 Abs. 2 EStR.

284 *Märkle* (Sonderbetriebsvermögen, 1997), S. 240.

285 Generell können alle Vertragsbeteiligten einer Mitunternehmerschaft Sonderbetriebsvermögen begründen; bei der GmbH & atypisch Still gilt es daher zu prüfen, ob sowohl der atypische stille Gesellschafter als auch die GmbH in Frage kommen.

286 Vgl. so insbesondere *Schulze zur Wiesche* (GmbH & atypisch Still, 1982), S. 115; vgl. - in Anlehnung an *Schulze zur Wiesche* - auch *Bormann* (GmbH & Still, 1984), S. 25; *Schön* (Steuerbilanz, 1985), S. 314.

287 Vgl. so auch *Döllerer* (Atypisch stille Gesellschaft, 1988), S. 292.

288 Vgl. *Ruban* (Atypisch stille Gesellschaft, 1995), S. 642. Besteht die atypische stille Beteiligung nur an einem Geschäftsbereich der GmbH, ist entsprechend nur ein abgegrenzter Vermögensbereich einzubeziehen; der Teil des Betriebsvermögens der GmbH, in das die Einlage des Stillen erfolgt, ist in dem Fall als das Quasi-Gesamthandsvermögen anzusehen.

289 So konstatiert auch der *VIII. Senat* des *BFH* (02.05.1984), S. 820 (Leitsatz), daß bei "einer atypischen stillen Gesellschaft (...) betrieblich genutzte Wirtschaftsgüter, die dem Inhaber des Handelsgeschäfts gehören, nicht als dessen Sonderbetriebsvermögen" anzusehen sind. Vgl. darüber hinaus *Paulick / Blaurock* (Stille Gesellschaft, 1988), S. 443 m.w.N.

Still begründen.[290] Das steuerliche Betriebsvermögen bei einer GmbH & atypisch Still umfaßt also das Betriebsvermögen der GmbH und Sonderbetriebsvermögen (I und II) des atypischen stillen Gesellschafters.[291]

3.2. Sonderbetriebsvermögen des stillen Gesellschafters

3.2.1 Sonderbetriebsvermögen I

Der atypische stille Gesellschafter kann - im Gegensatz zu der GmbH - als Mitunternehmer im Rahmen einer GmbH & atypisch Still i.S.v. § 15 Abs. 1 Satz 1 Nr. 2 EStG einen Sonderbetrieb begründen.[292] Als Sonderbetriebsvermögen I kommen dabei Wirtschaftsgüter in Betracht, die dem Betrieb der Gesellschaft zu dienen bestimmt sind,[293] so insbesondere vom atypischen stillen Gesellschafter der GmbH miet- oder pachtweise überlassene Wirtschaftsgüter oder gewährte Darlehen.[294]

Es besteht in der Literatur teilweise die Ansicht, daß bei einer GmbH & atypisch Still die Tatbestandsvoraussetzungen des § 15 Abs. 1 Satz 1 Nr. 2 EStG für die Qualifikation von zur Nutzung überlassenen Wirtschaftsgütern als Sonderbetriebsvermögen I in keinem Fall erfüllt seien, da der Stille die Wirtschaftsgüter allein der GmbH - als Inhaber des Handelsgeschäfts - und nicht der GmbH & atypisch Still überlasse. Da diese kein gewerbliches Unternehmen betreibe, dem die Wirtschaftsgüter dienen könnten,

---

290 Dies entspricht (inzwischen) der ganz h.M.; vgl. so neben *BFH* (02.05.1984), S. 820, *Schmidt* (EStG-Kommentar, 1997), zu § 15, Rz 348 (S. 1177), Rz 480 (S. 1201); *Ruban* (Atypisch stille Gesellschaft, 1995), S. 642; *Knobbe-Keuk* (Steuerrecht, 1993), S. 405; *Töben* (Stille Gesellschaft, 1991), § 23, RdNr. 50 (S. 1256); *Paulick / Blaurock* (Stille Gesellschaft, 1988), S. 443; *Uelner* (Gepräge-Rechtsprechung, 1986), S. 246 ff.; *Döllerer* (Atypisch stille Gesellschaft, 1985), S. 298; a.A. *Bormann* (GmbH & Still, 1984), S. 26; *Schön* (Steuerbilanz, 1985), S. 314; *Schulze zur Wiesche* (GmbH & atypisch Still, 1982), S. 115.

291 Vgl. *BFH* (11.12.1990), S. 346; *BFH* (03.02.1994), S. 710; *Schmidt* (EStG-Kommentar, 1997), zu § 15, Rz 348 (S. 1177); *Hense / Jung / Schwaiger* (GmbH & Still, 1995), Rz. 195 (S. 332); *Ruban* (Atypisch stille Gesellschaft, 1995), S. 641; *Döllerer* (Atypisch stille Gesellschaft, 1988), S. 292 f.

292 Vgl. *BFH* (03.02.1994), S. 709; *BFH* (11.12.1990), S. 351; *BFH* (02.05.1984), S. 823; *Schmidt* (EStG-Kommentar, 1997), zu § 15, Rz 348 (S. 1177); *Ruban* (Atypisch stille Gesellschaft, 1995), S. 642; *Knobbe-Keuk* (Steuerrecht, 1993), S. 405; a.A. *Winkeljohann / Halfar* (Gewerbesteuerliche Vorzüge, 1994), S. 2472; *Steinacker* (GmbH & atypisch Still, 1993), S. 50 ff.; *Tetens* (Ermittlung, 1988), S. 730.

293 Vgl. *Bitz* (Littmann EStG, 1994) zu § 15, Rn 51 (S. 1972); *Hermann / Heuer / Raupach* (EStG-Kommentar, 1996), zu § 15, Anm. 31 (E 189 ff.); *Ritzrow* (Gesamthandsvermögen, 1997), S. 18; *Döllerer* (Atypisch stille Gesellschaft, 1985), S. 298.

294 Vgl. *BFH* (11.12.1990), S. 346; *Schmidt* (EStG-Kommentar, 1997), zu § 15, Rz 358 (S. 1179); *Horn / Maertins* (GmbH & atypisch Still, 1994), S. 149; *Knobbe-Keuk* (Steuerrecht, 1993), S. 408; *Blaurock* (GmbH & Still, 1992), S. 1977; *Paulick / Blaurock* (Stille Gesellschaft, 1988), S. 468; *Döllerer* (Atypisch stille Gesellschaft, 1985), S. 298; *Schulze zur Wiesche* (Stille Gesellschaft, 1982), S. 116. Werden die zur Nutzung überlassenen Wirtschaftsgüter fremdfinanziert, kommt für das aufgenommene Fremdkapital entsprechend eine steuerliche Einordnung zum negativen Sonderbetriebsvermögen I in Frage.

dürfe infolgedessen dem atypischen stillen Gesellschafter kein Sonderbetriebsvermögen I zugerechnet werden.[295]

Zweifelsohne kann ein atypischer Stiller Wirtschaftsgüter nicht der (stillen) Gesellschaft als solche überlassen, wie dies der Wortlaut § 15 Abs. 1 Satz 1 Nr. 2 EStG fordert, sondern nur der GmbH, die an Stelle der GmbH & atypisch Still nach außen in Erscheinung tritt. Da die GmbH im Innenverhältnis jedoch - in dem per stillem Gesellschaftsvertrag festgelegten Rahmen - auch auf gemeinsame Rechnung für die Mitunternehmerschaft tätig wird, ist diese mittelbare Überlassung einkommensteuerrechtlich als ausreichend für die Begründung eines Sonderbetriebs anzusehen.[296] So müssen Wirtschaftsgüter, die dem Eigentum des stillen Gesellschafters zuzurechnen sind, aufgrund des zivilrechtlichen Wesens der GmbH & atypisch Still - als reine Innengesellschaft - der GmbH zur Nutzung überlassen werden, um letztlich - im Innenverhältnis - der Mitunternehmerschaft dienen zu können.[297] Demzufolge kann Sonderbetriebsvermögen I vorliegen, "wenn der atypisch stille Gesellschafter ein ihm gehörendes Wirtschaftsgut dem Unternehmen zur Nutzung überläßt, an dem er sich als stiller Gesellschafter [mitunternehmerisch] beteiligt hat."[298]

Es stellt sich hierbei die Frage, ob alle Wirtschaftsgüter, die der Stille - unabhängig von dem zugrundeliegenden Rechtsverhältnis - der GmbH zur Nutzung überläßt, steuerlich als Sonderbetriebsvermögen I zu qualifizieren sind.[299] Insbesondere aufgrund der Tatsache, daß man bei *BFH*-Urteilen die weitgefaßte Aussage vorfindet, nach der "Sonderbetriebsvermögen in Betracht [kommt], wenn der atypische stille Gesellschafter dem Inhaber des Handelsgeschäfts Wirtschaftsgüter zur Nutzung überläßt"[300], wird der Schluß gezogen, daß bei einer Nutzungsüberlassung von Wirtschaftsgütern des Stillen an die GmbH grundsätzlich Sonderbetriebsvermögen I vorliegt.[301] Dies wird insbesondere mit der (inzwischen bekannten) Aussage gerechtfertigt, daß bei der steuerlichen Behandlung der atypischen stillen Gesellschaft kein Unterschied zu der

---

295 Vgl. so *Tetens* (Ermittlung, 1988), S. 730; *Steinacker* (GmbH & atypisch Still, 1993), S. 50 ff.; *Winkeljohann / Halfar* (Gewerbesteuerliche Vorzüge, 1994), S. 2472.

296 Vgl. *Döllerer* (Atypisch stille Gesellschaft, 1985), S. 298; *ders.* (Atypisch stille Gesellschaft, 1988), S. 293; vgl. kritisch dazu *Tetens* (Ermittlung, 1988), S. 730.

297 Auch in bezug auf die einkommensteuerrechtliche Qualifikation von überlassenen Wirtschaftsgütern als Sonderbetriebsvermögen I i.S.v. § 15 Abs. 1 Satz 1 Nr. 2 EStG tritt so die GmbH an die Stelle der GmbH & atypisch Still.

298 *BFH* (11.12.1990), S. 351.

299 Dies käme insofern der steuerlichen Behandlung von Leistungen zwischen Gesellschaftern einer Personenhandelsgesellschaft an diese gleich, obgleich auch bei Personenhandelsgesellschaften lt. ständiger Rechtsprechung nicht jede Leistung unter den § 15 Abs. 1 Satz 1 Nr. 2 EStG zu subsumieren ist; vgl. so z.B. *BFH* (25.01.1980), S. 275; *BFH* (24.01.1980), S. 271; *BFH* (23.05.1979), S. 757.

300 *BFH* (02.05.1984), S. 823; ähnlich *BFH* (03.02.1994), S. 709; *BFH* (11.12.1990), S. 351.

301 Vgl. so *Knobbe-Keuk* (Steuerrecht, 1993), S. 408; vgl. auch *Schmidt* (EStG-Kommentar, 1997), zu § 15, Rz 358 (S. 1179).

Vorgehensweise bei der KG bestehen könne.[302] Als ähnliches Argument wird überdies angeführt, daß das Vermögen der GmbH den Platz des Gesellschaftsvermögens einer Personengesellschaft einnehme.[303]

Berücksichtigt man jedoch die Tatsache, daß auch einkommensteuerlich der schuldrechtliche Charakter einer stillen Beteiligung anerkannt wird und daß bei unterschiedlichen Rechtsverhältnissen mit juristischen Personen das Trennungsprinzip einzuhalten ist,[304] muß auch in bezug auf die Qualifikation als Sonderbetriebsvermögen das zugrundeliegende Vertragswerk mit in die Beurteilung einbezogen werden.[305] Es gilt daher zu prüfen, ob ein zur Nutzung überlassenes Wirtschaftsgut auf dem stillen Gesellschaftsvertrag beruht und damit dem gemeinsamen Zweck der GmbH & atypisch Still zu dienen bestimmt ist,[306] oder ob, unabhängig vom stillen Gesellschaftsvertrag, ein anderes Rechtsverhältnis des Stillen mit der GmbH zugrundeliegt. Die gebotene steuerliche Trennung unterschiedlicher Vertragsverhältnisse stimmt insofern mit der differenzierten Betrachtungsweise überein, die bei der Feststellung einer Mitunternehmerschaft des Stillen anzuwenden ist,[307] da auch dort die "Rechtsstellung des stillen Gesellschafters (...) sich einzig und allein aus dem Gesellschaftsvertrag" ableiten läßt.[308]

---

302 Vgl. diese Begründung z.B. bei *Stüttgen* (Stille Beteiligung, 1988), S. 448, obwohl dieser an anderer Stelle das Trennungsprinzip, d.h. eine Berücksichtigung unterschiedlicher Vertragsverhältnisse zwischen Stillem und der GmbH, befürwortet; vgl. *ders.* (Stille Beteiligung), S. 283.

303 Vgl. so argumentierend insbesondere *Döllerer* (Atypisch stille Gesellschaft, 1985), S. 299; *ders.* (Atypisch stille Gesellschaft, 1988), S. 299.

304 Vgl. *BFH* (09.12.1976), S. 157; *Tipke / Lang* (Steuerrecht, 1996), § 9, Rz. 527 (S. 383) und Rz. 6 (S. 447); *Heinrich* (GmbH, 1991), § 10, RdNr. 1 (S. 92); *Kneip* (Mitunternehmer, 1994), S. 436; *Klauss / Mittelbach* (Stille Gesellschaft, 1980), Rz. 497 (S. 193); *Krüger* (Besonderheiten, 1996), Rz. 9 (S. 5); *Stüttgen* (Stille Beteiligung, 1988), S. 283; *Schwedhelm* (Mitunternehmerschaft, 1987), S. 28; *Costede* (GmbH & Still, 1983), S. 309.

305 Vgl. dazu übereinstimmend *BFH* (28.01.1986), S. 600; *BFH* (31.01.1985), S. 18; *BFH* (02.05.1984), S. 823; *BFH* (21.06.1983), S. 565; *BFH* (01.07.1982), S. 646; *BFH* (08.02.1979), S. 408; *BFH* (09.12.1976), S. 158; *Bitz* (GmbH & Still, 1997), S. 770 (Fn. 8); *Töben* (Stille Gesellschaft, 1991), § 19, RdNr. 18 (S. 1214); *Döllerer* (Zivilrecht, 1987), S. 45, 52 f.; *ders.* (Handelsrecht und Steuerrecht, 1988), S. 207; *Schwedhelm* (Mitunternehmerschaft, 1987), S. 18 m.w.N.; *Dornbach* (Beurteilung, 1976), S. 425.

306 So sieht *Schwedhelm* (Mitunternehmerschaft, 1987), S. 116, als "Beitrag zur Mitunternehmerschaft (...) jede Leistung geeignet, die dem Zweck der (mitunternehmerischen) stillen Gesellschaft dient." Vgl. dort zusätzlich auch die Urteilsübersicht auf S. 99 (Fn. 309). Vgl. allgemein zur Leistung eines Gesellschafters als gesellschaftsrechtlicher Beitrag bzw. zum Beitragsgedanken selbst *Woerner* (Beitragsgedanke, 1978), S. 174; *ders.* (Leistungsbeziehungen, 1982), S. 201.

307 Es wird teilweise sogar die Ansicht vertreten, daß dem Zweck einer mitunternehmerischen Beteiligung nur solche Leistungsverhältnisse dienen können, "die geeignet sind, dem Stillen Mitunternehmereigenschaften zu vermitteln." *Schwedhelm* (Mitunternehmerschaft, 1987), S. 116.

308 *Paulick / Blaurock* (Stille Gesellschaft, 1988), S. 78; vgl. so auch *Crezelius* (Zivilrecht, 1995), S. 300; *Schulze zur Wiesche* (GmbH & Still, 1997), Rn. 83 (S. 34), Rn. 163 (S. 65 f.); *Troost* (Abgrenzung, 1997), S. 224; *Fichtelmann* (GmbH & Still, 1995), Rn. 265 (S. 84); *Fleischer / Thierfeld* (Stille Gesellschaft, 1995), S. 42; *Zimmermann / Reyher / Hottmann* (Personengesellschaften, 1995), S. 97; *Schwedhelm* (Geschäftsführer, 1994), S. 448; *Steinacker* (GmbH & aty-

Durch die getrennte Beurteilung von verschiedenen Rechtsverhältnissen und das Abstellen auf die Förderung des gemeinsamen Zwecks wird der zivilrechtlichen Struktur einer GmbH & atypisch Still auch insofern entsprochen, als nur die Leistung als Beitrag zur Förderung des gemeinsamen Zwecks anzuerkennen ist, die nicht aus "anderem Rechtsgrund (Liefervertrag, Dienstvertrag, etc.) geschuldet ist."[309] Es wird gleichzeitig der Tatsache Rechnung getragen, daß sich die Tätigkeit der GmbH nicht auf die Geschäfte beschränken muß, die im Innenverhältnis auf gemeinsame Rechnung der stillen Gesellschaft erfolgen. Ist der stille Gesellschafter z.B. nur an einem bestimmten Geschäftsbereich der GmbH beteiligt und überläßt er aufgrund eines separaten Vertrags einem anderen Geschäftsbereich der GmbH ein Wirtschaftsgut zur Nutzung, darf diese Überlassung nicht mit einem Beitragsgedanken in Verbindung gebracht werden. Eine steuerliche Qualifikation des Wirtschaftsguts als Sonderbetriebsvermögen I wäre in diesem Fall geradezu als absurd zu bezeichnen.

Um letztlich Wirtschaftsgüter dem Sonderbetriebsvermögen I bei einer GmbH & atypisch Still zuordnen zu können, müssen diese dem gemeinsamen Zweck "der Mitunternehmerschaft unmittelbar dienen".[310] Die Nutzungsüberlassung muß also direkt mit der Tätigkeit der GmbH in Verbindung gebracht werden können, die im Innenverhältnis auf gemeinsame Rechnung für die GmbH & atypisch Still erfolgt. Eine mittelbare Zweckdienlichkeit läßt sich freilich nicht ausschließen, wenn der Nutzungsüberlassung ein anderes Rechtsverhältnis zugrundeliegt; trotzdem muß in Anbetracht der Tatsache, daß nur die GmbH nach außen in Erscheinung tritt sowie überdies aus Gründen der Objektivierung das Trennungsprinzip Beachtung finden: Leistungen des stillen Gesellschafters an die GmbH dürfen bei der GmbH & atypisch Still nur dann steuerlich als (Mitunternehmer)Beitrag berücksichtigt werden, "wenn die Leistungsbeziehungen zwischen den Beteiligten hinreichende Anhaltspunkte dafür bieten, daß ihnen eine gemeinsame Zwecksetzung zugrunde liegt".[311] Da wiederum diese gemeinsame Zwecksetzung ausschließlich im stillen Gesellschaftsvertrag begründet liegen kann, ist insgesamt die "Ursächlichkeit des stillen Gesellschaftsverhältnisses besonders sorgfältig zu prüfen."[312]

So dürfen im Ergebnis nur die - im Eigentum des Stillen stehenden - Wirtschaftsgüter als Sonderbetriebsvermögen I qualifiziert werden, deren Nutzungsüberlassung zur Förderung des gemeinsamen Zwecks der GmbH & atypisch Still ausdrücklich im stil-

pisch Still, 1993), S. 9; *Weber* (Stille Beteiligung, 1992), S. 549; *Paulick / Blaurock* (Stille Gesellschaft, 1988), S. 457; *Costede* (GmbH & Still, 1983), S. 309.

309 *Zutt* (Staub HGB, 1990), zu § 230 HGB, Rdn. 76 (S. 24); vgl. ähnlich *Schmidt* (Schlegelberger HGB, 1986), zu § 335 HGB (§ 230 n.F.), Anm. 138 (S. 440); *Thomas* (Palandt BGB, 1997), zu § 705 BGB, Rn. 21 ff. (S. 788); *Ulmer* (BGB-Kommentar, 1980), zu § 705 BGB, RdNr. 79 (S. 67); vgl. ausführlich dazu *Abschnitt I.3.3.2* im *Ersten Kapitel*.

310 *Fichtelmann* (GmbH & Still, 1995), RdNr. 275 (S. 87).

311 *Schwedhelm* (Mitunternehmerschaft, 1987), S. 60.

312 *Bitz* (Littmann EStG, 1994) zu § 15, Rn 51 (S. 1972); vgl. auch *ders.* (GmbH & atypisch Still, 1997), S. 770 (Fn. 8).

len Gesellschaftsvertrag vereinbart wurde.[313] Wäre dort z.B. festgehalten, daß der Stille - im Rahmen einer Förderung des gemeinsamen Zwecks der Mitunternehmerschaft - der GmbH ein Fahrzeug zur Nutzung überläßt, so könnte dieses Fahrzeug steuerlich dem Sonderbetriebsvermögen I bei der GmbH & atypisch Still zugeordnet werden.[314] Aufgrund der spezifischen Rechtsstellung einer atypischen stillen Gesellschaft als reine Innengesellschaft ist letztlich jedoch der Zusammenhang mit einer unmittelbaren Förderung der Mitunternehmerschaft nur in wenigen Fällen herstellbar.[315] Die GmbH & atypisch Still tritt als solche nicht nach außen in Erscheinung, sondern ist vielmehr als "mitunternehmerische[r] Zusammenschluß von GmbH und stillem Gesellschafter (...) auf die interne Beteiligung an dem Betrieb der GmbH" beschränkt.[316] So werden die vom Stillen der GmbH zur Nutzung überlassene Wirtschaftsgüter aus steuerlicher Sicht i.d.R. nicht als Sonderbetriebsvermögen I im Rahmen der Mitunternehmerschaft, sondern als getrenntes Vertragsverhältnis zu beurteilen sein. In diesem Fall ist jedoch des weiteren zu prüfen, ob eine solche Nutzungsüberlassung der mitunternehmerischen Beteiligung des Stillen dient und aufgrund dessen dem Sonderbetriebsvermögen II zugeordnet werden muß.

3.2.2 Sonderbetriebsvermögen II

Wirtschaftsgüter, die der atypische stille Gesellschafter einer GmbH überläßt und die "unmittelbar der Begründung oder Stärkung der Beteiligung zu dienen bestimmt sind"[317], können steuerlich als Sonderbetriebsvermögen II bei der GmbH & atypisch Still qualifiziert werden.[318] Das Sonderbetriebsvermögen II besteht folglich aus den Wirtschaftsgütern, die der atypische stille Gesellschafter (als Eigentümer) der GmbH überlassen hat und die - im Gegensatz zum Sonderbetriebsvermögen I - nicht unmittelbar der Mitunternehmerschaft, wohl aber der mitunternehmerischen Beteiligung des Stillen dienen "oder sonst in dieser Beteiligung ihre Ursache haben."[319] Es steht wiederum der Beitrags- bzw. Förderungsgedanke im Vordergrund, es handelt sich hierbei jedoch um einen Beitrag des Stillen zur unmittelbaren Förderung seiner Einkünfte aus der Beteiligung bzw. seines Gewinnanteils aus der GmbH.

---

313 Dies kann auch indirekt, d.h. durch Verweis im stillen Gesellschaftsvertrag auf ein weiteres Rechtsverhältnis geschehen, da es letztlich nur auf die einheitliche Zwecksetzung ankommt; vgl. so auch *Stüttgen* (Stille Beteiligung, 1988), S. 291; *Costede* (GmbH & Still, 1983), S. 312; *Schulze zur Wiesche* (GmbH & Still, 1979), S. 36.

314 Hat der Stille dieses Fahrzeug fremdfinanziert, ist der zugehörige Fremdkapitalbetrag entsprechend als negatives Sonderbetriebsvermögen I "gegenzubuchen".

315 Die Literaturmeinung, die das Vorliegen von Sonderbetriebsvermögen I bei der GmbH & atypisch Still durchweg negiert, sieht dementsprechend einen solchen Zusammenhang in keinem Fall herstellbar; vgl. so *Tetens* (Ermittlung, 1988), S. 730; *Steinacker* (GmbH & atypisch Still, 1993), S. 50 ff.; *Winkeljohann / Halfar* (Gewerbesteuerliche Vorzüge, 1994), S. 2472.

316 *Schwedhelm* (Mitunternehmerschaft, 1987), S. 48.

317 *Fichtelmann* (GmbH & Still, 1995), RdNr. 275 (S. 87).

318 Vgl. *BFH* (12.11.1985), S. 313; *BFH* (06.05.1986), S. 838 m.w.N.; *Ruban* (Atypisch stille Gesellschaft, 1995), S. 642.

319 *Döllerer* (Atypisch stille Gesellschaft, 1985), S. 298.

Einer der umstrittensten Aspekte der steuerlichen Behandlung einer GmbH & atypisch Still, zu dem auch die Rechtsprechung noch keine gefestigte Position bezogen hat, ist die Frage, ob bei Personenidentität zwischen GmbH-Gesellschafter und atypischem stillen Gesellschafter der GmbH-Anteil des Stillen als Sonderbetriebsvermögen II zu qualifizieren ist. Es erscheint zweifelhaft "und vom *BFH* noch nicht geklärt (...), ob" die GmbH-Anteile des atypischen stillen Gesellschafters "*stets* Sonderbetriebsvermögen II des Stillen bilden oder ob auf die Bedeutung der stillen Einlage für das Unternehmen abzustellen ist."[320]

Es wird die Auffassung vertreten, daß bei wirtschaftlicher Betrachtungsweise die GmbH-Anteile des atypischen Stillen grundsätzlich dem Sonderbetriebsvermögen II bei der GmbH & atypisch Still zuzurechnen seien.[321] Es wird damit das Ziel einer steuerlichen Gleichbehandlung der GmbH & atypisch Still mit der GmbH & Co. KG verfolgt, bei der die GmbH-Anteile von Kommanditisten (regelmäßig) als Sonderbetriebsvermögen II zu behandeln sind.[322] Schon aufgrund der dort bestehenden Rechtsprechung müssen jedoch ggü. einer solchen Sichtweise Bedenken[323] geäußert werden: So ist bei einer GmbH & Co. KG die Qualifikation von GmbH-Anteilen des Kommanditisten als Sonderbetriebsvermögen II für den Fall zu negieren, daß die GmbH einen "eigenen Geschäftsbetrieb von [nicht] ganz untergeordneter Bedeutung" führt.[324] Bezugnehmend auf die schon mehrfach erhobene Kritik an einer rein wirt-

320 *Ruban* (Atypisch stille Gesellschaft, 1995), S. 642 (beide Zitate - Hervorheb. im Orig.). Der *BFH* stellt zwar (auch) in jüngeren Urteilen die Voraussetzungen dar, die für die Qualifikation der GmbH-Anteile als SBV II gegeben sein müssen, jedoch sind diese Urteile nicht konkret zur Personenidentität zwischen GmbH-Gesellschafter und Stillem bei einer GmbH & atypisch Still ergangen, sondern betreffen allgemein die Beteiligung an - mit Personengesellschaften in Geschäftsbeziehungen stehenden - Kapitalgesellschaften; vgl. so *BFH* (23.01.1992), S. 721; *BFH* (28.06.1989), S. 824. Einen Überblick über die diesbezügliche (Literatur)Diskussion findet man z.B. bei *Jaudzims* (Steuerliche Behandlung, 1996), S. 315; *Fichtelmann* (GmbH-Beteiligungen, 1994), S. 707.

321 Vgl. so *Wassermeyer* (Atypisch stille Beteiligung, 1986), S. 370; *Schmidt* (EStG-Kommentar, 1997), zu § 15, Rz 358 (S. 1179); *Schulze zur Wiesche* (GmbH & Still, 1997), Rn. 258 (S. 105); *Fichtelmann* (GmbH & Still, 1995), RdNr. 278 (S. 88 f.); *Schoor* (GmbH & Still, 1995), Rdn. 180 (S. 77 f.); *Stutzmann* (GmbH & atypisch Still, 1993), S. 33; *Strauh* (Einmann GmbH & Still, 1990), S. 1303; *Bormann* (GmbH & Still, 1984), S. 27.

322 Vgl. dazu *BFH* (15.11.1967), S. 152; *BFH* (14.08.1975), S. 88; *BFH* (15.10.1975), S. 188; *BFH* (06.02.1976), S. 412; *BFH* (07.12.1984), S. 241; *BFH* (14.04.1988), S. 667; *BFH* (28.06.1989), S. 824; *BFH* (11.12.1990), S. 510; *BFH* (23.01.1992), S. 721; *BFH* (07.07.1992), S. 328; *Niedersächsisches FG* (27.02.1996), S. 815; *Bitz* (GmbH & Still, 1997), S. 770; *Schmidt* (EStG-Kommentar, 1997), zu § 15, Rz 517 (S. 1207); *Brönner / Rux / Wagner* (GmbH & Co. KG, 1996), Rn. 444 (S. 169); *Zimmermann / Reyher / Hottmann* (Personengesellschaften, 1995), S. 1112; *Fichtelmann* (GmbH & Co. KG, 1994), RdNr. 292 (S. 96 f.); a.A. *Costede* (GmbH-Anteile, 1980), S. 241; *Czub* (GmbH-Anteile, 1981), S. 333.

323 Vgl. zweifelnd auch *Döllerer* (Atypisch stille Gesellschaft, 1985), S. 299, der deshalb für ein Abstellen auf die wirtschaftliche Bedeutung der stillen Beteiligung plädiert (s.u.).

324 *BFH* (07.12.1984), S. 242; vgl. so auch *BFH* (12.11.1985), S. 55; *BFH* (11.12.1990), S. 510; *BFH* (07.07.1992), S. 328; vgl. statt vieler dazu *Zimmermann / Reyher / Hottmann* (Personengesellschaften, 1995), S. 1112. Zudem hat jüngst der *IV. Senat* entschieden, daß bei einer GmbH &

schaftlichen Betrachtungsweise gilt es auch hier zu beachten, daß die GmbH & atypisch Still als solche - im Gegensatz zur GmbH & Co. KG - kein gewerbliches Unternehmen betreibt. So erscheinen Zweifel ggü. einer Behandlung der GmbH-Anteile als Sonderbetriebsvermögen II mehr als berechtigt, zumal sich die Tätigkeit der GmbH überdies nicht auf das Handelsgewerbe beschränken muß, das im Innenverhältnis auf Rechnung der Mitunternehmerschaft erfolgt.[325]

Infolgedessen wird die Ansicht vertreten, daß es letztlich allein auf den Betrieb der GmbH ankäme. Auch ohne eine stille Beteiligung gäbe es den Betrieb der GmbH und die stille Gesellschaft "hätte auch ohne eine GmbH-Mitgliedschaft des Stillen Bestand."[326] Der GmbH-Anteil diene dem Stillen lediglich zur Stärkung seiner Position in der GmbH und sei demzufolge steuerlich in keinem Fall als Sonderbetriebsvermögen II des stillen Gesellschafters bei der GmbH & atypisch Still zu behandeln, sondern grundsätzlich als Privatvermögen.[327] Dieser Auffassung wird in der Literatur entgegnet, daß die Mitunternehmerinitiative des Stillen "durch seine gleichzeitige Stellung als Gesellschafter der GmbH noch eine weitere Verstärkung" erfahre und dadurch insgesamt die Mitunternehmerschaft so gestärkt würde, daß "die GmbH-Anteile des stillen Gesellschafters (...) als Betriebsvermögen der Mitunternehmerschaft zu erfassen" seien.[328]

Es bestehen darüber hinaus Ansätze, wonach eine steuerliche Behandlung der GmbH-Anteile als Sonderbetriebsvermögen II nicht grundsätzlich bejaht bzw. negiert werden könne. Es sei hierbei vielmehr auf die wirtschaftliche Bedeutung der stillen Beteiligung abzustellen. So müsse es insbesondere von dem Verhältnis zwischen dem Eigenkapital der GmbH und der Höhe der stillen Beteiligung abhängig gemacht werden, ob - ggf. neben anderen Positionen -[329] ein GmbH-Anteil dem Sonderbetriebsvermögen II

Co. KG "GmbH-Anteile nicht zum notwendigen Sonderbetriebsvermögen II der Gesellschafter im Rahmen ihrer Kommanditbeteiligung [gehören], wenn sich die wirtschaftlichen Beziehungen zwischen den beiden Gesellschaften auf die bloße Beteiligung beschränken." *BFH* (07.03.1996), S. 736 (Leitsatz).

325 Dementsprechend gibt auch *Costede* (GmbH & Still, 1983), S. 310, zu Bedenken, daß "bei der GmbH & Still das Unternehmen nach außen (...) nicht von der Stillen Gesellschaft betrieben wird, sondern von der GmbH (...) [und daher] eine entsprechende Argumentation [wie bei GmbH & Co. KG] hier nicht möglich" ist. Vgl. ähnlich *Schulze zur Wiesche* (GmbH & Still, 1979), S. 63.

326 *Costede* (GmbH & Still, 1983), S. 310.

327 Eine (ausschließliche) Behandlung der GmbH-Anteile als Privatvermögen befürwortet *Walter* (GmbH & atypisch Still, 1994), S. 115; gl.A. *Söffing* (Mitunternehmer, 1994), S. 110; *Steinacker* (GmbH & atypisch Still, 1993), S. 37; *Brönner* (Besteuerung, 1988), S. 318; *Carlé* (GmbH & Still, 1987), S. 7037; *Schwedhelm* (Mitunternehmerschaft, 1987), S. 104; *Müller* (Stille Beteiligung, 1974), S. 252; *Costede* (Stille Gesellschaft, 1987), S. 262; *ders.* (GmbH & Still, 1983), S. 310; *ders.* (GmbH-Anteile, 1980), S. 246; *ders.* (Mitunternehmerschaft, 1977), S. 215.

328 *Barten / Kaminski* (Betriebsvermögen, 1983), S. 128 (beide Zitate). Vgl. so auch *Niedersächsisches FG* (27.02.1996), S. 815, wobei dort das Vorliegen von gewillkürtem Sonderbetriebsvermögen II unterstellt wird.

329 Es gehen hierbei wiederum die Auffassungen auseinander, ob für den Fall, daß das wirtschaftliche Schwergewicht bei der stillen Beteiligung liegt, (insbesondere) überlassene Wirtschaftsgüter

des Stillen bei der GmbH & atypisch Still zuzurechnen sei.[330] Für den Fall, daß "das wirtschaftliche Schwergewicht bei der stillen Gesellschaft" läge und diese damit ursächlich für die vereinbarte Leistung sei, bestünden "keine Bedenken, die Anteile des stillen Gesellschafters an der GmbH als sein Sonderbetriebsvermögen [II] im Rahmen der atypischen stillen Gesellschaft anzusehen."[331]

Solchen Ansätzen muß man insbesondere aus Objektivierungsgründen kritisch gegenüberstehen. Bei welchen Vertragskonstellationen man von einer wirtschaftlich "starken Stellung (...) oder Interessengleichheit aufgrund einer hohen [stillen] Beteiligung" ausgehen kann, "erscheint fraglich"[332] und wäre letztlich abhängig von dem Gesamtbild des Einzelfalls laufend zu überprüfen. Da diesbezüglich keine eindeutig definierten Maßstäbe existieren, erscheint es sinnvoll, die Sonderbetriebseigenschaft nicht von der Höhe der Beteiligungsverhältnisse bzw. von der damit einhergehenden Beurteilung eines wirtschaftlichen Schwergewichts abhängig zu machen.[333] Bei einer solchen Vorgehensweise könnten zudem "Schwankungen in der Höhe des Eigenkapitals dazu führen, daß die Anteile in einem Jahr Betriebsvermögen und im anderen Privatvermögen sind."[334] Darüber hinaus bleiben bei einem subjektiven Abwägen von wirtschaftlichen Interessen unterschiedliche Rechtsbeziehungen ohne Berücksichtigung, was "zu einer unzulässigen Pauschalisierung und zu einem Verstoß gegen die Individualbesteuerung führen würde."[335]

Letztlich erscheint es bei der steuerlichen Einordnung der GmbH-Anteile des Stillen weitaus sachgerechter, bezüglich der Frage nach der Ursächlichkeit auf das zugrundeliegende Vertragsverhältnis Rückgriff zu nehmen, da "eine noch so starke wirtschaftliche Stellung des stillen Gesellschafters nichts an der rechtlichen Situation zu ändern

---

als Sonderbetriebsvermögen I oder II einzustufen sind: So plädiert *Döllerer* (Atypisch stille Gesellschaft, 1985), S. 299, für die Zuordnung zum Sonderbetriebsvermögen I, obwohl die Nutzungsüberlassung nicht unmittelbar per stillem Gesellschaftsvertrag festgeschrieben wurde, sondern vielmehr unmittelbar der (wirtschaftlich dominierenden) stillen Beteiligung - über die GmbH als Treuhänder - dient, was somit der Einstufung als Sonderbetriebsvermögen II entspräche.

330 Vgl. bezugnehmend auf die wirtschaftliche Bedeutung *Schulze zur Wiesche* (GmbH & Still, 1976), S. 411; *ders.* (GmbH & Still, 1979), S. 63; *Bormann* (GmbH & Still, 1984), S. 27; *Döllerer* (Atypisch stille Gesellschaft, 1985), S. 298; *Gassner* (Atypisch stille Beteiligung, 1986), S. 369; *Paulick / Blaurock* (Stille Gesellschaft, 1988), S. 469; *Blaurock* (GmbH & Still, 1992), S. 1977.

331 *Paulick / Blaurock* (Stille Gesellschaft, 1988), S. 469 (beide Zitate); gl.A. *Hense / Jung / Schwaiger* (GmbH & Still, 1995), Rz. 194 (S. 331); *Fichtelmann* (GmbH-Beteiligungen, 1994), S. 707. *Döllerer* (Atypisch stille Gesellschaft, 1985), S. 299, sieht eine Ursächlichkeit der stillen Beteiligung (z.B.) dann, wenn die stille Einlage 10 Mio. DM und das Eigenkapital der GmbH 100.000 DM betragen.

332 *Gassner* (Abgrenzung, 1988), S. 385 (beide Zitate).

333 Diese Problematik ähnelt derjenigen, die im Zusammenhang mit der Personenidentität von Stillem und GmbH-Gesellschafter zu diskutieren war; vgl. hierzu *Abschnitt II.2.2.1* dieses Kapitels.

334 *Steinacker* (GmbH & atypisch Still, 1993), S. 38; vgl. so auch *Carlé* (GmbH & Still, 1987), S. 7037.

335 *Stüttgen* (Stille Beteiligung, 1988), S. 283.

vermag".[336] Die "zivilrechtlichen Formen [sind] (...) auch für das Steuerrecht wirksam".[337] So darf ausschließlich geprüft werden, ob eine GmbH-Mitgliedschaft des Stillen die Funktion hat, seine mitunternehmerische Beteiligung zu stärken. Dieser Sachverhalt muß allein aus Objektivierungsgründen im stillen Gesellschaftsvertrag begründet liegen bzw. dokumentiert sein. Wurde dort z.B. vereinbart, daß über das stille Beteiligungsverhältnis hinaus und zur Stärkung eines solchen der Stille gleichzeitig als GmbH-Gesellschafter fungieren soll, so ist dessen GmbH-Anteil steuerlich entsprechend als Sonderbetriebsvermögen II einzustufen.[338] Zudem kommen als negatives Sonderbetriebsvermögen II Darlehen in Betracht, die der Stille zur Finanzierung seiner stillen Beteiligung aufgenommen hat, da diese aufgenommenen Mittel der mitunternehmerischen Beteiligung des Stillen an der GmbH dienen.[339]

Ansonsten muß auch bei vorliegender Personenidentität zwischen GmbH-Gesellschafter und Stillem aufgrund der zivilrechtlichen Struktur einer GmbH & atypisch Still das steuerliche Trennungsprinzip Vorrang haben vor einer wirtschaftlichen 'Rundumbetrachtung', die letztlich eine steuerliche Gleichstellung der GmbH & atypisch Still mit der GmbH & Co. KG zum Ziel hat. Eine solche Sichtweise würde die mitunternehmerische Beteiligung gegenüber der GmbH einkommensteuerrechtlich in den Vordergrund stellen, obwohl diese alleinige Trägerin des Gewerbebetriebs ist und überdies sich deren Geschäftstätigkeit nicht auf eine Tätigkeit für die Mitunternehmerschaft beschränken muß.

So kann in bezug auf das steuerliche Betriebsvermögen einer GmbH & atypisch Still abschließend festgehalten werden, daß das Vermögen der GmbH an die Stelle eines Gesamthandsvermögens tritt. Die GmbH begründet demzufolge - im Gegensatz zum atypischen Stillen - kein Sonderbetriebsvermögen bei der GmbH & atypisch Still. Zum Sonderbetriebsvermögen des atypischen stillen Gesellschafters im Rahmen einer GmbH & atypisch Still zählen die Wirtschaftsgüter, die dem Gesellschafter gehören und dem Betrieb der GmbH dienen und damit einhergehend den gemeinsamen Zwecks der Mitunternehmerschaft fördern (Sonderbetriebsvermögen I) und solche Wirtschaftsgüter, die der Begründung bzw. Stärkung der atypischen stillen Beteiligung an der GmbH dienen (Sonderbetriebsvermögen II). Die Ursächlichkeit hierfür muß dabei jeweils im stillen Gesellschaftsvertrag liegen.

---

336 *Steinacker* (GmbH & atypisch Still, 1993), S. 38; ähnlich *Lenski / Steinberg* (GewStG, 1995), zu § 2, Anm. 952 (S. 232); *Schwedhelm* (Mitunternehmerschaft, 1987), S. 104.

337 *BFH* (21.06.1983), S. 565.

338 Wurde in einem solchen Fall der Erwerb des GmbH-Anteils - als Sonderbetriebsvermögen II - fremdfinanziert, ist das Darlehen steuerlich entsprechend als (negatives) Sonderbetriebsvermögen II zu behandeln.

339 Vgl. *BFH* (18.12.1991), S. 585; *Hense / Jung / Schwaiger* (GmbH & Still, 1995), Rz. 194 (S. 331); *Winkeljohann / Halfar* (Gewerbesteuerliche Vorzüge, 1994), S. 2472; *Steinacker* (GmbH & atypisch Still, 1993), S. 39.

Drittes Kapitel: Erfolgsteuer bei der GmbH & atypisch Still

I. Einkommen- und Körperschaftsteuer

1. Gründung der GmbH & atypisch Still

Wurde bislang hinterfragt, unter welchen vertraglichen Rahmenbedingungen die stille Beteiligung an einer GmbH als Mitunternehmerschaft i.S.v. § 15 Abs. 1 Satz 1 Nr. 2 EStG anzusehen ist, welche steuerliche Rechtsstellung hierbei die GmbH & atypisch Still bzw. der Stille einnimmt und wie sich das steuerliche Betriebsvermögen einer solchen Mitunternehmerschaft zusammensetzt, wird nunmehr diskutiert, welche Folgen das Vorliegen einer mitunternehmerischen Beteiligung für die (Erfolgs)Besteuerung der Vertragsbeteiligten hat.

Die GmbH & atypisch Still wird durch den stillen Gesellschaftsvertrag begründet, in dem unter anderem eine Beitragsleistung des Stillen festgeschrieben sein muß. Abgesehen von dem Fall, daß der atypische stille Gesellschafter diesen Beitrag in Form einer Dienstleistung bzw. einer Gebrauchsüberlassung erbringt, entsteht das Rechtsverhältnis durch eine Vermögenseinlage des Stillen in das Unternehmen der GmbH. Diese Einlage erfolgt in Form von Wirtschaftsgütern, "die für den Geschäftsinhaber einen Vermögenswert repräsentieren, übertragbar und in Geld abschätzbar sind."[1] Leistet der Stille eine Bareinlage oder legt er z.B. ein Grundstück, Wertpapiere oder auch eine Forderung bzw. Gesellschaftsanteile in die GmbH ein, so wird der vertraglich fixierte Gegenwert auf seinem Einlagekonto bei der GmbH gutgeschrieben.[2]

Im Fall der Einbringung eines Betriebs, Teilbetriebs oder eines Mitunternehmeranteils zur Gründung einer GmbH & atypisch Still greift § 24 UmwStG.[3] Hierbei tritt die GmbH an die Stelle der Personengesellschaft, da die GmbH & atypisch Still als solche kein Gesamthandsvermögen besitzt, in das etwas eingebracht werden könnte. Es besteht ein Wahlrecht, die Einbringung in das Vermögen der GmbH zum Buchwert, zum Teilwert oder zum Zwischenwert vorzunehmen.[4] Der festgestellte Wert stellt gem. § 16 Abs. 1 EStG für den atypischen stillen Gesellschafter gleichzeitig den Veräußerungspreis des eingebrachten Betriebsvermögens dar. Ist der festgestellte Wert gleich

---

1 *Schoor* (GmbH & Still, 1995), Rdn. 93 (S. 52 f.); vgl. zudem *BFH* (27.02.1975), S. 611; *BGH* (24.09.1952), S. 174.

2 Nur im Ausnahmefall wird der Wert der Vermögenseinlage höher sein als die vereinbarte Höhe des Einlagekontos; in einem solchen Fall wäre eine Ergänzungsbilanz zu führen, da bei der Veräußerung einer stillen Beteiligung deren Anschaffungskosten dokumentiert sein müßten, um ggf. einen Veräußerungsgewinn feststellen zu können.

3 Vgl. hierzu *Widmann* (UmwStG-Kommentar, 1995), zu § 24, Rz 7794 (S. 2); *Schulze zur Wiesche* (Einbringung, 1980), S. 1192; *ders.* (Einlage, 1986), S. 1744; *ders.* (GmbH & Still, 1997), Rn. 340 ff. (S. 143 ff.); *Fichtelmann* (GmbH & Still, 1995), RdNr. 288 ff. (S. 93 ff.) m.w.N. (Fn. 216); *Fleischer / Thierfeld* (Stille Gesellschaft, 1995), S. 77. Bei Gründung einer GmbH & typisch Still käme dagegen § 20 UmwStG zur Anwendung; vgl. statt vieler dazu *Fichtelmann* (GmbH & Still, 1995), RdNr. 287 ff. (S. 91 ff.).

4 Vgl. *Schulze zur Wiesche* (GmbH & Still, 1997), Rn. 340 (S. 143); *Fleischer / Thierfeld* (Stille Gesellschaft, 1995), S. 77; *Schmidt* (Anmerkung, 1981), S. 245.

dem Teilwert, handelt es sich um eine (steuerbegünstigte)[5] Betriebsveräußerung mit der Folge der Realisierung und Besteuerung von stillen Reserven. Erfolgt der Einbringungsvorgang dagegen zum Buchwert, ist von einer Betriebsfortführung auszugehen und die Auflösung und Besteuerung der stillen Reserven unterbleibt.[6] Bei Ansatz eines Zwischenwerts "ist der Unterschiedsbetrag (...) als laufender Gewinn zu erfassen"[7], der nicht i.S.d. §§ 16, 34 EStG einer Steuerbegünstigung unterliegt, da "nicht alle stille Reserven aufgedeckt" werden.[8]

Im Falle der Einbringung des Betriebsvermögens zum Zwischen- bzw. zum Buchwert wird das Aufstellen von Ergänzungsbilanzen notwendig. In Ergänzungsbilanzen werden generell die anteiligen Anschaffungskosten für solche (Einzel)Wirtschaftsgüter oder Gesellschaftsanteile an Personengesellschaften festgehalten, deren Einbringungswerte über oder unter der Höhe des Buchwerts des gewährten Kapitalkontos liegen.[9] Dadurch wird eine Fortschreibung der Beträge ermöglicht, die der Erwerber tatsächlich für seine Beteiligung aufgebracht hat. Zugleich impliziert eine solche Vorgehensweise, daß trotz der zunächst erfolgsneutralen Behandlung die Erfassung der stillen Reserven bei späterer Veräußerung gesichert ist.[10]

Bei der GmbH & atypisch Still ist das Aufstellen einer Ergänzungsbilanz folglich "immer dann erforderlich, wenn die Anschaffungskosten des Anteils nicht dem Buchwert des Kapitals, d.h. dem in der Steuerbilanz der GmbH ausgewiesenen Wert [lt. Einlagekonto] entsprechen."[11] Bei Ansatz des eingebrachten Betriebsvermögens zum Buchwert bzw. zum Zwischenwert sind demzufolge - von der GmbH für den Stillen - Ergänzungsbilanzen zu führen.[12] Ein weiterer Anlaß für Ergänzungsbilanzen bestünde bei der Veräußerung eines (atypischen) stillen Gesellschaftsanteils, wobei dies "für die Praxis keine besondere Bedeutung" hat, da "atypische stille Beteiligungen (...) nur selten veräußert" werden.[13]

---

5 Es greifen die (Begünstigungs-) Vorschriften der §§ 16, 34 EStG.

6 Vgl. *Schulze zur Wiesche* (Einlage, 1986), S. 1744.

7 *Schulze zur Wiesche* (GmbH & Still, 1997), Rn. 344 (S. 145).

8 *Zimmermann / Reyher / Hottmann* (Personengesellschaften, 1995), S. 488 (mit Verweis auf § 24 Abs. 3 Satz 2 UmwStG); vgl. auch *BFH* (26.02.1981), S. 568.

9 Vgl. so auch *Binnewies* (Ergänzungsbilanzen, 1997), S. 68, gem. der sich Ergänzungsbilanzen dann ergeben, "wenn der Gesellschafter (= Mitunternehmer) für seinen Anteil am Vermögen der Personengesellschaft mehr oder weniger bezahlt hat als den Betrag, der seiner prozentualen Beteiligung entspräche."

10 Vgl. statt vieler *Rose* (Ertragsteuern, 1995), S. 82.

11 *Stüttgen* (Stille Beteiligung, 1988), S. 450; gl.A. *Bitz* (GmbH & Still, 1997), S. 770; *Zacharias / Hebig / Rinnewitz* (Atypisch stille Gesellschaft, 1996), S. 155. Vgl. zu der Notwendigkeit der Aktivierung von Anschaffungskosten *BFH* (13.10.1983), S. 101.

12 Vgl. neben den Regelungen des § 24 Abs. 2 Satz 1 UmwStG die Beispiele bei *Zimmermann / Reyher / Hottmann* (Personengesellschaften, 1995), S. 494 ff.; a.A. bezüglich der Notwendigkeit von Ergänzungsbilanzen im Zusammenhang mit einer GmbH & (atypisch) Still *Schulze zur Wiesche* (GmbH & Still, 1985), S. 163.

13 *Horn / Maertins* (GmbH & atypisch Still, 1994), S. 149 (beide Zitate). Eine Veräußerung des Geschäftsanteils wäre zudem nur mit Zustimmung der GmbH möglich; vgl. so z.B. *BFH* (11.02.1981), S. 465; m.w.N. *Schmidt* (EStG-Kommentar, 1997), zu § 16, Rz 420 ff. (S. 1390 f.);

Einer Ergänzungsbilanz der GmbH bedarf es nicht, da der Inhaber des Handelsgewerbes bei Gründung einer GmbH & atypisch Still nicht als Einbringender anzusehen ist.[14] Grundsätzlich hat der Geschäftsinhaber "keinen Anteil an der atypischen stillen Gesellschaft, ihm gehört das ganze Unternehmen."[15] Die Fortführung der Buchwerte erfolgt bei der GmbH (weiterhin) in ihrer Steuerbilanz. Ein Neuansatz zum Teil- oder Zwischenwert bedeutet bei der GmbH regelmäßig einer Wertzuschreibung, die "nicht zulässig ist, [da] keine Änderung der Zurechnung des Betriebsvermögens stattgefunden" hat.[16]

2. Gewinnermittlung und -verteilung

2.1. Einheitliche und gesonderte Gewinnfeststellung

Eine einheitliche und gesonderte Gewinnfeststellung i.S.v. § 179 Abs. 2 AO i.V.m. § 180 Abs. 1 Nr. 2 AO findet immer dann statt, wenn "mehrere Personen beteiligt sind und die Einkünfte diesen Personen steuerlich zuzurechnen sind."[17] Dabei setzt die Vorschrift des § 180 Abs. 1 Nr. 2a AO voraus, daß die beteiligten Personen den Tatbestand der gewerblichen Einkünfteerzielung gemeinsam erfüllen.[18] Bei der GmbH & atypisch Still ist dies nicht der Fall; es gibt keinen Gewinn der GmbH & atypisch Still, sondern nur den Gewinn der GmbH, an dem der Stille schuldrechtlich beteiligt ist. Hiernach ist eine einheitliche und gesonderte Gewinnfeststellung nicht zwingend erforderlich.[19]

Da ein atypisches stilles Gesellschaftsverhältnis "die Voraussetzungen des § 15 Abs. 1 Satz 1 Nr. 2 EStG erfüllt [und] (...) an den Einkünften der tätige Teilhaber und der stille Gesellschafter beteiligt"[20] sind, bietet sich jedoch an, (auch) die Einkünfte der

---

Stüttgen (Stille Beteiligung, 1988), S. 450; a.A. *Schulze zur Wiesche* (GmbH & Still, 1985), S. 163.

14 Gl.A. *Döllerer* (Atypisch stille Gesellschaft, 1985), S. 302; *Schulze zur Wiesche* (Einlage, 1986), S. 1744; *Costede* (Stille Gesellschaft, 1987), S. 255; a.A. *Fichtelmann* (GmbH & Still, 1995), RdNr. 290 (S. 94).

15 *Döllerer* (Atypisch stille Gesellschaft, 1985), S. 299; vgl. so z.B. auch *Fleischer / Thierfeld* (Stille Gesellschaft, 1995), S. 78.

16 *Schulze zur Wiesche* (GmbH & Still, 1997), Rn. 341 (S. 144 f.); *Costede* (Stille Gesellschaft, 1987), S. 255; *Döllerer* (Atypisch stille Gesellschaft, 1985), S. 302; a.A. (wohl) *Fichtelmann* (GmbH & Still, 1995), RdNr. 290 (S. 94).

17 *BFH* (22.01.1981), S. 426; vgl. z.B. auch *Zacharias / Hebig / Rinnewitz* (Atypisch stille Gesellschaft, 1996), S. 156. So bezeichnet *Mellwig* (Mitunternehmergewinn, 1988), S. 413, "die steuerliche Ermittlung des Mitunternehmergewinns [als] Gewinnermittlung einer wirtschaftlichen Einheit".

18 Vgl. *BFH* (19.02.1981), S. 602; *Baum* (Koch AO, 1996), zu § 180 Abs. 2 AO, Rz. 2 /1 (S. 1205); *Tipke / Lang* (Steuerrecht, 1996), § 22, Rz. 121 ff. (S. 752 ff.). Gem. *Schmidt-Liebig* (Qualifikation, 1996), S. 86, ist dabei unerheblich, "ob die Einkünfte bei allen Beteiligten derselben Einkunftsart angehören"; vgl. dazu auch *BFH* (02.09.1992), S. 672.

19 A.A. *Schoor* (GmbH & Still, 1995), Rdn. 88 (S. 51); *Paulick / Blaurock* (Stille Gesellschaft, 1988), S. 401; *Hölzel* (GmbH & Still, 1981), S. 55 ff.; *Post / Hoffmann* (Stille Beteiligung, 1984), S. 120.

20 *BFH* (22.01.1981), S. 426.

Gesellschafter einer atypischen stillen Gesellschaft einheitlich und gesondert festzustellen;[21] so sind auch die Ansätze in der Literatur nachvollziehbar, nach denen die GmbH & atypisch Still steuerlich *wie* ein Subjekt der Gewinnermittlung zu behandeln sei.[22] Bezieht sich die atypische stille Beteiligung nur auf einen Geschäftszweig der GmbH, "erstreckt sich die einheitliche Feststellung [entsprechend] nur auf diesen Bereich".[23]

Grundlage für die Gewinnfeststellung ist die - aus der Handelsbilanz abzuleitende - Steuerbilanz der GmbH.[24] Wie schon dargelegt wurde, ist diese Bilanz *wie* eine Bilanz der GmbH & atypisch Still zu sehen, da das Betriebsvermögen der GmbH an die Stelle eines Gesellschafts- bzw. Gesamthandsvermögens tritt.[25] Es ist dabei zu beachten, daß der Gewinnanteil des stillen Gesellschafters in der Handelsbilanz der GmbH als Aufwand zählt und daher, zur Feststellung des Gewinnanteils aus der Mitunternehmerschaft, letztlich wieder hinzugerechnet werden muß. Darüber hinaus sind die Ergebnisse aus bestehenden Sonderbetrieben mit zu berücksichtigen.[26]

2.2. Aufteilung des Gewinns

Der einheitlich und gesondert festgestellte Gewinn einer GmbH & atypisch Still wird gemäß dem vertraglich vereinbarten Gewinnverteilungsschlüssel auf die Gesellschafter verteilt. Hierbei wird diskutiert, "ob der Handelsbilanzgewinn oder der Gewinn laut Steuerbilanz Ausgangspunkt" für den zu versteuernden Gewinnanteil des Stillen sein

---

21 Gl.A. *BFH* (22.01.1981), S. 424; *BFH* (10.10.1985), S. 68; *BFH* (06.11.1985), S. 333; *BFH* (27.04.1982), S. 636; *BFH* (12.11.1985), S. 315; *BFH* (27.05.1993), S. 701; *FG Saarland* (14.12.1990), S. 198; *BMF* (26.11.1987), S. 765. Vgl. befürwortend überdies *Müller* (Atypisch stille Gesellschaft, 1996), S. 244 f.; *Fichtelmann* (GmbH & Still, 1995), RdNr. 279 f. (S. 89); *Horn / Maertins* (GmbH & atypisch Still, 1994), S. 150; *Blaurock* (GmbH & Still, 1992), S. 1972; *Döllerer* (Atypisch stille Gesellschaft, 1985), S. 302; *ders.* (Atypisch stille Gesellschaft, 1988), S. 307; *Costede* (Stille Gesellschaft, 1987), S. 253; *Ehlers / Busse* (Vermögenszuordnung, 1989), S. 452. Vgl. kritisch *Steinacker* (GmbH & atypisch Still, 1993), S. 88 ff.; *Winkeljohann / Halfar* (Gewerbesteuerliche Vorzüge, 1994), S. 2472.

22 Vgl. insbesondere hierzu *Bitz* (Littmann EStG, 1994) zu § 15, Rn 51 (S. 1971) m.w.N.; vgl. auch *BFH* (13.07.1993), S. 243; *Stuhrmann* (Blümich EStG, 1991), zu § 15, Rz. 225a (S. 149); *Herzig / Kessler* (Gepräge-Gesetz, 1986), S. 451; vgl. darüber hinaus die Diskussion in den *Abschnitten III.* und *IV.* im *Zweiten Kapitel.*

23 *BFH* (04.08.1988), S. 20; vgl. so überdies *BFH* (28.10.1981), S. 186; *BFH* (19.02.1981), S. 602; *Jaudzims* (Steuerliche Behandlung, 1996), S. 282.

24 Vgl. *Knobbe-Keuk* (Steuerrecht, 1993), S. 406; *Schulze zur Wiesche* (Stille Gesellschaft, 1982), S. 1978.

25 Vgl. *Schulze zur Wiesche* (GmbH & Still, 1997), Rn. 249 (S. 102); *Knobbe-Keuk* (Steuerrecht, 1993), S. 406 f.; *Straub* (Einmann GmbH & Still, 1990), S. 1302; vgl. zudem *Abschnitt IV.2.* im *Zweiten Kapitel.*

26 Vgl. statt vieler *Schulze zur Wiesche* (Stille Gesellschaft, 1982), S. 1979; *ders.* (GmbH & atypisch Still, 1982), S. 115. Sonderbetriebsausgaben (Sonderbetriebsaufwand) können (kann) dabei ausschließlich im Rahmen dieses Gewinnfeststellungsverfahrens geltend gemacht werden; vgl. so *BFH* (11.09.1991), S. 4.

sollte.[27] Grundsätzlich ist davon auszugehen, daß sich der "zwischen Gesellschaftern einer Personengesellschaft vereinbarte Gewinnverteilungsschlüssel (...) auf den Handelsbilanzgewinn" bezieht.[28] Dies muß jedoch aufgrund der bestehenden Vertragsfreiheit nicht zwingend der Fall sein.[29] So wird in der Literatur nicht zuletzt deshalb für die Steuerbilanz der GmbH als Bemessungsgrundlage plädiert, weil die Steuerbilanz "ein realistischeres Bild des erwirtschafteten Gewinns gegenüber der Handelsbilanz" zeige.[30]

Die Diskussion muß an dieser Stelle nicht weiter vertieft werden, da letztlich ausschließlich die Vereinbarungen im stillen Gesellschaftsvertrag maßgeblich sind für die Bestimmung der Bemessungsgrundlage.[31] Bedeutung erlangen dabei insbesondere vertragliche Regelungen bezüglich der Beteiligung an (realisierten) stillen Reserven sowie eine Beschränkung des Gewinnanteils auf bestimmte Geschäftsbereiche bzw. auf bestimmte Einkünfte der GmbH.[32] Darüber hinaus kann der Zeitpunkt bestimmt werden, ab dem der Stille schuldrechtlich am Ergebnis der GmbH teilhaben soll.

---

27 *Costede* (Stille Gesellschaft, 1987), S. 253; vgl. so auch *Schoor* (GmbH & Still, 1995), Rdn. 99 (S. 54). Vgl. darüber hinaus die Diskussion bei *Schulze zur Wiesche* (GmbH & Still, 1997), Rn. 80 ff. (S. 29 ff.); *ders.* (GmbH & atypisch Still, 1982), S. 114 ff.; *Zacharias / Hebig / Rinnewitz* (Atypisch stille Gesellschaft, 1996), S. 27 ff.; *Fichtelmann* (GmbH & Still, 1995), RdNr. 40 (S. 13); *Fleischer / Thierfeld* (Stille Gesellschaft, 1995), S. 49 ff.; *Haas* (Steuerbilanz, 1995), S. 14 f.; *Schmidt* (Schlegelberger HGB, 1986), zu § 337 HGB (§ 232 n.F.), Anm. 10 ff. (S. 479); *Stüttgen* (Stille Beteiligung, 1988), S. 191 ff.; *Boettcher / Zartmann / Faut* (Stille Gesellschaft, 1978), S. 76.

28 *BFH* (22.05.1990), S. 965; gl.A. *BFH* (22.04.1971), S. 600; *BFH* (09.07.1969), S. 690; vgl. *Bormann / Hellberg* (Gewinnverteilung, 1997), S. 2415; *Horn* (Heymann HGB, 1996), zu § 232 HGB, Rdn. 2 (S. 513); *Koller* (HGB-Kommentar, 1996), zu § 232 HGB, Rz. 2 (S. 469); *Bezzenberger* (Stille Gesellschaft, 1991), § 21, RdNr. 9 (S. 1231); *Hense* (Stille Gesellschaft, 1990), S. 34; *Sudhoff* (Gewinnanteil, 1960), S. 2121.

29 Vgl. statt vieler dazu *Wachter* (Gewinn, 1996), S. 27.

30 *Glenk* (Typische stille Beteiligung, 1995), S. 178. Für die Steuerbilanz als Bemessungsgrundlage plädiert auch *Schoor* (GmbH & Still, 1995), Rdn. 102 (S. 55), da die "Bilanzierungsvorschriften des Steuerrechts (...) präziser" seien und "einer gewissen Überprüfung durch die Steuerbehörden" unterlägen; vgl. auch *BFH* (09.07.1969), S. 690.

31 Vgl. *Bitz* (GmbH & Still, 1997), S. 770; *Paulick / Blaurock* (Stille Gesellschaft, 1988), S. 268; *Bordewin* (Stille Beteiligung, 1993), S. 3248. Bei fehlender vertraglicher Vereinbarung ist jedoch in Anlehnung an *Costede* (Stille Gesellschaft, 1987), S. 253, "der Handelsbilanzgewinn zugrunde zu legen." Gl.A. *Horn* (Heymann HGB, 1996), zu § 232 HGB, Rdn. 2 (S. 513); *Koller* (HGB-Kommentar, 1996), zu § 232 HGB, Rz. 2 (S. 469); *Fleischer / Thierfeld* (Stille Gesellschaft, 1995), S. 23; *Hense* (Stille Gesellschaft, 1990), S. 34.

32 Aufgrund dessen sollte z.B. auch vertraglich festgelegt werden, ob der Stille einen Anteil an den betriebsfremden Erträgen der GmbH (wie z.B. Zinsen aus Wertpapiervermögen etc.) erhält, da solche ihn - im Hinblick auf die gemeinsame Zwecksetzung (Betreiben eines Handelsgewerbes) - grundsätzlich nicht betreffen; vgl. so auch die Diskussion bei *Sudhoff* (Gewinnanteil, 1960), S. 2122 ff.; *Curtius-Hartung* (Stille Gesellschaft, 1987), S. 232; *Schmidt* (Schlegelberger HGB, 1986), zu § 337 HGB (§ 232 n.F.), Anm. 17 (S. 487); *Boettcher / Zartmann / Faut* (Stille Gesellschaft, 1978), S. 173.

Dementsprechend könnten z.B. auch bilanzielle Gewinn- bzw. Verlustvorträge der GmbH bei der Ermittlung des Gewinnanteils des Stillen Berücksichtigung finden.[33]

Für die zeitliche Erfassung des Gewinnanteils[34] beim atypischen stillen Gesellschafter kommt es - im Gegensatz zum typischen Vertragsverhältnis - auf den tatsächlichen (Zahlungs)Zufluß i.S.v. § 11 Abs. 1 EStG nicht an.[35] Der Gewinnanteil wird dem atypischen Stillen vielmehr bereits in dem Jahr zugerechnet, "in dem der Gewinn tatsächlich erzielt worden ist, also spätestens mit dem Ende des Geschäftsjahres, für das die Bilanz aufgestellt wird."[36] Dieses 'Gewinnentstehungsprinzip', das sich aus der Vorschrift des § 15 Abs. 1 Satz 1 Nr. 2 EStG herleiten läßt,[37] ist zwar grundsätzlich auf Personenhandelsgesellschaften bezogen, bei denen die Gesellschafter gesamthänderisch am Gesellschaftsvermögen und insoweit auch am Gewinn beteiligt sind. Es findet jedoch aufgrund der Subsumtion der mitunternehmerischen Beteiligung des Stillen unter diese Vorschrift auch auf die GmbH & atypisch Still Anwendung.[38] Dem atypischen stillen Gesellschafter ist demzufolge der Gewinnanteil im Rahmen der einheitlichen und gesonderten Gewinnfeststellung unmittelbar zuzurechnen.[39]

2.3. Angemessenheit der Gewinnverteilung

Eine Gewinnverteilung erfolgt grundsätzlich nach den Bestimmungen des Gesellschaftsvertrags, wobei die Vereinbarungen aus zivilrechtlicher Sicht keinerlei Restriktionen unterliegen. Sind vertraglich keine Regelungen getroffen, gilt nach § 231 Abs. 1 HGB "ein den Umständen nach angemessener Anteil als bedungen." Als angemessen ist dabei ein Gewinnanteil anzusehen, der den vom stillen Gesellschafter erbrachten Leistungen entspricht. Dies läßt sich in Abhängigkeit von "Kapitalleistungen und deren Verzinsung, dem Arbeitseinsatz und den Ertragsaussichten des Un-

---

33 Dieser Aspekt führt in der (Beratungs)Praxis dazu, daß im Rahmen von Gestaltungsüberlegungen - neben der GmbH & Co. KG - die GmbH & atypisch Still als Verlustzuweisungsgesellschaft auf großes Interesse stößt.

34 Die Ausführungen gelten in gleicher Weise für Verlustanteile des atypischen Stillen.

35 Gl.A. *Wolff-Diepenbrock* (Littmann EStG, 1994), zu § 11, Rn 166 (S. 1734); *Paulick / Blaurock* (Stille Gesellschaft, 1988), S. 424; a.A. *Gassner* (Atypisch stille Beteiligung, 1986), S. 360 f.

36 *Paulick / Blaurock* (Stille Gesellschaft, 1988), S. 424, die zudem klarstellen, daß im Gegensatz zur typischen stillen Gesellschaft entscheidend ist, "wann der Gewinn entstanden ist, nicht wann er ausgeschüttet oder gutgeschrieben wird." Vgl. so auch *Fleischer / Thierfeld* (Stille Gesellschaft, 1995), S. 102; *Schulze zur Wiesche* (Stille Gesellschaft, 1982), S. 1977.

37 Nach *Schmidt* (EStG-Kommentar, 1997), zu § 15, Rz 165 (S. 1143), geht mit der Vorschrift des § 15 Abs. 1 Satz 1 Nr. 2 EStG einher, daß Mitunternehmern "die Ergebnisse (...) unmittelbar anteilig (...) zugerechnet werden".

38 Vgl. *Döllerer* (Atypisch stille Gesellschaft, 1985), S. 297; *Costede* (Stille Gesellschaft, 1987), S. 254.

39 Es kommt also hier - im Gegensatz zur typischen stillen Beteiligung - zu keinem Steuerstundungseffekt.

ternehmens sowie unter Umständen von der Dringlichkeit des Kapitalbedarfs und der wirtschaftlichen Bedeutung der Kapitalzuführung" beurteilen.[40]

Die Unangemessenheit einer vertraglich festgeschriebenen Gewinnverteilung hat insbesondere steuerliche Konsequenzen. So können im Rahmen einer GmbH & atypisch Still - analog zur GmbH & typisch Still - bei Personenidentität zwischen dem still Beteiligten und dem GmbH-Gesellschafter[41] "die Gewinnanteile, die den stillen Gesellschaftern gewährt werden, verdeckte Gewinnausschüttungen sein":[42] Erhält der stille Gesellschafter einen im Vergleich zur GmbH unangemessen hohen Gewinnanteil, ist in Höhe des die angemessene Vergütung übersteigenden Betrags eine verdeckte Gewinnausschüttung (vGA) zu sehen. Diese liegt in der GmbH-Gesellschafterstellung des Stillen begründet,[43] da die GmbH zugunsten des stillen Gesellschafters auf ihren angemessenen Teil am Gewinn verzichten müßte.

In bezug auf die Beurteilung einer Angemessenheit des GmbH-Gewinnanteils wird die Auffassung vertreten, daß die gleichen Kriterien herangezogen werden sollten, die bei einer GmbH & Co. KG gelten.[44] Auch an dieser Stelle ist jedoch den zivilrechtlichen Wesensunterschieden Rechnung zu tragen. Das *FG Münster* hat daher in seinem rechtskräftigen Urteil vom 23.06.1980[45] entschieden, daß die vom *BFH* für eine GmbH & Co. KG entwickelten Grundsätze zur Angemessenheit der Gewinnverteilung[46] nicht

---

40 *BFH* (06.02.1980), S. 478; vgl. so auch *BFH* (16.07.1986), S. 326; *BFH* (14.02.1978), S. 427; *BFH* (29.03.1973), S. 652; *BFH* (09.07.1969), S. 692; *FG Berlin* (01.11.1977), S. 287; vgl. zu den Kriterien der Angemessenheit einer Gewinnverteilung darüber hinaus *Bitsch* (Gewinnverteilung, 1983), S. 56; *Bitz* (GmbH & Still, 1997), S. 771; *Dötsch* (Kirchhof EStG, 1995), zu § 20, F 231 (S. 56); *Brönner* (Besteuerung, 1995), S. 493 ff.; *Schoor* (GmbH & Still, 1995), Rdn. 115 (S. 59 f.); *Paulick / Blaurock* (Stille Gesellschaft, 1988), S. 463 f. Für eine Angemessenheitsprüfung ist dabei grundsätzlich der Zeitpunkt heranzuziehen, in dem die Gewinnbeteiligung vereinbart wurde; vgl. dazu *BFH* (22.04.1971), S. 600.

41 Gleiches gilt für eine dem GmbH-Gesellschafter nahestehende Person; vgl. so z.B. *BFH* (18.10.1989), S. 68; *BFH* (31.05.1989), S. 10; *BFH* (27.01.1972), S. 320; *BFH* (25.10.1963), S. 17; *Bordewin* (Besteuerung, 1996), S. 3478 f.; *Ritzrow* (Familienangehörige, 1996), S. 241; *Märkle* (Angehörige, 1993), S. 12; *Stüttgen* (Stille Beteiligung, 1988), S. 353.

42 *Paulick / Blaurock* (Stille Gesellschaft, 1988), S. 461; ähnlich *Costede* (GmbH & Still, 1983), S. 315.

43 Vgl. statt vieler hierzu *Stüttgen* (Stille Beteiligung, 1988), S. 351. Gemäß *BFH* (09.07.1969), S. 692, ist eine Veranlassung durch das Gesellschaftsverhältnis anhand der Frage zu überprüfen, ob "bei der Anwendung der Sorgfalt eines ordentlichen und gewissenhaften Geschäftsleiters einem Nichtgesellschafter unter sonst gleichen Umständen" der gleich hohe Gewinnanteil gewährt worden wäre; gl.A. *BFH* (23.10.1968), S. 243; *BFH* (22.02.1989), S. 632; vgl. darüber hinaus die umfassende Urteilsnennung bei *Stüttgen* (Stille Beteiligung, 1988), S. 353 (Fn. 1); vgl. auch *Steinacker* (GmbH & atypisch Still, 1993), S. 40; *Costede* (Stille Gesellschaft, 1987), S. 261.

44 Vgl. so *Paulick / Blaurock* (Stille Gesellschaft, 1988), S. 462.

45 *FG Münster* (23.06.1980), S. 597.

46 Vgl. zu den Angemessenheitsgrundsätzen im Rahmen einer GmbH & Co. KG insbesondere *BFH* (03.02.1977), S. 346.

uneingeschränkt auf die GmbH & atypisch Still übertragbar sind.[47] Der Entscheidung ist insbesondere deshalb zuzustimmen, weil die GmbH - als Handelsgewerbetreibende - im Hinblick auf ihren erbrachten Kapitaleinsatz, ihre geleistete Tätigkeit sowie ihre übernommene Verantwortung eine besondere Stellung einnimmt: Das gesamte Gesellschaftsvermögen gehört der GmbH, d.h. sie stellt der Mitunternehmerschaft faktisch ihr gesamtes Kapital zur Verfügung, das - ebenso wie eine Vermögenseinlage des Stillen - in angemessener Höhe zu verzinsen ist. Da ausschließlich die GmbH gegenüber Dritten berechtigt und verpflichtet wird, ist neben einer Kapitalverzinsung zusätzlich dieses alleinige Tätigwerden der GmbH angemessen zu berücksichtigen. Insgesamt kommt demzufolge der GmbH im Rahmen einer GmbH & atypisch Still eine größere Bedeutung zu, als dies bei der GmbH & Co. KG der Fall ist. So dürfen konsequenterweise nicht die gleichen Kriterien der Angemessenheit herangezogen werden.[48] Es gilt des weiteren zu würdigen, daß aufgrund eines höheren (Mitunternehmer)Risikos des atypischen stillen Gesellschafters die Grenzen "der Angemessenheit i.d.R. weiter gesteckt [sein müssen] als für einen typischen Stillen."[49] Letztlich wird einzelfallabhängig darüber zu entschieden sein, ob eine vGA vorliegt.

Liegt eine vGA vor, muß diese nach § 8 Abs. 3 Satz 2 KStG korrigiert werden. Sie ist sowohl bei der GmbH als auch beim Stillen wie eine offene Gewinnausschüttung zu behandeln.[50] Beim atypischen stillen Gesellschafter ist demzufolge der den angemessenen Teil übersteigende Betrag den Einkünften zuzuordnen, die er aus seinem GmbH-Anteil bezieht.[51] Die GmbH kann entsprechend nur den angemessenen Teil als Betriebsausgabe abziehen, da gem. § 8 Abs. 3 Satz 2 KStG "verdeckte Gewinnausschüttungen (...) das Einkommen nicht" mindern dürfen.[52]

---

47 Vgl. neben dem (zitierten) Urteil des *FG Münster* auch *BFH* (09.07.1969), S. 690; *Döllerer* (Rechtsprechung, 1981), S. 560; *Costede* (GmbH & Still, 1983), S. 315.

48 Vgl. dazu die Begründung bei *FG Münster* (23.06.1980), S. 597; vgl. zu den - bezüglich stillen Gesellschaftsverhältnissen - entwickelten Grundsätzen darüber hinaus *BFH* (06.02.1980), S. 477; *BFH* (03.02.1977), S. 346; *BFH* (09.07.1969), S. 690; *Paulick / Blaurock* (Stille Gesellschaft, 1988), S. 463.

49 *Schoor* (GmbH & Still, 1995), Rdn. 114 (S. 59). Letztlich ist - in Anlehnung an *Uelner* (Besteuerung, 1990), RdNr. 110 (S. 362) - ein "Vergleich der beiderseitigen Wertbeiträge" vorzunehmen; gl.A. *BFH* (06.02.1980), S. 477.

50 Vgl. zur Behandlung einer vGA bei der GmbH & atypisch Still *Bormann* (Zurechnung, 1983), S. 407 ff.; vgl. darüber hinaus *BFH* (03.07.1968), S. 15; *Stüttgen* (Stille Beteiligung, 1988), S. 352; *Döllerer* (Zivilrecht, 1987), S. 43.

51 Vgl. *BFH* (22.02.1989), S. 632; *Wassermeyer* (Verdeckte Gewinnausschüttungen, 1990), S. 159. Liegt der GmbH-Anteil des Stillen in seinem Privatvermögen, ist der übersteigende Betrag entsprechend den Einkünften aus Kapitalvermögen i.S.v. § 20 Abs. 1 Nr. 1 Satz 2 EStG zuzurechnen; vgl. dazu z.B. *Steinacker* (GmbH & atypisch Still, 1993), S. 46.

52 Vgl. dazu *BFH* (29.03.1973), S. 653; *BFH* (22.04.1971), S. 600. Vgl. zu den steuerlichen Folgen auch *Stüttgen* (Stille Beteiligung, 1988), S. 354 ff.; *Friauf* (Konsequenzen, 1980), S. 559.

2.4. Verlustanteil des Stillen

Ist neben der Gewinn- auch eine Verlustbeteiligung des Stillen vereinbart,[53] sind zwei Fälle zu unterscheiden: Übersteigt der Verlustanteil des Stillen die Höhe seiner Einlage bzw. seines Kapitalkontos nicht, stellen die Verluste negative Einkünfte aus Gewerbebetrieb i.S.v. § 15 Abs. 1 Satz 1 Nr. 2 EStG dar.[54] Dabei gelten bis "zur Höhe der Einlage des atypisch stillen Gesellschafters (...) dessen Verlustanteile als laufende Verluste, die mit anderen, positiven Einkünften anderer Einkunftsarten ausgeglichen (...) oder ggf. nach § 10d EStG abgezogen werden können."[55]

Übersteigt der Verlustanteil des Stillen den Wert der Einlage, greifen die steuerrechtlichen Regelungen zum negativen Kapitalkonto: § 15a Abs. 5 Nr. 1 EStG schreibt vor, daß die steuerliche Behandlung der Verlustanteile von Kommanditisten "sinngemäß" für atypische stille Gesellschafter gilt, "soweit deren Haftung der eines Kommanditisten vergleichbar ist".[56] Vergleichbar ist die Haftung des Stillen dann, wenn per Gesellschaftsvertrag vereinbart wurde, daß er über den Betrag seiner Einlage hinaus am Verlust beteiligt sein soll und "künftige (...) Gewinnanteile (...) zur Deckung früherer Verluste zur Verfügung stellen muß."[57] Ferner darf, soweit ein negatives Kapitalkonto entsteht oder ein bestehendes sich erhöht, der Verlustanteil des atypischen stillen Gesellschafters "nicht mit positiven anderen Einkünften ausgeglichen und auch nicht nach § 10d EStG" abgezogen werden.[58] Die Vorschriften des § 15a EStG beziehen sich dabei ausschließlich auf das (negative) Kapitalkonto des atypischen Stillen in der Steuerbilanz der GmbH. Die Einbeziehung eines - ggf. vorhandenen - Sonderbetriebsvermögens des stillen Gesellschafters in die Berechnung seines Verlustausgleichsvolumens ist dagegen zu negieren.[59]

---

53 Von einer Verlustbeteiligung ist nach § 231 Abs. 2 HGB abgesehen von dem Fall auszugehen, daß explizit per Gesellschaftsvertrag vereinbart wurde, "daß der stille Gesellschafter nicht am Verluste beteiligt sein soll".

54 Vgl. *Zacharias / Hebig / Rinnewitz* (Atypisch stille Gesellschaft, 1996), S. 161; *Schoor* (GmbH & Still, 1995), Rdn. 92 (S. 52).

55 *Zacharias / Hebig / Rinnewitz* (Atypisch stille Gesellschaft, 1996), S. 161. Verrechnungsfähige Verlustanteile werden dabei dem Stillen bereits mit Ablauf des Kalenderjahres zugerechnet, in dem das Wirtschaftsjahr endet.

56 Die Vorschrift des § 15a Abs. 1 Satz 2 und 3 EStG (erweiterter Verlustausgleich) findet dagegen keine Anwendung, da diese nach dem Wortlaut des Gesetzes nur für Kommanditisten gilt; vgl. dazu auch *BFH* (14.12.1995), S. 228; *FG Schleswig-Holstein* (03.03.1994), n.v.; *Kempermann* (§ 15a EStG, 1997), S. 321; *Schmidt* (Wertungswiderspruch, 1997), S. 452; vgl. kritisch dazu *Mellwig* (Rechnungslegungszwecke, 1979), S. 1418. Vgl. für eine sinngemäße Anwendung - auch auf die typische Vertragsvariante - *Eggert* (Anwendung, 1996), S. 9699, 9701; *Walter* (Verlustnutzung, 1997), S. 825; *Conradi* (Littmann EStG, 1994), Rz 206 f. (S. 2617 f.). Vgl. kritisch demgegenüber *Curtius-Hartung* (Stille Gesellschaft, 1987), S. 235 ff. Vgl. ablehnend *Bitz* (GmbH & Still, 1997), S. 770; *Kormann* (Negatives Kapitalkonto, 1974), S. 894.

57 *Schmidt* (EStG-Kommentar, 1997), zu § 15a, Rz 198 (S. 1313).

58 *BFH* (14.12.1995), S. 228; vgl. ähnlich *Schoor* (GmbH & Still, 1995), Rdn. 92 (S. 52).

59 Vgl. so *BFH* (14.05.1991), S. 167; *BFH* (30.03.1993), S. 706; *BMF* (15.12.1993), S. 976; *BMF* (24.11.1993), S. 934; *BMF* (20.02.1992), S. 123; *Schmidt* (EStG-Kommentar, 1997), zu § 15a, Rz 200 (S. 1314); *Walter* (Verlustnutzung, 1997), S. 825; *Hollatz* (Abgrenzung, 1994), S. 1674;

Im Rahmen der Ermittlung des negativen Einlagekontos stellt sich die Frage, ob als Berechnungsgrundlage von der geleisteten oder von der vereinbarten stillen Einlage auszugehen ist. Für eine Orientierung an der geleisteten Einlage spricht, daß "Verluste, die über den Haftungsbetrag hinausgehen, (...) den Steuerpflichtigen im Jahr der Entstehung des Verlustes weder rechtlich noch wirtschaftlich" belasten.[60] Dem ist zu entgegnen, daß der Zweck des § 15a EStG darin besteht, "die Verlustverrechnung mit anderen positiven Einkünften grundsätzlich auf [einen bestimmten] Haftungsbetrag" zu beschränken:[61] Der stille Gesellschafter haftet letztendlich mit der vereinbarten Einlage, da die GmbH bei einem Verlustanteil, der die geleistete Einlage übersteigt, die Einzahlung des noch ausstehenden Betrags fordern kann.[62] Der Stille muß somit mit einer Inanspruchnahme rechnen. Dieser Sachverhalt allein stellt schon eine wirtschaftliche Belastung dar, da der noch ausstehende Betrag verfügbar gehalten werden muß. Letztlich muß daher die vereinbarte Einlage als Basis für die Berechnungen herangezogen werden. Für die zeitliche Zurechnung von Verlustanteilen ist dabei grundsätzlich das gleiche Prinzip anzuwenden, das für die oben beschriebene zeitliche Zurechnung der Gewinnanteile Geltung findet.[63]

3. Qualifikation der Gewinneinkunftsart des atypischen Stillen

3.1. Tätigkeit der GmbH

Bei einer ausschließlich gewerblich tätigen GmbH im Rahmen der Vertragsbeziehung einer GmbH & atypisch Still bestehen keine Zweifel, daß für den atypischen stillen Gesellschafter aufgrund seiner mitunternehmerischen Beteiligung die Gewinnanteile aus dieser Beteiligung grundsätzlich zu den Einkünften aus Gewerbebetrieb i.S.v. § 15 Abs. 1 Satz 1 Nr. 2 EStG zählen.[64] Es ist demgegenüber umstritten, wie der Gewinnan-

---

Söffing (Rechtsprechung, 1993), S. 1541 ff.; vgl. kritisch dazu *Hey* (Negative Kapitalkonten, 1997), S. 2251. *Paa* (Sonderbetriebsvermögen, 1996), S. 752, sieht aufgrund dessen die Möglichkeit, daß durch eine "Vermeidung verrechenbarer Verluste (...) Nachteile aus § 15 a EStG" gemildert werden können.

60 *BT-Drucksache* /3648, S. 15 f.; vgl. übereinstimmend *BMF* (14.09.1981), S. 620; *Geuenich* (Verlustzuweisung, 1998), S. 61; *Heinicke* (Schmidt EStG, 1997), zu § 20, Rz 145 (S. 1656); *Conradi* (Littmann EStG, 1994), Rz 206 f. (S. 2617 f.); *Dötsch* (Kirchhof EStG, 1995), zu § 20, F 169 f. (S. 40 f.) m.w.N.; *Hermann / Heuer / Raupach* (EStG-Kommentar, 1996), S. 22a (grüne Blätter).

61 *Bordewin / Söffing / Brandenberg* (Verlustverrechnung, 1986), Rn. 43, 45 (S. 38). Nach *Eggert* (Anwendung, 1996), S. 9700, liegt hierbei das Grundproblem "in der fehlenden und nicht möglichen Handelsregistereintragung".

62 Vgl. so *Zutt* (Staub HGB, 1990), zu § 232 HGB, Rdn. 29 (S. 51).

63 Vgl. *Abschnitt I.2.2.* in diesem Kapitel.

64 Vgl. dazu *BFH* (12.11.1985), S. 311; *BFH* (05.07.1978), S. 644; *Schmidt* (EStG-Kommentar, 1997), zu § 15, Rz 341 (S. 1175); *Schulze zur Wiesche* (GmbH & Still, 1997), Rn. 149 (S. 59); *Söffing* (Mitunternehmer, 1994), S. 59; *Steinacker* (GmbH & atypisch Still, 1993), S. 20 ff.; *Bitz* (Mitunternehmerschaft, 1984), S. 316; *Post / Hoffmann* (Stille Beteiligung, 1984), S. 84.

teil des atypischen Stillen steuerrechtlich zu qualifizieren ist, wenn die GmbH ausschließlich eine nichtgewerbliche Tätigkeit ausübt.[65]

Es wird die Ansicht vertreten, daß der Gewinnanteil des atypischen Stillen nicht zu den gewerblichen Einkünften i.S.v. § 15 Abs. 1 Satz 1 Nr. 2 EStG gezählt werden könne, wenn die GmbH nur eine vermögensverwaltende Tätigkeit ausübt, da diese Vorschrift rein tätigkeitsbezogen zu verstehen sei.[66] Diese Auffassung beruft sich insbesondere auf den Beschluß des *Großen Senats* vom 25.06.1984[67] und folgt der damit einhergehenden zweistufigen Betrachtungsweise, nach der es für eine Anwendung des § 15 EStG erforderlich sei, daß die Gesellschafter gemeinsam ein gewerbliches Unternehmen betreiben und als Mitunternehmer anzusehen sind.[68] Um hiernach eine Anwendung des § 15 EStG auf die GmbH & atypisch Still überhaupt rechtfertigen zu können, wurde dieser aufgrund des Vorliegens eines mitunternehmerischen Gesellschaftsverhältnisses bzw. einer gewerblichen Tätigkeit im Innenverhältnis die partielle Steuerrechtssubjektivität zugewiesen.[69] Diese Einstufung impliziert, daß die GmbH & atypisch Still "ebenso wie eine Außengesellschaft als Trägerin des Unternehmens behandelt werden"[70] müsse und selbst eine gewinnerzielende Tätigkeit ausübe.[71]

Es wird hier wiederum der Leitgedanke deutlich, unter Vernachlässigung der zivilrechtlichen Strukturen eine steuerliche Gleichbehandlung der GmbH & atypisch Still mit der GmbH & Co. KG zu erzielen. Schon im Zweiten Kapitel wurde freilich ausführlich dargelegt, warum eine solche Betrachtungsweise abzulehnen ist. Vielmehr

---

65 Vgl. *Blaurock* (GmbH & Still, 1992), S. 1973; *Steinacker* (GmbH & atypisch Still, 1993), S. 29; *Uelner* (Gepräge-Rechtsprechung, 1986), S. 246. Es wird hier (annahmegemäß) von einer vermögensverwaltenden Tätigkeit der GmbH ausgegangen. Vgl. zu der grundsätzlichen Anerkennung einer nichtgewerblichen Tätigkeit der GmbH *BFH* (21.06.1983), S. 563; *BGH* (22.01.1976), S. 50 f.; *Bordewin* (Gepräge-Rechtsprechung, 1985), S. 98.

66 Vgl. so *BFH* (03.10.1984), S. 245. In der Literatur ist dabei - unter den Befürwortern - jedoch umstritten, welche Einkunftsart vorliegt: Für die Annahme von Einkünften aus Vermietung und Verpachtung plädiert z.B. *Ruban* (Atypisch stille Gesellschaft, 1995), S. 640; *Herzig / Kessler* (Steuerrechtsfähigkeit 1985), S. 2530; *Schön* (Steuerbilanz, 1985), S. 314. Vgl. für die Annahme von Einkünften aus Kapitalvermögen z.B. *Reusch* (Publikumsgesellschaft, 1989), S. 58 f.; *Schulze zur Wiesche* (GmbH & atypisch Still, 1985), S. 165; dem widerspricht jedoch schon der Wortlaut des § 20 Abs. 1 Satz 1 Nr. 4 EStG. Vgl. insgesamt die Diskussion bei *Zeitler* (Verwendung, 1985), S. 303.

67 Vgl. *BFH* (25.06.1984), S. 751.

68 Vgl. *Knobbe-Keuk* (Steuerrecht, 1993), S. 372; *Obermeier* (Blümich GewStG, 1991), zu § 2, Rz. 624 (S. 118 f.); *Binger* (Atypisch stille Gesellschaft, 1988), S. 414; *Schulze zur Wiesche* (GmbH & atypisch Still, 1985), S. 164; *Herzig / Kessler* (Steuerrechtsfähigkeit 1985), S. 2530; *Uelner* (GmbH & Still, 1985), S. 117. Vgl. zu den Merkmalen der 'zweistufigen Betrachtungsweise' darüber hinaus *Abschnitt III.1.* im *Zweiten Kapitel.*

69 Vgl. *BFH* (26.11.1996), S. 103; *BFH* (10.08.1994), S. 357; *Binger* (Atypisch stille Gesellschaft, 1988), S. 416; *Bopp* (Stille Gesellschaft, 1987), S. 238; *Herzig* (Gepräge-Gesetz, 1987), S. 473; *Herzig / Kessler* (Steuerrechtsfähigkeit 1985), S. 2530; *Schön* (Steuerbilanz, 1985), S. 314.

70 *Ruban* (Atypisch stille Gesellschaft, 1995), S. 639.

71 Vgl. so *BFH* (26.11.1996), S. 103; *BFH* (10.08.1994), S. 357; *Wassermeyer* (Atypisch stille Beteiligung, 1986), S. 357; *Sarrazin* (Stille Beteiligung, 1989), S. 12; *ders.* (Gepräge-Gesetz, 1987), S. 472.

muß - in Anlehnung an die einstufige Betrachtungsweise - vor dem Hintergrund des zivilrechtlichen Wesens der GmbH & atypisch Still von einem mitunternehmerischen Beteiligungsverhältnis ausgegangen werden, das als Innenverhältnis bzw. -gesellschaft steuerlich nicht mit einer GmbH & Co. KG gleichzusetzen ist.[72]

Bevor abschließend geklärt werden kann, wie die Gewinnanteile des atypischen Stillen aus seiner Beteiligung steuerlich zu behandeln sind, gilt es zu beleuchten, welche Folgen die Annahme einer Tätigkeit der GmbH & atypisch Still als solche für die Anwendung des § 15 EStG nach sich ziehen würde. Setzte man in Verbindung mit der Tatsache, daß eine GmbH - teilweise oder ausschließlich - vermögensverwaltend tätig ist, eine partielle Steuerrechtssubjektivität der GmbH & atypisch Still voraus, ergäbe sich eine "Umqualifizierung der Einkünfte des atypischen stillen Gesellschafters aus vermögensverwaltender Tätigkeit in gewerbliche Einkünfte, wenn (...) eine sinngemäße Anwendung des § 15 Abs. 3" EStG erfolgen würde.[73]

3.2. GmbH & atypisch Still als Personengesellschaft im Sinne des § 15 Abs. 3 EStG?

3.2.1 Teilweise gewerbliche Tätigkeit (§ 15 Abs. 3 Nr. 1 EStG)

Übte die GmbH neben ihrer z.B. vermögensverwaltenden auch eine gewerbliche Tätigkeit aus und ordnete man ihre Geschäftstätigkeit der GmbH & atypisch Still aufgrund der Annahme zu, daß diese als Trägerin des Unternehmens fungiert, käme grundsätzlich die Anwendung der Abfärberegelung des § 15 Abs. 3 Nr. 1 EStG in Betracht.[74] Gemäß dieser Vorschrift gilt als "Gewerbebetrieb (...) in vollem Umfang die mit Einkünfteerzielungsabsicht unternommene Tätigkeit (...) einer anderen Personengesellschaft, wenn die Gesellschaft auch eine Tätigkeit im Sinne des Absatzes 1 Satz 1 Nr. 1 [Einkünfte aus gewerblichen Unternehmen] ausübt".[75]

So wird die Auffassung vertreten, daß bei einer teilweise nichtgewerblichen Tätigkeit der GmbH (& atypisch Still) i.S.v. § 15 Abs. 3 Nr. 1 EStG der gesamte Gewinnanteil des Stillen aus seiner Beteiligung gewerblich zu qualifizieren sei.[76] Der *BFH* plädierte in seinem Urteil vom 10.08.1994 im Hinblick darauf, daß "die atypisch stille Gesellschaft (...) eine Tätigkeit i.S. des § 15 Abs. 1 Nr. 1 EStG ausüben" könne, dafür, "diese

---

72 Vgl. dazu *Abschnitt III.* im *Zweiten Kapitel.*

73 *Ruban* (Atypisch stille Gesellschaft, 1995), S. 640.

74 Die folgenden Überlegungen werden dargelegt, trotzdem (insbesondere) aufgrund eines aktuellen Vorlagebeschlusses des *FG Niedersachsen* (23.07.1997), S. 864, das Bundesverfassungsgericht in Kürze darüber zu entscheiden hat, ob die Abfärberegelung in § 15 Abs. 3 Nr. 1 EStG überhaupt verfassungsgemäß ist. Vgl. hierzu auch *Schulze-Osterloh* (Verfassungswidrigkeit, 1997), S. 539, nach dem diese Vorschrift "gegen das aus Art. 3 Abs. 1 GG abgeleitete Prinzip der Gleichmäßigkeit der Besteuerung [verstößt] und (...) daher verfassungswidrig [ist]."

75 Vgl. neben § 15 Abs. 3 Nr. 1 EStG z.B. auch H 138 Abs. 5 EStR; *Söffing* (Beteiligung, 1994), S. 806 f.; *Neu* (Einkünfteinfektion, 1995), S. 1893 ff.; vgl. zu dem Tatbestandsmerkmal der Einkünfteerzielungsabsicht überdies die (Literatur)Diskussion bei *Henkel / Jakobs* (Einkünfteerzielungsabsicht, 1995), S. 145 ff.

76 Vgl. so *BFH* (10.08.1994), S. 357; *Binger* (Atypisch stille Gesellschaft, 1988), S. 414; *Herzig / Kessler* (Gepräge-Gesetz, 1986), S. 451; *Uelner* (Gepräge-Rechtsprechung, 1986), S. 312.

Form der unternehmerischen Tätigkeit des atypisch stillen Gesellschafters und die Tätigkeit des Geschäftsinhabers als Tätigkeit der Gesellschaft auch für die Anwendung des § 15 Abs. 3 Nr. 1 EStG ausreichen zu lassen."[77]

Ruban kritisiert im Zusammenhang mit diesem Urteil zwar die "unzutreffende" Argumentationsweise des *BFH*, da "es eine gewerbliche Tätigkeit der atypischen stillen Gesellschaft nicht geben kann". Sie vertritt jedoch an gleicher Stelle die Auffassung, daß aufgrund des "erkennbaren Willen[s] des Gesetzgebers, die atypische stille Gesellschaft dem Begriff der 'anderen Gesellschaft' i.S. des § 15 Abs. 1 Satz 1 Nr. 2 EStG zu unterstellen", für "den Begriff der 'anderen Gesellschaft' in § 15 Abs. 3 Nr. 1 (...) nichts anderes gelten" könne. Demnach sei "diese Vorschrift (...) sinngemäß in der Weise anzuwenden, daß an die Stelle der Tätigkeit der Gesellschaft die des Inhabers des Handelsgeschäfts tritt."[78]

Diese Auffassung ist jedoch vor dem Hintergrund der gebotenen Einbettung von steuerlichen Vorschriften in einen zivilrechtlich vorgegebenen Rahmen nicht zu teilen.[79] Für die Anwendung des § 15 Abs. 3 Nr. 1 EStG müßte eine - zumindest teilweise - gewerbliche Tätigkeit der GmbH & atypisch Still als solche unterstellt werden, die es jedoch bei einem solchen mitunternehmerischen Zusammenschluß im Innenverhältnis bzw. einer mitunternehmerischen Beteiligung in keinem Fall geben kann. Die Vorschrift ist demzufolge "auf reine Innengesellschaften, also auch auf die atypisch stille Gesellschaft, nicht anwendbar",[80] sondern nur auf Personengesellschaften, die selbst "als Außengesellschaft tätig werden."[81]

Auch die Annahme, daß der Gesetzgeber den Begriff der "anderen Gesellschaft" ursprünglich übereinstimmend gebrauchen wollte,[82] vermag nichts daran zu ändern, daß anerkanntermaßen der Wortlaut des § 15 Abs. 1 Satz 1 Nr. 2 EStG auf die Gewinnanteile des atypischen Stillen unmittelbar Anwendung findet, während die Vorschrift des § 15 Abs. 3 Nr. 1 EStG ausdrücklich "auch eine [gewerbliche] Tätigkeit im Sinne des

77 *BFH* (10.08.1994), S. 360 f. (beide Zitate), mit Verweis auf *Herzig / Kessler* (Gepräge-Gesetz, 1986), S. 451; gl.A. *Gosch* (Anmerkung, 1995), S. 43 f.; *Jaudzims* (Steuerliche Behandlung, 1996), S. 282; *Unvericht* (Gewerbeertrag, 1987), S. 414.

78 *Ruban* (Atypisch stille Gesellschaft, 1995), S. 640 (alle Zitate); gl.A. *Schmidt* (EStG-Kommentar, 1997), zu § 15, Rz 187 (S. 1148); *Kempermann* (Anmerkung, 1995), S. 22; *Knobbe-Keuk* (Steuerrecht, 1993), S. 409.

79 Vgl. ablehnend *FG Köln* (30.06.1993), S. 103; *Zacharias / Suttmeyer / Rinnewitz* (GmbH & atypisch Still, 1988), S. 131; *Christoffel / Dankmeyer* (Gesetzliche Verankerung, 1986), S. 351; vgl. kritisch *Gosch* (Anmerkung, 1995), S. 44.

80 *FG Köln* (30.06.1993), S. 103; gl.A. *Zacharias / Suttmeyer / Rinnewitz* (GmbH & atypisch Still, 1988), S. 131.

81 *Christoffel / Dankmeyer* (Gesetzliche Verankerung, 1986), S. 351. Auf diese Auffassung traf man überdies (ausdrücklich) noch in einer Vorauflage (13.) bei *Schmidt* (EStG, 1994), zu § 15, Anm. 42b)aa) (S. 1258), gem. dem auch "eine atypische stille Gesellschaft (Innengesellschaft) (...) nicht unter § 15 Abs. 3 Nr. 1 [fallen kann], weil nicht die Personengesellschaft als solche (Innengesellschaft.), sondern nur der Inhaber des Handelsgeschäfts eine gewerbliche Tätigkeit ausübt"; a.A. *Schulze zur Wiesche* (Personengesellschaften, 1996), S. 239.

82 *Ruban* (Atypisch stille Gesellschaft, 1995), S. 640.

Abs. 1 Nr. 1" voraussetzt, die es bei der GmbH & atypisch Still (unmittelbar und sinngemäß) - im Gegensatz zur GmbH & Co. KG - nicht geben kann.[83]

3.2.2 Gewerbliche Prägung (§ 15 Abs. 3 Nr. 2 EStG)

Nachdem deutlich gemacht wurde, daß eine GmbH & atypisch Still in keinem Fall unter § 15 Abs. 1 Nr. 1 EStG und demzufolge auch nicht unter § 15 Abs. 3 Nr. 1 EStG gefaßt werden kann, verbleibt die Frage, ob sich eine rein vermögensverwaltende GmbH, bei der kraft Rechtsform nach § 8 Abs. 2 KStG grundsätzlich "alle Einkünfte als Einkünfte aus Gewerbebetrieb zu behandeln" sind, in Verbindung mit einer atypischen stillen Beteiligung unter § 15 Abs. 3 Nr. 2 EStG fassen läßt. Nach dieser Vorschrift gilt als Gewerbebetrieb "in vollem Umfang die mit Einkünfteerzielungsabsicht unternommene Tätigkeit einer Personengesellschaft, die keine Tätigkeit im Sinne des Absatzes 1 Satz 1 Nr. 1 ausübt und bei der ausschließlich eine oder mehrere Kapitalgesellschaften persönlich haftende Gesellschafter sind und nur diese oder Personen, die nicht Gesellschafter sind, zur Geschäftsführung befugt sind (gewerblich geprägte Personengesellschaft)."

Zweifellos übt die GmbH & atypisch Still als Innengesellschaft keine Tätigkeit i.S.v. § 15 Abs. 1 Satz 1 Nr. 1 EStG aus und erfüllt insofern eines der in § 15 Abs. 3 Nr. 2 EStG geforderten Tatbestandsmerkmale.[84] Da bei einer GmbH & atypisch Still nur die GmbH für Verbindlichkeiten haftet und nur diese die Geschäfte führt, scheint auf den ersten Blick die - uneingeschränkt für die GmbH & Co. KG geltende - Vorschrift zur gewerblichen Prägung auf die GmbH & atypisch Still anwendbar zu sein. In Anbetracht dessen erhebt sich jedoch die Frage, welche "mit Einkünfteerzielungsabsicht unternommene Tätigkeit"[85] bei einer GmbH & atypisch Still überhaupt gewerblich geprägt werden kann.

Da es eine Tätigkeit der GmbH & atypisch Still im Außenverhältnis nicht gibt, ist eine unmittelbare Anwendung der Vorschrift auf die GmbH & atypisch Still in jedem Fall zu negieren.[86] Es wird jedoch die Auffassung vertreten, daß eine analoge Anwendung auf die GmbH & atypisch Still zu bejahen sei, da das "Einkommensteuerrecht in § 15 Abs. 1 Satz 1 Nr. 2 und Abs. 3 EStG" auf das Innenverhältnis der atypischen stillen

---

83 Vgl. in diesem Sinne auch *Paulick / Blaurock* (Stille Gesellschaft, 1988), S. 443 f.; *Blaurock* (GmbH & Still, 1992), S. 1973; *Katterbe* (BGB-Gesellschaft, 1994), Rz. 23 (S. 7); *Uelner* (Gepräge-Rechtsprechung, 1986), S. 247; *Bordewin* (Gepräge-Rechtsprechung, 1985), S. 98; *Döllerer* (Beschluß, 1986), S. 313; a.A. *BFH* (10.08.1994), S. 357.

84 Vgl. zu dieser "negativen tatbestandlichen Voraussetzung" statt vieler *Schmidt* (EStG-Kommentar, 1997), zu § 15, Rz 213 (S. 1154).

85 § 15 Abs. 3 EStG.

86 Vgl. übereinstimmend *Schmidt* (EStG-Kommentar, 1997), zu § 15, Rz 220 (S. 1155); *Fichtelmann* (GmbH & Still, 1995), RdNr. 272 (S. 86); *Ruban* (Atypisch stille Gesellschaft, 1995), S. 640; *Steinacker* (GmbH & atypisch Still, 1993), S. 31; *Blaurock* (GmbH & Still, 1992), S. 1973; *Stuhrmann* (Blümich EStG, 1991), zu § 15, Rz. 203d (S. 130 f.); *Knobbe-Keuk* (Steuerrecht, 1993), S. 409; *Groh* (Geprägetheorie, 1987), S. 100; *Christoffel / Dankmeyer* (Gesetzliche Verankerung, 1986), S. 351; *Schulze zur Wiesche* (GmbH & atypisch Still, 1985), S. 163; a.A. jedoch *Binger* (Atypisch stille Gesellschaft, 1988), S. 416.

Gesellschaft abstelle, bei dem "der tätige Gesellschafter die Geschäfte für alle Gesellschafter" führe, die diesen "einheitlich zuzurechnen sind." Dementsprechend könne "die atypische stille Gesellschaft als solche i.S. von § 15 Abs. 3 Nr. 2 EStG durch den tätigen Gesellschafter gewerblich geprägt werden."[87]

Um insgesamt von einer analogen Anwendung dieser Vorschrift ausgehen zu können, müssen weitere Tatbestandsvoraussetzungen erfüllt sein. Als weitere Prämisse wird aus § 15 Abs. 3 Nr. 2 EStG die ausschließliche und persönliche Haftung der GmbH für Schulden der Personengesellschaft abgeleitet.[88] Im Rahmen einer GmbH & atypisch Still haftet die GmbH jedoch nur für ihre eigenen Verbindlichkeiten, da die stille Gesellschaft - als Innengesellschaft ohne Gesamthandsvermögen - "keine Verbindlichkeiten begründen [kann], für die der Inhaber des Handelsgewerbes persönlich haften würde."[89] Es existiert demnach kein Gesellschaftsvermögen der GmbH & atypisch Still, für das die GmbH als persönlich haftende Gesellschafterin einstehen könnte, wodurch eine wesentliche Tatbestandsvoraussetzung des § 15 Abs. 3 Nr. 2 EStG grundsätzlich nicht erfüllbar ist. Dieses Ergebnis hat aufgrund der gebotenen Auslegung des § 15 Abs. 3 Nr. 2 EStG unabhängig von der Frage Bestand, ob bei der atypischen stillen Gesellschaft überhaupt eine Tätigkeit vorhanden ist, die geprägt werden könnte.[90] Durch die Negierung einer solchen Tätigkeit wird letztlich bestätigt, daß § 15 Abs. 3 Nr. 2 EStG bei einer GmbH & atypisch Still nicht zur Anwendung kommen kann.[91]

Somit bleibt festzuhalten, daß eine GmbH & atypisch Still aufgrund ihrer zivilrechtlichen Strukturen die Tatbestandsvoraussetzungen des § 15 Abs. 3 (Nr. 1 und 2) EStG

---

87 *BFH* (26.11.1996), S. 103. Vgl. für eine analoge Anwendung plädierend *Ruban* (Atypisch stille Gesellschaft, 1995), S. 640. Diesen Sachverhalt stellte das *FG Münster* (24.06.1996), S. 977, dagegen noch ausdrücklich in Frage; vgl. so auch *Bitz* (GmbH & Still, 1997), S. 771 (Fn. 23).

88 Vgl. *Schmidt* (EStG-Kommentar, 1997), zu § 15, Rz 220 (S. 1155); *Knobbe-Keuk* (Steuerrecht, 1993), S. 409; *Groh* (Geprägetheorie, 1987), S. 1009; *Herzig* (Gepräge-Gesetz, 1987), S. 473; *Söffing* (Gepräge-Gesetz, 1987), S. 473.

89 *Paulick / Blaurock* (Stille Gesellschaft, 1988), S. 445; gl.A. *Bitz* (GmbH & Still, 1997), S. 771; *ders.* (Littmann EStG, 1994) zu § 15, Rn 51 (S. 1973); *Söffing* (ESt-Kommentar, 1994), zu § 15, Anm. 574 (S. 367); *ders.* (Gepräge-Gesetz, 1987), S. 473; *Blaurock* (GmbH & Still, 1992), S. 1973; *Steinacker* (GmbH & atypisch Still, 1993), S. 31 f.; *Obermeier* (Blümich GewStG, 1991), zu § 2, Rz. 624 (S. 118 f.); *Christoffel / Dankmeyer* (Gesetzliche Verankerung, 1986), S. 351; *Herzig / Kessler* (Gepräge-Gesetz, 1986), S. 455; *Groh* (Geprägetheorie, 1987), S. 1009; a.A. *Sarrazin* (Gepräge-Gesetz, 1987), S. 472.

90 Vgl. *Hense / Jung / Schwaiger* (GmbH & Still, 1995), Rz. 176 (S. 325); *Herzig / Kessler* (Gepräge-Gesetz, 1986), S. 453 (Fn. 38) und S. 455; *Herzig* (Gepräge-Gesetz, 1987), S. 473; a.A. *Sarrazin* (Gepräge-Gesetz, 1987), S. 472.

91 Vgl. so *Blaurock* (GmbH & Still, 1992), S. 1973; *Steinacker* (GmbH & atypisch Still, 1993), S. 31; *Christoffel / Dankmeyer* (Gesetzliche Verankerung, 1986), S. 351; vgl. deshalb eine analoge Anwendung ablehnend auch *Schmidt* (EStG-Kommentar, 1997), zu § 15, Rz 220 (S. 1155); *Fichtelmann* (GmbH & Still, 1995), RdNr. 272 (S. 86); *Ruban* (Atypisch stille Gesellschaft, 1995), S. 640; *Stuhrmann* (Blümich EStG, 1991), zu § 15, Rz. 203d (S. 130 f.); *Knobbe-Keuk* (Steuerrecht, 1993), S. 409; *Groh* (Geprägetheorie, 1987), S. 100; *Schulze zur Wiesche* (GmbH & atypisch Still, 1985), S. 163; a.A. *Binger* (Atypisch stille Gesellschaft, 1988), S. 416.

nicht erfüllen kann.[92] Bei der GmbH & atypisch Still existiert - im Gegensatz zur KG im Rahmen einer GmbH & Co. KG - keine Ebene 'atypische stille Gesellschaft', die den Gesellschaftern, der GmbH und dem Stillen, gewissermaßen übergeordnet ist und für die Qualifizierung der Einkünfte maßgeblich sein könnte. Der atypische Stille ist vielmehr rein schuldrechtlich an den Einkünften der GmbH aus deren Geschäftsbetrieb beteiligt. Insofern "verirren" sich Ansätze, die GmbH & atypisch Still unter den § 15 Abs. 3 EStG zu fassen, "im Nebel der wirtschaftlichen Betrachtungsweise".[93] Überdies gilt es eingehender zu hinterfragen, ob überhaupt die Notwendigkeit einer Anwendung des § 15 Abs. 3 EStG auf die GmbH & atypisch Still besteht.[94]

3.3. Gewerblichkeit der Gewinnanteile

Im Hinblick darauf, daß eine GmbH & atypisch Still nicht unter die Vorschrift des § 15 Abs. 3 EStG gefaßt werden kann, bleibt zu klären, wie die Einkünfte des atypischen Stillen aus seiner mitunternehmerischen Beteiligung an einer GmbH, die auch bzw. ausschließlich vermögensverwaltend tätig ist, steuerlich zu qualifizieren sind. Die GmbH erzielt in diesem Fall Einkünfte, die zwar originär nicht als gewerblich zu beurteilen sind, die jedoch durch die Vorschrift des § 8 Abs. 2 KStG in gewerbliche Einkünfte umqualifiziert werden.[95]

Es stellt sich die Frage, ob letztlich die Gewerblichkeit der GmbH für die steuerliche Qualifikation der Einkünfte des atypisch Stillen maßgebend ist oder ob die originäre Tätigkeit der GmbH den Ausschlag gibt für die steuerliche Zuordnung. Unter Bezug auf die vorherigen Ausführungen finden bei den weiteren Überlegungen Ansätze der Literatur nicht weiter Berücksichtigung, nach denen der Stille aufgrund der Annahme, daß die GmbH & atypisch Still als solche vermögensverwaltend tätig sei, Einkünfte aus Vermietung und Verpachtung beziehe.[96]

Es wird teilweise die Auffassung vertreten, es sei "für die Innengesellschaft der GmbH & Still unbeachtlich, daß die GmbH kraft Rechtsform Einkünfte aus Gewerbebetrieb (§ 8 Abs. 2 KStG)"[97] erziele mit dem Ergebnis, daß bei einer "vermögensverwaltenden Tätigkeit der GmbH (...) keine gewerblichen Einkünfte des atypisch still Beteiligten"

---

92 Es ist aufgrund dessen die Auffassung von *Christoffel / Dankmeyer* (Gesetzliche Verankerung, 1986), S. 351, zu teilen, nach denen die Vorschrift des § 15 Abs. 3 EStG insgesamt nur Personengesellschaften erfassen kann, die "als Außengesellschaft tätig werden."

93 *Döllerer* (Atypisch stille Gesellschaft, 1985), S. 296.

94 Darüber hinaus ist - in Anlehnung an *Woerner* (Grenzen, 1984), S. 523 f. - generell der analogen Anwendung von Gesetzen in Form einer "steuerverschärfenden Lückenausfüllung", wie dies hier bei der GmbH & atypisch Still zweifelsohne der Fall wäre, mit "äußerster Zurückhaltung" gegenüberzutreten.

95 Vgl. *Knobbe-Keuk* (Steuerrecht, 1993), S. 409; *Steinacker* (GmbH & atypisch Still, 1993), S. 30. Dies gilt gem. *BFH* (04.12.1996), S. 123 (Leitsatz), in gleicher Weise für den Fall, daß die GmbH (überhaupt) "nicht unter eine der sieben Einkunftsarten des § 2 Abs. 1 EStG fällt."

96 Vgl. diesen Ansatz bei *Herzig / Kessler* (Steuerrechtsfähigkeit 1985), S. 2530; *Schön* (Steuerbilanz, 1985), S. 314.

97 *Stuhrmann* (Blümich EStG, 1991), zu § 15, Rz. 226a (S. 150).

vorlägen.[98] Die zugrundeliegende Tätigkeit der GmbH sowie die Qualifikation der Einkünfte des Stillen blieben nach diesem Ansatz von § 15 Abs. 1 Satz 1 Nr. 2 EStG unberührt.[99] Die Einkunftsart des stillen Gesellschafters bestimme sich vielmehr ausschließlich nach der originären Tätigkeit der GmbH. Der Stille würde so beispielsweise aufgrund der Beteiligung am Gewinn aus "Vermögensverwaltung keine gewerblichen Einkünfte" beziehen, sondern Einkünfte aus Vermietung und Verpachtung.[100]

Einer solchen Sichtweise muß entgegnet werden, daß in bezug auf die Merkmale 'Tätigkeit' und 'Gesellschaftsvermögen' die GmbH an die Stelle der GmbH & atypisch Still tritt.[101] Nur für die GmbH ist ein Betriebsvermögensvergleich durchzuführen, im Zuge dessen bei ihr ein ausschließlich gewerblicher Gewinn ermittelt wird.[102] Man darf aus diesem Grund die Vorschrift des § 8 Abs. 2 KStG nicht "bloß als Akt der Einkünftequalifizierung" verstehen, sondern vielmehr als "eine Art objektiven Tatbestand der Einkünfteerzielung", so daß aus steuerlicher Sicht eine GmbH letztlich - unabhängig von ihrer Tätigkeit - "originär (...) Einkünfte aus Gewerbebetrieb" erzielt.[103] Der dem atypischen Stillen zuzurechnende (Gewinn)Anteil kann sich dement-

---

98 *Bitz* (Littmann EStG, 1994) zu § 15, Rn 51 (S. 1973). Dies trifft für den Gewinnanteil des Stillen aus einer (rein) vermögensverwaltenden Tätigkeit der GmbH zu; bei einer gemischten Tätigkeit der GmbH wäre nach dieser Auffassung entsprechend eine getrennte steuerliche Behandlung erforderlich, d.h. der Stille hätte anteilig (z.B.) Einkünfte aus VuV und gewerbliche Einkünfte; vgl. dazu auch *BFH* (10.08.1994), S. 357.

99 Vgl. ähnlich *Schön* (Steuerbilanz, 1985), S. 314. So wird auch in einem Urteil des *BFH* (26.05.1993), S. 96 (m.w.N.), festgehalten, daß in bezug auf die Qualifikation der Einkünfte von einer "*gemeinsame[n]* Betätigung" auszugehen ist, "die nach außen hin nur durch einen Gesellschafter (...) ausgeübt zu werden braucht" (Hervorheb. im Orig.).

100 *Obermeier* (Blümich GewStG, 1991), zu § 2, Rz. 624 (S. 118 f.); gl.A. *Schmidt* (EStG-Kommentar, 1997), zu § 15, Rz 220 (S. 1155); *Stuhrmann* (Blümich EStG, 1991), zu § 15, Rz. 226a (S. 150); *Bitz* (Littmann EStG, 1994) zu § 15, Rn 51 (S. 1973); *Groh* (Beschluß, 1984), S. 657; *Raupach* (Beschluß, 1985), S. 311 f.; *Schulze zur Wiesche* (Beschluß, 1985), S. 73; *Schulze-Osterloh* (Beschluß, 1986), S. 252 f.; *Steinacker* (GmbH & atypisch Still, 1993), S. 31; *Walter* (GmbH & atypisch Still, 1994), S. 113.

101 Vgl. *Bitz* (Mitunternehmerschaft, 1984), S. 318; *Bordewin* (Gepräge-Rechtsprechung, 1985), S. 98; *Jurkat* (Beschluß, 1985), S. 69; *Schwedhelm* (Mitunternehmerschaft, 1987), S. 100; vgl. ähnlich auch *Groh* (Personengesellschaft, 1979), S. 226, lt. dem im Rahmen einer Bestimmung der Einkunftsart bei Innengesellschaften (ausschließlich) "die vergesellschaftete Betätigung des nach außen auftretenden Hauptgesellschafters, soweit sie innerhalb des gemeinsamen Zweckes liegt", maßgebend ist.

102 Vgl. *BFH* (21.06.1983), S. 563; *Steinacker* (GmbH & atypisch Still, 1993), S. 29. Die Gewerblichkeit der Einkünfte einer GmbH ergibt sich dabei im einzelnen aus § 8 Abs. 2 KStG (Einkünfte aus Gewerbebetrieb bei Handelsgesellschaften i.S.d. HGB) i.V.m. § 13 Abs. 3 GmbHG (GmbH ist Handelsgesellschaft i.S.d. HGB), § 6 Abs. 1 (Formkaufmann) und § 238 Abs. 1 Satz 1 HGB (Buchführungspflicht für Kaufleute) sowie § 2 Satz 1 GewStG (Gewerbesteuerpflicht von Gewerbebetrieben).

103 *Blaurock* (GmbH & Still, 1992), S. 1973. Diese Aussage findet durch Abschn. 16 GewStR Bestätigung, gem. dem "die Tätigkeit der Kapitalgesellschaften (...) stets in vollem Umfang als Gewerbebetrieb" gilt. Vgl. ebenso *BFH* (20.10.1976), S. 96; *BFH* (08.06.1977), S. 668; *Streck* (KStG-Kommentar, 1997), zu § 8, Anm. 26 (S. 132); *Glanegger / Güroff* (GewStG-Kommentar, 1994), zu § 2, Anm 186 (S. 171); *Schwedhelm* (Mitunternehmerschaft, 1987), S. 100; *Leingärt-*

sprechend nur auf den - durch Betriebsvermögensvergleich ermittelten - gewerblichen Gewinn der GmbH beziehen.[104] Infolgedessen kann eine mitunternehmerische bzw. gewerbliche Beteiligung an der GmbH dem atypischen Stillen ausschließlich gewerbliche Einkünfte vermitteln.[105] Dieser Sichtweise schließt sich, unbeschadet der originären Tätigkeit der GmbH, die Finanzverwaltung an.[106] Vor dem Hintergrund, daß man der atypischen stillen Gesellschaft "steuerrechtlich - auf einer Zwischenstufe der Einkünfteermittlung - die Tätigkeit des Geschäftsinhabers" zurechnen kann, behandelt *Ruban* die atypische stille Gesellschaft (nur) *wie* ein "Subjekt der Einkünfteerzielung".[107]

Dieses Resultat scheint auf den ersten Blick im Widerspruch zu der Ansicht zu stehen, nach der die Vorschrift des § 15 Abs. 1 Satz 1 Nr. 2 EStG unmittelbar tätigkeitsbezogen zu verstehen sei.[108] Angesichts der Tatsache, daß in bezug auf die Geschäftstätigkeit die GmbH an die Stelle der GmbH & atypisch Still tritt, steht das Ergebnis mit den zivilrechtlichen Maßgaben jedoch allein schon deshalb in Einklang, weil die "Qualifikation (...) [der GmbH] als Gewerbebetrieb (...) auch die Qualifikation der Innengesellschaft" bestimmt.[109] Da sich eine Gewerblichkeit der Gewinnanteile des Stillen ausschließlich bzw. vollständig aus der Vorschrift des § 15 Abs. 1 Satz 1 Nr. 2 EStG herleiten läßt, ist die Auffassung von *Söffing* zu teilen, daß im Zusammenhang mit einer GmbH & atypisch Still die Regelungen des "§ 15 Abs. 3 EStG (...) nicht zum

---

ner (Liebhaberei, 1979), S. 111; vgl. ähnlich *Uelner* (Gepräge-Rechtsprechung, 1986), S. 247, lt. dem die Einkünfte der GmbH gem. § 8 Abs. 2 KStG immer als Einkünfte aus Gewerbebetrieb anzusehen sind, "auch wenn diese Einkünfte - isoliert betrachtet - einer anderen Einkunftsart zugerechnet werden könnten".

104 So ist - in Anlehnung an *Fleischer / Thierfeld* (Stille Gesellschaft, 1995), S. 103 -, um im Rahmen einer GmbH & atypisch Still der Vorschrift des "§ 15 Abs. 1 Satz 1 Nr. 2 EStG gerecht zu werden, allein von der Bilanz des Geschäftsinhabers auszugehen und [dieser] Gewinn auf die Gesellschafter zu verteilen." Vgl. ähnlich *Schwedhelm* (Mitunternehmerschaft, 1987), S. 7.

105 Dies entspricht der (inzwischen) herrschenden Meinung; vgl. so *Brandmüller* (GmbH & Still, 1996), Rz 836 (S. 20a); *Hense / Jung / Schwaiger* (GmbH & Still, 1995), Rz. 193 (S. 331); *Blaurock* (GmbH & Still, 1992), S. 1973; *Feller* (Stille Gesellschaft, 1992), S. 102; *Paulick / Blaurock* (Stille Gesellschaft, 1988), S. 444; *Schwedhelm* (Mitunternehmerschaft, 1987), S. 100 f.; *Bordewin* (Gepräge-Rechtsprechung, 1985), S. 98; *Jurkat* (Beschluß, 1985), S. 69; *Döllerer* (Personengesellschaften, 1987), S. 289; *ders.* (Beschluß, 1986), S. 312; *Uelner* (Personengesellschaften, 1987), S. 290; *ders.* (Beschluß, 1986), S. 312; *ders.* (Gepräge-Rechtsprechung, 1986), S. 247; *Döllerer* (Zivilrecht, 1987), S. 50. Vgl. darüber hinaus *BFH* (21.06.1983), S. 565.

106 Vgl. *BMF* (26.11.1987), S. 765, gem. dem für den Fall, daß der "Inhaber des Handelsgeschäfts eine GmbH [ist], auch der an ihr atypisch still beteiligte Gesellschafter gewerbliche Einkünfte [erzielt], und zwar unabhängig davon, ob die Tätigkeit der GmbH und des an ihr atypisch still beteiligten Gesellschafters die Voraussetzungen eines Gewerbebetriebs nach § 15 Abs. 2 EStG erfüllt."

107 *Ruban* (Atypisch stille Gesellschaft, 1995), S. 639 (m.w.N.). Vgl. diese Begriffsverwendung insbesondere auch bei *BFH* (26.11.1996), S. 103.

108 Vgl. so statt vieler *BFH* (03.10.1984), S. 245.

109 *BFH* (28.10.1981), S. 188; vgl. auch *Bitz* (Mitunternehmerschaft, 1984), S. 318.

Zuge kommen" können bzw. gar nicht benötigt werden.[110] Überdies geht dieser Ansatz mit dem Willen des Gesetzgebers einher, der in § 20 Abs. 1 Satz 1 Nr. 4 EStG explizit Einkünfte aus Kapitalvermögen für den Fall negiert, daß der "Stille als Mitunternehmer anzusehen ist." Da die Verwendung des Mitunternehmerbegriffs wiederum einen Rückgriff auf die Vorschrift des § 15 Abs. 1 Satz 1 Nr. 2 EStG impliziert,[111] vermittelt ein mitunternehmerisches stilles Gesellschaftsverhältnis dementsprechend ausschließlich gewerbliche Einkünfte i.S.v. § 15 Abs. 1 Satz 1 Nr. 2 EStG.[112]

4. Besteuerung des atypischen stillen Gesellschafters

4.1. Gewinnanteile aus der stillen Beteiligung

Die im Rahmen einer einheitlichen und gesonderten Gewinnfeststellung ermittelten Gewinnanteile aus der mitunternehmerischen Beteiligung an der GmbH stellen, wie oben ausführlich diskutiert wurde, beim atypischen stillen Gesellschafter Einkünfte aus Gewerbebetrieb i.S.d. § 15 Abs. 1 Satz 1 Nr. 2 EStG dar. So ist für "den Versteuerungszeitpunkt nicht der Zufluß, sondern die Entstehung des Gewinns beim Geschäftsinhaber entscheidend".[113] Je nach dem, ob der Stille seine Beteiligung im Privatvermögen oder in einem Betriebsvermögen hält, werden die gewerblichen Einkünfte bei ihm zur Einkommen- oder zur Körperschaftsteuer herangezogen.[114]

4.2. Gewinnausschüttungen auf GmbH-Anteile

Bei Personenidentität zwischen GmbH-Gesellschafter und atypischem stillen Gesellschafter knüpft die steuerliche Behandlung von Gewinnausschüttungen auf den GmbH-Anteil an die steuerliche Vermögenszuordnung bzw. die Bilanzierung der GmbH-Anteile an. Grundsätzlich zählen die Gewinnausschüttungen auf GmbH-Anteile einschließlich des Körperschaftsteueranrechnungsanspruchs nach der Vorschrift des § 20 Abs. 1 Satz 1 Nr. 1 EStG zu den Einkünften aus Kapitalvermögen. Stellen GmbH-Anteile jedoch - im Rahmen eines Gewerbebetriebs - Betriebsvermögen dar, sind die Ausschüttungen auf solche Anteile i.S.d. Subsidiaritätsklausel des § 20 Abs. 3 EStG den Einkünften aus Gewerbebetrieb zuzurechnen.

Folgte man dem Ansatz, nach dem der GmbH-Anteil des atypischen Stillen - in Anlehnung an die steuerbilanzielle Behandlung von GmbH-Anteilen des Kommanditisten

---

110 *Söffing* (ESt-Kommentar, 1994), zu § 15, Anm. 574 (S. 367); vgl. ähnlich *Schwedhelm* (Mitunternehmerschaft, 1987), S. 101 (auch Fn. 315).

111 Diesen Sachverhalt bringt der Gesetzgeber z.B. (auch) durch die Vorschrift des § 16 Abs. 1 Nr. 2 EStG zum Ausdruck.

112 Vgl. - neben H 138 EStR - *Schmidt* (EStG-Kommentar, 1997), zu § 15, Rz 169 (S. 1144) und Rz 341 (S. 1175). So wird auch bei *Bezzenberger* (Stille Gesellschaft, 1991), § 5, RdNr. 18 (S. 1109), deutlich, daß für den Fall, daß der Stille als Mitunternehmer anzusehen ist, seine "Gewinnanteile Einkünfte aus Gewerbebetrieb im Sinne des § 15 Abs. 1 Satz 1 Nr. 2 EStG" darstellen.

113 *Fleischer / Thierfeld* (Stille Gesellschaft, 1995), S. 102.

114 Vgl. so z.B. auch *Paulick / Blaurock* (Stille Gesellschaft, 1988), S. 441: "(...) je nach Rechtsform (...)."; vgl. ähnlich *Töben* (Stille Gesellschaft, 1991), § 23, RdNr. 17 (S. 1249).

einer GmbH & Co. KG - als Sonderbetriebsvermögen II des Stillen bei der GmbH & atypisch Still zu qualifizieren sei,[115] so müßten Gewinnausschüttungen entsprechend den Einkünften aus Gewerbebetrieb zugerechnet werden.[116] Wie jedoch im *Zweiten Kapitel* schon dargelegt wurde,[117] müssen bei einem unabhängig von der stillen Beteiligung bestehenden GmbH-Gesellschaftervertrag die GmbH-Anteile des atypischen Stillen aus steuerlicher Sicht seinem Privatvermögen[118] zugeordnet werden, so daß die Gewinnausschüttungen bei ihm den Einkünften aus Kapitalvermögen i.S.v. § 20 Abs. 1 Satz 1 Nr. 1 EStG zuzurechnen sind.[119] Liegt dagegen die GmbH-Gesellschafterstellung im stillen Gesellschaftsvertrag bzw. -verhältnis begründet,[120] sind die GmbH-Anteile des Stillen steuerlich als Sonderbetriebsvermögen II zu qualifizieren und die Gewinnausschüttungen daraus - analog zu den Gewinnanteilen aus der stillen Beteiligung - beim atypischen stillen Gesellschafter zu den Einkünften aus Gewerbebetrieb zu zählen.[121]

4.3. Geschäftsführervergütungen

Gemäß der Vorschrift des § 15 Abs. 1 Satz 1 Nr. 2 EStG sind neben den Gewinnanteilen auch die Vergütungen zu den Einkünften aus Gewerbebetrieb zu zählen, "die der Gesellschafter von der Gesellschaft für seine Tätigkeit im Dienst der Gesellschaft (...) bezogen hat."[122] Während Vergütungen an Personenhandelsgesellschafter, die als

---

115 Vgl. übereinstimmend *Wassermeyer* (Atypisch stille Beteiligung, 1986), S. 370; *Schmidt* (EStG-Kommentar, 1997), zu § 15, Rz 358 (S. 1179); *Schulze zur Wiesche* (GmbH & Still, 1997), Rn. 258 (S. 105); *Fichtelmann* (GmbH & Still, 1995), RdNr. 278 (S. 88 f.); *Schoor* (GmbH & Still, 1995), Rdn. 180 (S. 77 f.); *Stutzmann* (GmbH & atypisch Still, 1993), S. 33; *Straub* (Einmann GmbH & Still, 1990), S. 1303; *Bormann* (GmbH & Still, 1984), S. 27.

116 Folgte man jedoch der Auffassung von *Czub* (GmbH-Anteile, 1981), S. 345, nach der im Rahmen einer GmbH & Co. KG Ausschüttungen auf Anteile der Kommanditisten an der Komplementär-GmbH stets, d.h. unabhängig von der Zugehörigkeit zum Sonderbetriebsvermögen (II), den Einkünften aus Kapitalvermögen zuzurechnen seien, da sie nicht unter die Vorschrift des § 15 Abs. 1 (Satz 1) Nr. 2 EStG fallen könnten, so müßte diese Schlußfolgerung erst recht für die Gewinnausschüttungen auf GmbH-Anteile des atypischen Stillen gelten.

117 Vgl. hierzu *Abschnitt IV.3.2.2* im *Zweiten Kapitel.*

118 Alternativ ist von Betriebsvermögen und dementsprechend bei Gewinnausschüttungen vom Wortlaut des § 20 Abs. 3 KStG auszugehen, wenn der Stille die GmbH-Anteile in (s)einem - unabhängig von der GmbH bestehenden - Unternehmen hält.

119 Vgl. zu der Anwendung der Vorschrift des § 20 Abs. 1 Satz 1 Nr. 1 EStG auf die GmbH & atypisch Still *Carlé* (GmbH & Still, 1987), S. 7037; *Costede* (GmbH & Still, 1983), S. 310; *Schwedhelm* (Mitunternehmerschaft, 1987), S. 103 f.; *Steinacker* (GmbH & atypisch Still, 1993), S. 37; a.A. *Neubert / Weinläder* (GmbH & atypisch Still, 1983), S. 632; *Bormann* (GmbH & Still, 1984), S. 26 f.; *Straub* (Einmann GmbH & Still, 1990), S. 1304; *Beranek* (GmbH & Still, 1991), S. 136.

120 Vgl. zu der hierzu notwendigen Abgrenzung ausführlich *Abschnitt IV.3.2.2* im *Zweiten Kapitel.*

121 In dem Fall ergibt sich die Gewerblichkeit entsprechend aus der Vorschrift des § 20 Abs. 3 EStG i.V.m. § 15 Abs. 1 Satz 1 Nr. 2 EStG; a.A. offenbar *Czub* (GmbH-Anteile, 1981), S. 345.

122 Diese (sog.) Sondervergütungen werden als Gesellschaftsbeiträge angesehen, die ihre Ursache im Gesellschaftsverhältnis haben; vgl. so statt vieler *Döllerer* (Atypisch stille Gesellschaft, 1985), S. 298 f.

Geschäftsführer ihrer Gesellschaft fungieren, unzweifelhaft unter diese Vorschrift gefaßt werden können, besteht in der Literatur eine kontroverse Diskussion bezüglich der steuerlichen Behandlung der Vergütungen, die ein atypischer stiller Gesellschafter für seine Tätigkeit als Geschäftsführer der GmbH bezieht.[123]

Einige Autoren wollen - auch hierbei - den atypischen Stillen wie den Kommanditisten einer GmbH & Co. KG behandelt wissen.[124] Bei letzterem werden die Vergütungen, die er für die Geschäftsführung der Komplementär-GmbH bezieht, i.d.R. seinen gewerblichen Einkünften i.S.d. § 15 Abs. 1 Satz 1 Nr. 2 EStG zugerechnet,[125] da seine Tätigkeit als mittelbare Leistung an die KG und insoweit als Beitrag zur Mitunternehmerschaft angesehen werden kann.[126] Eine undifferenzierte Übernahme dieser Grundsätze auf die GmbH & atypisch Still hätte zur Konsequenz, daß die Geschäftsführervergütungen des Stillen generell zu den Einkünften aus Gewerbebetrieb zu zählen wären.[127]

Es muß jedoch an dieser Stelle einer solchen (zweistufigen) Betrachtungsweise weiterhin entgegnet werden, daß im Hinblick auf die zivilrechtlichen Maßgaben auch bezüglich einer Geschäftsführung die Übertragung der für die GmbH & Co. KG geltenden steuerlichen Grundsätze auf die GmbH & atypisch Still nicht zu rechtfertigen ist. Bei der GmbH & atypisch Still erfüllt allein die GmbH die Unternehmereigenschaft und nur sie tritt nach außen in Erscheinung, so daß grundsätzlich eine "Geschäftsführertätigkeit (...) nicht als Beitrag zur stillen Gesellschaft angesehen werden"

---

123 Dabei geht es um die Frage, ob die Geschäftsführervergütungen bei dem stillen Gesellschafter zu den gewerblichen Einkünften (§ 15 Abs. 1 Satz 1 Nr. 2 EStG) oder zu den Einkünften aus nichtselbständiger Arbeit (§ 19 Abs. 1 Nr. 1 EStG) zu zählen sind.

124 Vgl. so *Felix* (Stille Beteiligung, 1971), S. 235; *Paulick* (Einmann-GmbH & Still, 1982), S. 240; *Hölzel* (GmbH & Still, 1981), S. 57; *Neubert / Weinläder* (GmbH & atypisch Still, 1983), S. 631; *Bormann* (GmbH & Still, 1984), S. 26; *Beranek* (GmbH & Still, 1991), S. 136; *Schoor* (GmbH & Still, 1995), Rdn. 184 (S. 79); *Stutzmann* (GmbH & atypisch Still, 1993), S. 31.

125 Eine differenzierte Betrachtung, d.h. eine Aufteilung der Vergütung, ist diesbezüglich für den Fall notwendig, daß die GmbH in nicht unerheblichem Umfang - außerhalb ihrer Funktion als Komplementär - eine eigene Tätigkeit ausübt; vgl. dementsprechend *BFH* (21.03.1968), S. 579; *Schmidt* (EStG-Kommentar, 1997), zu § 15, Rz 717 (S. 1243); *Tillmann* (GmbH & Co., 1997), Rz. 948 (S. 408); *Fichtelmann* (GmbH & Co. KG, 1994), RdNr. 298 (S. 100).

126 Vgl. hierzu neben *BFH* (15.11.1967), S. 152, *BFH* (23.02.1972), S. 530; *BFH* (21.04.1971), S. 816; *BFH* (21.03.1968), S. 579; *BFH* (02.08.1960), S. 408; *Schmidt* (EStG-Kommentar, 1997), zu § 15, Rz 717 (S. 1243); *Fichtelmann* (GmbH & Co. KG, 1994), RdNr. 297 ff. (S. 99 f.); *Blaurock* (GmbH & Still, 1992), S. 1977.

127 Für eine Subsumtion der Geschäftsführervergütungen des Stillen unter die gewerblichen Einkünfte plädiert daher auch *Beger* (Vorteile, 1972), S. 16; gl.A. *FG Köln* (18.06.1997), S. 1503; *Beranek* (GmbH & Still, 1991), S. 136; *Bormann* (GmbH & Still, 1984), S. 26; *Felix* (Stille Beteiligung, 1971), S. 224; *Fichtelmann* (GmbH & Still, 1995), RdNr. 273 (S. 86 f.); *Hölzel* (GmbH & Still, 1981), S. 77; *Knobbe-Keuk* (Steuerrecht, 1993), S. 407; *Paulick* (Einmann-GmbH & Still, 1982), S. 240; *Paulick / Blaurock* (Stille Gesellschaft, 1988), S. 467; *Post / Hoffmann* (Stille Beteiligung, 1984), S. 142; vgl. so im Ergebnis auch *Ruban* (Atypisch stille Gesellschaft, 1995), S. 642; *Stüttgen* (Stille Beteiligung, 1988), S. 289; *Schoor* (GmbH & Still, 1995), Rdn. 183 (S. 78 f.); *Schmidt* (EStG-Kommentar, 1997), zu § 15, Rz 358 (S. 1179).

kann.[128] So wird die (Gegen)Auffassung vertreten, daß der Stille als Geschäftsführer immer nur für die GmbH bzw. für deren Gesellschaftszweck tätig werden könne, mit der Konsequenz, daß ihm aus dieser Tätigkeit generell nur Einkünfte aus nichtselbständiger Arbeit i.S.v. § 19 Abs. 1 Nr. 1 EStG zukämen.[129] Das an den Stillen gezahlte Geschäftsführergehalt sowie die geleisteten Zuführungen zu den Pensionsrückstellungen stellten bei der GmbH in diesem Fall abzugsfähige Betriebsausgaben dar.[130]

Es erscheint in diesem Zusammenhang eine differenziertere Betrachtungsweise geboten: Grundsätzlich liegt bei der Besteuerung von Leistungsbeziehungen ein Trennungsprinzip[131] zugrunde, d.h. es gilt im Hinblick auf die steuerliche Einstufung der Geschäftsführervergütungen eines stillen Gesellschafters unterschiedlichen Vertragsverhältnissen in gleicher Form Rechnung zu tragen, wie dies schon bei der Beurteilung einer Mitunternehmerstellung des Stillen erforderlich war.[132] So ist davon auszugehen, daß der atypische stille Gesellschafter mit seiner unabhängig vom stillen Gesellschaftsvertrag bzw. -verhältnis vereinbarten Tätigkeit als Geschäftsführer keinen (Mitunternehmer)Beitrag für die GmbH & atypisch Still leistet. In dem Fall steht einer steuerlichen Qualifikation der Geschäftsführervergütungen als Einkünfte aus nichtselbständiger Arbeit i.S.v. § 19 Abs. 1 Nr. 1 EStG mit den oben dargestellten Konsequenzen nichts entgegen. Im Ergebnis ist bezüglich der steuerlichen Behandlung der

---

128 *Schwedhelm* (Mitunternehmerschaft, 1987), S. 114; gl.A. auch *Schulze zur Wiesche* (Geschäftsführung, 1980), S. 170; *ders.* (GmbH & typisch Still, 1991), S. 535; *ders.* (GmbH & Still, 1997), Rn. 275 (S. 111); *Paulick / Blaurock* (Stille Gesellschaft, 1988), S. 459; *Stüttgen* (Stille Beteiligung, 1988), S. 286; *Costede* (GmbH & Still, 1983), S. 310 f.; *Neubert / Weinläder* (GmbH & atypisch Still, 1983), S. 630; *Döllerer* (Atypisch stille Gesellschaft, 1985), S. 299; *Straub* (Einmann GmbH & Still, 1990), S. 1303; *Steinacker* (GmbH & atypisch Still, 1993), S. 47 ff.; *Weber* (Stille Beteiligung, 1992), S. 147; *Winkeljohann / Halfar* (Gewerbesteuerliche Vorzüge, 1994), S. 2472; *Wöhe* (Steuerlehre, 1990), S. 282. A.A. *Bormann* (GmbH & Still, 1984), S. 26 f.; *Paulick* (Einmann-GmbH & Still, 1982), S. 238; *Hölzel* (GmbH & Still, 1981), S. 36; vgl. so auch (noch) *Fichtelmann* in der 2. Auflage (GmbH & Still, 1983), S. 44; vgl. demgegenüber (inzwischen) anderslautend *Fichtelmann* (GmbH & Still, 1995), RdNr. 267 (S. 84).

129 Vgl. *Schulze zur Wiesche* (GmbH & Still, 1976), S. 411; *ders.* (Stille Beteiligung, 1979), S. 64; *ders.* (Geschäftsführung, 1980), S. 170; *ders.* (GmbH & Still, 1997), Rn. 275 (S. 111); *Schwedhelm* (Mitunternehmerschaft, 1987), S. 114; *Steinacker* (GmbH & atypisch Still, 1993), S. 50; *Winkeljohann / Halfar* (Gewerbesteuerliche Vorzüge, 1994), S. 2472; *Woltmann* (GmbH & Still, 1974), S. 159; a.A. *Paulick / Blaurock* (Stille Gesellschaft, 1988), S. 467.

130 Vgl. dazu statt vieler *BFH* (08.01.1975), S. 437.

131 Vgl. zu der gebotenen Anwendung des Trennungsprinzips auf eine GmbH & atypisch Still *BFH* (09.12.1976), S. 157; *Tipke / Lang* (Steuerrecht, 1996), § 9, Rz. 527 (S. 383) und Rz. 6 (S. 447); *Seer* (Unternehmensbesteuerung, 1993), S. 120 ff.; *Steinacker* (GmbH & atypisch Still, 1993), S. 48; *Heinrich* (GmbH, 1991), § 10, RdNr. 1 (S. 92); *Kneip* (Mitunternehmer, 1994), S. 436; *Jacobs* (Unternehmensbesteuerung, 1988), S. 289 f.; *Klauss / Mittelbach* (Stille Gesellschaft, 1980), Rz. 497 (S. 193); *Stüttgen* (Stille Beteiligung, 1988), S. 283; *Schwedhelm* (Mitunternehmerschaft, 1987), S. 28; *Costede* (GmbH & Still, 1983), S. 309.

132 Vgl. neben *Abschnitt II.2.* im *Zweiten Kapitel* auch *Steinacker* (GmbH & atypisch Still, 1993), S. 47, der deutlich macht, daß "Dienstverhältnisse zwischen einer natürlichen Person und einer GmbH steuerrechtlich anerkannt" werden. Vgl. zu einer analogen Vorgehensweise insbesondere *Schwedhelm* (Mitunternehmerschaft, 1987), S. 116.

Tätigkeitsvergütung kein Unterschied feststellbar zu einem GmbH-Gesellschafter, der gleichzeitig die Geschäftsführerposition innehat.[133]

Ist dagegen das stille Gesellschaftsverhältnis ursächlich für eine Geschäftsführerstellung des Stillen bei der GmbH, muß von einem Beitrag bzw. von einer Beitragsleistung des Stillen zur Förderung der GmbH & atypisch Still ausgegangen werden.[134] Dies hat zur Folge, daß die Geschäftsführervergütungen analog zu den Gewinnanteilen (aus der stillen Beteiligung) beim Stillen - als Sondervergütungen - zu den Einkünften aus Gewerbebetrieb i.S.v. § 15 Abs. 1 Satz 1 Nr. 2 EStG zu zählen sind.[135] In diesem Zusammenhang sind Ansätze strikt abzulehnen, die bei gleichzeitiger GmbH-Mitgliedschaft des Stillen eine Ursächlichkeit des stillen Gesellschaftsverhältnisses und damit eine gewerbliche Qualifikation der Geschäftsführerentlohnung - unabhängig von dem zugrundeliegenden Vertrag - für den Fall befürworten, daß das wirtschaftliche Schwergewicht bei der stillen Beteiligung liegt.[136] Eine ablehnende Haltung erscheint dabei insbesondere im Hinblick auf das Gebot einer getrennten steuerlichen Behandlung unterschiedlicher Vertragsverhältnisse mit Kapitalgesellschaften gerechtfertigt.[137]

Für die Feststellung einer Ursächlichkeit des stillen Gesellschaftsverhältnisses gilt es ausschließlich das der Geschäftsführung zugrundeliegende Vertragswerk zu hinterfragen.[138] Wurde so im stillen Gesellschaftsvertrag eine Geschäftsführertätigkeit des Stillen für die GmbH vereinbart, ist von einem "übereinstimmenden Willen der Beteiligten" und der "gemeinschaftlichen Zwecksetzung" auszugehen, "dem Stillen in seiner Eigenschaft als stiller Gesellschafter Einfluß auf die Geschicke des Unternehmens zu geben".[139] Dies hat zur Konsequenz, daß die damit einhergehenden Geschäftsführer-

---

133 Vgl. so *BFH* (15.04.1958), S. 299.

134 Vgl. analog dazu *Abschnitt II.2.2.2* im *Zweiten Kapitel.*

135 Vgl. ähnlich *Ruban* (Atypisch stille Gesellschaft, 1995), S. 642, wobei sie davon ausgeht, daß der Stille "mit der Überlassung seiner Dienste [grundsätzlich] einen weiteren Beitrag zur Förderung des gemeinsamen Zwecks der Mitunternehmerschaft erbringt", was als solches nach der hier entwickelten Systematik einer differenzierteren, vertragsbezogenen Betrachtungsweise bedarf.

136 Vgl. so insbesondere *Döllerer* (Atypisch stille Gesellschaft, 1985), S. 299; vgl. auch *Gassner* (Atypisch stille Beteiligung, 1986), S. 366; *Schulze zur Wiesche* (GmbH & atypisch Still, 1976), S. 410; *Costede* (GmbH & Still, 1983), S. 311; *ders.* (Stille Gesellschaft, 1987), S. 262; *Wassermeyer* (Atypisch stille Beteiligung, 1986), S. 367.

137 Vgl. auch die Argumente gegen eine 'Schwergewichtsbetrachtung' in *Abschnitt II.2.2.1* im *Zweiten Kapitel.* Vgl. ablehnend *Carlé* (GmbH & Still, 1987), S. 7037; *Steinacker* (GmbH & atypisch Still, 1993), S. 38; *Stüttgen* (Stille Beteiligung, 1988), S. 283.

138 Vgl. neben *Abschnitt II.2.* im *Zweiten Kapitel* zu der (auch) diesbezüglich gebotenen getrennten steuerrechtlichen Beurteilung unterschiedlicher Vertragsverhältnisse *BFH* (28.01.1986), S. 600; *BFH* (31.01.1985), S. 18; *BFH* (02.05.1984), S. 823; *BFH* (21.06.1983), S. 565; *BFH* (01.07.1982), S. 646; *BFH* (08.02.1979), S. 408; *BFH* (09.12.1976), S. 158; *Töben* (Stille Gesellschaft, 1991), § 19, RdNr. 18 (S. 1214); *Döllerer* (Zivilrecht, 1987), S. 45, 52 f.; *ders.* (Handelsrecht und Steuerrecht, 1988), S. 207; *Schwedhelm* (Mitunternehmerschaft, 1987), S. 18 m.w.N.; *Dornbach* (Beurteilung, 1976), S. 425; *Hermann / Heuer / Raupach* (EStG-Kommentar, 1996), zu § 15, Anm. 83 (S. E 49 f.).

139 *Costede* (GmbH & Still, 1983), S. 310 (alle Zitate).

vergütungen steuerlich als Sondervergütung i.S.d. § 15 Abs. 1 Satz 1 Nr. 2 EStG zu qualifizieren sind.

4.4. Vergütungen aus sonstigen Leistungsbeziehungen

Neben Geschäftsführervergütungen können unter die Vorschrift des § 15 Abs. 1 Satz 1 Nr. 2 EStG auch solche Vergütungen fallen, "die der Gesellschafter (...) für die Hingabe von Darlehen oder die Überlassung von Wirtschaftsgütern bezogen hat." Es gilt infolgedessen die Frage zu klären, in welchem Ausmaß "Vergütungen, die der atypische stille Gesellschafter von der GmbH für die Überlassung von Wirtschaftsgütern und die Hingabe von Darlehen erhält, als Sondervergütungen und damit als Einkünfte aus Gewerbebetrieb anzusehen sind".[140] Die steuerliche Qualifikation von Leistungsvergütungen der GmbH an den atypischen Stillen knüpft dabei - analog zu der Behandlung von Gewinnausschüttungen aus GmbH-Anteilen des stillen Gesellschafters - an die steuerliche Vermögenszuordnung bzw. Bilanzierung der zur Nutzung überlassenen Wirtschaftsgütern oder Darlehen an, mit denen die von der GmbH zu zahlenden Vergütungen im Zusammenhang stehen.[141] Befürwortete man in diesem Zusammenhang generell eine steuerliche Zuordnung zum Sonderbetriebsvermögen I, so wären die damit einhergehenden Vergütungen durchweg als Sondervergütungen i.S.v. § 15 Abs. 1 Satz 1 Nr. 2 EStG zu qualifizieren. Der atypische Stille müßte dann alle Einkünften aus der GmbH als gewerbliche Einkünfte versteuern.[142]

Bei der GmbH & atypisch Still hat grundsätzlich "eine Eingrenzung des Anwendungsbereichs der Sondervergütungen gem. § 15 Abs. 1 Satz 1 Nr. 2 EStG (...) auf solche Leistungen zu erfolgen, die als Beitrag zu der Mitunternehmerschaft geeignet wären."[143] Es können dabei nicht in dem Umfang Vergütungen für Leistungsbeziehungen zu den Einkünften aus Gewerbebetrieb gezählt werden, wie dies insbesondere bei Personenhandelsgesellschafte(r)n der Fall ist.[144] Die im Zusammenhang mit einer GmbH & atypisch Still gebotene Auslegung des § 15 Abs. 1 Satz 1 Nr. 2 EStG gibt vielmehr nur derjenigen Vergütung den "Charakter einer Sondervergütung aus der Mitunternehmerschaft", welche als "Gegenleistung der Gesellschaft für einen Beitrag zum Gesellschaftszweck" - über die GmbH - an den atypischen Stillen gezahlt wurde. Damit geht einher, daß "die Leistung des Gesellschafters durch das [atypische stille] Gesell-

---

140 *Steinacker* (GmbH & atypisch Still, 1993), S. 50 f.

141 Vgl. statt vieler hierzu *Costede* (GmbH & Still, 1983), S. 311.

142 Vgl. so *Knobbe-Keuk* (Steuerrecht, 1993), S. 408; *Ruban* (Atypisch stille Gesellschaft, 1995), S. 642; *Schmidt* (EStG-Kommentar, 1997), zu § 15, Rz 358 (S. 1179); *Schoor* (GmbH & Still, 1995), Rdn. 186 f. (S. 80); *Hölzel* (GmbH & Still, 1981), S. 59; vgl. (im Ergebnis) auch *Klauss / Mittelbach* (Stille Gesellschaft, 1980), Rz. 471 (S. 184).

143 *Schwedhelm* (Mitunternehmerschaft, 1987), S. 116. In bezug auf den (Zweck)Förderungsaspekt unterscheidet sich die Mitunternehmerschaft 'GmbH & atypisch Still' dabei nicht von anderen Mitunternehmerschaften.

144 Auch bei Personenhandelsgesellschafte(r)n sind hierbei einige Einschränkungen bezüglich der Subsumtion von Leistungsvergütungen unter § 15 Abs. 1 Satz 1 Nr. 2 EStG zu beachten; vgl. dazu z.B. *BFH* (18.12.1991), S. 585; *BFH* (25.01.1980), S. 275; *BFH* (24.01.1980), S. 271; *BFH* (23.05.1979), S. 757; *Groh* (Sondervergütungen, 1996), S. 673.

schaftsverhältnis veranlaßt worden sein muß."[145] Eine Subsumtion unter die Vorschrift des § 15 Abs. 1 Satz 1 Nr. 2 EStG kann demnach nur bei solchen Leistungsbeziehungen erfolgen, deren Ursächlichkeit im stillen Gesellschaftsvertrag begründet liegt,[146] d.h. es muß hierfür die gleiche Zweckbezogenheit bestehen, wie dies bei Gewinnanteilen aus einer GmbH & atypisch Still grundsätzlich der Fall ist.[147] Neben den Gewinnanteilen sind daher letztlich die Vergütungen - in Form von Sondervergütungen - zu den Einkünften aus Gewerbebetrieb zu zählen, die in Verbindung mit der im stillen Gesellschaftsvertrag begründet liegenden Überlassung von Wirtschaftsgütern oder einer Darlehensgewährung vereinbart werden.[148]

Bestehen dagegen unabhängig vom stillen Gesellschaftsvertrag weitere Rechtsbeziehungen zwischen dem Stillen und der GmbH, sind im Hinblick auf das Trennungsprinzip die daraus resultierenden Vergütungen des Stillen "entsprechend dem zivilrechtlich zugrundeliegenden Schuldverhältnis als Einnahmen bei den Einkünften aus Vermietung und Verpachtung bzw. Einkünften aus Kapitalvermögen zu erfassen", die bei der GmbH entsprechend den körperschaftsteuerpflichtigen Gewinn mindern.[149] Insofern wird auch an dieser Stelle - angesichts der spezifischen Rechtsnatur einer GmbH & atypisch Still - der Unterschied zur steuerlichen Behandlung der GmbH & Co. KG bzw. ihrer Gesellschafter deutlich. Bei letzterer sind solche Leistungsbeziehungen - ggf. auch mittelbar über die GmbH - ungeachtet des zugrundeliegenden Vertragswerks steuerlich regelmäßig als Beitrag zur Mitunternehmerschaft anzusehen.[150]

---

145 *Costede* (GmbH & Still, 1983), S. 311 (alle Zitate); vgl. in diesem Sinne auch *BFH* (27.05.1981), S. 192; *BFH* (23.05.1979), S. 757.

146 Vgl. die Diskussion bezüglich einer steuerlichen Qualifizierung von zur Nutzung überlassenen Wirtschaftsgütern bzw. von Darlehen als Sonderbetriebsvermögen I in *Abschnitt IV.3.2.1* im *Zweiten Kapitel.*

147 Dieses Ergebnis geht einher mit der Tatsache, daß die Gewinnbeteiligung einen zwingenden Bestandteil des stillen Gesellschaftsvertrags darstellt, während weitere Leistungsbeziehungen im Rahmen der vertraglichen Gestaltungsfreiheit mit oder ohne gemeinsame Zwecksetzung vereinbart werden können.

148 Die Auffassung, nach der das Vorliegen von Sonderbetriebsvermögen I im Zusammenhang mit der GmbH & atypisch Still durchweg abzulehnen ist, negiert entsprechend auch eine - damit einhergehende - Qualifikation der in dem Zusammenhang entrichteten Zahlungen als Sondervergütungen; vgl. so insbesondere *Steinacker* (GmbH & atypisch Still, 1993), S. 56; *Winkeljohann / Halfar* (Gewerbesteuerliche Vorzüge, 1994), S. 2472.

149 *Steinacker* (GmbH & atypisch Still, 1993), S. 51. Vgl. zudem auch die steuerrechtliche Anerkennung bzw. getrennte Behandlung von - neben der stillen Beteiligung bestehenden - schuldrechtlichen Beziehungen befürwortend *Schulze zur Wiesche* (GmbH & Still, 1997), Rn. 83 ff. (S. 34 f.); *Schwedhelm* (Mitunternehmerschaft, 1987), S. 116; *Costede* (GmbH & Still, 1983), S. 311 f.

150 So bezieht z.B. - in Anlehnung an *Costede* (GmbH & Still, 1983), S. 311 - ein "Kommanditist, der seiner GmbH & Co. KG für betriebliche Zwecke ein Grundstück verpachtet oder auch eine Lizenz auf ein Patent gewährt und dafür Pachtzinsen bzw. Lizenzgebühren erhält, (...) damit regelmäßig Sondervergütungen i.S.d. § 15 Abs. 1 Satz 1 Nr. 2 EStG. Das Grundstück und die Lizenz gehören zugleich zu seinem Sonderbetriebsvermögen in der Mitunternehmerschaft." Vgl. zu den diesbezüglich bestehenden Einschränkungen *ebenda.*

Es kann daher abschließend festgehalten werden, daß aus steuerrechtlicher Sicht das Vorliegen einer mitunternehmerischen stillen Beteiligung an der GmbH und die damit einhergehende Qualifikation der GmbH & Still als atypisch dazu führt, daß diejenigen Einkünfte des atypischen Stillen, die er aufgrund des mitunternehmerischen Beteiligungsverhältnisses bezogen hat, steuerlich als gewerbliche Einkünfte i.S.v. § 15 Abs. 1 Satz 1 Nr. 2 EStG zu qualifizieren sind.[151] Darüber hinaus vom stillen Gesellschafter bezogene Vergütungen aus unabhängig bestehenden Rechtsbeziehungen zu der GmbH sind demgegenüber steuerlich getrennt zu beurteilen.[152] Die für eine solche Abgrenzung notwendige (gesellschafts)vertragsbezogene Beurteilungssystematik geht letztlich einher mit einer formalrechtlichen Betrachtungsweise, die auch (schon) bei der Auslegung des Mitunternehmerbegriffs i.S.v. § 15 Abs. 1 Satz 1 Nr. 2 EStG in bezug auf eine GmbH & Still angemessen erscheint.[153]

5. Besteuerung der GmbH und ihrer Gesellschafter

Der auf die GmbH "entfallende Gewinnanteil unterliegt bei ihr nach den Vorschriften des KStG der Körperschaftsteuer."[154] Dabei handelt es sich "stets um Einkünfte aus Gewerbebetrieb, weil die GmbH unabhängig davon, ob sie gewerblich oder [z.B.] vermögensverwaltend tätig wird, kraft ihrer Rechtsform gemäß § 8 Abs. 2 KStG nur Einkünfte aus Gewerbebetrieb erzielen kann."[155] Der im Rahmen einer einheitlichen und gesonderten Gewinnfeststellung ermittelte, steuerlich relevante Gewinnanteil des atypischen stillen Gesellschafters berührt dabei "das körperschaftsteuerpflichtige Einkommen der GmbH nicht mehr; er wird dem atypischen stillen Gesellschafter im Rahmen der einheitlichen und gesonderten Gewinnfeststellung unmittelbar zugerechnet, nachdem dieser Gewinnanteil in der Bilanz der GmbH den dort ausgewiesenen

---

151 In diesem Sinne muß auch die Aussage von *Söffing* (ESt-Kommentar, 1994), zu § 15, Anm. 574 (S. 367), verstanden werden, lt. dem eine "GmbH & [atypisch] Still stets Einkünfte aus Gewerbebetrieb hat". Vgl. überdies auch *BFH* (20.10.1976), S. 96; *BFH* (08.06.1977), S. 668; *BFH* (21.06.1983), S. 565; *BMF* (26.11.1987), S. 765; Abschn. 16 GewStR m.w.N.; *Streck* (KStG-Kommentar, 1997), zu § 8, Anm. 26 (S. 132); *Glanegger / Güroff* (GewStG-Kommentar, 1994), zu § 2, Anm 186 (S. 171); *Fichtelmann* (GmbH & Still, 1995), RdNr. 272 (S. 86); *Uelner / Stuhrmann* (Gewerbliche Einkünfte, 1994), RdNr. 108 (S. 355); *Blaurock* (GmbH & Still, 1992), S. 1973; *Binger* (Atypisch stille Gesellschaft, 1988), S. 414; *Paulick / Blaurock* (Stille Gesellschaft, 1988), S. 445; *Leingärtner* (Liebhaberei, 1979), S. 111; *Uelner* (Gepräge-Rechtsprechung, 1986), S. 247; *Schwedhelm* (Mitunternehmerschaft, 1987), S. 7, 101; *Bordewin* (Gepräge-Rechtsprechung, 1985), S. 98; vgl. im Ergebnis auch *Ruban* (Atypisch stille Gesellschaft, 1995), S. 641. A.A. *Steinacker* (GmbH & atypisch Still, 1993), S. 32; *Herzig / Kessler* (Steuerrechtsfähigkeit 1985), S. 2530; *Schön* (Steuerbilanz, 1985), S. 314; *Groh* (Beschluß, 1984), S. 657; *Raupach* (Beschluß, 1986), S. 311.

152 Die steuerliche Behandlung gestaltet sich in dem Fall letztlich so, als ob gar kein stilles Gesellschaftsverhältnis vorhanden wäre.

153 Vgl. dazu insbesondere *Abschnitt II.2.1.* im *Zweiten Kapitel.*

154 *Paulick / Blaurock* (Stille Gesellschaft, 1988), S. 441; vgl. auch *Bormann* (GmbH & Still, 1984), S. 28: "Ausgangspunkt für die Ermittlung des steuerpflichtigen Einkommens" der GmbH ist - wie für den atypischen Stillen- "der im gesonderten Verfahren bindend festgestellte Gewinnanteil aus der Mitunternehmerschaft."

155 *Blaurock* (GmbH & Still, 1992), S. 1973.

Gewinn gemindert hat."[156] Die Gewinnanteile des Stillen sind dabei nur in dem Umfang "steuermindernd als Betriebsausgabe zu berücksichtigen, soweit sie nicht als verdeckte Gewinnausschüttung zu qualifizieren sind."[157]

Schuldrechtliche Verträge, die neben der atypischen stillen Beteiligung bestehen und nicht im stillen Gesellschaftsvertrag begründet liegen, werden grundsätzlich steuerlich anerkannt. Die aufgrund solcher Verträge gezahlten Vergütungen, wie z.B. Gehälter oder Miet- bzw. Pachtzinsen, mindern dementsprechend den körperschaftsteuerlichen Gewinn der GmbH.[158] Diese berühren - analog zum Gewinnanteil des atypischen Stillen - das körperschaftsteuerliche Einkommen der GmbH nicht. Sie werden vielmehr im Rahmen der einheitlichen und gesonderten Gewinnfeststellung, in ihrer Eigenschaft als Sondervergütungen, dem atypischen Stillen unmittelbar zugerechnet.[159]

Die GmbH-Gesellschafter nehmen am Gewinn der GmbH über den Weg einer - offenen bzw. auch verdeckten - Gewinnausschüttung teil. Eine Gewinnausschüttung führt bei ihnen gem. § 20 Abs. 1 Satz 1 Nr. 1 EStG zu Einkünften aus Kapitalvermögen, falls die Anteile im Privatvermögen gehalten werden.[160] Dies gilt ebenfalls für GmbH-Gesellschafter, die gleichzeitig als atypische stille Gesellschafter am Handelsgewerbe der GmbH partizipieren, sofern deren GmbH-Anteile nicht als Sonderbetriebsvermögen II zu qualifizieren sind.[161]

6. Besteuerung von Veräußerungsgewinnen des Stillen

Veräußerungsgewinne können im Rahmen der Mitunternehmerschaft - abgesehen von dem Verkauf einzelner Wirtschaftsgüter, an deren Wertzuwächsen der atypische Stille vertraglich beteiligt war -[162] bei Beendigung einer GmbH & atypisch Still entstehen. Darüber hinaus besteht die Möglichkeit der Realisierung von Veräußerungsgewinnen bei einer Übertragung bzw. Veräußerung der atypischen stillen Beteiligung auf einen

---

156 *Horn / Maertins* (GmbH & atypisch Still, 1994), S. 150; vgl. dazu auch *Costede* (Stille Gesellschaft, 1987), S. 261.

157 *Stüttgen* (Stille Beteiligung, 1988), S. 452.

158 Vgl. statt vieler dazu *Post / Hoffmann* (Stille Beteiligung, 1984), S. 92. So findet in gleicher Weise die Bildung von Pensionsrückstellungen für einen (vertraglich unabhängig) an der Geschäftsführung beteiligten stillen Gesellschafter grundsätzlich steuerlich Anerkennung; vgl. so *Henniger* (Pensionsvereinbarungen, 1972).

159 Letztlich erfährt demzufolge im Rahmen der Besteuerung einer GmbH & Still die GmbH bei Vorliegen einer atypischen stillen Beteiligung ggü. einer typischen Vertragsform keine unterschiedliche Behandlung; vgl. *Schoor* (GmbH & Still, 1995), Rdn. 287 (S. 111); *Stüttgen* (Stille Beteiligung, 1988), S. 452.

160 Vgl. z.B. *Heinicke* (Einkünfte, 1997), S. 287 f.; *Bormann* (GmbH & Still, 1984), S. 28. Vgl. zu der diesbezüglichen Anrechnung der KSt und der einbehaltenen Kapitalertragsteuer *Beranek* (GmbH & Still, 1991), S. 134; *Sudhoff / Sudhoff* (Stille Beteiligung, 1984), S. 79.

161 Vgl. zu der Frage, in welchen Fällen ein GmbH-Anteil steuerlich als Sonderbetriebsvermögen II zu qualifizieren ist, die Diskussion in *Abschnitt IV.3.2.2* im *Zweiten Kapitel.*

162 Andere Aspekte bezüglich vorhandener stiller Reserven, wie z.B. deren Behandlung bei Umwandlungs- oder Einbringungsvorgängen bzw. bei Liquidation der GmbH, sollen hier nicht weiter Berücksichtigung finden; vgl. ausführlich dazu z.B. *Schulze zur Wiesche* (GmbH & Still, 1997), Rn 320 ff. (S. 133 ff.).

Dritten.[163] Solche Gewinne fallen unter die Regelung des § 16 Abs. 1 Nr. 2 EStG.[164] Hiernach gehören zu "den Einkünften aus Gewerbebetrieb (...) auch Gewinne, die erzielt werden bei der Veräußerung des Anteils eines Gesellschafters, der als Unternehmer (Mitunternehmer) des Betriebs anzusehen ist (§ 15 Abs. 1 Satz 1 Nr. 2)."[165] Dabei zählt als Veräußerungsgewinn "der Betrag, um den der Veräußerungspreis (...) den Wert des Anteils am Betriebsvermögen (...) übersteigt."[166]

Der Veräußerungsgewinn des atypischen stillen Gesellschafters entspricht dabei seinem per Gesellschaftsvertrag bestimmten Anteil an den - (zumindest) während des Bestehens der stillen Beteiligung entstandenen - stillen Reserven einschließlich eines Geschäftswertes.[167] Für den Fall der Auseinandersetzung ist darüber hinaus die Vorschrift des § 235 Abs. 2 HGB zu beachten, nach der ein stiller Gesellschafter grundsätzlich auch an den "zur Zeit der Auflösung schwebenden Geschäfte[n]" teilhat.[168]

---

163 Dies setzt grundsätzlich die Zustimmung aller Vertragsbeteiligten voraus, wobei lt. *Paulick / Blaurock* (Stille Gesellschaft, 1988), S. 163, eine Übertragbarkeit "für den *personenrechtlichen Teil der Mitgliedschaft* ohne Zustimmung des anderen Gesellschafters ausgeschlossen" ist (Hervorheb. im Orig.). Vgl. zur Übertragung bzw. Veräußerung einer stillen Beteiligung *BFH* (11.02.1981), S. 465; *Söffing* (Veräußerung, 1982), S. 268; *Sterner* (Veräußerung, 1983), S. 2176 f.; *Schmidt* (EStG-Kommentar, 1997), zu § 16, Rz 420 ff. (S. 1390 f.) m.w.N.; *Stüttgen* (Stille Beteiligung, 1988), S. 450; *Boettcher / Zartmann / Faut* (Stille Gesellschaft, 1978), S. 71; *Koenigs* (Stille Gesellschaft, 1961), S. 244 ff.; *Saenger* (Stille Gesellschaft, 1924), S. 110. Es ist hierbei jedoch anzumerken, daß atypische stille Beteiligungen in der Praxis nur selten veräußert werden; vgl. so auch *Horn / Maertins* (GmbH & atypisch Still, 1994), S. 149.

164 Diese Vorschrift stellt generell auf die Mitunternehmerstellung eines Gesellschafters ab und findet insofern auch auf die mitunternehmerische Beteiligung des atypischen Stillen Anwendung; vgl. dazu m.w.N. *BFH* (13.07.1993), S. 246; *Schmidt* (EStG-Kommentar, 1997), zu § 16, Rz 420 ff. (S. 1390 f.); *Schulze zur Wiesche* (GmbH & Still, 1997), Rn. 358 (S. 149); *ders.* (Beendigung, 1982), S. 321; *Fichtelmann* (GmbH & Still, 1995), RdNr. 307 (S. 100 f.); *Hense / Jung / Schwaiger* (GmbH & Still, 1995), Rz. 210 (S. 336); vgl. diesen Sachverhalt negierend jedoch *Ehlers / Busse* (Vermögenszuordnung, 1989), S. 450.

165 § 16 Abs. 1 Nr. 2 EStG; in Abs. 3 Satz 1 wird dazu ergänzend angeführt, daß "als Veräußerung (...) auch die Aufgabe des Gewerbebetriebs", d.h. hier die Aufgabe der mitunternehmerischen Beteiligung, gilt; vgl. zu dem Geltungsbereich der Vorschrift auch *BFH* (10.07.1986), S. 811.

166 § 16 Abs. 2 Satz 1 EStG.

167 In Anlehnung an *Schmidt* (EStG-Kommentar, 1997), zu § 16, Rz 407 (S. 1387), umfaßt bei einer GmbH & atypisch Still der "Mitunternehmeranteil des stillen Gesellschafters seine Mitgliedschaft einschließlich schuldrechtlich wertmäßiger Beteiligung am Betriebsvermögen [der GmbH]"; darüber hinaus gilt es bei den Berechnungen ein (ggf.) bestehendes Sonderbetriebsvermögen sowie Ergänzungsbilanzen mit zu berücksichtigen. *Döllerer* (Atypisch stille Gesellschaft, 1985), S. 299, sieht in diesem Zusammenhang die Notwendigkeit einer Ergänzungsbilanz für den Käufer, der "mehr [für den stillen Anteil] bezahlt, als der Buchwert seines Kapitalkontos beträgt." Vgl. dazu auch *BFH* (13.10.1983), S. 101; *Horn / Maertins* (GmbH & atypisch Still, 1994), S. 149; *Hild / Schuch* (Unternehmenskauf, 1993), S. 181 ff.

168 Es handelt sich hierbei allerdings um eine abdingbare Vorschrift; vgl. so *BGH* (10.10.1994), S. 192; *Koller* (HGB-Kommentar, 1996), zu § 235 HGB, Rz. 4 (S. 477). Vgl. zur Auseinandersetzung bzw. möglichen Ansprüchen des Stillen auch *Schulze zur Wiesche* (GmbH & Still, 1997), Rn. 94 ff. (S. 37 f.), Rn. 361 (S. 149); *Geck* (Auflösung, 1994), S. 660 f.; *Hense* (Stille Gesellschaft, 1990), S. 59 ff.; *Boettcher / Zartmann / Faut* (Stille Gesellschaft, 1978), S. 87.

Der Veräußerungsgewinn des stillen Gesellschafters unterliegt der Einkommensteuer, wobei die Vergünstigungen i.S.v. § 16 Abs. 4 EStG (Freibetragsregelung) sowie § 34 EStG (Steuersatzermäßigung) Anwendung finden.[169] Da es sich nicht um laufende Vermögensmehrungen aus einer 'werbenden Tätigkeit' handelt, unterliegen solche Veräußerungsgewinne nicht der Gewerbesteuer.[170]

II. Gewerbesteuer

1. Gewerbesteuerpflicht

1.1. Subjektive Gewerbesteuerpflicht

Gewerbesteuerrechtlich unterscheidet man die persönliche (subjektive) und die sachliche (objektive) Steuerpflicht. Bei der persönlichen Steuerpflicht "geht es (...) um die Bezeichnung der Person, die die Gewerbesteuer, wie sie aufgrund der sachlichen [objektiven] Steuerpflicht des Gewerbebetriebes festgesetzt wird, zu entrichten hat."[171] Subjektiv gewerbesteuerpflichtig, d.h. "Steuerschuldner" der Gewerbesteuer, ist lt. § 5 Abs. 1 Satz 1 GewStG grundsätzlich "der Unternehmer".[172] Gilt nach dieser Vorschrift "die Tätigkeit einer Personengesellschaft [als] Gewerbebetrieb, so ist Steuerschuldner die Gesellschaft."[173] Bezugnehmend darauf wurde in einem Urteil des *BFH* vom 22.06.1983 die Ansicht vertreten, daß, da die "atypische stille Gesellschaft (...) eine Gesellschaft i.S." des GewStG sei, diese auch als "Steuerschuldner der Gewerbesteuer" in Frage käme.[174]

Es ist jedoch zu beachten, daß die Gesellschaft als solche einen Gewerbebetrieb betreiben muß und tatsächlich für Verbindlichkeiten der Gesellschaft in Anspruch genommen werden kann.[175] Da die GmbH & atypisch Still als mitunternehmerisches

---

169 Vgl. *BFH* (13.07.1993), S. 246; *Schulze zur Wiesche* (GmbH & Still, 1997), Rn. 358 (S. 149); *Fichtelmann* (GmbH & Still, 1995), RdNr. 298 (S. 97). Vgl. zu Veräußerungsverlusten bzw. zu der Behandlung von negativen Kapitalkonten bei Gesellschafterwechsel bzw. Gesellschaftsauflösung z.B. *Natschke* (Negatives Kapitalkonto, 1997), S. 85 ff.

170 Vgl. Abschnitt 39 Abs. 3 Satz 1 GewStR; *BFH* (20.12.1963), S. 248; *BFH* (02.02.1972), S. 471; gl.A. *Glanegger / Güroff* (GewStG-Kommentar, 1994), zu § 7, Anm 14 (S. 376 f.); *Schmidt* (EStG-Kommentar, 1997), zu § 16, Rz 7 (S. 1330 f.).

171 *Knobbe-Keuk* (Steuerrecht, 1993), S. 724, die zudem anführt, daß "sich (...) die persönliche Steuerpflicht in der Steuerschuldnerschaft" erschöpft; vgl. so z.B. auch *Tipke / Lang* (Steuerrecht, 1996), § 12, Rz. 264 (S. 536). Die persönliche (Gewerbe)Steuerpflicht wird grundsätzlich in § 5 GewStG geregelt; vgl. dazu *Glanegger / Güroff* (GewStG-Kommentar, 1994), zu § 5, Anm 1 (S. 347).

172 Dies trifft in jedem Fall für die GmbH zu.

173 § 5 Abs. 1 Satz 3 GewStG; vgl. dazu auch *Orth* (Gewerbesteuerrecht, 1994), RdNr. 106 (S. 1187).

174 *BFH* (22.06.1983), S. 63 (beide Zitate) m.w.N.; vgl. so auch Abschn. 16 Abs. 3 GewStR a.F.; *Bormann* (GmbH & Still, 1984), S. 29; *Hölzel* (GmbH & Still, 1981), S. 64; *Neubert / Weinläder* (GmbH & atypisch Still, 1983), S. 632; *Post / Hoffmann* (Stille Beteiligung, 1984), S. 123.

175 Vgl. so *Glanegger / Güroff* (GewStG-Kommentar, 1994), zu § 5, Anm 6 (S. 350 f.); *Goller* (Gewerbesteuerpflicht, 1982), S. 486; *Paulick / Blaurock* (Stille Gesellschaft, 1988), S. 480; *Steinak-*

Beteiligungsverhältnis keinen Gewerbebetrieb unterhält, kann sie - im Gegensatz zur GmbH - kein eigenständiges (Gewerbe)Steuersubjekt darstellen. Ordnet man - entgegen der hier vertretenen Sichtweise - der GmbH & atypisch Still eine gewerbliche Tätigkeit im Innenverhältnis und damit einhergehend eine partielle Steuerrechtssubjektivität zu,[176] käme darüber hinaus der Frage nach der Haftung für Gesellschaftsverbindlichkeiten eine zentrale Bedeutung zu, da "§ 5 Abs. 1 Satz 3 (...) in erster Linie einen vollstreckungsrechtlichen Hintergrund" hat.[177]

Das *FG Nürnberg* hat in seinem rechtskräftigen Urteil vom 25.07.1984 zum Ausdruck gebracht, daß weder der atypische stille Gesellschafter selbst noch das Gesellschaftsverhältnis als solches Schuldner der Gewerbesteuer sein können, da "es an einem gemeinschaftlichen, gesamthänderisch gebundenen Vermögen fehlt", auf das ein "Zugriff des Steuergläubigers" erfolgen könnte.[178] Dies fand durch ein Grundsatzurteil des *VIII. Senats* zur (Gewerbe)Besteuerung einer atypischen stillen Gesellschaft Bestätigung.[179] Dieser hält zwar inzwischen bezüglich einer Steuerrechtssubjektivität nicht mehr an dem zitierten Urteil fest. Er beschränkt sich im Rahmen seiner Korrektur jedoch ausdrücklich auf den Aspekt der Subjektivität.[180] Nicht verworfen wird demgegenüber die (gefestigte) Auffassung, nach der bei "der atypischen stillen Gesellschaft (...) kein Gesellschaftsvermögen" existiert.[181]

---

ker (GmbH & atypisch Still, 1993), S. 100; *Zacharias / Suttmeyer / Rinnewitz* (GmbH & atypisch Still, 1988), S. 130.

176 Vgl. so zuletzt *BFH* (26.11.1996), S. 103; vgl. darüber hinaus die ausführliche Diskussion in *Abschnitt III.* im *Zweiten Kapitel.*

177 *Glanegger / Güroff* (GewStG-Kommentar, 1994), zu § 5, Anm 6 (S. 350). In dem *BFH*-Urteil vom 26.11.1996 wird der atypischen stillen Gesellschaft zwar eine eigene Tätigkeit bzw. eine Steuerrechtssubjektivität zugestanden, dies geschieht jedoch allein vor dem Hintergrund, eine Anwendung des § 15 Abs. 3 EStG zu ermöglichen. Abgesehen davon, daß eine solche Anwendung nach der hier vertretenen Auffassung gar nicht in Betracht gezogen werden muß, wird in dem besagten Urteil nicht auf das (fehlende) Gesellschaftsvermögen einer atypischen stillen Gesellschaft eingegangen; vgl. auch die Anmerkungen zu diesem Urteil bei *Kempermann* (Anmerkung, 1997), S. 445; *o.V.* (Anmerkung, 1997), S. 817; *Schulze zur Wiesche* (Atypisch stille Gesellschaft, 1997), 407.

178 *FG Nürnberg* (25.07.1984), S. 135 (beide Zitate) m.w.N.; vgl. (schon) *Goller* (Gewerbesteuerpflicht, 1982), S. 486. So bestätigt auch *Kempermann* (Einheit, 1995), S. 225, daß generell als "Steuerschuldnerin nur die Außengesellschaft mit Gesamthandsvermögen" in Frage kommt.

179 Vgl. den Leitsatz des *BFH* (12.11.1985), S. 311, lt. dem eine "atypische stille Gesellschaft (...) nicht 'Steuerschuldner' i.S. von § 5 Abs. 1 Satz 3 GewStG" ist. Des weiteren kann hiernach auch "der atypische stille Gesellschafter (...) nicht als Steuerschuldner für die Gewerbesteuerschulden des Unternehmens in Anspruch genommen werden." Vgl. so auch *BFH* (08.02.1995), S. 626.

180 So wird von Seiten des *BFH* (26.11.1996), S. 103, explizit eingeräumt, daß der *VIII. Senat* "an seiner (...) Meinung *insoweit* nicht mehr fest[hält]" (Hervorheb. durch den Verf.).

181 *BFH* (12.11.1985), S. 316. Selbst für den Fall, daß der *VIII. Senat* auch in diesem Punkt seine vorherige (gegenteilige) Meinung revidiert hätte, könnte (erst) ein Beschluß des *Großen Senats* diesbezüglich zu nachhaltigen Änderungen führen, da auch nach der Auffassung des *IV. Senats* (z.B. vertreten durch *BFH* (14.09.1989), S. 591) eine "stille Gesellschaft nicht Schuldnerin der Gewerbesteuer sein" kann bzw. ihr i.S.v. *BFH* (14.12.1995), S. 227, allgemein keine Steuerrechtssubjektivität zugestanden werden darf. Darüber hinaus findet diese Auffassung gleicher-

Man kann sich die Problematik am Beispiel eines vollstreckbaren Titels gegen die stille Gesellschaft wegen rückständiger Gewerbesteuerzahlungen verdeutlichen:[182] Bei der atypischen GmbH & Still existiert kein Gesellschaftsvermögen, das Gegenstand einer Zwangsvollstreckung sein könnte, d.h. eine Vollstreckung in das Vermögen der GmbH & Still bliebe erfolg- bzw. wirkungslos. Als Vollstreckungsschuldner gem. § 253 AO kommt vielmehr allein die GmbH in Betracht. Des weiteren kann ein atypischer stiller Gesellschafter neben der GmbH auch nicht als Haftungsschuldner i.S.v. § 191 AO in Anspruch genommen werden, da er "für die Verbindlichkeiten des Unternehmens nicht haftet (§ 230 HGB)."[183]

Die Vorschrift des § 5 Abs. 1 Satz 3 GewStG, wonach bei gewerblicher Tätigkeit einer Personengesellschaft die Gesellschaft Steuerschuldner ist, kann somit letztlich nicht auf eine GmbH & atypisch Still angewendet werden, sondern nur auf Personengesellschaften, bei denen ein Gesellschaftsvermögen im Sinne eines Gesamthandsvermögens vorhanden ist.[184] Demzufolge kommen als Steuerschuldner "weder die atypische stille Gesellschaft selbst noch die an ihr beteiligten Personen in ihrer gesellschaftsrechtlichen Verbundenheit noch der stille Gesellschafter in Betracht."[185] Für eine GmbH & atypisch Still gilt vielmehr, daß (allein) die GmbH Steuerschuldner i.S.d. § 5 Abs. 1 GewStG und damit subjektiv gewerbesteuerpflichtig ist.[186]

---

maßen durch den *III. Senat* Bestätigung, gem. dem subjektiv "gewerbesteuerpflichtig (...) nur der Inhaber des Handelsgeschäfts, hier die GmbH, sein [kann], nicht der (atypische) stille Gesellschafter." *BFH* (03.02.1994), S. 710. Letztlich entspricht dem auch die Auffassung des *I. Senats*; vgl. so *BFH* (08.02.1995), S. 764; *BFH* (08.02.1995), S. 329.

182 Vgl. zu dieser Problematik insbesondere *Döllerer* (Atypisch stille Gesellschaft, 1985), S. 300; *ders.* (Atypisch stille Gesellschaft, 1988), S. 300; *Glanegger / Güroff* (GewStG-Kommentar, 1994), zu § 5, Anm 6 (S. 350 f.); *Goller* (Gewerbesteuerpflicht, 1982), S. 486; *Paulick / Blaurock* (Stille Gesellschaft, 1988), S. 480; *Steinacker* (GmbH & atypisch Still, 1993), S. 100; *Zacharias / Suttmeyer / Rinnewitz* (GmbH & atypisch Still, 1988), S. 130.

183 *Döllerer* (Atypisch stille Gesellschaft, 1988), S. 300; vgl. *ders.* (Atypisch stille Gesellschaft, 1985), S. 300; *Fichtelmann* (GmbH & Still, 1995), RdNr. 310 (S. 102 f.); *Ruban* (Atypisch stille Gesellschaft, 1995), S. 643; *Stüttgen* (Stille Beteiligung, 1988), S. 432.

184 Vgl. in diesem Sinne auch *BFH* (14.09.1989), S. 591; *Ruban* (Atypisch stille Gesellschaft, 1995), S. 643; *Glanegger / Güroff* (GewStG-Kommentar, 1994), zu § 5, Anm 6 (S. 350); *Döllerer* (Atypisch stille Gesellschaft, 1985), S. 300; *Winkeljohann / Halfar* (Gewerbesteuerliche Vorzüge, 1994), S. 2472.

185 Abschn. 37 Abs. 1 Satz 2 GewStR; gl.A. zudem *BFH* (03.02.1994), S. 710; *Orth* (Gewerbesteuerrecht, 1994), RdNr. 106 (S. 1187); *Unvericht* (Gewerbeertrag, 1987), S. 414; *Paulick / Blaurock* (Stille Gesellschaft, 1988), S. 479 ff.; *Steinacker* (GmbH & atypisch Still, 1993), S. 121; a.A. *Wassermeyer* (Atypisch stille Beteiligung, 1986), S. 372 ff.; *Neubert / Weinläder* (GmbH & atypisch Still, 1983), S. 632.

186 Vgl. übereinstimmend *BFH* (12.11.1985), S. 311; *BFH* (17.02.1989), S. 664; *BFH* (14.09.1989), S. 591; *BFH* (15.12.1992), S. 702; *BFH* (03.05.1993), S. 616; *BFH* (26.08.1993), S. 507; *BFH* (10.11.1993), S. 327; *BFH* (03.02.1994), S. 709; *BFH* (08.02.1995), S. 765; *BFH* (08.02.1995), S. 626; *FG Baden-Württemberg* (29.10.1992), S. 337; Abschn. 37 Abs. 1 GewStR; *Lenski / Steinberg* (GewStG-Kommentar, 1995), zu § 5, Anm. 4 (S. 9 f.); *Glanegger / Güroff* (GewStG-Kommentar, 1994), zu § 5, Anm 7 (S. 352); *Gosch* (Blümich GewStG, 1994), zu § 5, Rz. 48 (S. 12 f.); *Brandmüller* (GmbH & Still, 1996), Rz 836 (S. 20a); *Ruban* (Atypisch

Dieses Ergebnis entspricht den spezifischen Wesensmerkmalen einer GmbH & atypisch Still insbesondere im Hinblick auf die Tatsache, daß bei einer GmbH & atypisch Still das Vermögen der GmbH an die Stelle eines Gesellschafts- bzw. Gesamthandsvermögens tritt. Adressat eines Gewerbesteuer(meß)bescheids kann infolgedessen nur die GmbH als Trägerin des Gewerbebetriebs sein.[187] Trotz einer fehlenden subjektiven Gewerbesteuerpflicht des Stillen wird dieser indirekt durch die Gewerbesteuer belastet, da die Gewerbesteuer als abzugsfähige Betriebsausgabe den verteilbaren Gewinn der GmbH und "damit auch den Gewinnanteil des atypischen stillen Gesellschafters mindert."[188]

1.2. Objektive Gewerbesteuerpflicht

Sachlich gewerbesteuerpflichtig ist gem. § 2 Abs. 1 Satz 1 GewStG "jeder stehende Gewerbebetrieb, soweit er im Inland betrieben wird", wobei nach Satz 2 dieser Vorschrift unter einem "Gewerbebetrieb ein gewerbliches Unternehmen im Sinne des Einkommensteuergesetzes zu verstehen" ist. Die Legaldefinition des Begriffs Gewerbebetrieb findet sich in § 15 Abs. 2 EStG,[189] dessen Merkmale demzufolge auch für die Gewerbesteuer von Bedeutung sind. In Verbindung mit Abschn. 8 GewStR müssen so letztlich sämtliche Voraussetzungen für einen Gewerbebetrieb (Selbständigkeit, Nachhaltigkeit der Betätigung, Gewinnerzielungsabsicht und Beteiligung am allge-

---

stille Gesellschaft, 1995), S. 643; *Horn / Maertins* (GmbH & atypisch Still, 1994), S. 150; *Winkeljohann / Halfar* (Gewerbesteuerliche Vorzüge, 1994), S. 2472; *Paulick / Blaurock* (Stille Gesellschaft, 1988), S. 479 f.; *Costede* (Stille Gesellschaft, 1987), S. 263 f.; *Döllerer* (Zivilrecht, 1987), S. 53; *ders.* (Atypisch stille Gesellschaft, 1985), S. 300; *Unvericht* (Gewerbeertrag, 1987), S. 414; *Zacharias / Suttmeyer / Rinnewitz* (GmbH & atypisch Still, 1988), S. 129 f.; *Fichtelmann* (GmbH & Still, 1995), RdNr. 310 (S. 102); *Steinacker* (GmbH & atypisch Still, 1993), S. 118 f.; *Stüttgen* (Stille Beteiligung, 1988), S. 432; *Schoor* (GmbH & Still, 1995), Rdn. 199 (S. 84 f.).

187 Vgl. *BFH* (08.02.1995), S. 331; *BFH* (12.11.1985), S. 317 f. sowie *BFH* (12.11.1985), S. 393; *BFH* (24.11.1988), S. 145; *BMF* (26.11.1987), S. 765; *FG Baden-Württemberg* (25.09.1992), S. 335; *FG Baden-Württemberg* (29.10.1992), S. 337; Abschn. 37 Abs. 1 Satz 4 GewStR; *Ruban* (Atypisch stille Gesellschaft, 1995), S. 643. Wird der Schuldner im Steuerbescheid falsch bezeichnet, so ist der Steuerbescheid nichtig; vgl. so *BFH* (14.09.1989), S. 591. Nach einem *BFH*-Urteil vom 10.11.1993 (S. 327) ist der Steuerbescheid, der an eine atypische stille Gesellschaft adressiert ist und die stille Gesellschaft als Steuerschuldner bezeichnet, jedoch dann gültig, wenn er vor Veröffentlichung des *BFH*-(Grundsatz)Urteils vom 12.11.1985 (S. 311) bekanntgegeben wurde; vgl. ähnlich *BFH* (08.02.1995), S. 766.

188 *Döllerer* (Atypisch stille Gesellschaft, 1985), S. 301; *ders.* (Atypisch stille Gesellschaft, 1988), S. 301; vgl. so auch *Glanegger / Güroff* (GewStG-Kommentar, 1994), zu § 5, Anm 21 (S. 359); *Steinacker* (GmbH & atypisch Still, 1993), S. 112.

189 Vgl. *Knobbe-Keuk* (Steuerrecht, 1993), S. 727; *Tipke / Lang* (Steuerrecht, 1996), Rz. 253 (S. 531). Bevor das Steuerentlastungsgesetz 1984 vom 22.12.1983 (BGBl. I, 1583) in Kraft trat, war eine solche Definition des Gewerbebetriebs nur in § 1 GewStDV gegeben; vgl. so *Glanegger / Güroff* (GewStG-Kommentar, 1994), zu § 2, Anm 35 (S. 53 ff.).

meinen wirtschaftlichen Verkehr) "erfüllt sein, um die Gewerbesteuerpflicht zu begründen."[190]

Bezugnehmend darauf wird die Auffassung vertreten, daß sich die Gewerbesteuerpflicht nach § 2 Abs. 1 GewStG nur aufgrund einer gewerblichen Betätigung ergeben könne. Nicht derjenige, der gewerbliche Einkünfte erziele, stelle hiernach ein Gewerbesteuerobjekt dar, sondern ausschließlich derjenige, der gewerblich tätig sei.[191] Da die atypische stille Gesellschaft "als solche [nicht] nachhaltig am allgemeinen wirtschaftlichen Verkehr mit Gewinnerzielungsabsicht" teilnehme, könne dementsprechend "eine objektive Gewerbesteuerpflicht nicht begründet werden". Vielmehr könne - analog zu der subjektiven Gewerbesteuerpflicht - nur die GmbH als Gewerbesteuerobjekt angesehen werden.[192] Eine solche Auffassung hätte zur Folge, daß der Gewinnanteil des atypischen Stillen nicht der Gewerbesteuer unterläge; die Besteuerung scheiterte in dem Fall "an einer Zurechnungsnorm".[193]

Um diese Problematik zu umgehen, wird in der Literatur gerne auf eine frühere Fassung des § 2 GewStG zurückgegriffen:[194] Gemäß der bis 1986 geltenden Fassung des § 2 Abs. 2 Nr. 1 GewStG[195] konnte nämlich die atypische stille Gesellschaft u.U. als selbständiges Gewerbesteuerobjekt angesehen werden.[196] Da nach dieser Ansicht ein Rückgriff auf die Vorschrift auch insofern nicht abwegig erscheine, als diese im § 15 Abs. 3 Nr. 1 EStG weiter lebe,[197] sei hinsichtlich einer "objektiven Gewerbesteuer-

190 Vgl. zu den Voraussetzungen der Gewerblichkeit auch *Stuhrmann* (Blümich EStG, 1991), zu § 15, Rz. 7 (S. 11). Überdies darf das (ungeschriebene) Tatbestandsmerkmal der "Nicht-Vermögensverwaltung" nicht unberücksichtigt bleiben.

191 Vgl. so *Steinacker* (GmbH & atypisch Still, 1993), S. 111; vgl. ähnlich *Tipke / Lang* (Steuerrecht, 1996), § 12, Rz. 252 (S. 531); *Döllerer* (Atypisch stille Gesellschaft, 1985), S. 300.

192 *Zacharias / Suttmeyer / Rinnewitz* (GmbH & atypisch Still, 1988), S. 131 (beide Zitate); gl.A. *Steinacker* (GmbH & atypisch Still, 1993), S. 105 ff.; vgl. ebenso *Petzold* (Gewerbesteuer, 1983), S. 71 f., der auf die (fehlende) Tatbestandsvoraussetzung des § 15 Abs. 1 Nr. 1 EStG verweist; a.A. *Pauka* (Gewerbesteuer, 1987), S. 604.

193 *Unvericht* (Gewerbeertrag, 1987), S. 414.

194 Vgl. diesen Rückgriff vornehmend *Fichtelmann* (GmbH & Still, 1995), RdNr. 316 (S. 104); *Schoor* (GmbH & Still, 1995), Rdn. 201 (S. 85). Vgl. bezüglich der (historischen) Entwicklung dieser Vorschrift *Paulick / Blaurock* (Stille Gesellschaft, 1988), S. 482.

195 Im Sinne dieser (früheren) Vorschrift des § 2 Abs. 2 Nr. 1 GewStG galt als "Gewerbebetrieb (...) stets und in vollem Umfang die Tätigkeit (...) anderer Gesellschaften, bei denen die Gesellschafter als Unternehmer (Mitunternehmer) des Gewerbebetriebs anzusehen sind". Diese Vorschrift wurde im Rahmen des Steuerbereinigungsgesetzes 1986 vom 19.12.1985 (BGBl. I 1986, 735) gestrichen; vgl. dazu *Knobbe-Keuk* (Steuerrecht, 1993), S. 728; *Glanegger / Güroff* (GewStG-Kommentar, 1994), zu § 2, Anm 35 (S. 53).

196 Vgl. so auch *BFH* (10.11.1993), S. 327; *BFH* (22.06.1983), S. 63; *BFH* (28.01.1982), S. 389; *BFH* (22.01.1981), S. 424; *Goller* (Gewerbesteuerpflicht, 1982), S. 486.

197 § 2 Abs. 2 Nr. 1 GewStG (a.F.) wurde im Rahmen des Steuerbereinigungsgesetzes 1986 - im Zuge der Neufassung des § 15 Abs. 3 - lt. *Glanegger / Güroff* (GewStG-Kommentar, 1994), zu § 2, Anm 35 (S. 53), "aus Gründen der Rechtsklarheit in das Einkommensteuergesetz" (§ 15 Abs. 3 Nr. 1 EStG) in etwas modifizierter Form übernommen. Vgl. zu dieser Übernahme auch *Eisgruber* (Tätigkeiten, 1995), S. 1569 ff.; *Fick* (Aktuelle Fragen, 1995), S. 88; *Henkel / Jakobs*

pflicht (...) der Gewerbeertrag der atypisch stillen Gesellschaft wie bei jeder anderen Mitunternehmerschaft zu ermitteln" und die Gewerblichkeit der Gewinnanteile insofern gesichert.[198] Abgesehen davon, daß eine Anwendung des § 15 Abs. 3 EStG auf die GmbH & atypisch Still nicht in Betracht gezogen werden muß, da die Einkünfte aus dem stillen Gesellschaftsverhältnis - aufgrund der Gewerblichkeit der GmbH - (schon) i.S.v. § 15 Abs. 1 Satz 1 Nr. 2 EStG grundsätzlich zu den gewerblichen Einkünften zählen,[199] ist darüber hinaus umstritten, ob eine atypische stille Gesellschaft - mangels Teilnahme am wirtschaftlichen Verkehr - überhaupt unter die anderen Gesellschaften i.S.d. § 2 Abs. 2 Nr. 1 GewStG (a.F.) gefaßt werden kann.[200]

Solche Überlegungen verlieren jedoch vor dem Hintergrund an Bedeutung, daß für die Anwendung des § 2 Abs. 1 GewStG ein funktionierender gewerblicher "Organismus, an dem sich der Stille beteiligt",[201] als ausreichend erachtet wird. Diese Tatbestandsvoraussetzung ist bei einer GmbH & atypisch Still durch "die gewerbliche Tätigkeit des Inhabers des Handelsgeschäfts" gewährleistet, an der der Stille mitunternehmerisch beteiligt ist.[202] Mehrere Urteile des *BFH* machen zudem deutlich,[203] daß auch die Rechtsprechung in bezug auf eine sachliche Gewerbesteuerpflicht "die atypische stille Gesellschaft (...) [mit] den übrigen Personengesellschaften gleichbehandelt wissen will."[204] Die Erfassung der Einkünfte bzw. des Gewerbeertrags hat zwar aufgrund der fehlenden Steuersubjektivität des Stillen generell bei der GmbH stattzufinden;[205] diese

---

(Einkünfteerzielungsabsicht, 1995), S. 145 ff.; *Lüdemann* (Einkünfteerzielungsabsicht, 1996), S. 2650; *Unvericht* (Gewerbeertrag, 1987), S. 413.

198 *Unvericht* (Gewerbeertrag, 1987), S. 414; vgl. auch *Pauka* (Gewerbesteuer, 1987), S. 605; *Ruban* (Atypisch stille Gesellschaft, 1995), S. 643. Vgl. auch *BFH* (10.08.1994), S. 357; *Schmidt* (EStG-Kommentar, 1997), zu § 15, Rz 187 (S. 1148); *Kempermann* (Anmerkung, 1995), S. 22; *Knobbe-Keuk* (Steuerrecht, 1993), S. 409; *Binger* (Atypisch stille Gesellschaft, 1988), S. 414; *Herzig / Kessler* (Gepräge-Gesetz, 1986), S. 451; *Uelner* (Gepräge-Rechtsprechung, 1986), S. 312.

199 Vgl. *Abschnitt I.3.* in diesem Kapitel.

200 Diese Frage geht einher mit der - schon dargelegten - Diskussion, ob § 15 Abs. 3 Nr. 1 EStG überhaupt auf eine GmbH & atypisch Still angewendet werden kann bzw. muß; vgl. ablehnend *Zacharias / Suttmeyer / Rinnewitz* (GmbH & atypisch Still, 1988), S. 131; *Steinacker* (GmbH & atypisch Still, 1993), S. 108 f.; vgl. so auch *FG Köln* (30.06.1993), S. 103; *Christoffel / Dankmeyer* (Gesetzliche Verankerung, 1986), S. 351.

201 *Glanegger / Güroff* (GewStG-Kommentar, 1994), zu § 2, Anm 173 (S. 161).

202 *Tipke / Lang* (Steuerrecht, 1996), § 12, Rz. 255 (S. 532); vgl. auch *Paulick / Blaurock* (Stille Gesellschaft, 1988), S. 482.

203 Vgl. *BFH* (06.12.1995), S. 429 f.; *BFH* (08.02.1995), S. 332; *BFH* (10.11.1993), S. 331; *BFH* (26.08.1993), S. 511.

204 *Pauka* (Gewerbesteuer, 1987), S. 605.

205 Vgl. *BFH* (12.11.1985), S. 317; *BFH* (25.07.1995), S. 794; *BFH* (25.10.1995), S. 506; *BMF* (26.11.1987), S. 765; *Hölzel* (GmbH & Still, 1981), S. 63; *Paulick / Blaurock* (Stille Gesellschaft, 1988), S. 482.

"fehlende subjektive Steuerpflicht des atypischen stillen Gesellschafters gibt [jedoch] keine Veranlassung, an seiner objektiven Gewerbesteuerpflicht zu zweifeln."[206]

Dieses Ergebnis stimmt insofern überein mit der Tatsache, daß die GmbH & atypisch Still anerkanntermaßen unter die Vorschrift des § 15 Abs. 1 Satz 1 Nr. 2 EStG zu subsumieren ist:[207] Daß die Einkünfte aus der mitunternehmerischen Beteiligung (auch) der Gewerbesteuer unterliegen, ergibt sich allein schon aufgrund dessen, "daß die Gewinnanteile und Vergütungen des atypischen stillen Gesellschafters (...) bei der Ermittlung des Gewinns aus Gewerbebetrieb gemäß § 15 Abs. 1 Satz 1 Nr. 2 EStG erfaßt werden."[208] Die Gewinnanteile und - eine Ursächlichkeit des Gesellschaftsverhältnisses vorausgesetzt - die Sondervergütungen, die der atypische Stille aus seiner mitunternehmerischen Beteiligung bezieht, zählen dementsprechend i.S.v. § 2 Abs. 1 GewStG i.V.m. § 15 Abs. 1 Satz 1 Nr. 2 EStG zu den gewerblichen Einkünften, die (auch) der Gewerbesteuer unterliegen.[209]

2. Gewerbeertrag

2.1. Ermittlung

Als Bemessungsgrundlage für eine Besteuerung nach dem Gewerbeertrag ist der Gewinn aus dem Gewerbebetrieb der GmbH einschließlich des Gewinnanteils des atypischen stillen Gesellschafters heranzuziehen.[210] Die gewinnabhängigen Vergütungen

---

206 *BFH* (12.11.1985), S. 317; vgl. auch *BFH* (25.07.1995), S. 794; *BMF* (26.11.1987), S. 765; gl.A. *Winkeljohann / Halfar* (Gewerbesteuerliche Vorzüge, 1994), S. 2473; *Schulze zur Wiesche* (GmbH & Still, 1997), Rn. 381b (S. 158); *Tipke / Lang* (Steuerrecht, 1996), § 12, Rz. 255 (S. 532); *Fichtelmann* (GmbH & Still, 1995), RdNr. 316 (S. 104); *Lenski / Steinberg* (GewStG-Kommentar, 1995), zu § 2, Anm. 478 (S. 153 f.); *Gosch* (Blümich GewStG, 1994), zu § 11, Rz. 9 (S. 8); *Ruban* (Atypisch stille Gesellschaft, 1995), S. 643; *Schoor* (GmbH & Still, 1995), Rdn. 199 (S. 84 f.); *Glanegger / Güroff* (GewStG-Kommentar, 1994), zu § 2, Anm 173 (S. 161); *Straub* (Einmann GmbH & Still, 1990), S. 1304; *Ehlers / Busse* (Vermögenszuordnung, 1989), S. 448; *Sarrazin* (Stille Beteiligung, 1989), S. 12; *Binger* (Atypisch stille Gesellschaft, 1988), S. 414; *Paulick / Blaurock* (Stille Gesellschaft, 1988), S. 482; *Döllerer* (Atypisch stille Gesellschaft, 1988), S. 301; *ders.* (Atypisch stille Gesellschaft, 1985), S. 300; *Pauka* (Gewerbesteuer, 1987), S. 605; *Hoffmann* (Atypische stille Beteiligung, 1984), S. 2379; *Goller* (Gewerbesteuerpflicht, 1982), S. 485; *Unvericht* (Gewerbeertrag, 1987), S. 414; a.A. *Steinacker* (GmbH & atypisch Still, 1993), S. 109.

207 Ansonsten würde auch die Vorschrift des § 20 Abs. 1 Satz 1 Nr. 4 EStG, der ausdrücklich auf eine Gewerblichkeit der Gewinnanteile für den Fall verweist, daß der Stille als Mitunternehmer anzusehen ist, keinen Sinn ergeben.

208 *Paulick / Blaurock* (Stille Gesellschaft, 1988), S. 482.

209 Vgl. so *Döllerer* (Atypisch stille Gesellschaft, 1988), S. 301; vgl. auch *ders.* (Atypisch stille Gesellschaft, 1985), S. 300, wo von einer "objektiven Gewerbesteuerpflicht der Gewinnanteile und Vergütungen des atypischen stillen Gesellschafters" ausgegangen wird; gl.A. *Unvericht* (Gewerbeertrag, 1987), S. 414.

210 Vgl. dazu *Horn / Maertins* (GmbH & atypisch Still, 1994), S. 150 f.; *Pauka* (Gewerbesteuer, 1987), S. 605; *Zacharias / Suttmeyer / Rinnewitz* (GmbH & atypisch Still, 1988), S. 132; *Bormann* (GmbH & Still, 1984), S. 28; vgl. kritisch *Steinacker* (GmbH & atypisch Still, 1993), S. 114; *Knobbe-Keuk* (Steuerrecht, 1993), S. 760.

des Stillen aus seiner mitunternehmerischen Beteiligung an der GmbH zählen dabei i.S.v. § 15 Abs. 1 Satz 1 Nr. 2 EStG grundsätzlich zu den Einkünften aus Gewerbebetrieb und unterliegen der Gewerbesteuer, so daß eine Hinzurechnung, wie sie nach der Vorschrift des § 8 Nr. 3 GewStG für den Gewinnanteil des typischen stillen Gesellschafters vorzunehmen ist,[211] entfällt.[212] Der Gewinnanteil des atypischen Stillen ist vielmehr aufgrund der einheitlichen und gesonderten Gewinnfeststellung bereits in der Ausgangsgröße für die Ermittlung des Gewerbeertrags enthalten.[213]

Abgesehen von dem Fall, daß sonstige Leistungsbeziehungen - einschließlich einer GmbH-Mitgliedschaft des Mitunternehmers - im stillen Gesellschaftsvertrag begründet liegen,[214] sind Vergütungen bzw. Gewinnausschüttungen aus diesen - unabhängig bestehenden - Rechtsverhältnissen zwischen der GmbH und dem atypischen stillen Gesellschafter nicht als Sondervergütungen i.S.v. § 15 Abs. 1 Satz 1 Nr. 2 EStG zu qualifizieren. Damit geht einher, daß solche Vergütungen nicht zu den Einkünften aus Gewerbebetrieb zu zählen sind und demzufolge auch nicht der Gewerbesteuer unterliegen. Zu einer hälftigen Hinzurechnung kann es jedoch bei Vergütungen aus Darlehens- bzw. Miet- oder Pachtverträgen kommen, wenn diese unter die Vorschrift des § 8 Nr. 1 bzw. Nr. 7 GewStG fallen.[215]

---

211 Gem. § 8 Nr. 3 GewStG entfällt diese Hinzurechnung, "wenn die Gewinnanteile (...) beim Empfänger (...) zur Steuer nach dem Gewerbeertrag heranzuziehen sind". Vgl. dazu *Hessisches Finanzgericht* (03.06.1977), S. 33.

212 Vgl. so insbesondere *BFH* (12.11.1985), S. 317; gl.A. *Schulze zur Wiesche* (GmbH & Still, 1997), Rn. 383a (S. 159); *Lenski / Steinberg* (GewStG-Kommentar, 1995), zu § 8 Nr. 3, Anm. 20 f. (S. 9); *Ruban* (Atypisch stille Gesellschaft, 1995), S. 1637; *Spangemacher* (Gewerbesteuer, 1995), S. 304; *Hofmeister* (Blümich GewStG, 1994), zu § 8, Rz. 121 (S. 58); a.A. *Winkeljohann / Halfar* (Gewerbesteuerliche Vorzüge, 1994), S. 2471; *Costede* (Stille Gesellschaft, 1987), S. 239. Gesetzt den Fall, der Gewinnanteil wäre nicht in der Ausgangsgröße enthalten, müßte eine Hinzurechnung gem. § 8 Nr. 3 GewStG erfolgen; vgl. darüber hinaus die Diskussion über den Geltungsbereich bei *Knobbe-Keuk* (Steuerrecht, 1993), S. 741 f. und 757 f.; *Steinacker* (GmbH & atypisch Still, 1993), S. 112; *Zacharias / Suttmeyer / Rinnewitz* (GmbH & atypisch Still, 1988), S. 131; *Unvericht* (Gewerbeertrag, 1987), S. 414.

213 Daher vertritt *Döllerer* (Atypisch stille Gesellschaft, 1988), S. 302 f., die Auffassung, daß man diesbezüglich auch "vom Gewerbeertrag einer Personengesellschaft" sprechen könne; vgl. übereinstimmend auch *Glanegger / Güroff* (GewStG-Kommentar, 1994), zu § 8 Nr. 3 Anm 2 (S. 579 f.); *Hofmeister* (Blümich GewStG, 1994), zu § 8, Rz. 121 (S. 58); *Brönner* (Besteuerung, 1995), S. 319; *Fichtelmann* (GmbH & Still, 1995), RdNr. 316 (S. 104); *Schoor* (GmbH & Still, 1995), Rdn. 202 (S. 85 f.); *Horn / Maertins* (GmbH & atypisch Still, 1994), S. 151; *Paulick / Blaurock* (Stille Gesellschaft, 1988), S. 483. A.A. *Steinacker* (GmbH & atypisch Still, 1993), S. 112, nach dem der "Gewinn (...) um den Gewinnanteil des atypischen stillen Gesellschafters gemindert" ist; vgl. so auch *Knobbe-Keuk* (Steuerrecht, 1993), S. 741 und 757 f.

214 In diesem Fall zählen die Vergütungen aus den Leistungsbeziehungen zu den Sondervergütungen i.S.v. § 15 Abs. 1 Satz 1 Nr. 2 EStG und unterliegen - analog zu den Gewinnanteilen - der Gewerbesteuer.

215 Hierunter fallen gem. *Schild* (Unternehmensfinanzierung, 1995), S. 627, als Dauerschuldzinsen insbesondere die "für die Fremdfinanzierung der Beteiligung gezahlten Zinsen, die bei der Ermittlung des Gewinns aus Gewerbebetrieb als Sonderbetriebsausgaben abgezogen worden sind."

Darüber hinaus sind bei der Besteuerung nach dem Gewerbeertrag grundsätzlich Sonderbetriebseinnahmen und -ausgaben zu berücksichtigen, die im Zusammenhang mit negativem Sonderbetriebsvermögen stehen.[216] Gewinne aus der Veräußerung einer atypischen stillen Beteiligung werden dagegen nicht von der Gewerbesteuer erfaßt.[217] Liegt die stille Beteiligung des atypischen stillen Gesellschafters in einem Betriebsvermögen, so verhindert die Kürzungsvorschrift des § 9 Nr. 2 GewStG eine Doppelbelastung, indem der Gewerbeertrag des Stillen um seinen Gewinnanteil an der GmbH & atypisch Still gekürzt wird.[218] Das 'Pendant' zu dieser Regelung findet man unter § 8 Nr. 8 GewStG, wonach Verlustanteile entsprechend hinzuzurechnen sind.[219]

Die Kürzungsvorschrift des § 9 Nr. 2a GewStG soll grundsätzlich eine gewerbesteuerliche Doppelbelastung der Gewinne aus Anteilen an einer Kapitalgesellschaft vermeiden.[220] Diese Regelung kommt bei einer GmbH & atypisch Still nur in dem Fall zur Anwendung, wenn das stille Gesellschaftsverhältnis ursächlich für eine GmbH-Mitgliedschaft des Stillen ist.[221] Abgesehen von einer solchen (Vertrags)Konstellation sind dem atypischen stillen Gesellschafter, der gleichzeitig - unabhängig vom stillen Gesellschaftsvertrag - GmbH-Anteile hält, diese seinem Privatvermögen zuzurechnen. Daraus resultierende Gewinnausschüttungen unterliegen nicht der Gewerbesteuer.[222]

Schließlich werden gem. § 10a GewStG vom Gewerbeertrag nach Kürzungen und Hinzurechnungen[223] die Fehlbeträge der "vorangegangenen Erhebungszeiträume" abgezogen, soweit diese dort nicht berücksichtigt wurden. So können Gewerbeverluste der GmbH vorgetragen und des weiteren "im Innenverhältnis auf stille Gesellschafter

216 Vgl. statt vieler dazu *Glanegger / Güroff* (GewStG-Kommentar, 1994), zu § 7, Anm 3 (S. 369), die an gleicher Stelle auf die diesbezüglichen "Gemeinsamkeiten mit dem Einkommensteuerrecht" verweisen.

217 Vgl. neben *Abschnitt I.6.* in diesem Kapitel *BFH* (20.12.1963), S. 248; *BFH* (02.02.1972), S. 471.

218 Vgl. *Schulze zur Wiesche* (GmbH & Still, 1997), Rn. 383 (S. 158 f.); *Glanegger / Güroff* (GewStG-Kommentar, 1994), zu § 9 Nr. 2, Anm 2 (S. 654).

219 Vgl. diesen Querverweis bei *Glanegger / Güroff* (GewStG-Kommentar, 1994), zu § 9 Nr. 2, Anm 1 (S. 654).

220 Voraussetzung dafür ist allerdings nach § 9 Nr. 2a GewStG, daß "die Beteiligung (...) mindestens ein Zehntel des Grund- oder Stammkapitals beträgt und die Gewinnanteile bei der Ermittlung des Gewinns (§ 7) angesetzt worden sind."

221 Vgl. hierzu *Abschnitt IV.3.2.2* im *Zweiten Kapitel*.

222 Solche Einkünfte fallen im einkommensteuerrechtlichen Sinne nicht unter die gewerblichen Einkünfte i.S.d. § 15 Abs. 1 Satz 1 Nr. 2 EStG, sondern zählen zu den Einkünften aus Kapitalvermögen i.S.v. § 20 Abs. 1 Nr. 1 EStG. Unter die Vorschrift des § 9 Nr. 2a GewStG fallen lediglich solche Gewinnanteile i.S.v. § 20 Abs. 1 Satz 1 Nr. 1 EStG, die in ein (weiteres) Betriebsvermögen des Stillen fließen; vgl. so *Glanegger / Güroff* (GewStG-Kommentar, 1994), zu § 9 Nr. 2a, Anm 5 (S. 659).

223 "Maßgebender Gewerbeertrag" i.S.v. § 10 Abs. 1 Satz 1 GewStG.

abgewälzt" werden,[224] wobei "auch nicht ausgeglichene Verluste der GmbH vor Begründung der atypisch stillen Gesellschaft berücksichtigungsfähig sind."[225]

2.2. Freibetrag

Im Rahmen der Berechnung der "Gewerbesteuer nach dem Gewerbeertrag ist (...) [dieser] bei Personengesellschaften um einen Freibetrag in Höhe von 48.000 Deutsche Mark (...) zu kürzen."[226] Die Anwendbarkeit der Freibetragsregelung auf eine GmbH & atypisch Still wurde lange Zeit kontrovers diskutiert, wobei eine ablehnende Haltung insbesondere in der fehlenden subjektiven Gewerbesteuerpflicht der atypischen stillen Gesellschaft bzw. des atypischen Stillen begründet lag.[227] Das *BMF* vertrat jedoch in seinem Schreiben vom 26.11.1987 die Auffassung, daß bei "der Berechnung des Steuermeßbetrags nach dem Gewerbeertrag der atypischen stillen Gesellschaft (...) der in § 11 Abs. 1 GewStG für Personengesellschaften vorgesehene Freibetrag (...) zu berücksichtigen" ist.[228]

Im Hinblick darauf, daß der "Freibetrag nach § 11 Abs. 1 GewStG (...) nicht an die subjektive, sondern an die objektive Gewerbesteuerpflicht" anknüpft,[229] findet die Auffassung des *BMF* durch die Rechtsprechung Bestätigung: Hiernach steht der "Freibetrag gemäß § 11 Abs. 1 (...) GewStG (...) auch einer Kapitalgesellschaft zu, an deren gewerblichem Unternehmen natürliche Personen als atypisch stille Gesellschafter beteiligt sind."[230] Die Anwendung der Freibetragsregelung auf eine GmbH & atypisch Still stößt inzwischen auch in der Literatur auf breite Zustimmung.[231] Neben dem

---

224 *Winkeljohann / Halfar* (Gewerbesteuerliche Vorzüge, 1994), S. 2474; vgl. zur Behandlung von Gewerbeverlusten *BFH* (03.05.1993), S. 620; *BFH* (14.12.1989), S. 437; *Unvericht* (Gewerbeertrag, 1987), S. 415; vgl. hierzu auch Abschn. 68 Abs. 5 GewStR.

225 *Schulze zur Wiesche* (GmbH & Still, 1997), Rn. 385 (S. 159); vgl. kritisch dazu *Bormann* (GmbH & Still, 1984), S. 28.

226 § 11 Abs. 1 Nr. 1 GewStG.

227 Vgl. ablehnend *Costede* (Stille Gesellschaft, 1987), S. 263; vgl. abwägend *Goller* (Gewerbesteuerpflicht, 1982), S. 487; vgl. befürwortend *Hölzel* (GmbH & Still, 1981), S. 64. Die Diskussion kann analog für den in § 11 Abs. 2 Nr. 1 GewStG geregelten Staffeltarif bei Personengesellschaften geführt werden; vgl. dazu *Gosch* (Blümich GewStG, 1994), zu § 11, Rz. 16g (S. 13); *Horn / Maertins* (GmbH & atypisch Still, 1994), S. 148 und 152; *Schoor* (GmbH & Still, 1995), Rdn. 207 (S. 86 f.).

228 *BMF* (26.11.1987), S. 765; vgl. - in Anlehnung an das Schreiben - eine Anwendung der Freibetragsregelung auf die GmbH & atypisch Still befürwortend *Straub* (Einmann GmbH & Still, 1990), S. 1304; *Döllerer* (Atypisch stille Gesellschaft, 1988), S. 302 f.; *Binger* (Atypisch stille Gesellschaft, 1988), S. 416; *Unvericht* (Gewerbeertrag, 1987), S. 415; a.A. *Zacharias / Suttmeyer / Rinnewitz* (GmbH & atypisch Still, 1988), S. 132.

229 *Ruban* (Atypisch stille Gesellschaft, 1995), S. 644.

230 *BFH* (10.11.1993), S. 327 (Leitsatz); vgl. ebenso *BFH* (08.02.1995), S. 764; *BFH* (06.12.1995), S. 427.

231 Vgl. so *Schulze zur Wiesche* (GmbH & Still, 1997), Rn. 383a (S. 159); *Fichtelmann* (GmbH & Still, 1995), RdNr. 321 (S. 106); *Hense / Jung / Schwaiger* (GmbH & Still, 1995), Rz. 197 (S. 332); *Lenski / Steinberg* (GewStG-Kommentar, 1995), zu § 11, Anm. 3 (S. 2 f.); *Gosch* (Blümich GewStG, 1994), zu § 11, Rz. 9 (S. 8); *Ruban* (Atypisch stille Gesellschaft, 1995), S. 644; *Schoor* (GmbH & Still, 1995), Rdn. 207 (S. 86 f.); *Glanegger / Güroff* (GewStG-Kom-

Argument, daß die mitunternehmerische stille Beteiligung an einer GmbH als Personengesellschaft zählt und deshalb unter die Vorschrift des § 11 Abs. 1 GewStG zu fassen sei,[232] erscheint die Gewährung des besagten Freibetrags bei einer GmbH & atypisch Still auch insofern angemessen, als bei dieser neben den Gewinnanteilen auch die Sondervergütungen objektiv der Gewerbesteuer unterliegen: Während bei einer reinen GmbH die Geschäftsführerbezüge und sonstige Leistungsvergütungen den Gewerbeertrag grundsätzlich mindern, ist dies im Rahmen einer GmbH & atypisch Still nur dann möglich, wenn solche Zahlungen nicht in der mitunternehmerischen Beteiligung des Stillen an der GmbH begründet liegen und somit nicht als Sondervergütungen unter die gewerblichen Einkünfte i.S.v. § 15 Abs. 1 Satz 1 Nr. 2 EStG fallen.[233] So hat die gewerbesteuerliche Freibetragsregelung insgesamt zum Zweck, für den in bezug auf eine (steuerwirksame) Minderung des Gewerbeertrags geringeren Spielraum bei Personengesellschaften einen gewissen Ausgleich gegenüber Kapitalgesellschaften zu schaffen.[234]

Bei Beteiligung mehrerer atypischer stiller Gesellschafter entstehen ebenso viele stille Gesellschaften.[235] Daraus wurde gefolgert, daß die Beteiligung mehrerer Gesellschafter eine mehrfache Inanspruchnahme des Freibetrags nach sich zieht.[236] Dies wurde jedoch durch den *I. Senat* des *BFH* ausdrücklich negiert mit dem Hinweis, der Freibetrag sei betriebsbezogen zu sehen und "daher auch dann nur einmal zu berücksichtigen, wenn an dem gewerblichen Unternehmen mehrere natürliche Personen aufgrund mehrerer Gesellschaftsverträge als atypisch stille Gesellschafter beteiligt sind."[237] Die hierbei getroffene Annahme des *BFH* erscheint insbesondere vor dem Hintergrund nicht nachvollziehbar, daß eine stille Beteiligung auch an einzelnen (separierbaren) Geschäftsbereichen der GmbH erfolgen kann. Das besagte Urteil führte ausschließlich zu einer einmaligen Anwendung der Freibetragsregelung auf die GmbH als solche.

---

mentar, 1994), zu § 11, Anm 3a (S. 727); *Horn / Maertins* (GmbH & atypisch Still, 1994), S. 151; a.A. *Steinacker* (GmbH & atypisch Still, 1993), S. 21; *Winkeljohann / Halfar* (Gewerbesteuerliche Vorzüge, 1994), S. 2474; *Costede* (Stille Gesellschaft, 1987), S. 239.

232 Vgl. aus dem Grund befürwortend *Bitz* (GmbH & Still, 1997), S. 772; *Horn / Maertins* (GmbH & atypisch Still, 1994), S. 151; *Wallis v. / Brandmüller / Schulze zur Wiesche* (Besteuerung, 1991), RdNr. 643 (S. 379).

233 Solange es sich um typische stille Beteiligungen handelt, können sich im Rahmen einer GmbH & Still keine Nachteile in bezug auf Sondervergütungen ergeben.

234 Vgl. insbesondere *Glanegger / Güroff* (GewStG-Kommentar, 1994), zu § 11, Anm 3a (S. 727); *Döllerer* (Atypisch stille Gesellschaft, 1988), S. 302 f.

235 Vgl. hierzu *Paulick / Blaurock* (Stille Gesellschaft, 1988), S. 71; *Zacharias / Hebig / Rinnewitz* (Atypisch stille Gesellschaft, 1996), S. 43. Dies setzt allerdings voraus, daß sich die Gesellschafter nicht in Form eines gemeinschaftlichen Zusammenschlusses (z.B. als GbR) an der GmbH beteiligen, sondern unabhängig voneinander.

236 Jedem stillen Gesellschaftsverhältnis würde hiernach im Rahmen einer Gewerbeertragsbesteuerung ein Freibetrag von 48.000 DM (pro Jahr) zur Verfügung stehen.

237 *BFH* (08.02.1995), S. 764; vgl. zudem *FG München* (22.07.1996), n.v.; *Bitz* (GmbH & Still, 1997), S. 772; *Ruban* (Atypisch stille Gesellschaft, 1995), S. 644; *Lenski / Steinberg* (GewStG-Kommentar, 1995), zu § 11, Anm. 4 (S. 2); *Glanegger / Güroff* (GewStG-Kommentar, 1994), zu § 11, Anm 3a (S. 727); *Gosch* (Blümich GewStG, 1994), zu § 11, Rz. 9 (S. 8).

Diese wäre somit letztlich Objekt der Besteuerung, und nicht die Personengesellschaften, die - unabhängig voneinander - durch partielle stille Beteiligungen entstehen.

Der gleiche Senat des *BFH* modifizierte seine Auffassung insofern, als er ein Vorliegen mehrerer Gewerbebetriebe für den Fall bejahte, daß "die atypisch stillen Gesellschafter [jeder für sich] nur (...) an einem bestimmten Geschäftsbereich des Handelsgewerbes beteiligt sind". Dies hat zur Konsequenz, daß "bei der Ermittlung der Gewerbeerträge (...) die positiven Gewinnanteile (...) mit den negativen Gewinnanteilen der *jeweiligen* Personengesellschaft zu saldieren" sind.[238] Die auf einzelne Unternehmenssegmente der GmbH bezogenen atypischen stillen Beteiligungen begründen demnach auch aus gewerbesteuerlicher Sicht jeweils eigene Gewerbebetriebe, was die Möglichkeit einer Inanspruchnahme des Freibetrags für jeden dieser Betriebe beinhaltet.[239]

Bisher wurde noch nicht explizit darüber entschieden, ob auch der Staffeltarif i.S.v. § 11 Abs. 2 Nr. 1 GewStG auf die GmbH & atypisch Still anzuwenden ist. Es gibt jedoch keinerlei Hinweise darauf, daß bezüglich einer Anwendung dieser Vorschrift auf Personengesellschaften andere Kriterien zur Geltung kommen, als dies im Rahmen der Freibetragsregelung des § 11 Abs. 1 Nr. 1 GewStG der Fall ist. Da eine Anwendung der Freibetragsregelung auf eine GmbH & atypisch Still grundsätzlich zu befürworten ist, kann in bezug auf die Ermittlung der (jeweiligen) Steuermeßzahl für die Anwendung des Staffeltarifs auf die GmbH & atypisch Still nichts anderes gelten.[240] Insofern bleibt abschließend festzuhalten, daß im Hinblick auf die Vorschriften des § 11 Abs. 1 Nr. 1 GewStG (Freibetrag) und des § 11 Abs. 2 Nr. 1 GewStG (Staffeltarif) "die atypische stille Gesellschaft nicht anders als sonstige Personengesellschaften zu behandeln" ist.[241]

III. Erfolgsteuerliche Abgrenzung zur GmbH & Co. KG

1. Vermögensstruktur und Gewinnermittlung

Im Rahmen dieser Arbeit wurde in verschiedenen Abschnitten bereits zu der (zweistufigen) Betrachtungsweise Stellung genommen, nach der die GmbH & atypisch Still als Mitunternehmerschaft steuerlich wie eine GmbH & Co. KG zu behandeln wäre.[242] Dieser Auffassung wurde letztlich insbesondere aufgrund des gebotenen

---

238 *BFH* (06.12.1995), S. 430 f. (beide Zitate, Hervorheb. im Orig.). Im Urteilsfall ging es dabei um Medienfonds mit Finanzierungsmitteln in Form von atypischen stillen Gesellschaften, deren Gesellschafter jeweils (nur) an bestimmten Projekten einer Filmverwertungs-GmbH beteiligt waren.

239 Die daraus resultierende Möglichkeit einer mehrfachen Inanspruchnahme des Freibetrags wird als eine der wesentlichen Steuerreduzierungsmöglichkeiten der GmbH & atypisch Still angesehen; vgl. in diesem Sinne jüngst auch *Bitz* (GmbH & Still, 1997), S. 772.

240 Vgl. so auch *Bitz* (GmbH & Still, 1997), S. 772; *Gosch* (Anmerkung, 1995), S. 44; *Schoor* (GmbH & Still, 1995), Rdn. 207 (S. 87); *Stein* (Gewerbesteuerliche Behandlung, 1995), S. 4013; *Horn / Maertins* (GmbH & atypisch Still, 1994), S. 148 bzw. 152.

241 *Schoor* (GmbH & Still, 1995), Rdn. 207 (S. 87).

242 Vgl. hier statt vieler *BFH* (28.11.1989), S. 561.

Rückgriffs auf zivilrechtliche Wesensmerkmale und der damit einhergehenden Notwendigkeit einer differenzierenden (einstufigen) Betrachtungsweise widersprochen. Im Zuge der nun vorzunehmenden Abgrenzung sollen - mit Hilfe der entwickelten Rechtssystematik - die steuerlichen Unterschiede der beiden gesellschaftsrechtlichen Mischformen gegenübergestellt werden, wobei weitere Annahmen zu treffen sind: So wird dem Vergleich eine GmbH & Co. KG (i.e.S.) zugrunde gelegt, bei der die GmbH einziger persönlich haftender Gesellschafter der KG und folglich alleiniger Geschäftsführer ist. Bezüglich den GmbH-Gesellschaftern und den Kommanditisten besteht überdies Beteiligungs- und Personenidentität.[243] Bei der GmbH & atypisch Still besteht Personenidentität zwischen den GmbH-Anteilseignern und den stillen Gesellschaftern. Die stille Beteiligung ist nicht Bestandteil eines Betriebsvermögens, d.h. sie stellt Privatvermögen des Stillen dar.

Die GmbH & atypisch Still hat kein Gesellschaftsvermögen. Sonderbetriebsvermögen (I und II) kommt lediglich für den Stillen in Betracht, wobei hierfür eine Ursächlichkeit des stillen Gesellschaftsvertrags vorliegen muß. Die GmbH & Co. KG besitzt dagegen ein Gesamthandsvermögen. Daneben können sowohl die Komplementär-GmbH wie auch die Kommanditisten Sonderbetriebsvermögen (I und II) haben.[244] Zum notwendigen Sonderbetriebsvermögen II des Kommanditisten gehört insbesondere sein Anteil an der Komplementär-GmbH, wobei die Sonderbetriebseigenschaft des GmbH-Anteils damit begründet wird, daß der Kommanditist durch seine "Möglichkeit der Einflußnahme auf die Willensbildung" bei der GmbH letztlich seine Gesellschafterstellung bei der KG stärken kann.[245] Diese steuerliche Einordnung kann grundsätzlich dann vorgenommen werden, wenn sich die Tätigkeit der Komplementär-GmbH auf die Geschäftsführung der KG beschränkt bzw. daneben ein eigener Geschäftsbetrieb von nur untergeordneter Bedeutung besteht; andernfalls ist der GmbH-Anteil dem Privatvermögen des Kommanditisten zuzurechnen.[246]

---

243 Vgl. bezüglich dieser Form einer GmbH & Co. KG z.B. *Wöhe* (Steuerlehre, 1990), S. 216 f.; in der Literatur findet hierfür auch die Bezeichnung 'typische GmbH & Co. KG' Verwendung.

244 Bei der GmbH & Co. KG finden uneingeschränkt die Regelungen bezüglich der Besteuerung von Mitunternehmern (einer Personengesellschaft) Anwendung; vgl. dazu insbesondere *BMF* (20.12.1977), S. 8.

245 *BFH* (14.08.1975), S. 90. Vgl. zudem die Grundsatzentscheidungen zur steuerlichen Qualifikation von GmbH-Anteilen bei *BFH* (15.11.1967), S. 152; *BFH* (15.10.1975), S. 188; *BFH* (14.04.1988), S. 667; *BFH* (28.06.1989), S. 824; *BFH* (11.12.1990), S. 510; *BFH* (23.01.1992), S. 721; *BFH* (07.07.1992), S. 328; vgl. auch *Schmidt* (EStG, 1997), zu § 15, Rz 517 (S. 1207); *Söffing* (Mitunternehmer, 1994), S. 106 f.; vgl. kritisch dazu *Costede* (GmbH-Anteile, 1980), S. 246; *Czub* (GmbH-Anteile, 1981), S. 333.

246 Vgl. insbesondere *BFH* (07.12.1984), S. 242; vgl. darüber hinaus auch *BFH* (12.11.1985), S. 55; *BFH* (11.12.1990), S. 510; *BFH* (07.07.1992), S. 328; *Zimmermann / Reyher / Hottmann* (Personengesellschaften, 1995), S. 1112. Die GmbH-Anteile des Kommanditisten sind trotz eines erheblichen eigenen Geschäftsbetriebs der GmbH dem Sonderbetriebsvermögen (II) zuzuordnen, wenn zwischen der Personengesellschaft und der Kapitalgesellschaft wirtschaftlich besonders enge Verflechtungen bestehen und damit einhergehend die GmbH für die KG eine wesentliche wirtschaftliche Funktion erfüllt; vgl. so *FG München* (28.09.1993), S. 513; *OFD Frankfurt* (25.11.1994), S. 197. Bei einem bloßen (gegenseitigen) Beteiligungsverhältnis ist eine solche Qualifikation wiederum zu negieren; vgl. *BFH* (07.03.1996), S. 736.

Die Gewinnermittlung erfolgt bei beiden Gesellschaftsformen im Rahmen einer zweistufigen Vorgehensweise. Neben der aus der Handelsbilanz nach § 5 Abs. 1 EStG abzuleitenden Steuerbilanz der Gesellschaft sind die Ergebnisse etwaiger Ergänzungsbilanzen und Sonderbilanzen der Gesellschafter einzubeziehen,[247] wobei im Rahmen einer GmbH & atypisch Still die (Steuer)Bilanz der GmbH an die Stelle einer Gesamthandsbilanz tritt. Die Gewinnfeststellung erfolgt jeweils nach den Grundsätzen der einheitlichen und gesonderten Gewinnfeststellung gem. § 179 Abs. 2 i.V.m. § 180 AO.

2. Einkommensteuer

2.1. Mitunternehmerschaft

Ein Kommanditist ist Mitunternehmer der KG, wenn er zusammen mit anderen Personen Unternehmerinitiative entfalten kann und Unternehmerrisiko trägt:[248] Bei dem Gesellschafter der GmbH & Co. KG sind nach ständiger Rechtsprechung die Mitunternehmerkriterien für den Fall als gegeben anzusehen, daß ihm "wenigstens annäherungsweise diejenigen Rechte eingeräumt sind, die einem Kommanditisten nach dem Regelstatut des HGB über die KG zukommen."[249] Die GmbH erfüllt dagegen allein schon aufgrund ihrer Rechtsstellung als Komplementär der KG und im Hinblick auf die damit einhergehende Geschäftsführungs- bzw. Vertretungsbefugnis die Mitunternehmerkriterien.[250]

Im Rahmen einer GmbH & atypisch Still ist die Frage nach der Mitunternehmereigenschaft der GmbH unerheblich; als Inhaber des Handelsgeschäfts ist sie grundsätzlich alleiniger Unternehmer. Der stille Gesellschafter ist dann als Mitunternehmer anzusehen, wenn ihm auf der Grundlage des stillen Gesellschaftsvertrags Rechte eingeräumt werden, die im Innenverhältnis denen eines Kommanditisten ähnlich sind.[251] Ist dies der Fall, liegt eine mitunternehmerische Beteiligung des Stillen an der GmbH vor.

2.2. Gewinneinkünfte

Die gewerbliche Qualifikation der Einkünfte der GmbH & Co. KG und ihrer Gesellschafter gestaltet sich in Abhängigkeit von der Mitunternehmereigenschaft der Gesell-

---

247 Dies entspricht den allgemeinen Regelungen bezüglich der Gewinnermittlung bei Personengesellschaften; vgl. dazu z.B. *Lang* (Subjektfähigkeit, 1993), S. 299 ff.; *Jacobs* (Unternehmensbesteuerung, 1988), S. 235 ff.

248 Vgl. *BFH* (25.06.1984), S. 751; *Brönner / Rux / Wagner* (GmbH & Co. KG, 1996), Rn. 202 (S. 85); *Fichtelmann* (GmbH & Co. KG, 1994), RdNr. 155 ff. (S. 50 ff.); *Zimmermann / Reyher / Hottmann* (Personengesellschaften, 1995), S. 585; *Söffing* (Mitunternehmer, 1994), S. 52 ff.; vgl. zu den einzelnen Kriterien und deren Zusammenspiel ausführlich *Abschnitt II.1.* im *Zweiten Kapitel.*

249 *BFH* (10.11.1987), S. 758; gl.A. *BMF* (05.10.1989), S. 378.

250 Vgl. *BFH* (11.12.1986), S. 553; *BFH* (14.08.1986), S. 60.

251 Vgl. *BFH* (18.02.1993), S. 647. Als Richtschnur gelten dabei wiederum die (gesetzes)typischen Ausprägungen der Mitunternehmerkriterien, die bei einem Kommanditisten anzutreffen sind; vgl. dazu ausführlich *Abschnitt II.1.3.* im *Zweiten Kapitel.*

schafter und dem Vorliegen einer gewerblichen Tätigkeit.[252] Die Tätigkeit der GmbH & Co. KG gilt als Gewerbebetrieb, wenn sie i.S.v. § 15 Abs. 1 Satz 1 Nr. 1 (bzw. auch Abs. 3 Nr. 1) EStG gewerblich tätig oder i.S.v. § 15 Abs. 3 Nr. 2 EStG gewerblich geprägt ist. Ist die GmbH & Co. KG dagegen weder gewerblich tätig noch als solche geprägt, so vermittelt sie ihren Gesellschaftern Einkünfte, die originär einer anderen Einkunftsart, wie z.B. den Einkünften aus Vermietung und Verpachtung, zuzurechnen sind.[253] Im Gegensatz dazu zählen die Gewinneinkünfte des mitunternehmerisch an einer GmbH beteiligten stillen Gesellschafters ausschließlich zu den Einkünften aus Gewerbebetrieb, selbst wenn die Tätigkeit der GmbH nicht gewerblich ausgerichtet ist.[254]

Bei der GmbH & Co. KG ist unter der Annahme, daß die Kommanditisten zugleich Gesellschafter der Komplementär-GmbH sind und insoweit kein natürlicher Interessengegensatz zwischen den Gesellschaftern unterstellt werden kann, die Angemessenheit der Gewinnverteilung zu beachten:[255] Sofern der vollhaftenden GmbH ein geringerer Anteil am Gewinn der KG zugerechnet wird als ihr angesichts der Angemessenheitskriterien zusteht, liegt eine vGA der GmbH an die (begünstigten) Kommanditisten vor.[256] In diesem Fall ist für die GmbH der angemessene Gewinnanteil zu ermitteln. Die Differenz zwischen diesem und dem tatsächlich zugerechneten Betrag wird dann als verdeckte Gewinnausschüttung den gewerblichen Einkünften der Kommanditisten aus der GmbH zugerechnet.[257]

Sofern sich der gesellschaftsrechtliche Beitrag einer GmbH auf die Funktion als Komplementär und Geschäftsführer bei der KG beschränkt, ist im Rahmen der Gewinnverteilung ein besonderer Anteil für den Kapitaleinsatz der GmbH nicht in jedem Fall zu berücksichtigen, da eine sachenrechtliche Beteiligung der GmbH am Vermögen der KG nicht zwingend erfolgen muß.[258] Als angemessenes Entgelt für ihren gesellschaftsrechtlichen Beitrag ist der Gewinnanteil anzusehen, der "einer dem Risiko entsprechenden wirtschaftsüblichen Avalprovision, d.h. regelmäßig einer Vergütung zwischen 1 v.H. und 5 v.H. des für die Schulden der KG haftenden Kapitals" gleichkommt.[259] Besteht dagegen neben der Komplementär-Funktion eine Beteiligung der

---

252 Vgl. statt vieler dazu *Jacobs* (Unternehmensbesteuerung, 1988), S. 232.

253 Als Ausnahme sind hierbei die Einkünfte der Komplementär-GmbH als solche zu nennen, die - kraft Rechtsform - ausschließlich zu den Einkünften aus Gewerbebetrieb zählen.

254 Vgl. *Abschnitt I.3.3.* in diesem Kapitel.

255 Die Angemessenheitskriterien stimmen dabei nicht mit denen überein, die im Rahmen einer GmbH & atypisch Still zugrunde zu legen sind; vgl. so *Abschnitt I.2.3.* in diesem Kapitel.

256 Vgl. insbesondere *BFH* (15.11.1967), S. 175; *Schmidt* (EStG, 1997), zu § 15, Rz 721 ff. (S. 1244 f.); *Wöhe* (Steuerlehre, 1990), S. 243 ff.; *Jacobs* (Unternehmensbesteuerung, 1988), S. 236.

257 Vgl. *Schmidt* (EStG, 1997), zu § 15, Rz 724 f. (S. 1244 f.); *Schulze zur Wiesche* (Gewinnverteilungsabreden, 1994), S. 184.

258 Vgl. so *BFH* (03.02.1977), S. 347; *FG Münster* (23.06.1980), S. 597; *Jacobs* (Unternehmensbesteuerung, 1988), S. 236.

259 *BFH* (03.02.1977), S. 347, wobei an gleicher Stelle angemerkt wird, daß bezüglich der Höhe des Entgelts bzw. des Prozentsatzes "im steuerrechtlichen Schrifttum verschiedene Meinungen vertreten" werden.

GmbH am Vermögen der KG, ist dieser Kapitaleinsatz im Rahmen einer Angemessenheitsprüfung entsprechend zu berücksichtigen bzw. zu verzinsen. Eine Differenzierung dieser Art erscheint in bezug auf die Höhe der Gewinnbeteiligung der GmbH bei einer GmbH & atypisch Still nicht notwendig. Die GmbH ist vielmehr grundsätzlich diejenige, die ihr Vermögen dem Geschäftsbetrieb zur Verfügung stellt, das folglich entsprechend zu verzinsen ist.

Gewinnausschüttungen auf die Anteile an der Komplementär-GmbH - einschließlich des Körperschaftsteueranrechnungsanspruchs - sind als Sonderbetriebseinnahmen den Einkünften aus Gewerbebetrieb zuzurechnen,[260] da annahmegemäß die Gesellschafter der GmbH zugleich als Kommanditisten auftreten und die GmbH-Anteile i.d.R. zum Sonderbetriebsvermögen (II) der Kommanditisten gehören.[261] Demgegenüber erzielt der atypische Stille mit den Gewinnausschüttungen auf den GmbH-Anteil nur für den Fall - in Form von Sondervergütungen - gewerbliche Einkünfte, wenn seine GmbH-Mitgliedschaft (ursächlich) im stillen Gesellschaftsverhältnis begründet liegt und aufgrund dessen der GmbH-Anteil als Sonderbetriebsvermögen II des Stillen bei der GmbH & atypisch Still zu qualifizieren ist.[262]

In bezug auf eine Verlustbeteiligung und die Anwendung der Vorschrift des § 15a EStG sowie die steuerliche Behandlung von Gewinnen aus der Veräußerung eines Mitunternehmeranteils i.S.v. §§ 16, 34 EStG bleibt der Vollständigkeit halber zu erwähnen, daß zwischen den beiden gesellschaftsrechtlichen Mischformen keine Unterschiede bestehen, die unter dem Abgrenzungsaspekt von Bedeutung wären.[263]

2.3. Vergütungen aus sonstigen Leistungsbeziehungen

Grundsätzlich zählen gem. § 15 Abs. 1 Satz 1 Nr. 2 EStG die Vergütungen zu den Einkünften aus Gewerbebetrieb, "die der Gesellschafter von der Gesellschaft für seine Tätigkeit im Dienst der Gesellschaft oder für die Hingabe von Darlehen oder für die Überlassung von Wirtschaftsgütern bezogen hat." Diese sind entsprechend auch bei der GmbH & Co. KG Bestandteil des einheitlich festgestellten Gewinns der Mitunternehmerschaft,[264] wobei Vergütungen aufgrund von Vertragsbeziehungen zwischen der KG und ihren Gesellschaftern einerseits und zwischen der GmbH und deren Gesell-

---

260 Vgl. *BFH* (15.10.1975), S. 188; *BFH* (15.11.1967), S. 152; *Schmidt* (EStG, 1997), zu § 15, Rz 714 (S. 1242); *Jacobs* (Unternehmensbesteuerung, 1988), S. 240. Vgl. kritisch dazu *Czub* (GmbH-Anteile, 1981), S. 335, nach dessen Ansicht eine Besteuerung der Dividenden auf den GmbH-Anteil mit den Tatbestandsvoraussetzungen des § 15 Abs. 1 Satz 1 Nr. 2 EStG nicht vereinbar ist; dem Kommanditisten würden so vielmehr Einkünfte aus Kapitalvermögen zufließen.

261 Vgl. zu den Ausnahmen *Abschnitt III.1.* in diesem Kapitel.

262 Im Regelfall zählen diese Ausschüttungen (auch) beim atypischen stillen Gesellschafter zu den Einkünften aus Kapitalvermögen; vgl. dazu ausführlich *Abschnitt I.4.2.* in diesem Kapitel.

263 Ein Unterschied bestünde z.B. darin, daß, wenn ein Kommanditist lediglich seinen GmbH-Anteil veräußern würde, unter bestimmten (weiteren) Bedingungen die Vergünstigung des § 17 EStG zur Anwendung käme.

264 Vgl. *BFH* (11.12.1986), S. 553; *BFH* (23.05.1979), S. 757.

schaftern andererseits zu unterscheiden sind.[265] Die Komplementär-GmbH erhält von der KG als deren Mitunternehmer sowohl für ihre Geschäftsführertätigkeit als auch für ggf. der Gesellschaft zur Nutzung überlassene Wirtschaftsgüter oder Darlehen Sondervergütungen i.S.v. § 15 Abs. 1 Satz 1 Nr. 2 EStG.[266] Soweit Kommanditisten in Leistungsbeziehungen zu der KG stehen, fallen die zugehörigen Vergütungen gleichfalls unter diese Zurechnungsnorm.

Während bei einer Kapitalgesellschaft verschiedene Rechtsverhältnisse mit den Gesellschaftern grundsätzlich nach dem steuerlichen Trennungsprinzip zu behandeln sind, wird dieser Grundsatz bei Leistungsbeziehungen mit der Komplementär-GmbH einer GmbH & Co. KG (i.e.S.) dadurch durchbrochen, daß die zwischen der GmbH und den Gesellschaftern vereinbarten Leistungen als Beitrag der Kommanditisten zur Förderung des Betriebs der GmbH & Co. KG angesehen werden. Als Beispiel sei hier insbesondere die im Auftrag der GmbH ausgeübte Geschäftsführertätigkeit eines Kommanditisten angeführt.[267] Aufgrund dieser Befugnis und hinsichtlich der Tatsache, daß die GmbH Komplementär und Geschäftsführer der KG ist, kann der Gesellschafter indirekt Einfluß auf die Geschäftsführung der KG nehmen. Der Kommanditist wird durch seine 'Doppelstellung' über die GmbH mittelbar für die KG tätig. Die hierbei der GmbH erbrachten Leistungen sind daher so zu behandeln, als ob sie unmittelbar der KG zugekommen wären.[268] Die dem Kommanditisten für die Geschäftsführung der GmbH gezahlten Vergütungen sind nach der Vorschrift des § 15 Abs. 1 Satz 1 Nr. 2 EStG als Sondervergütungen, d.h. als Einkünfte aus Gewerbebetrieb, zu qualifizieren.[269] Es ist dabei nicht von Bedeutung, ob die Geschäftsführervergütungen dem Gesellschafter über die Komplementär-GmbH zukommen oder direkt von der KG gezahlt

---

265 Auf die Notwendigkeit einer solchen Differenzierung weist z.B. auch *Jacobs* (Unternehmensbesteuerung, 1988), S. 236 ff., ausdrücklich hin.

266 Diese Vorschrift gilt - unabhängig von der zugrundeliegenden Rechtsform - als Qualifikationsnorm für jeden Mitunternehmer und somit auch für einen Komplementär in Gestalt einer GmbH; vgl. *Schmidt* (EStG, 1997), zu § 15, Rz 711 f. (S. 1242). Zur diesbezüglichen Auslegung des § 15 Abs. 1 Satz 1 Nr. 2 EStG vgl. *Mellwig* (Sondervergütungen, 1978), S. 1047 ("Bloße Qualifikation oder Qualifikation durch Zuordnung"); *Patt / Rasche* (Frage, 1995), S. 403 ("Zuordnungsnorm"); vgl. ebenso *Brandenberg* (Neue Entwicklungen, 1997), S. 307.

267 Lt. *Zimmermann / Reyher / Hottmann* (Personengesellschaften, 1995), S. 1113, ist es dabei unerheblich, "ob der Geschäftsführer gleichzeitig auch Gesellschafter der GmbH ist." Die Aussagen gelten uneingeschränkt auch für andere Vertragsbeziehungen, die (mittelbar) der Förderung der Mitunternehmerschaft GmbH & Co. KG dienen.

268 Vgl. zu dem Fall der sog. 'mittelbaren Leistung bei unmittelbarer Beteiligung' neben *Söffing* (Mittelbare Beteiligung, 1992), S. 189, insbesondere *BFH* (14.12.1978), S. 284; *BFH* (02.08.1960), S. 408; vgl. auch *BFH* (23.02.1972), S. 530; *BFH* (03.02.1977), S. 504; *Schmidt* (EStG, 1997), zu § 15, Rz 717 ff. (S. 1243 f.); *Brönner / Rux / Wagner* (GmbH & Co. KG, 1996), Rn. 468 (S. 188 f.); *Fichtelmann* (GmbH & Co. KG, 1994), RdNr. 297 (S. 99 f.); *Zimmermann / Reyher / Hottmann* (Personengesellschaften, 1995), S. 1117 f.

269 Vgl. zu der Notwendigkeit einer differenzierten Behandlung der Geschäftsführergehälter, falls die GmbH eine "nicht unwesentliche" eigene Tätigkeit ausübt, *BFH* (21.03.1968), S. 579; *Schmidt* (EStG, 1997), zu § 15, Rz 717 (S. 1243); *Tillmann* (GmbH & Co., 1997), Rz. 948 (S. 408). Vgl. überdies *o.V.* (Abziehbarkeit, 1994), S. 689 (atypische stille Unterbeteiligung an einer GmbH & Co. KG).

werden.[270] Analog zu den Geschäftsführervergütungen sind die Zuführungen zu den Pensionsrückstellungen erfolgsteuerlich zu behandeln; auch diese werden im Rahmen der einheitlichen und gesonderten Gewinnfeststellung bei der GmbH & Co. KG erfaßt.[271]

Bei der GmbH & atypisch Still sind unterschiedliche Rechtsverhältnisse grundsätzlich i.S.d. steuerlichen Trennungsprinzips zu behandeln. Der atypische stille Gesellschafter bezieht daher Einkünfte in der der Leistung entsprechenden Einkunftsart.[272] Nur wenn die Leistungsbeziehung im mitunternehmerischen stillen Beteiligungsverhältnis begründet liegt, kommt die Vorschrift des § 15 Abs. 1 Satz 1 Nr. 2 EStG zur Anwendung. Stehen dem Stillen z.B. aufgrund einer Vereinbarung im stillen Gesellschaftsvertrag Geschäftsführungsbefugnisse bei der GmbH zu, erfolgt die steuerliche Behandlung der Geschäftsführervergütungen analog zu der im Rahmen einer GmbH & Co. KG.[273]

3. Gewerbesteuer

Steuerschuldner ist nach § 5 Abs. 1 Satz 3 GewStG die Gesellschaft, sofern sie einen Gewerbebetrieb ausübt. Im Gegensatz zur GmbH & atypisch Still erfüllen diesen Besteuerungstatbestand bei der GmbH & Co. KG die Mitunternehmer in ihrer gesellschaftsrechtlichen Verbundenheit.[274] Die GmbH & Co. KG verfügt zudem über ein - vom Privatvermögen der Gesellschafter zu differenzierendes - Gesamthandsvermögen, das Gegenstand einer Zwangsvollstreckung sein kann. Diese Form der Mitunternehmerschaft ist daher subjektiv gewerbesteuerpflichtig.[275]

Steuergegenstand, d.h. objektiv gewerbesteuerpflichtig ist nach § 2 Abs. 1 Satz 1 und 2 GewStG "jeder stehende Gewerbebetrieb (...) im Sinne des Einkommensteuergesetzes". Unter § 15 Abs. 1 Satz 1 Nr. 2 EStG fallen sowohl die GmbH & atypisch Still als auch die GmbH & Co. KG,[276] wobei bei einer GmbH & Co. KG (i.e.S.) zwei selbständige Gewerbebetriebe vorliegen: Zum einen besteht mit der KG eine gewerblich

270 Vgl. *BFH* (25.02.1991), S. 691; *BFH* (02.08.1960), S. 408; *Brönner* (Besteuerung, 1995), S. 281. Vgl. kritisch dazu *Wöhe* (Steuerlehre, 1990), S. 236 ff.; *Wallis v. / Brandmüller / Schulze zur Wiesche* (Besteuerung, 1991), S. 363.

271 Vgl. *BFH* (22.01.1970), S. 415; *Schmidt* (EStG, 1997), zu § 15, Rz 585 ff. (S. 1220 f.), 717 (S. 1243); *Brönner / Rux / Wagner* (GmbH & Co. KG, 1996), Rn. 470 (S. 189); *Brönner* (Besteuerung, 1995), S. 282; *Fichtelmann* (GmbH & Co. KG, 1994), RdNr. 304 (S. 102 f.).

272 Vgl. hier nur *Hense / Jung / Schwaiger* (GmbH & Still, 1995), Rz. 181 (S. 326).

273 Vgl. *Abschnitt I.4.4.* in diesem Kapitel. In dieser vertragsbezogenen bzw. differenzierenden Vorgehensweise bei der GmbH & atypisch Still liegt einer der prägnantesten Unterschiede zur steuerlichen Behandlung der Leistungsbeziehungen bei einer GmbH & Co. KG.

274 Vgl. *Abschnitt II.1.1.* in diesem Kapitel.

275 Vgl. so auch *Glanegger / Güroff* (GewStG-Kommentar, 1994), zu § 5, Anm 6 (S. 350 f.).

276 Vgl. zur objektiven Gewerbesteuerpflicht einer GmbH & atypisch Still *Abschnitt II.1.2.* in diesem Kapitel.

tätige bzw. gewerblich geprägte Personengesellschaft, andererseits liegt mit der Komplementär-GmbH ein Gewerbebetrieb kraft Rechtsform vor.[277]

Für die Ermittlung des Gewerbeertrags der KG ist Ausgangsgröße der einheitlich und gesondert festgestellte Gewinn der Mitunternehmerschaft. Die Gewinnanteile der Gesellschafter sowie die an sie gezahlten Sondervergütungen sind in diesem Gewinn bereits enthalten. Die Ausschüttungen auf Anteile der Kommanditisten an der Komplementär-GmbH werden nach § 9 Nr. 2a GewStG gekürzt, um eine Doppelbelastung zu vermeiden. Sofern die GmbH neben ihrer Geschäftsführertätigkeit keinen eigenständigen Gewerbebetrieb unterhält, ergibt sich für diese aufgrund der Kürzungsvorschrift des § 9 Nr. 2 GewStG ein Gewerbeertrag von null. Die selbständige Gewerbesteuerpflicht der Komplementär-GmbH ist in dem Fall materiell ohne Bedeutung.[278]

Eine GmbH & Co. KG hat im Vergleich zur GmbH & atypisch Still regelmäßig die höhere Gewerbesteuerbelastung zu tragen. Bei der atypischen stillen Gesellschaft sind in der Ausgangsgröße neben dem Gewinnanteil des Stillen nur die (Sonder)Vergütungen enthalten, die ursächlich im stillen Gesellschaftsvertrag begründet liegen, während sonstige im Rahmen von unabhängigen Rechtsverhältnissen an den Stillen gezahlte Beträge als Betriebsausgaben den Gewinn der GmbH und damit auch den maßgeblichen Gewerbeertrag mindern.[279] In Verbindung mit der Tatsache, daß beide Formen der Mitunternehmerschaft unter die gewerbesteuerliche Freibetragsregelung i.S.v. § 11 Abs. 1 Nr. 1 GewStG fallen und den Staffeltarif der Steuermeßzahl für den Gewerbeertrag gem. § 11 Abs. 2 Nr. 1 GewStG in Anspruch nehmen können, führt dies zu einer potentiellen Vorteilhaftigkeit der GmbH & atypisch Still, wobei sich diese Tendenz durch die - bei abgrenzbaren Geschäftsbereichen der GmbH bestehende - Möglichkeit einer mehrfachen Inanspruchnahme des Freibetrags noch verstärkt.[280]

277 Vgl. insbesondere *Glanegger / Güroff* (GewStG-Kommentar, 1994), zu § 2, Anm 170 (S. 153 f.), Anm 176 (S. 162 ff.) und Anm 186 (S. 171 f.); vgl. zudem *Jacobs* (Unternehmensbesteuerung, 1988), S. 243 f.; *Wallis v. / Brandmüller / Schulze zur Wiesche* (Besteuerung, 1991), S. 366.

278 Vgl. *Brönner / Rux / Wagner* (GmbH & Co. KG, 1996), Rn. 523 (S. 238); *Wöhe* (Steuerlehre, 1990), S. 255 f.; *Jacobs* (Unternehmensbesteuerung, 1988), S. 244; *Wallis v. / Brandmüller / Schulze zur Wiesche* (Besteuerung, 1991), S. 367: Ein Gewinn oder Verlust wirkt sich bei der Komplementär-GmbH gewerbesteuerlich nur aus, wenn er aus einem eigenen Geschäftsbetrieb der GmbH, der nicht nur von untergeordneter Bedeutung ist, herrührt.

279 Vgl. *Abschnitt II.2.1.* in diesem Kapitel. Bei der GmbH & Co. KG sind - in Übereinstimmung mit *Brönner / Rux / Wagner* (GmbH & Co. KG, 1996), Rn. 520 (S. 237) - so insbesondere "die Vergütungen der Geschäftsführer einer GmbH (...) auch gewerbesteuerrechtlich dem Gewinn der GmbH & Co. zuzurechnen", sofern die Geschäftsführerbezüge nicht auf Geschäfte der GmbH entfallen, die von der "Tätigkeit der KG abgrenzbar sind".

280 Auf diese Möglichkeit verweisen explizit *Breuninger / Prinz* (Besteuerung, 1996), S. 1764; vgl. darüber hinaus - neben *Abschnitt II.2.2.* - hier statt vieler *Glanegger / Güroff* (GewStG-Kommentar, 1994), zu § 11, Anm 3 ff. (S. 726 ff.).

4. Gestaltungsrelevante Steuereinflußfaktoren

Seit dem Inkrafttreten des Standortsicherungsgesetzes (StandOG)[281] kann hinsichtlich der Erfolgsbesteuerung nicht mehr von einer generellen Vorteilhaftigkeit der GmbH & atypisch Still im Vergleich zur GmbH & Co. KG ausgegangen werden.[282] Die im StandOG begründete und in der Vorschrift des § 32c EStG verankerte Tarifbegrenzung für gewerbliche Einkünfte von 53% auf 47% soll insbesondere die gewerbesteuerlichen Nachteile aufgrund der Nichtabzugsfähigkeit von Leistungsvergütungen bei Personengesellschaften mindern.[283] Profitieren werden hiervon insbesondere die Gesellschafter der GmbH & Co. KG, deren Bezüge aus der Mitunternehmerschaft durchweg als gewerbliche Einkünfte i.S.v. § 15 Abs. 1 Satz 1 Nr. 2 EStG zu qualifizieren sind und demzufolge einheitlich mit dem ermäßigten Steuersatz von (maximal) 47 % besteuert werden. Der atypische stille Gesellschafter kann dagegen die einkommensteuerliche Tarifbegrenzung (nur) für die Vergütungen in Anspruch nehmen, die aus dem - gewerblichen - stillen Gesellschaftsverhältnis herrühren.[284] Andere Einkünfte aus Leistungsbeziehungen mit der GmbH werden bei dem Stillen mit seinem individuellen Einkommensteuersatz i.S.d. § 32a EStG, d.h. mit bis zu 53% besteuert.

Der oben dargelegte erfolgsteuerliche Vorteil, der sich im Rahmen einer GmbH & atypisch Still durch die Anerkennung von (sonstigen) Leistungsvergütungen ergibt, erfährt insofern einen gewissen Ausgleich. Der Vorteil wird darüber hinaus umso geringer, je gewichtiger der jeweils erwirtschaftete Gewinn der Mitunternehmerschaft bzw. der damit einhergehende Gewinnanteil der Gesellschafter in Relation zu den sonstigen bezogenen Vergütungen ist. Die Beantwortung der Frage, welche Rechtsform insgesamt die steuerlich vorteilhafte ist, hängt so letztlich in hohem Maße von zwei - im voraus kaum zu bestimmenden - Parametern ab: Höhe des individuellen Einkommensteuersatzes der Gesellschafter und Höhe des Gewinns aus der Mitunternehmerschaft.

---

281 *Standortsicherungsgesetz 1994* vom 13.09.1993 (BGBl. I 1993, S. 1569). Vgl. zu den Änderungen, die dieses Gesetz - insbesondere aus mittelständischer (Unternehmens)Sicht - im einzelnen nach sich zog, *Binger / Pinkos* (Standortsicherungsgesetz, 1993), S. 556 ff.

282 Vgl. *Heinhold* (Ertragsbesteuerung, 1995), S. 24; *Herzig / Schiffers* (Rechtsformwahl, 1994), S. 108 ff.; *Dautzenberg / Heyeres* (Steuerliche Behandlung, 1994), S. 906; *Schultz* (Standortsicherungsgesetz, 1993), S. 2197.

283 Vgl. zu der Tarifbegrenzung i.S.v. § 32c EStG neben R 185a EStR *Wendt* (Gewerbliche Einkünfte, 1996), S. 699; *Schmidt* (EStG, 1997), zu § 32c, Rz 1 (S. 1869 f.); *Heinhold* (Ertragsbesteuerung, 1995), S. 23; *Herzig / Kessler* (Steuerorientierte Wahl, 1994), S. 219, 261; *Herzig / Schiffers* (Rechtsformwahl, 1994), S. 105 ff.; *Seer* (Unternehmensbesteuerung, 1993), S. 136.

284 Nach *Schmidt* (EStG, 1997), zu § 32c, Rz 1 (S. 1870) "muß auch der atypisch still Beteiligte § 32c beanspruchen können, obwohl er nicht Gewerbesteuerschuldner ist."

IV. Steuerliche Gestaltungsüberlegungen

1. Einkommensteuer

1.1. Steuerlastreduzierung

Da die Rechtsform einer Gesellschaft auch die Art und Höhe der Besteuerung bestimmt, erwächst "die Besteuerung zu einem wesentlichen Entscheidungsfaktor bei der Wahl der Unternehmensform".[285] So ist - neben der GmbH & Co. KG und der Betriebsaufspaltung - die zunehmende Bedeutung der Mischform[286] GmbH & (atypisch) Still in besonderem Maße auf steuerliche Erwägungen zurückzuführen.[287] Der Gesichtspunkt der Vermeidung einer Doppelbelastung mit Einkommen- und Körperschaftsteuer, unter dem diese Gesellschaftsform in erster Linie entwickelt wurde, ist allerdings durch die Einführung des Körperschaftsteueranrechnungsverfahrens bedeutungslos geworden.[288] Im Rahmen des sog. Schütt-aus-hol-zurück-Verfahrens kann jedoch zumindest eine Körperschaftsteuerminderung bei der GmbH durch Ausschüttung der Gewinne und Wiederzuführung des Kapitals in Form einer stillen Einlage[289] herbeigeführt werden.[290] Unterliegt im Fall der Thesaurierung der GmbH-Gewinn

---

285 *Seer* (Unternehmensbesteuerung, 1993), S. 114.

286 Unter dem Gesichtspunkt einer Reduzierung der Steuerlast werden Kapitalgesellschaften mit Personengesellschaften oder Einzelunternehmungen so vermischt bzw. kombiniert, daß die jeweils inhärenten Vorteile zum Tragen kommen; vgl. so (schon) *Niemann* (Stille Beteiligung, 1962), S. 261 ff.; vgl. auch *Wöhe* (Steuerlehre, 1990), S. 3.

287 Vgl. *Tillmann* (GmbH & Co., 1997), Rz. 89 (S. 45); *Hirth / Paus* (GmbH & Still, 1996), S. 802; *Sträter* (GmbH & Still, 1996), S. 58; *Kampmann* (GmbH & Still, 1994), S. 188; *Weimar* (GmbH & Still, 1993), S. 1509; *Paulick / Blaurock* (Stille Gesellschaft, 1988), S. 451; *Beranek* (GmbH & Still, 1991), S. 132; *Bormann* (GmbH & Still, 1984), S. 25; *Klauss / Mittelbach* (Stille Gesellschaft, 1980), Rz. 41 (S. 35). *Blaurock* (GmbH & Still, 1992), S. 1970, sieht hierbei eine besondere "Bedeutung (...) der stillen Beteiligung an einer GmbH (...) im Bereich mittelständischer Unternehmen". Vgl. zu den außersteuerlichen Motiven für die GmbH & (atypisch) Still auch *Abschnitt II. 7.* im *Ersten Kapitel.*

288 Vgl. z.B. *Blaurock* (GmbH & Still, 1992), S. 1970. Vgl. dagegen (früher) *Zartmann* (Stille Beteiligung, 1959), S. 104, der explizit "auf den mit dieser Mischform [GmbH & Still] des Gesellschaftsrechts verbundenen Vorteil einer Minderung der Doppelbesteuerung" hinweist.

289 Gem. Abschn. 77 Abs. 9 Satz 1 Nr. 2 KStR können (explizit) die "Gesellschafter ihre Gewinnanteile im Zusammenhang mit der Ausschüttung aufgrund vertraglicher Vereinbarungen (...) zur Beteiligung als stiller Gesellschafter" an der GmbH bzw. i.S.v. Abschn. 77 Abs. 9 Satz 1 Nr. 3 KStR (alternativ) auch zur Darlehensgewährung an die GmbH verwenden. Diese Möglichkeit der Steuerlastreduzierung besteht (erst) seit der Körperschaftsteuerreform von 1977 bzw. der damit einhergehenden unterschiedlichen Höhe von Thesaurierungs- und Ausschüttungssatz. Vgl. zu dieser Vorgehensweise überdies *Schöne* (Schütt-aus-hol-zurück-Verfahren, 1989), S. 385; *Knobbe-Keuk* (Steuerrecht, 1993), S. 618 ff. Vgl. auch *Blaurock* (GmbH & Still, 1992), S. 1971 (Fn. 25), der darauf hinweist, daß das "Schütt-aus /Hol-zurück-Verfahren (...) keinen Gestaltungsmißbrauch i.S. des § 42 AO" darstellt.

290 Um eine Gewerblichkeit der Einkünfte zu vermeiden, bietet sich hierbei (eher) die typische stille Gesellschaft an. Ansonsten liegt - in Übereinstimmung mit *Bitz* (GmbH & Still, 1997), S. 772 - der Vorteil einer Rückführung des Kapitals "in Form einer stillen Beteiligung (...) im Vergleich zur Kapitalerhöhung darin, daß Sacheinlagevorschriften nicht beachtet werden müssen, keine Beurkundung erforderlich ist und die als stille Beteiligung rückgeführten Mittel leichter wieder

gem. § 23 Abs. 1 KStG einer Körperschaftsteuerbelastung von 45%, ermäßigt sich dieser Satz im Falle einer Vollausschüttung gem. § 27 Abs. 1 KStG. Um jedoch "die mit einer Vollausschüttung verbundenen Liquiditätsbelastungen der GmbH zu verhindern, liegt es nahe, die Gewinne zwar auszuschütten, sie dann aber wieder ganz" oder zumindest teilweise der GmbH zuzuführen.[291]

Da die Einkommen- und Körperschaftsteuerlast letztlich die einzelnen Gesellschafter der GmbH (& atypisch Still) trifft, müssen Überlegungen bezüglich einer Steuerbelastung dementsprechend auch bei den Gesellschaftern bzw. deren Zahl ansetzen. Generell erscheint das Bestreben naheliegend, die Gewinne und damit die Steuerlast auf möglichst viele Steuerpflichtige innerhalb eines (Familien)Verbundes zu verteilen. Unterliegen diese zudem niedrigeren Steuerprogressionen, läßt sich insgesamt eine Steuerersparnis realisieren. Hierbei stellt die typische stille Beteiligung von Familienangehörigen bzw. insbesondere von minderjährigen Kindern an der GmbH[292] eine sinnvolle und - insbesondere im Vergleich zur GmbH-Mitgliedschaft von Angehörigen - unkomplizierte Umsetzung solcher Überlegungen dar. Durch die Errichtung einer solchen GmbH & Still kann neben dem Aspekt "der Nutzung der Einkommensteuerprogression" grundsätzlich auch eine (mehrfache) "Ausnutzung des Sparerfreibetrags" realisiert werden.[293]

Im Gegensatz zur GmbH & Co. KG bzw. allgemein zu Personenhandelsgesellschaften ist es - neben der typischen Vertragsvariante - im Rahmen einer GmbH & atypisch Still möglich, als GmbH-Gesellschafter-Geschäftsführer an der eigenen GmbH atypisch still beteiligt zu sein, ohne daß aufgrund dessen alle Einkünfte zu den Einkünften aus Gewerbebetrieb zählen. Dies impliziert eine Möglichkeit, die Vergütungen für die Geschäftsführung der GmbH oder für die Überlassung von Wirtschaftsgütern bzw. Dienstleistungen an die GmbH (als Einkünfte aus nichtselbständiger Arbeit, aus Kapitalvermögen oder aus Vermietung und Verpachtung) aus der gewerblichen in die private Sphäre zu verlagern und gleichzeitig bei der GmbH als Betriebsausgaben, d.h. gewinnmindernd geltend zu machen.[294]

---

den Gesellschaftern zur Verfügung gestellt werden können, als wenn sie als Stammkapital eingebracht worden wären."

291 *Bitz* (GmbH & Still, 1997), S. 771 f., der an gleicher Stelle zu Recht darauf hinweist, daß es im Rahmen des Schütt-aus-hol-zurück-Prinzips letztlich nur dann zu einer Steuerersparnis kommen kann, "wenn der individuelle Steuersatz des stillen [GmbH-]Gesellschafters unter 45% liegt."

292 Da bei der atypischen Gestaltungsvariante (auch) deren Gewinneinkünfte der Gewerbesteuer unterlägen, eignet sich unter dem Aspekt einer Progressionsnutzung, ebenso wie bei dem Schütt-aus-hol-zurück-Verfahren, eher die typische Beteiligungsform.

293 *Bitz* (GmbH & Still, 1997), S. 771 (beide Zitate); vgl. ähnlich z.B. *Arndt* (Familiengesellschaft, 1991), S. 17; *Brönner* (Rechtsformwahl, 1981), S. 244 f.; vgl. darüber hinaus zu den erbschaftsteuerlichen Vorteilen einer solchen Vertragsgestaltung *Neufang* (Stille Gesellschaft, 1987), S. 567.

294 Hierfür ist jedoch - nach der hier vertretenen Rechtsauffassung - Voraussetzung, daß diese Leistungsbeziehungen nicht (ursächlich) im stillen Gesellschaftsverhältnis bzw. -vertrag begründet liegen. Es sei - auch an dieser Stelle - auf den Aspekt der Tarifbegrenzung für gewerbliche Ein-

1.2. Verlustnutzung

Konnten die bisher genannten Möglichkeiten einer Reduzierung der Steuerlast ggf. auch noch durch die Errichtung einer reinen GmbH genutzt werden, sind bei dieser die Möglichkeiten einer Verlustnutzung auf die Gesellschaftsebene beschränkt, da die Rechtsform der GmbH - als Kapitalgesellschaft - "den Nachteil mit sich [bringt], daß Verluste der Gesellschaft grundsätzlich nur bei dieser selbst durch Verlustrücktrag oder -vortrag genutzt werden können." Mit der atypischen stillen Beteiligung bietet sich demgegenüber ein "einfaches und leicht umzusetzendes Gestaltungsmittel zur Verlustnutzung" auf der Gesellschafterebene.[295] So können durch eine GmbH & atypisch Still - eine entsprechende Vertragsgestaltung vorausgesetzt -[296] Verluste grundsätzlich auf den stillen (GmbH-) Gesellschafter übertragen und bei diesem mit anderen positiven Einkünften verrechnet werden.[297]

Als Beispiel hierzu sei der Einmann-GmbH-Gesellschafter genannt, der gleichzeitig die Geschäftsführung innehat. Annahmegemäß bezahlt ihm die GmbH einerseits - im Rahmen der Angemessenheit - eine hohe Geschäftsführervergütung. Weiterhin sei angenommen, die GmbH befinde sich in der Verlustzone, wobei diese Ertragslage voraussichtlich noch einige Jahre andauert. Beteiligt sich nun der Gesellschafter-Geschäftsführer zusätzlich in Form einer atypischen stillen Gesellschaft mit Verlustbeteiligung, so sind diesem, abgesehen von der Tatsache, daß der GmbH benötigtes Kapital zugeführt wird, die Verluste aus der GmbH anteilig zuzurechnen. Der atypische Stille kann in dem Fall seine übrigen Einkünfte, wie z.B. das Geschäftsführergehalt,[298] mit dem Verlustanteil verrechnen, wodurch sich entsprechend seine Steuerlast mindern läßt.[299] Dabei erfolgt die Anrechnung beim atypischen Stillen im Jahr des Entstehens, während demgegenüber bei einer typischen stillen Beteiligung Verlustanteile - analog zu der steuerlichen Zurechnung von Gewinnen - gem. § 11 EStG (erst) in dem Jahr

---

künfte i.S.v. § 32c EStG hingewiesen, der unter gewissen Voraussetzungen sogar zu der Vorteilhaftigkeit einer 'gewerblichen Sphäre' führen kann.

295 *Walter* (Verlustnutzung, 1997), S. 823 (beide Zitate), der - an gleicher Stelle - im Rahmen einer Verlusttragung die "GmbH & atypisch Still [als] geradezu prädestiniert" ansieht; vgl. ähnlich *Geck* (Rechtsformwahl, 1992), S. 3171.

296 Es reicht hierfür i.S.d. § 231 Abs. 2 HGB aus, daß die Verlustbeteiligung des Stillen nicht vertraglich ausgeschlossen wurde; ob letztlich ein typisches oder ein atypisches Vertragsverhältnis vorliegt, ist für den einkommensteuerlichen Aspekt der Verlusttragung dagegen ohne weitere Bedeutung; vgl. dazu nur *Bordewin* (Anwendung, 1982), S. 268 ff.

297 Vgl. so z.B. *Curtius-Hartung* (Stille Gesellschaft, 1987), S. 226 f.

298 Gemäß der hier vertretenen, vertragsbezogenen Sichtweise wären dabei die Geschäftsführervergütungen - im Gegensatz zu der GmbH & Co. KG - steuerlich weiterhin als Einkünfte aus nichtselbständiger Tätigkeit i.S.v. § 19 Abs. 1 Nr. 1 EStG zu qualifizieren; vgl. dazu *Abschnitt I.4.3.* in diesem Kapitel.

299 Dies gilt jedoch nur für Verlustanteile, die den Wert der stillen Einlage nicht übersteigen. Vgl. neben der Vorschrift des § 15a EStG *Abschnitt I.2.4.* in diesem Kapitel.

steuerlich in Form von Werbungskosten zu berücksichtigen wären, "in dem sie dem Steuerpflichtigen zugeflossen sind."[300]

Es ergibt sich darüber hinaus die Frage, "ob eine atypisch stille Gesellschaft erst im Laufe eines Wirtschaftsjahres vereinbart werden kann und dann gleichwohl das ganze Jahr erfaßt."[301] Während aus zivilrechtlicher Sicht bezüglich einer solchen Vereinbarung keine Bedenken bestehen,[302] läßt die steuerliche Rechtsprechung bei Mitunternehmerschaften grundsätzlich eine steuerliche Rückbeziehung von Verlusten bzw. allgemein eine Rückwirkung von Ergebnisverteilungsabreden nicht zu.[303] Es ist daher *Söffing* zuzustimmen, nach dem in bezug auf eine rückwirkende Verlustbeteiligung des Stillen "das, was zivilrechtlich möglich ist, steuerrechtlich nicht zugelassen wird."[304] So muß im Ergebnis "eine atypische stille Gesellschaft spätestens zu Beginn eines Wirtschaftsjahres abgeschlossen werden (...), wenn sie das gesamte Wirtschaftsjahr erfassen und damit der Verlust bis zur vereinbarten Höhe dem stillen Gesellschafter zugewiesen werden soll."[305]

Aufgrund der vorstehend dargelegten Möglichkeit, bei einer GmbH & atypisch Still Verlustanteile von der Gesellschafts- auf die Gesellschafterebene zu verlagern, erscheint es naheliegend, daß sich diese Vertragsform in der Praxis - unter anderem - als Verlustzuweisungsgesellschaft etabliert hat. Obwohl bei den Beteiligten solcher Gesellschaften zwar "zu vermuten ist, daß sie bei ihrer Gründung keine Gewinnerzielungsabsicht haben,"[306] kann das Vorhandensein einer solchen letztlich nicht (allein) aus dem Grund negiert werden, daß "ein Gesellschafter alle ihm zu Gebote stehenden Möglichkeiten nutzt, im Hinblick auf eine Verrechnung mit (...) Gewinnen möglichst hohe Verluste entstehen zu lassen."[307] Insoweit bleibt die Möglichkeit der Verlustnut-

---

300 Vgl. *Söffing* (Verluste, 1982), S. 445; *Schulze zur Wiesche* (GmbH & Still, 1997), Rn. 182 (S. 74).

301 *Walter* (Verlustnutzung, 1997), S. 824.

302 Vgl. hier neben *Abschnitt II.4.* im *Ersten Kapitel,* nur *BFH* (12.06.1980), S. 723, *OFD Frankfurt* (26.06.1996), S. 1406.

303 Dies betrifft neben den Verlustanteilen in gleicher Form die Gewinnanteile; vgl. so *BFH* (17.03.1987), S. 558; *BFH* (07.07.1983), S. 53; *BFH* (08.11.1972), S. 287; *BFH* (21.12.1972), S. 389; *BFH* (12.06.1980), S. 723. Vgl. zur steuerlichen Nichtanerkennung einer Rückbeziehung von Mitunternehmerschaften *BFH* (25.10.1960), S. 94.

304 *Söffing* (Mitunternehmer, 1994), S. 224. Vgl. ähnlich *Kohler* (Probleme, 1995), S. 423, der (zumindest) feststellt, daß in bezug auf eine rückwirkende Verlusttragung "den atypischen stillen Gesellschaftern seitens" der Finanzverwaltung "der Kampf angesagt worden ist."

305 *Walter* (Verlustnutzung, 1997), S. 824. Vgl. bezüglich der Notwendigkeit einer Glaubhaftmachung des rechtzeitigen Vertragsabschlusses in diesem Zusammenhang *FG Nürnberg* (04.07.1996), S. 1137.

306 *BFH* (12.12.1995), S. 219 (Leitsatz); vgl. zur diesbezüglichen Entwicklung der Rechtsprechung *ebenda* (S. 221 ff.).

307 *FG München* (14.05.1997), S. 1176 (Leitsatz), wobei im Urteilsfall die Gewinnerzielungsabsicht sogar bestätigt wurde, obwohl "Manipulationen zur Erhöhung der Verluste" vorgenommen wurden (S. 1177).

zung durch eine stille Beteiligung unbenommen, wobei (auch) hierfür nicht unbedingt die atypische Vertragsvariante vonnöten ist.[308]

2. Gewerbesteuer

Während die in *Abschnitt 1* diskutierten einkommensteuerlichen (Gestaltungs)vorteile weitestgehend auch für eine typische GmbH & Still Geltung finden, genießt aus gewerbesteuerlicher Sicht ausschließlich eine GmbH & atypisch Still "Gewerbesteuervorteile wie [gewerbliche] Einzelfirmen und Personengesellschaften, d.h. [den] Gewerbesteuerfreibetrag i.H.v. DM 48.000 und gestaffelte Gewerbesteuermeßzahlen im Bereich zwischen DM 48.000 und DM 144.000."[309] Da zudem diese Vertragsform ggü. Personengesellschaften bzw. speziell "im Vergleich zur GmbH & Co. KG nicht nur wegen der einfacheren Handhabung" Vorteile aufweist, "sondern auch wegen der wegfallenden gewerbesteuerlichen Belastung von Tätigkeitsvergütungen und Vergütungen im Rahmen von Miet- oder Darlehensverhältnissen, die ein atypisch stiller Gesellschafter von der GmbH bezieht",[310] bietet sich mit der atypischen stillen Beteiligung an der GmbH aus gewerbe(ertrag)steuerlicher Sicht eine attraktive Gestaltungsalternative.[311]

Es gilt daher zu prüfen, ob der Nachteil einer gewerblichen Qualifikation der Gewinnanteile bei einer atypischen stillen Beteiligung durch die genannten gewerbesteuerlichen Vorzüge i.S.v. § 11 Abs. 1 bzw. Abs. 2 GewStG überkompensiert werden kann.[312] Ob sich überdies eine GmbH & atypisch Still als "Gewerbesteuer-Sparmodell für Familienbetriebe in der Rechtsform der GmbH"[313] erweist, kann seit dem Urteil des *BFH* vom 08.02.1995 nur mit Einschränkungen bzw. nur für eine "bewußt gestaltete GmbH & atypisch Still" bejaht werden.[314] Dort wurde klargestellt, daß der Gewerbesteuerfreibetrag nur einmal zu berücksichtigen ist, auch "wenn an dem gewerblichen

---

308 Auch im Rahmen eines typischen stillen Vertragsverhältnisses kann eine Verlustbeteiligung vereinbart sein; vgl. z.B. *Fichtelmann* (GmbH & Still, 1995), RdNr. 232 ff. (S. 72); *Paus* (Verlustanteil, 1979), S. 90 f.; *Prinz* (Gestaltungsmaßnahmen, 1996), S. 775.

309 *Bitz* (GmbH & Still, 1997), S. 772. Vgl. dazu grundsätzlich die Regelungen des § 11 GewStG.

310 *Winkeljohann / Halfar* (Gewerbesteuerliche Vorzüge, 1994), S. 2474.

311 Abgesehen von der (nachteiligen) Gewerbesteuerpflicht als solcher sind nach *Mollwig* (Rechtsformwahl, 1988), S. 298, auch Vorteile einer Gewerblichkeit zu beachten, und zwar in der Form, daß "Sonderabschreibungen und erhöhte Absetzungen und ggf. Investitionszulagen in Anspruch genommen werden" können. So nennt *Wendt* (Aspekte, 1996), S. 271, das Beispiel des Landwirts, der "an der Anerkennung der Mitunternehmerschaft interessiert sein kann", um die "Inanspruchnahme agrarpolitischer Vergünstigungen" zu ermöglichen.

312 Vgl. zu der Anwendung der Vorschrift auf die GmbH & atypisch Still auch *Abschnitt II.2.2.* in diesem Kapitel. Ein quantitatives Kompensationsmodell findet man - am Beispiel der Betriebsaufspaltung - bei *Kudert / Utescher* (Gewerbesteuerpflicht, 1995), S. 995 ff.

313 *Bitz* (GmbH & Still, 1997), S. 772; vgl. ähnlich *Sträter* GmbH & Still, 1996), S. 58; *Bordewin* (Besonderheiten, 1996), S. 1362.

314 *Bitz* (GmbH & Still, 1997), S. 772. So sind diesbezüglich auch *Winkeljohann / Halfar* (Gewerbesteuerliche Vorzüge, 1994), S. 2474, der Auffassung, daß "nur im Einzelfall entschieden werden kann, ob die GmbH & atypisch Still gegenüber anderen Mischformen zwischen Kapital- und Personengesellschaften die vorteilhaftere Rechtsform ist."

Unternehmen mehrere natürliche Personen (...) als atypisch stille Gesellschafter beteiligt sind".[315]

Da eine Gewerbe(ertrags)besteuerung an den Gewerbebetrieb anknüpft, sollten Überlegungen bezüglich einer Steuerersparnis insbesondere bei der Anzahl der Betriebe ansetzen. Anlaß hierfür bietet das *BFH*-Urteil vom 06.12.1995, wonach bei zivilrechtlichem Bestehen mehrerer atypischer stiller Gesellschaften mehrere Gewerbebetriebe, d.h. letztlich mehrere GmbH & atypisch Still entstehen können. Hierfür ist es notwendig, daß die gewerblichen Tätigkeiten, die durch die GmbH ausgeübt werden, aus gewerbesteuerrechtlicher Sicht mehrere Betriebe bilden. Dazu müssen wiederum die genannten Tätigkeiten voneinander klar zu trennen sein und dürfen nicht einem einheitlichen Zweck dienen.[316] Um diesen Bedingungen Genüge zu leisten, müssen die atypischen stillen Beteiligungen an einzelnen, abgrenzbaren Geschäftsbereichen erfolgen.[317]

Werden in diesem Sinne "unter einem Firmendach mehrere Geschäftsbereiche jeweils getrennt als GmbH & atypisch Still organisiert, besteht auch mehrfach Anspruch auf [den] Freibetrag und den günstigen Staffeltarif bei der Gewerbesteuer. Bei passenden Sachverhalten - Beteiligung an selbständigen Geschäftsbereichen/Abteilungen mit eigenständiger Gewinnermittlung - läßt sich der Vorteil einer GmbH & atypisch Still somit multiplizieren."[318] Diese gewerbesteuerliche Gestaltungsmöglichkeit grenzt zum einen die GmbH & atypisch Still von den (reinen) Kapitalgesellschaften ab; zum anderen bleibt die Nutzung der Vorzüge in dem beschriebenen Ausmaß auch den Personengesellschaften vorenthalten.[319]

---

315 *BFH* (08.02.1995), S. 764; gl.A. *Glanegger / Güroff* (GewStG-Kommentar, 1994), zu § 11, Anm 3a (S. 727); *Gosch* (Blümich GewStG, 1994), zu § 11, Rz. 9 (S. 8); *Lenski / Steinberg* (GewStG-Kommentar, 1995), zu § 11, Anm. 4 (S. 2); *Ruban* (Atypisch stille Gesellschaft, 1995), S. 644.

316 Dies impliziert i.S.d. *BFH* (06.12.1995), S. 427, auch eine eigenständige Gewinnermittlung; hierbei besteht das (grundsätzliche) Problem, die übergeordneten (Gemein)Kosten, wie z.B. allgemeine Verwaltungskosten der GmbH, auf die Geschäftsbereiche zu verteilen. Vgl. dazu auch *Abschnitt I.2.3.* im *Ersten Kapitel*.

317 Vgl. neben *BFH* (06.12.1995), S. 427, *Abschnitt II.2.2.* in diesem Kapitel. *Bitz* (GmbH & Still, 1997), S. 769 (Fn. 37), weist in diesem Zusammenhang - zu Recht - darauf hin, daß die "Aufteilung in eigenständige Geschäftsbereiche (...) wirtschaftlich Sinn machen [muß], z.B. bei mehreren Produktions- und Vertriebsabteilungen für einzelne Produkte oder Produktgruppen, bei Einzelhandelsunternehmen mit mehreren Filialen oder dem Handwerksbetrieb mit angegliedertem Handelsbereich."

318 *Bitz* (GmbH & Still, 1997), S. 772. In diesem Sinne plädiert auch *Sträter* (GmbH & Still, 1996), S. 58, für die Errichtung einer GmbH & atypisch Still, da, abgesehen von der Tatsache, daß die GmbH (ggf.) schon "mit einem stillen Teilhaber (..) Gewerbesteuer" spart, sich dieser Steuervorteil mit "mehreren solcher Partner vervielfacht". Vgl. ebenso *o.V.* (Anmerkung, 1996), S. 464. Nach *Gosch* (Steuerlicher Zugriff, 1996), S. 425, erweist sich dabei jedoch "die Beschränkung des Verlustabzugs auf die jeweils zu isolierende Mitunternehmerschaft" als Kehrseite.

319 So kommt auch die GmbH & Co. KG - als ein Gewerbebetrieb - nur in den einmaligen Genuß der gewerbesteuerlichen Freibetrags- bzw. der Staffeltarifregelung nach § 11 Abs. 1 bzw. Abs. 2 GewStG.

V. Fazit

Hinterfragt man die wirtschaftliche Bedeutung einer GmbH & atypisch Still, steht im Zuge dessen "die Verminderung der steuerlichen Belastungen der GmbH mit Hilfe einer stillen Beteiligung" eindeutig im Mittelpunkt.[320] Es lassen sich zwar hierüber Tendenzaussagen treffen; ob jedoch mit Hilfe einer GmbH & atypisch Still insgesamt tatsächlich eine Reduzierung der Steuerlast realisiert werden kann, ist im Rahmen einer Rechtsformentscheidung vom Gesamtbild des Einzelfalls abhängig zu machen. Schließlich sind die "Unternehmensmerkmale, die bei verschiedenen Rechtsformen zu unterschiedlichen Steuerfolgen führen",[321] individuell zu gewichten.

Überdies muß auf die bestehende Rechtsunsicherheit im Bereich der GmbH & atypisch Still hingewiesen werden, die von der teilweise ungefestigten bzw. unvollständigen steuerlichen Rechtsprechung ausgeht. Zum einen führen die unscharfen Grenzen des Mitunternehmerbegriffs dazu, daß nicht bei jeder Vertragskonstellation ersichtlich wird, ob überhaupt eine Mitunternehmerschaft i.S.d. § 15 Abs. 1 Satz 1 Nr. 2 EStG vorliegt.[322] Zum anderen ist bei Vorliegen einer solchen von der Finanzrechtsprechung nicht abschließend geklärt, in welchem Umfang neben dem gewerblichen Gewinnanteil aus der atypischen stillen Beteiligung Vergütungen aus sonstigen Leistungsbeziehungen zwischen dem Stillen und der GmbH als gewerbliche Einkünfte zu qualifizieren sind. So erscheinen in diesem Zusammenhang quantitative Überlegungen, die ansonsten bei der Rechtsformwahl zur Entscheidungsfindung herangezogen werden sollten, wenig sinnvoll.[323] Es wären unsichere Annahmen zu treffen, die der Gefahr unterlägen, aufgrund der steuerlichen Rechtsprechung ihren Realitätsbezug zu verlieren.

In Anbetracht dessen beinhaltet diese Arbeit keine quantitativen Elemente bzw. keinen Belastungsvergleich; es erschien vielmehr sinnvoll, steuerlichen Lösungsansätzen einen breiteren Raum zu gewähren. So wurde schließlich eine steuerliche Rechtssystematik entwickelt, die den zivilrechtlichen Wesensmerkmalen und Gestaltungsmöglichkeiten bei der GmbH & atypisch Still ausreichend Rechnung trägt. Auch wenn dadurch ein Beitrag zu einer einheitliche(re)n Erfolgsbesteuerung bei der GmbH & atypisch Still geleistet werden konnte, wäre es vermessen, davon auszugehen, daß sich die Rechtsprechung eindeutig in die erwünschte Richtung entwickeln wird, zumal es ge-

---

320 *Blaurock* (GmbH & Still, 1992), S. 1970, der darüber hinaus auf steuerliche Vorteile verweist, die sich aus einer GmbH & (atypisch) Still für ausländische Gesellschafter ergeben können, für die nicht "die Möglichkeit der Körperschaftsteueranrechnung besteht", da durch die stille Beteiligung (ursprüngliche) Gewinne der GmbH "der deutschen Körperschaftsteuer" entzogen werden können. Vgl. neben der Vorschrift des § 8a KStG zu der Problematik auch *Oho / Schneider / Behrens* (Umqualifizierung, 1996), S. 2516 ff.; *Walter* (GmbH & atypisch Still, 1994), S. 113 ff.; *Strobl / Schäfer* (Auslandsverluste, 1993), S. 208.

321 *Mellwig* (Rechtsformwahl, 1986), S. 295 ("Steuereinflußfaktoren"). Vgl. zu solchen Merkmalen auch *Jacobs / Scheffler* (Steueroptimale Rechtsform, 1995), S. 249 ("Einflußgrößen").

322 Dies betrifft freilich insbesondere den Fall, daß sich ein GmbH-Gesellschafter (-Geschäftsführer) still an der GmbH beteiligt.

323 Vgl. so auch *Burmester* (Stille Gesellschaft, 1996), S. 123. Vgl. zu den Grenzen einer quantitativ gestützten Rechtsformwahl darüber hinaus z.B. *Wagner* (Mängel, 1981), S. 243 ff. ("unklare Betrachtungspositionen); *Wehrheim* (Betriebsaufspaltung, 1988), S. 142 f.

genwärtig näherzuliegen scheint, Steuerausfälle zu vermeiden bzw. diese durch ein entsprechendes Beseitigen von rechtsfreien Räumen zu kompensieren.

So können außersteuerliche Gründe letztlich dazu führen, daß die aus steuerlicher Sicht attraktive GmbH & atypisch Still insgesamt nicht in Erwägung gezogen wird bzw. werden darf. Angesichts der bisherigen "stillen Steuerunordnung" müssen im Zuge von Rechtsformentscheidungen zumindest erhebliche wirtschaftliche Vorteile die Tatsache aufwiegen, daß sich Unternehmen durch die Errichtung einer GmbH & atypisch Still "freiwillig in ein derartiges [steuerrechtliches] Minenfeld (...) begeben".[324] Selbst einwandfreie und klar voneinander abgrenzbare Verträge über (sonstige) Leistungsbeziehungen zwischen dem atypischen Stillen und der GmbH bieten (noch) nicht die Gewähr für eine (erwünschte) steuerrechtlich getrennte Anerkennung. So sollte (weiterhin) dem Ziel oberste Priorität beigemessen werden, eine "Besteuerung rechtsformunabhängig zu gestalten",[325] damit nicht mehr steuerliche Beurteilungskriterien für das rechtliche Kleid einer unternehmerischen Tätigkeit maßgebend sind. Eine GmbH & (atypisch) Still bietet aufgrund ihrer vielfältigen und mit geringem Aufwand verbundenen vertraglichen Möglichkeiten ein erhebliches (nichtsteuerliches) Gestaltungspotential, so daß sich letztlich mit dieser Beteiligungsalternative auch im Rahmen eines rechtsformneutralen Steuersystems wirtschaftliche Vorteile realisieren lassen.

---

324 *Burmester* (Stille Gesellschaft, 1996), S. 123 (beide Zitate).

325 *Mellwig* (Rechtsformwahl, 1986), S. 301. Vgl. die Diskussion von aktuellen "Reformvorschläge[n] zur Besteuerung des Unternehmensertrags" bei *Englisch* (Rechtsformneutralität, 1997), S. 780 ff.

Thesenförmige Zusammenfassung

(1) Die stille Beteiligung stellt eine Innengesellschaft bürgerlichen Rechts dar. Sie kommt durch einen Gesellschaftsvertrag zustande, der den gemeinsamen Zweck dokumentiert und in dessen Rahmen einer der Vertragsbeteiligten ein Handelsgewerbe betreibt. Nur dieser tritt nach außen in Erscheinung, wobei der stille Gesellschafter an dem laufenden Ergebnis der Tätigkeit partizipieren muß. Beteiligt sich der Stille mit einer Vermögenseinlage, geht diese in das Vermögen des Geschäftsinhabers über.

(2) Die GmbH & Still ist eine Mischform zwischen einer Kapital- und einer Personengesellschaft, bei der sich eine oder mehrere Personen an dem Handelsgewerbe einer GmbH still beteiligen. Diese können zugleich auch Anteilseigner bzw. Geschäftsführer der GmbH sein. Die GmbH & Still ist eine Innengesellschaft ohne Gesellschafts- bzw. Gesamthandsvermögen. Nur die GmbH tritt nach außen in Erscheinung und nur diese verfügt über (Betriebs)Vermögen, das an die Stelle eines Vermögens der GmbH & Still tritt, wobei ein gesamthänderisches Eigentum des Stillen am Vermögen der GmbH nicht besteht.

(3) Nimmt der stille Gesellschafter eine dem gesetzlichen Leitbild entsprechende Rechtsstellung ein, ist seiner Einlage grundsätzlich Fremdkapitalcharakter zu bescheinigen, und er hat gegenüber der GmbH eine Position inne, die mit der eines (partiarischen) Darlehensgebers vergleichbar ist. Die jeweils zugrundeliegenden Vertragsverhältnisse lassen sich letztlich nur anhand einer gemeinsamen (Vor)Zwecksetzung unterscheiden, die ausschließlich einem (stillen) Gesellschaftsverhältnis zugestanden werden kann.

(4) Beinhalten die vertraglichen Regelungen eine Erweiterung der (dispositiven) gesetzlichen Rechte und Pflichten des Stillen, liegt im zivilrechtlichen Sinne ein atypisches stilles Gesellschaftsverhältnis vor. In solchen Fällen nähert sich die Stellung des stillen Gesellschafters häufig der eines Kommanditisten; der stillen Einlage kommt dann - insbesondere bei vereinbarter Verlustbeteiligung - eher Eigenkapitalcharakter zu. Ein wesentlicher Unterschied zwischen den beiden Rechtspositionen liegt jedoch unabdingbar darin begründet, daß der Stille grundsätzlich Gesellschafter einer Innengesellschaft ohne Gesellschaftsvermögen ist, während der Kommanditist als Gesellschafter einer Personenhandelsgesellschaft mit Gesamthandsvermögen über diese nach außen in Erscheinung tritt.

(5) Während das Vorliegen eines atypischen stillen Gesellschaftsverhältnisses im Handels- bzw. Gesellschaftsrecht eher dogmatischer Natur ist, kommt dieser vertraglichen Konstellation im Steuerrecht eine zentrale, materielle Bedeutung zu: Sind der stille Gesellschaftsvertrag und die darin vereinbarten Rechte und Pflichten des Stillen so ausgestaltet, daß dieser als Mitunternehmer anzusehen ist, vermittelt seine stille Beteiligung an der GmbH nicht mehr Einkünfte aus Kapitalvermögen i.S.v. § 20 Abs. 1 Satz 1 Nr. 4 EStG, sondern gewerbliche Einkünfte i.S.v. § 15 Abs. 1 Satz 1 Nr. 2 EStG. Es liegt dann im steuerrechtlichen Sinne eine Mitunternehmerschaft, die 'GmbH & atypisch Still', vor.

(6) Der atypische stille Gesellschafter ist mitunternehmerisch an der GmbH beteiligt. Auch aus steuerrechtlicher Sicht stellt dabei die GmbH & atypisch Still eine Innengesellschaft ohne eigenes Gesamthandsvermögen dar. Dementsprechend gibt es ausschließlich eine Steuerbilanz der GmbH, die an die Stelle einer Steuerbilanz der GmbH & atypisch Still tritt. Im Rahmen einer einheitlichen und gesonderten Gewinnfeststellung bei der GmbH & atypisch Still sind neben der Steuerbilanz der GmbH die Ergebnisse aus etwaigen Sonderbilanzen, die für die atypischen stillen Gesellschafter aufzustellen sind, sowie ggf. Ergänzungsbilanzen zu berücksichtigen.

(7) Auch wenn eine GmbH nicht gewerblich tätig ist, bezieht sie i.S.v. § 8 Abs. 2 KStG - kraft Rechtsform - ausschließlich Einkünfte aus Gewerbebetrieb, so daß auch die Gewinnanteile aus der atypischen stillen Beteiligung an der GmbH grundsätzlich nach § 15 Abs. 1 Satz 1 Nr. 2 EStG als gewerbliche Einkünfte zu qualifizieren sind. So muß eine Anwendung des § 15 Abs. 3 EStG nicht in Betracht gezogen werden.

(8) Bestehen zwischen der GmbH und dem atypischen stillen Gesellschafter neben dem mitunternehmerischen Beteiligungsverhältnis weitere, vom stillen Gesellschaftsvertrag abgrenzbare Rechts- bzw. Leistungsbeziehungen, sind diese aufgrund der gebotenen Orientierung an der zivilrechtlichen Vertragsgestaltung steuerlich getrennt von der GmbH & atypisch Still zu beurteilen. Hieraus resultierende Vergütungen zählen daher im Rahmen einer Einkommensbesteuerung zu der entsprechenden Einkunftsart, wie z.B. zu den Einkünften aus Vermietung und Verpachtung.

(9) Die Einkünfte des Stillen aus der GmbH & atypisch Still unterliegen der Gewerbesteuer, wobei die gewerbesteuerliche Freibetragsregelung sowie der Staffeltarif i.S.d. § 11 Abs. 1 bzw. 2 GewStG zur Anwendung kommen.

(10) Im Gegensatz zur GmbH & Co. KG, bei der ein Kommanditist mitunternehmerisch tätig wird und dessen Einkünfte aus der Mitunternehmerschaft - auch mittelbar über die GmbH - durchweg zu den Einkünften i.S.d. § 15 Abs. 1 Satz 1 Nr. 2 EStG zu zählen sind, bezieht der an einer GmbH (& atypisch Still) mitunternehmerisch Beteiligte nur dann Einkünfte aus Gewerbebetrieb, wenn die entsprechende Leistungsbeziehung dem stillen Gesellschaftsverhältnis zuordenbar ist.

(11) Neben der Tatsache, daß mit der GmbH & atypisch Still eine Vertragsform besteht, die auf der einen Seite für die GmbH eine unkomplizierte Kapitalbeschaffungsmöglichkeit darstellt und andererseits eine Verteilung der Einkünfte insbesondere auch auf Angehörige zuläßt, ist die Möglichkeit hervorzuheben, durch die stille Beteiligung an der GmbH deren Verluste von der Gesellschafts- auf die Gesellschafterebene zu transferieren. Die atypische (stille) Vertragsvariante kommt darüber hinaus in den Genuß der gewerbesteuerlichen Freibetrags- und Staffeltarifregelung, wobei durch eine Aufteilung der GmbH in mehrere, voneinander abgrenzbare Geschäftsbereiche diese Vergünstigungen mehrfach in Anspruch genommen werden können.

Literaturverzeichnis

Adler, Hans / Düring, Walther / Schmaltz, Kurt (Rechnungslegung, 1995):

Rechnungslegung und Prüfung der Unternehmen, Kommentar zum HGB, AktG, GmbHG, PublG nach den Vorschriften des Bilanzrichtliniengesetzes, neu bearb. von Karl-Heinz Forster u.a., 6. Aufl., Stuttgart 1995.

Adler, Hans / Düring, Walther / Schmaltz, Kurt (Rechnungslegung, 1987):

Rechnungslegung und Prüfung der Unternehmen, Kommentar zum HGB, AktG, GmbHG, PublG nach den Vorschriften des Bilanzrichtliniengesetzes, neu bearb. von Karl-Heinz Forster u.a., 5. Aufl., Stuttgart 1987.

App, Michael (GmbH & Still, 1993):

Die Rechtsform der „GmbH & Still", in: BuW, 47. Jg. (1993), S. 476-478.

Arndt, Hans-Wolfgang (Familiengesellschaft, 1991):

Die Familiengesellschaft im Einkommensteuerrecht, in: SteuerStud, 12. Jg. (1991), S. 17-22.

Aulinger, Leonhard (Atypische stille Gesellschaft, 1955):

Die atypische stille Gesellschaft, Düsseldorf 1955.

Bachem, Wilfried (Mitunternehmer, 1995):

Können Kleinkinder Mitunternehmer sein?, in: DStZ, 83. Jg. (1995), S. 610-611.

Baetge, Jörg (Bilanzen, 1994):

Bilanzen, 3. Aufl., Düsseldorf 1994.

Ballerstedt, Kurt (Gemeinsamer Zweck, 1963):

Der gemeinsame Zweck als Grundbegriff des Rechts der Personengesellschaften, in: JuS, 3. Jg. (1963), S. 253-263.

Barten, Jürgen / Kaminski, Heinrich (Betriebsvermögen, 1983):

Die Einheitsbewertung des Betriebsvermögens bei der atypischen GmbH & Still, in: GmbHR, 74. Jg. (1983), S. 127-129.

Baum, Michael (Koch AO, 1996):

Kommentierungen zur Abgabenordnung, in: AO-Kommentar, hrsg. von Karl Koch und Rolf-Detlev Scholtz, bearb. von Michael Baum u.a., 5. Aufl., München u.a. 1996.

Baumbach, Adolf / Hopt, Klaus J. (HGB-Kommentar, 1995):

Kommentierungen zu §§ 230 bis 237 HGB, in: Handelsgesetzbuch, begr. von Adolf Baumbach, erl. von Klaus J. Hopt, fortgef. bis zur 24. Aufl. von Konrad Duden, 29. Aufl., München 1995, S. 621-637.

Becker, Enno (Grundfragen, 1925):

Grundfragen aus den neuen Steuergesetzen, in: StuW, 4. Jg. (1925), Sp. 1579-1610.

Beger, Wolf Dietrich (Vorteile, 1972):

Vor- und Nachteile der GmbH-StG gegenüber der GmbH & Co KG, in: DStR, 10. Jg. (1972), S. 16-21.

Beine, Frank (Eigenkapitalersetzende Gesellschafterleistungen, 1994):

Eigenkapitalersetzende Gesellschafterleistungen: finanzwirtschaftliche und bilanzrechtliche Grundsätze, Düsseldorf 1994.

Beisse, Heinrich (Wirtschaftliche Betrachtungsweise, 1981):

Die wirtschaftliche Betrachtungsweise bei der Auslegung der Steuergesetze in der neueren deutschen Rechtsprechung, in: StuW, 58. (11.) Jg. (1981), S. 1-14.

Beisse, Heinrich (Bilanzrecht, 1984):

Zum Verhältnis von Bilanzrecht und Betriebswirtschaftslehre, in: StuW, 61. (14.) Jg. (1984), S. 1-14.

Beranek, Axel (GmbH & Still, 1991):

Die Besteuerung der GmbH & Still, in: SteuerStud, 12. Jg. (1991), S. 132-137.

Beranek, Axel (Optimale Rechtsform, 1993):

Die steuerlich optimale Rechtsform der Unternehmung, Hamburg 1993.

Best, Michael (Einkünftequalifikation, 1991):

Einkünftequalifikation und Gewinnermittlung bei Personengesellschaften, in: DStR, 29. Jg. (1991), S. 1545-1548.

Bezzenberger, Gerold (Stille Gesellschaft, 1991):

Kommentierungen zur stillen Gesellschaft, in: Münchener Handbuch des Gesellschaftsrechts, Bd. 2, Kommanditgesellschaft, stille Gesellschaft, hrsg. von Bodo Riegger und Lutz Weipert, bearb. von Ulrich Bälz u.a., München 1991.

Biber, Renate (Kapitalersetzende stille Beteiligung, 1984):

Kapitalersetzende „typische" stille Beteiligung eines Gesellschafters an seiner unterkapitalisierten GmbH - Qualifizierung als Mitunternehmerschaft?, in: DStR, 22. Jg. (1984), S. 424-428.

Bieg, Hartmut (Eigenkapitalbeschaffung, 1997):

Die Eigenkapitalbeschaffung nicht-emissionsfähiger Unternehmen, in: StB, 48. Jg. (1997), S. 64-69.

Biener, Herbert (Eigenkapital, 1995):

Eigenkapitalausstattung der Kreditinstitute, in: Enzyklopädie der Betriebswirtschaftslehre, hrsg. von Wolfgang Gerke und Manfred Steiner, 2. Aufl., Stuttgart 1995, Sp. 468-476.

Binger, Jürgen (Atypisch stille Gesellschaft, 1988):

Einkommen- und Gewerbesteuer bei der atypisch stillen Gesellschaft, in: DB, 41. Jg. (1988), S. 414-417.

Binger, Jürgen / Pinkos, Erich (Standortsicherungsgesetz, 1993):

Schwerpunkte des Standortsicherungsgesetzes aus der Sicht der mittelständischen GmbH bzw. GmbH & Co., in: GmbHR, 84. Jg. (1993), S. 556-572.

Binnewies, Gabriele (Ergänzungsbilanzen, 1997):

Ergänzungsbilanzen, in: Bilanz & Buchhaltung, 36. Jg. (1997), S. 68-74.

Bitsch, Herbert (Gewinnverteilung, 1983):

Gewinnverteilung der GmbH & Stille Gesellschaft, in: GmbHR, 74. Jg. (1983), S. 56-67.

Bitz, Horst (Mitunternehmerschaft, 1984):

Begriff und steuerliche Folgen der Mitunternehmerschaft auf gesellschaftsrechtlicher und schuldrechtlicher Basis, in: DB, 37. Jg. (1984), S. 316-318.

Bitz, Horst (Littmann EStG, 1994):

Kommentierung zu den §§ 15, 15a EStG, in: Das Einkommensteuerrecht, Kommentar, begr. von Eberhard Littmann, hrsg. von Horst Bitz und Peter Hellwig, Loseblatt, 15. Aufl., Stuttgart 1994, Stand: September 1994.

Bitz, Horst (GmbH & Still, 1997):

Aktuelle Entwicklungen bei der GmbH & Still, in: GmbHR, 88. Jg. (1997), S. 769-772.

Blaurock, Uwe (Stille Beteiligung, 1972):

Zur stillen Beteiligung mehrer Personen an Apotheken, in: NJW, 25. Jg. (1972), S. 1119-1120.

Blaurock, Uwe (GmbH & Still, 1992):

Die GmbH & Still im Steuerrecht, in: BB, 47. Jg. (1992), S. 1969-1977.

Bodden, Guido (Subjektfähigkeit, 1996):

Die einkommensteuerrechtliche Subjektfähigkeit der Personengesellschaft, in: DStZ, 84. Jg. (1996), S. 73-83.

Böcking, Hans-Joachim (Wirtschaftliche Betrachtungsweise, 1997):

Betriebswirtschaftslehre und wirtschaftliche Betrachtungsweise im Bilanzrecht, in: Handelsbilanzen und Steuerbilanzen: Festschrift zum 70. Geburtstag von Heinrich Beisse, hrsg. von Wolfgang Budde, Adolf Moxter und Klaus Offerhaus, Düsseldorf 1997, S. 85-103.

Boettcher, Conrad / Zartmann, Hugo / Faut, Eberhard (Stille Gesellschaft,

1978): Stille Gesellschaft und Unterbeteiligung, 3. Aufl., Stuttgart / Wiesbaden 1978.

Bopp, Gerhard (Stille Gesellschaft, 1987):

Personengesellschaften im Umbruch, 4. Stille Gesellschaft, in: JbFfSt 1986/87, hrsg. vom Deutschen Anwaltsinstitut e.V., Bochum, Herne / Berlin 1987, S. 236-241.

Bordewin, Arno (Anwendung, 1982):

Sinngemäße Anwendung des § 15a EStG bei den Einkünften aus Kapitalvermögen, in: FR, 64. Jg. (1982), S. 268-273.

Bordewin, Arno (Gepräge-Rechtsprechung, 1985):

Aufgabe der Gepräge-Rechtsprechung - Auswirkungen auf die Betriebsaufspaltung, die atypische GmbH & Still und die „gemischt" tätige GmbH & Co. KG?, in: FR, 67. Jg. (1985), S. 98-99.

Bordewin, Arno (Mitunternehmerschaft, 1988):

Beitrag zum 6. Generalthema: Mitunternehmerschaft, in: JbFfSt 1987/88, hrsg. vom Deutschen Anwaltsinstitut e.V., Bochum, Herne/Berlin 1988, S. 367-395.

Bordewin, Arno (Besonderheiten, 1996):

Besonderheiten bei der Ertragsbesteuerung von Familienpersonengesellschaften, in: DB, 49. Jg. (1996), S. 1359-1371.

Bordewin, Arno (Besteuerung, 1996):

Die Besteuerung der Personengesellschaften in der Praxis, in: NWB, Sammelwerk, Kommentare und Gesetzestexte, 50. Aufl., Herne / Berlin 1995, Fach 18, S. 3477-3484.

Bordewin, Arno / Söffing, Günter / Brandenberg, Hermann (Verlustverrech-

nung, 1986): Verlustverrechnung bei negativem Kapitalkonto: Bedeutung des § 15a EStG, 2. Aufl., Herne / Berlin 1986.

Bormann, Michael (Zurechnung, 1983):

Die Zurechnung "verdeckter Gewinnausschüttungen" im Rahmen einer GmbH & Still (Atypisch), in: DStZ, 71. Jg. (1983), S. 407-413.

Bormann, Michael (GmbH & Still, 1984):

Die Steuern einer GmbH & Still (atypisch) und ihrer Beteiligten, in: Inf, 38. Jg. (1984), S. 25-33.

Bormann, Michael / Hellberg, Claus (Gewinnverteilung, 1997):

Ausgewählte Probleme der Gewinnverteilung in der Personengesellschaft, in: DB, 50. Jg. (1997), S. 2415-2421.

Brandenberg, Hermann Bernwart (Neue Entwicklungen, 1997):

Neue Entwicklungen beim Sonderbetriebsvermögen, in: StbJb 1996/97, hrsg. im Auftrag des Fachinstituts der Steuerberater v. Rudolf Curtius-Hartung u.a., Köln 1997, S. 297-316.

Brandes, Helmut (BGH-Rechtsprechung, 1989):

Die Rechtsprechung des BGH zur Gesellschaft bürgerlichen Rechts und zur stillen Gesellschaft, in: WM, 43. Jg. (1989), S. 1357-1364.

Brandmüller, Gerhard (GmbH & Still, 1996):

Steuerliche Besonderheiten in der GmbH; Mischform: GmbH & Still, in: Bonner Handbuch GmbH, hrsg. von Gerhard Brandmüller und Peter Küffner, Bonn 1996, Rz. 747-866 (S. 1-27).

Breuninger, Gottfried / Prinz, Ulrich (Besteuerung, 1996):

DStR-Fachliteratur-Auswertung: Besteuerung von Personengesellschaften, in: DStR, 34. Jg. (1996), S. 1761-1765.

Brönner, Herbert (Rechtsformwahl, 1981):

Steuerrechtliche Fragen der Rechtsformwahl, in: DStZ, 69. Jg. (1981), S. 243-247.

Brönner, Herbert (Besteuerung, 1995):

Die Besteuerung der Gesellschaften, begr. von Herbert Brönner, bearb. von Herbert Brönner u.a., 17. Aufl., Stuttgart 1995.

Brönner, Herbert / Rux, Hans-Joachim / Wagner, Heidemarie (GmbH & Co. KG, 1996): Die GmbH & Co. KG, 7. Aufl., Freiburg 1996.

Burmester, Gabriele (Stille Gesellschaft, 1996):

Ausgewählte international-steuerrechtliche Probleme der stillen Gesellschaft, in: Unternehmensstrukturen und Rechtsformen im Internationalen Steuerrecht, hrsg. von Wilhelm Haarmann, Köln 1996, S. 122-150.

Busse von Colbe, Wolfgang (Rechnungswesen, 1994):

Lexikon des Rechnungswesens: Handbuch der Bilanzierung und Prüfung, der Erlös-, Investitions- und Kostenrechnung, 3. Aufl., München 1994.

Carlé, Dieter (GmbH & Still, 1987):

GmbH & Still, KÖSDI (1987), S. 7035-7039.

Christoffel, Hans Günter (Betriebsvermögen, 1985):

Umfang des Betriebsvermögens bei einer atypisch stillen Beteiligung am Unternehmen einer Kapitalgesellschaft, in DB, 38. Jg. (1985), S. 2429-2431.

Christoffel, Hans Günter (Vermögenseinlage, 1988):

Bewertung der Vermögenseinlage eines typisch stillen Gesellschafters als sonstiges Vermögen, in: DB, 41. Jg. (1988), S. 255-257.

Christoffel, Hans Günter / Dankmeyer, Udo (Gesetzliche Verankerung,

1986): Das Steuerbereinigungsgesetz 1986: Die gesetzliche Verankerung der sog. Geprägegrundsätze, in: DB, 39. Jg. (1986), S. 347-355.

Clemm, Hermann / Nonnenmacher, Rolf (Kommentierung HGB, 1995):

Kommentierung zum HGB, in: Beck´scher Bilanz-Kommentar, Handels- und Steuerrecht, bearb. von Wolfgand Dieter Budde u.a., mitbegründet von Max Pankow und Manfred Sarx, 3. Aufl., München 1995.

Conradi, Jochen (Littmann EStG, 1994):

Kommentierung zu § 20 EStG, in: Das Einkommensteuerrecht, Kommentar, begr. von Eberhard Littmann, hrsg. von Horst Bitz und Peter Hellwig, Loseblatt, 15. Aufl., Stuttgart 1994, Stand: September 1994.

Costede, Jürgen (Mitunternehmerschaft, 1977):

Mitunternehmerschaft und Betriebsaufspaltung bei der GmbH & Still, in: StuW, 54. (7.) Jg. (1977), S. 208-222.

Costede, Jürgen (GmbH-Anteile, 1980):

GmbH-Geschäftsanteile als (Sonder-)Betriebsvermögen, in: GmbHR, 71. Jg. (1980), S. 241-246.

Costede, Jürgen (GmbH & Still, 1983):

Steuerrechtsfragen der GmbH & Still, in: StuW, 60. (13.) Jg. (1983), S. 308-317.

Costede, Jürgen (Stille Gesellschaft, 1987):

Die Stille Gesellschaft - Überlegungen aus handelsrechtlicher, steuerrechtlicher und betriebswirtschaftlicher Sicht, 2. Referat, in: StbKgR 1987, hrsg. von der Bundessteuerberaterkammer, Körperschaft des Öffentlichen Rechts, Bonn, und dem Deutschen wissenschaftlichen Steuerinstitut der Steuerberater und Steuerbevollmächtigten e.V., Bonn, München 1987, S. 239-270.

Crezelius, Georg (Rechtsanwendung, 1983):

Rechtsanwendung und allgemeine Rechtsordnung. Grundlage für eine liberale Besteuerungspraxis, Berlin 1983.

Crezelius, Georg (Mitunternehmerschaft, 1988):

Faktische oder verdeckte Mitunternehmerschaft, Generalthema: Mitunternehmerschaft, in: JbFfSt 1987/88, hrsg. vom Deutschen Anwaltsinstitut e.V., Bochum, Herne / Berlin 1988, S. 368-375.

Crezelius, Georg (Zivilrecht, 1995):

Personengesellschaften im Spannungsfeld von Zivilrecht und Steuerrecht, in : JbFfSt 1994/95, hrsg. vom Deutschen Anwaltsinstitut e.V., Bochum, Herne / Berlin 1995, S. 251-306.

Crezelius, Georg (Mitunternehmerbegriff, 1993):

Der Mitunternehmerbegriff - ein Chamäleon?, in: Ertragsbesteuerung: Zurechnung, Ermittlung, Gestaltung, Festschrift für Ludwig Schmidt, hrsg. von Arndt Raupach und Adalbert Uelner, München 1993, S. 355-377.

Crome, Carl (Rechtsgeschäfte, 1897):

Die partiarischen Rechtsgeschäfte, Freiburg 1897.

Curtius-Hartung, Rudolf (Stille Gesellschaft, 1987):

Die Stille Gesellschaft - Überlegungen aus handelsrechtlicher, steuerrechtlicher und betriebswirtschaftlicher Sicht, 1. Referat, in: StbKgR 1987, hrsg. von der Bundessteuerberaterkammer, Körperschaft des Öffentlichen Rechts, Bonn, und dem Deutschen wissenschaftlichen Steuerinstitut der Steuerberater und Steuerbevollmächtigten e.V., Bonn, München 1987, S. 223-237.

Czub, Hans-Joachim (GmbH-Anteile, 1981):

Die steuerliche Behandlung der Anteile an der Komplementär-GmbH in der Hand von Kommanditisten bei der GmbH & Co. KG, in: StuW, 58. (11.) Jg. (1981), S. 333-345.

Dautzenberg, Norbert / Heyeres, Ralf (Steuerliche Behandlung, 1994):

Die steuerliche Behandlung des nicht-mitunternehmerischen Gesellschafters, in: BB, 49. Jg. (1994), S. 903-907.

Dißars, Björn-Axel (Gesellschaftsrechtliche Haftung, 1995):

Die gesellschaftsrechtliche Haftung der Gesellschafter für steuerliche Verbindlichkeiten von Personen- und Kapitalgesellschaft, in: DStR, 33. Jg. (1995), S. 1510-1515.

Döllerer, Georg (Rechtsprechung, 1977):

Die Rechtsprechung des Bundesfinanzhofs zum Steuerrecht der Unternehmen, in: ZGR, 6. Jg. (1977), S. 495-523.

Döllerer, Georg (Rechtsprechung, 1981):

Die Rechtsprechung des Bundesfinanzhofs zum Steuerrecht der Unternehmen, in: ZGR, 10. Jg. (1981), S. 551-576.

Döllerer, Georg (Steuerrecht, 1983):

Neues Steuerrecht der Personengesellschaft, in: DStZ, 71. Jg. (1983), S. 179-184.

Döllerer, Georg (Atypische stille Gesellschaft, 1985):

Die atypische stille Gesellschaft - gelöste und ungelöste Probleme, in: DStR, 23. Jg. (1985), S. 295-303.

Döllerer, Georg (Beschluß, 1986):

Der Beschluß des Großen Senats des Bundesfinanzhofs GrS 4 / 82 vom 25. Juni 1984, in: JbFfSt 1985/86, hrsg. vom Deutschen Anwaltsinstitut e.V., Bochum, Herne / Berlin 1986, S. 229-314.

Döllerer, Georg (Personengesellschaften, 1987):

Personengesellschaften im Umbruch, in: JbFfSt 1986/87, hrsg. vom Deutschen Anwaltsinstitut e.V., Bochum, Herne / Berlin 1987, S. 219-304.

Döllerer, Georg (Zivilrecht, 1987):

Die Maßgeblichkeit des Zivilrechts für das Ertragsteuerrecht in der neueren Rechtsprechung des Bundesfinanzhofs, in: JbFfSt 1986/87, hrsg. vom Deutschen Anwaltsinstitut e.V., Bochum, Herne / Berlin 1987, S. 37-54.

Döllerer, Georg (Atypische stille Gesellschaft, 1988):

Die atypische stille Gesellschaft in der neuesten Rechtsprechung des Bundesfinanzhofs, in: StbJb 1987/88, hrsg. im Auftrag des Fachinstituts der Steuerberater v. Rudolf Curtius-Hartung u.a., Köln 1988, S. 289-308.

Döllerer, Georg (Handelsrecht und Steuerrecht, 1988):

Handelsrecht und Steuerrecht - Einheit der Rechtsordnung?, in: StuW, 65. (18.) Jg. (1988), S. 203-208.

Dörner, Bernhard M. (Rechtsform, 1994):

Rechtsform nach Maß, Freiburg 1994.

Dötsch, Franz (Kirchhof EStG, 1995):

Kommentierung zum EStG, in: Einkommensteuergesetz Kommentar, hrsg. von Paul Kirchhof und Hartmut Söhn, bearb. von Walther Mathiak, Rudolf Plückebaum, Josef Werndl u.a., Loseblatt, Stand: Dezember 1995, Heidelberg 1995.

Dornbach, Eike-Götz (Beurteilung, 1976):

Die Beurteilung der Mitunternehmerschaft eines Gesellschafters auf der Grundlage der vorgeschlagenen Auslegung von § 15 AbS. 1 Ziff. 2 EStG in Auseinandersetzung mit der Rechtsprechung, in: FR, 31. (58.) Jg. (1976), S. 391-397 und 423-428.

Dornbach, Eike-Götz (Mitunternehmereigenschaft, 1976):

Die Mitunternehmereigenschaft eines Gesellschafters aus gesellschaftsrechtlicher und steuerrechtlicher Sicht, in: StuW, 53. (6.) Jg. (1976), S. 116-131.

Dreher, Hellmut (Korrespondierende Bilanzierung, 1996):

Zur sog. korrespondierenden Bilanzierung bei Mitunternehmerschaften, in: DStZ, 84. Jg. (1996), S. 139-140.

Drüen, Klaus Dieter (Typus, 1997):

Typus und Typisierung im Steuerrecht, in: StuW, 74. (27.) Jg. (1997), S. 261-274.

Ebeling (Stille Gesellschaft, 1956):

Stille Gesellschaft und partiarisches Darlehen, in: WM, 10. Jg. (1956), S. 330-332.

Ebenroth, Carsten Thomas / Auer, Thomas (GmbH & Still, 1990):

Die GmbH & Still mit Betriebsstätte in Italien, in: GmbHR, 81. Jg. (1990), S. 355-365.

Eberhartinger, Eva (Bilanzierung, 1996):

Bilanzierung und Besteuerung von Genußrechten, stillen Gesellschaften und Gesellschafterdarlehen, Wien 1996.

Eggert, Wolfgang (Anwendung, 1996):

Die Anwendung von § 15a EStG bei atypischen stillen Gesellschaftern, in: NWB, Sammelwerk, Kommentare und Gesetzestexte, 51. Aufl., Herne / Berlin 1996, Fach 3, S. 9699-9702.

Ehlers, Ernst-August / Busse, Alexander (Vermögenszuordnung, 1989):

Die steuerliche Vermögenszuordnung bei der atypisch stillen Gesellschaft, in: DB, 42. Jg. (1989), S. 448-452.

Ehrenberg, Victor (Handelsrecht, 1918):

Handbuch des geS. Handelsrechts, Leipzig 1918.

Eisenhardt, Ulrich (Gesellschaftsrecht, 1994):

Gesellschaftsrecht, 6. Aufl., München 1994.

Eisgruber, Thomas (Tätigkeiten, 1995):

Gewerblich prägbare Tätigkeiten einer Personengesellschaft, in: DStR, 33. Jg. (1995), S. 1569-1572.

Ellinger, Walter Alfred (Stille Gesellschaft, 1910):

Die stille Gesellschaft, Jena 1910.

Englisch, Joachim (Rechtsformneutralität, 1997):

Rechtsformneutralität der Unternehmensbesteuerung bei Ertragsteuern, in: DStZ, 85. Jg. (1997), S. 778-787.

Esser, Klaus (Stiller Gesellschafter, 1978):

Mitarbeitende Kommanditisten und stille Gesellschafter im Steuerrecht, Köln 1978.

Färber, Georg (GmbH & Still, 1997):

Die GmbH & Still und die GmbH & atypisch Still im Steuerrecht, in: BuW, 51. Jg. (1997), S. 730-735.

Fasold, Rudolf W.(Stille Gesellschaft, 1970):

Die Stille Gesellschaft mit der „eigenen" GmbH - eine attraktive Unternehmensform, in: GmbHR, 61. Jg. (1970), S. 155-160.

Feilhauer, Karl-Heinz (Stille Gesellschaft, 1959):

Der Begriff der stillen Gesellschaft im Sinne des Steuerrechts, Hamburg 1959.

Feilhauer, Karl-Heinz (Mitunternehmerschaft,1960):

Stille Gesellschaft und Mitunternehmerschaft, in: StuW, 37. Jg. (1960), S. 630-640.

Felix, Günther (Stille Beteiligung, 1971):

Die GmbH mit stiller Beteiligung als attraktive Unternehmensform, in: StbKgR 1971, hrsg. von der Bundeskammer der Steuerbevollmächtigten, Körperschaft des Öffentlichen Rechts, Bonn, und dem Deutschen wissenschaftlichen Steuerinstitut der Steuerbevollmächtigten e.V., Bonn, München 1971, S. 207-237.

Felix, Günther (Stille Gesellschaft, 1973):

Stille Gesellschaft in Steuer und Recht, Berichte über die 2. und 17. Trainingstagung der Arbeitskreis für Steuerrecht GmbH, Köln, 2. Aufl., Köln 1973.

Felix, Günther (Mitunternehmerschaft, 1995):

Aspekte zur Mitunternehmerschaft, in: KÖSDI, (1995), S. 10123-10129.

Felix, Günther (GmbH & atypisch Still, 1995):

Ertragsteuerlicher Trend zur Überdehnung der atypisch stillen Gesellschaft bei Einschaltung einer GmbH, in : KÖSDI (1995), S. 10156-10159.

Felix, Günther (Steuerliche Anerkennung, 1996):

Die steuerliche Anerkennung von Rechtsverhältnissen unter Angehörigen, in: FR, 78. Jg. (1996), S. 729-736.

Fella, Günter (Stille Gesellschaft, 1992):

Die stille Gesellschaft im ESt-Recht, in: StW, 65. Jg. (1992), S. 101-104.

Fichtelmann, Helmar (GmbH-Beteiligungen, 1994):

GmbH-Beteiligungen als Betriebsvermögen, in: Inf, 48. Jg. (1994), S. 705-708.

Fichtelmann, Helmar (GmbH & Co. KG, 1994):

Die GmbH & Co KG im Steuerrecht, 7. Aufl., Heidelberg 1994.

Fichtelmann, Helmar (GmbH & Still, 1995):

GmbH & Still im Steuerrecht, 4. Aufl., Heidelberg 1995.

Fichtelmann, Helmar (Verdeckte Mitunternehmerschaft, 1996):

Voraussetzungen und Konsequenzen der verdeckten Mitunternehmerschaft, in: Inf, 50. Jg. (1996), S.257-261.

Fick, Hans-Peter (Aktuelle Fragen, 1995):

Aktuelle Fragen aus der Praxis der Außenprüfung, in: StBP, 35. Jg. (1995), S. 88-89.

Fikentscher, Wolfgang (Gemeinsamer Zweck, 1974):

Zu Begriff und Funktion des "Gemeinsamen Zwecks" im Gesellschafts- und Kartellrecht, in: Festschrift für Harry Westermann, hrsg. von Wolfgang Hefermehl, Rudolf Gmür und Hans Brox, Karlsruhe 1974.

Fikentscher, Wolfgang (Schuldrecht, 1992):

Schuldrecht, 8. Aufl., Berlin 1992.

Fischer, Lutz (GbR, 1977):

Die Gesellschaft bürgerlichen Rechts, Bielefeld 1977.

Fischer, Peter (Mitunternehmer, 1997):

Auch der Mitunternehmer ist ein Unternehmer des Betriebs, in: Handelsbilanzen und Steuerbilanzen: Festschrift zum 70. Geburtstag von Heinrich Beisse, hrsg. von Wolfgang Budde, Adolf Moxter und Klaus Offerhaus, Düsseldorf 1997, S. 189-205.

Fischer, Robert (Stille Gesellschaft, 1962):

Fragen aus dem Recht der stillen Gesellschaft, in: JR 1962, S. 201-205.

Fischer, Ursula (BGH-Rechtsprechung, 1981):

Die Rechtsprechung des Bundesgerichtshofes zur Gesellschaft bürgerlichen Rechts und zur stillen Gesellschaft, in: WM, 35. Jg. (1981), S. 638-645.

Flechtheim, Julius (Hachenburg HGB, 1932):

Handelsgesetzbuch Kommentar, hrsg. von Max Hachenburg, 3. Aufl., Mannheim u.a. 1932.

Fleischer, Eric / Thierfeld, Rainer (Stille Gesellschaft, 1995):

Stille Gesellschaft im Steuerrecht, 6. Aufl., Achim / Bremen 1995.

Flume, Werner (BGB-Kommentar, 1977):

Allgemeiner Teil des Bürgerlichen Rechts, Erster Band, Erster Teil, Die Personengesellschaften, Berlin 1977.

Frenz, Walter (Leistungsfähigkeitsprinzip, 1997):

Unternehmensteuerkonzeptionen des Eigentumsgrundrechts und des Leistungsfähigkeitsprinzips, in: StuW, 74. (27.) Jg. (1997), S. 116-130.

Freundlieb, Rolf (Mitunternehmerschaft, 1985):

Die verdeckte (faktische) Mitunternehmerschaft, in: DB, 38. Jg. (1985), S. 2326-2328.

Friauf, Karl Heinrich (Konsequenzen, 1980):

Konsequenzen der verdeckten Gewinnausschüttung im neuen Körperschaftsteuerrecht, in: StbJb 1979/80, hrsg. im Auftrag des Fachinstitutes der Steuerberater von Norbert Herzig u.a., Köln 1980, S. 545-564.

Fritsch (Atypisch stille Beteiligung, 1962):

Atypisch stille Beteiligung an einer Kapitalgesellschaft und verdeckte Gewinnausschüttung, in: DB, 15. Jg. (1962), S. 1155-1156.

Gassner, Bruno (Atypisch stille Beteiligung, 1986):

Ausgewählte ertragsteuerliche Aspekte bei atypischer stiller Beteiligung an einer GmbH einschließlich ihrer Folgen bei Auslandsbeziehungen, in: JbFfSt 1985/86, hrsg. vom Deutschen Anwaltsinstitut e.V., Bochum, Herne / Berlin 1986, S. 353-378.

Gassner, Bruno (Abgrenzung, 1988):

Atypisch stille Gesellschaft - Abgrenzung zur typischen stillen Beteiligung, Generalthema: Mitunternehmerschaft, in: JbFfSt 1987 / 88, hrsg. vom Deutschen Anwaltsinstitut e.V., Bochum, Herne / Berlin 1988, S. 381-387.

Geck, Reinhard (Rechtsformwahl, 1992):

Steuerliche Überlegungen zur Rechtsformwahl, in: NWB, Sammelwerk, Kommentare und Gesetzestexte, 47. Aufl., Herne / Berlin 1991, Nachlieferung Februar 1992, Fach 18, S. 2891-2910.

Geck, Reinhard (Auflösung, 1994):

Die Auflösung der stillen Gesellschaft unter besonderer Berücksichtigung der Auseinandersetzung, in: DStR, 32. Jg. (1994), S. 657-661.

Geuenich, Marco (Verlustzuweisung, 1998):

Steuerliche Verlustzuweisung bei nicht eingezahlter Einlage des stillen Gesellschafters - Wechselwirkung zwischen Bilanzierung und Ergebniszuweisung, in: DStR, 36. Jg. (1998), S. 57-61.

Giering, Heinz-Peter (Stille Gesellschaft, 1972):

Die stille Gesellschaft im Einkommen- und Gewerbesteuerrecht, Weßling 1972.

Glade, Anton (Stille Beteiligung, 1959):

Stille Beteiligungen an Kapitalgesellschaften, in: WPg, 12. Jg. (1959), S. 65-68.

Glade, Anton (Rechnungslegung, 1986):

Rechnungslegung und Prüfung nach dem Bilanzrichtliniengesetz, Berlin 1986.

Glanegger, Peter / Güroff, Georg (GewStG-Kommentar, 1994):

Gewerbesteuergesetz, Kommentar, erl. von Peter Glanegger und Georg Güroff, 3. Aufl., München 1994.

Glenk, Hartmut (Typische Stille Beteiligung, 1995):

Die typische stille Beteiligung an einer GmbH aus Sicht des Gesellschaftsrechts, in: Inf, 49. Jg. (1995), S. 176-182.

Glenk, Hartmut (Atypische stille Beteiligung, 1995):

Die atypische stille Beteiligung an einer GmbH aus Sicht des Gesellschaftsrechts, in: Inf, 49. Jg. (1995), S. 401-405.

Goller, Herbert (Gewerbesteuerpflicht, 1982):

Die Gewerbesteuerpflicht der atypisch stillen Gesellschaft, in: DStR, 20. Jg. (1982), S. 485-487.

Gosch, Dietmar (Abgrenzung, 1994):

Zur Abgrenzung zwischen typisch und atypisch stiller Gesellschaft, in: StBp, 34. Jg. (1994), S. 20-23.

Gosch, Dietmar (Blümich GewStG, 1994):

Kommentierungen zum GewStG, in: Blümich, Einkommensteuer-, Körperschaftsteuer- und Gewerbesteuergesetz, Kommentar, hrsg. von Klaus Ebling und Wolfgang Freericks, bearb. von Wolfgang Freericks u.a., 15. Aufl., München 1994.

Gosch, Dietmar (Anmerkung, 1995):

Anmerkung zum BFH-Urteil vom 10.08.1994 - I R 133 / 93, in: StBp, 35. Jg. (1995), S. 43-44.

Gosch, Dietmar (Steuerlicher Zugriff, 1996):

Steuerlicher Zugriff auf Gesellschafter von Personen- und Kapitalgesellschaften, in: DStZ, 84. Jg. (1996), S. 417-425.

Grimm, Claus (Steuerrecht, 1978):

Das Steuerrecht im Spannungsfeld zwischen wirtschaftlicher Betrachtungsweise und Zivilrecht, in: DStZ, 66. Jg. (1978), S. 283-290.

Groh, Manfred (Personengesellschaft, 1979):

Die nichtgewerbliche Personengesellschaft, in: JbFfSt 1978/79, hrsg. vom Deutschen Anwaltsinstitut e.V., Bochum, Herne / Berlin 1979, S. 209-241.

Groh, Manfred (Kriterien, 1982):

Die Kriterien der Mitunternehmerschaft, in: BB, 37. Jg. (1982), S. 1229-1234.

Groh, Manfred (Beschluß, 1984):

Der Beschluß des Großen Senats vom 25.6.1984 zur Besteuerung der GmbH & Co. KG, in: WPg, 37. Jg. (1984), S. 655-661.

Groh, Manfred (Geprägetheorie, 1987):

Nach der Wiedereinführung der Geprägetheorie, in: DB, 40. Jg. (1987), S. 1006-1012.

Groh, Manfred (Eigenkapitalersatz, 1993):

Eigenkapitalersatz in der Bilanz, in: BB, 48. Jg. (1993), S. 1882-1892.

Groh, Manfred (Kapitalkonto, 1993):

Das negative Kapitalkonto des stillen Gesellschafters, in: Ertragsbesteuerung: Zurechnung, Ermittlung, Gestaltung, Festschrift für Ludwig Schmidt, hrsg. von Arndt Raupach und Adalbert Uelner, München 1993, S. 439-453.

Groh, Manfred (Bilanzen, 1995):

Die Bilanzen der Mitunternehmerschaft, in: StuW, 72. (25.) Jg. (1995), S. 383-389.

Groh, Manfred (Sondervergütungen, 1996):

Sondervergütungen und Sonderbetriebsvermögen bei Leistungen zwischen Schwesterpersonengesellschaften, in: DStZ, 84. Jg. (1996), S. 673-688.

Grüthling, Edelgard (Stiller Gesellschafter, 1935):

Die Haftung des stillen Gesellschafters, Rostock 1935.

Grunewald, Barbara (Informationsrecht, 1989):

Zum Informationsrecht in der GmbH & Co. KG., in: ZGR, 18. Jg. (1989), S. 545-553.

Gschwendtner, Hubert (Personengesellschaft, 1994):

Die Personengesellschaft als Steuerrechtssubjekt im Einkommensteuerrecht nach der Rechtsprechung des Großen Senats des BFH, in: Festschrift für Franz Klein, hrsg. von Paul Kirchhof, Köln 1994, S. 751-779.

Haas, Ernst / Haas Wolfgang (Gewinnverteilung, 1979):

Grundsätze der Gewinnverteilung bei einer typischen stillen Gesellschaft zwischen Familienangehörigen, in: DB, 32. Jg. (1979), S. 466-467.

Haas, Franz Josef (Steuerbilanz, 1995):

Steuerbilanz der Personengesellschaft - Exegese aus 45 Jahren Steuerrechtlicher Arbeitstagungen - in memoriam Dr. Dr. h.c. Georg Döllerer, in: JbFfSt 1994/95, hrsg. vom Deutschen Anwaltsinstitut e.V., Bochum, Herne / Berlin 1995, S. 11-26.

Haas, Franz Josef (Bilanzbündeltheorie, 1997):

Ist die Bilanzbündeltheorie tatsächlich überholt?, in: DStR, 35. Jg. (1997), S. 1706-1712.

Hachenburg (GmbHG, 1995):

GmbHG-Großkommentar, hrsg. von Peter Ulmer, bearb. von Peter Behrens u.a., 8. Auflage, Berlin/New York 1995.

Hämmerle, Hermann / Wünsch, Horst (Handelsrecht, 1978):

Handelsrecht, 3. Aufl., Berlin / New York 1979.

Hahn, Volker (Informationsrecht, 1997):

Das Informationsrecht des Kommanditisten, in: BB, 52. Jg. (1997), S. 741-745.

Hannes, Frank (Anwendungsbereich, 1997):

Zu Telos und Anwendungsbereich der §§ 16 und 34 EStG, in: DStR, 35. Jg. (1997), S. 685-691.

Hansen, Herbert (GmbH-Bestand, 1997):

Der GmbH-Betand stieg auf 770 000 Gesellschaften an - Gleichzeitig Anmerkungen zu der Einstellung der statistischen Erhebungen bei den Kapitalgesellschaften, in: GmbHR, 88. Jg. (1997), S. 204-207.

Harbich, Armin (Typische stille Gesellschaft, 1989):

Die typische stille Gesellschaft in steuerlicher Sicht, in: StBp, 29. Jg. (1989), S. 35-38.

Hartmann, Peter (Stille Gesellschaft, 1974):

Die stille Gesellschaft - Rechtsgestaltung und wirtschaftliche Bedeutung; 2. Aufl., Freiburg 1974.

Heidemann, Otto (Rechtsformwahl, 1992):

Rechtsformwahl für Ein-Mann-Unternehmen, Düsseldorf 1992.

Heinhold, Michael (Ertragsbesteuerung, 1995):

Die neue Ertragsbesteuerung von Unternehmen - ein weiterer Verstoß gegen das Postulat der Rechtsformneutralität, in: GmbHR, 86. Jg. (1995), S. 23-31.

Heinicke, Wolfgang (Einkünfte, 1997):

Die Einkünfte des Gesellschafters einer GmbH, in: Besteuerung der GmbH und ihrer Gesellschafter, Veröffentlichungen der Deutschen Steuerjuristischen Gesellschaft e.V., Band 20, hrsg. von Siegfried Widmann, Köln 1997.

Heinicke, Wolfgang (Schmidt EStG, 1997):

Kommentierungen zum EStG, in: Einkommensteuergesetz, Kommentar, hrsg. von Ludwig Schmidt, erl. von Ludwig Schmidt u.a., 15. Aufl., München 1996.

Heinrich, Helmut (GmbH, 1996):

Kommentierungen zur GmbH, in: Münchener Handbuch des Gesellschaftsrechts, Bd. 3, Gesellschaft mit beschränkter Haftung, hrsg. von Joachim Priester und Dieter Mayer, bearb. von Christian E. Decher u.a., München 1996.

Henkel, Udo / Jakobs, Norbert (Einkünfteerzielungsabsicht, 1995):

Einkünfteerzielungsabsicht als Tatbestandsmerkmal des § 15 AbS. 3 EStG, in: FR, 77. Jg. (1995), S. 145-150.

Henniger, Fritz (Pensionsvereinbarungen, 1972):

Pensionsvereinbarungen mit Gesellschafter-Geschäftsführern bei GmbH und GmbH & Co. KG, in: GmbHR, 63. Jg. (1972), S. 160-167.

Hense, Burkhard / Jung, Burckhard / Schwaiger, Helmut (GmbH & Still,

1995): GmbH und Still, in: Beck`sches Handbuch der GmbH, hrsg. von Welf Müller und Burkhard Hense, München 1995, S. 321-336.

Hense, Heinz Hermann (Stille Gesellschaft, 1990):

Die stille Gesellschaft im handelsrechtlichen Jahresabschluß, Düsseldorf 1990.

Hermann, Carl / Heuer, Gerhard / Raupach, Arndt (EStG-Kommentar, 1996):

Einkommensteuer- und Körperschaftsteuergesetz mit Nebengesetzen, Kommentar, Loseblatt, 21. Aufl., Köln 1996.

Herzig, Norbert (Gepräge-Gesetz, 1987):

Podiumsdiskussion zum Gepräge-Gesetz, in: StBKgR 1987, hrsg. von der Bundessteuerberaterkammer, Körperschaft des Öffentlichen Rechts, Bonn, und dem Deutschen wissenschaftlichen Steuerinstitut der Steuerberater und Steuerbevollmächtigten e.V., Bonn, München 1987, S. 464-475.

Herzig, Norbert / Kessler, Wolfgang (Steuerrechtsfähigkeit, 1985):

Die begrenzte Steuerrechtsfähigkeit von Personenmehrheiten nach dem Beschluß des Großen Senats des BFH vom 25.6.1984 (Teil II), in: DB, 38. Jg. (1985), S. 2528-2531.

Herzig, Norbert / Kessler, Wolfgang (Gepräge-Gesetz, 1986):

Tatbestandsmerkmale und Anwendungsbereich des Gepräge-Gesetzes, in: DStR, 24. Jg. (1986), S. 451-457

Herzig, Norbert / Kessler, Wolfgang (Steuerorientierte Wahl, 1992):

Steuerorientierte Wahl der Unternehmensform, in: GmbHR, 83. Jg. (1992), S. 232-249.

Herzig, Norbert / Kessler, Wolfgang (Steuerorientierte Wahl, 1994):

Steuerorientierte Wahl der Unternehmensrechtsform nach dem Standortsicherungsgesetz - Entlastung der Personenunternehmen und Diskriminierung der Kapitalgesellschaft, in: DStR, 32. Jg. (1994), S. 219-226 und 261-264.

Herzig, Norbert / Schiffers, Joachim (Rechtsformwahl, 1994):

Rechtsformwahl unter Beachtung der laufenden Besteuerung und von aperiodischen Besteuerungstatbeständen, in: StuW, 71. (24.) Jg. (1994), S. 103-120.

Hesselmann, Malte (Stille Beteiligung, 1957):

Stille Beteiligung an einer GmbH und GmbH & Co., in: GmbHR, 48. Jg. (1957), S. 191-193.

Hey, Manfred (Negative Kapitalkonten, 1997):

Negative Kapitalkonten im Sinne des § 15 a EStG, in: BB, 52. Jg. (1997), S. 2251.

Heymann-Kötter, Hans-Wilhelm (HGB-Kommentar, 1971):

Handelsgesetzbuch mit Erläuterungen, 4. Aufl., Berlin / New York 1971.

Hild, Dieter / Schuch, Manfred (Unternehmenskauf, 1993):

Mitunternehmerischer Unternehmenskauf, in: DB, 46. Jg. (1993), S. 181-189.

Hirth, Günther / Paus, Bernd (GmbH & Still, 1996):

Steuersparmodell GmbH & Still, in: Steuerbriefe 13 / 1996, S. 802-804.

Hölzel, Birgit (GmbH & Still, 1981):

Die GmbH & Still im Steuerrecht, Herne / Berlin 1981.

Hoffmann, Fritz (Abgrenzung, 1975):

Zur Abgrenzung der typischen von der atypischen stillen Gesellschaft, in: GmbHR, 66. Jg. (1975), S. 257-261.

Hoffmann, Günther (Atypische stille Beteiligung, 1984):

Substanzbesteuerung bei atypischer stiller Beteiligung am Unternehmen der Kapitalgesellschaft nach Ergänzung des § 97 AbS. 1 Nr. 5 BewG, in: DB, 37. Jg. (1984), S. 2379-2381.

Hoffmann, Ralph (Koch AO, 1996):

Kommentierungen zur Abgabenordnung, in: AO-Kommentar, hrsg. von Koch / Scholtz, bearb. von Michael Baum u.a., 5. Aufl., München u.a. 1996.

Hofmeister, Ferdinand (Blümich GewStG, 1994):

Kommentierungen zum GewStG, in: Blümich, Einkommensteuer-, Körperschaftsteuer- und Gewerbesteuergesetz, Kommentar, hrsg. von Klaus Ebling und Wolfgang Freericks, bearb. von Wolfgang Freericks u.a., 15. Aufl., München 1994.

Hollatz, Andreas (Abgrenzung, 1994):

Die Abgrenzung von Gesamthandsvermögen und Sonderbetriebsvermögen bei Kapitalüberlassung eines Personengesellschafters, in: DStR, 32. Jg. (1994), S. 1673-1676.

Hopt, Klaus J. / Hehl, Günther (Gesellschaftsrecht 1987):

Gesellschaftsrecht, 3. Aufl., München 1987.

Horn, Norbert (Heymann HGB, 1996):

Kommentierungen zu § 230 HGB, in: Heymann, Handelsgesetzbuch, Kommentar, bearb. von Volker Emmerich u.a., Bd. 2, 2. Aufl., Berlin 1996.

Horn, Wilhelm (Mitunternehmerschaft, 1985):

Faktische Mitunternehmerschaft, in: BB, 40. Jg. (1985), S. 2036-2038.

Horn, Wilhelm / Maertins, Jan (GmbH & atypisch Still, 1994):

Die steuerliche atypische stille Beteiligung an der GmbH, in: GmbHR, 85. Jg. (1994), S. 147-152.

Horn, Wilhelm / Maertins, Jan (Mitunternehmerische Betätigung, 1995):

Mitunternehmerische Betätigung und Beteiligung bei der GmbH & atypisch Still, in: GmbHR, 86. Jg. (1995), S. 816-818.

Huber, Ulrich (Vermögensanteil, 1970):

Vermögensanteil, Kapitalanteil und Gesellschaftsanteil an Personengesellschaften des Handelsrechts, Heidelberg 1970.

Hueck, Götz (Gesellschaftsrecht, 1991):

Gesellschaftsrecht, 19. Aufl., München 1991.

Hueck, Götz (Baumbach GmbHG, 1996):

Kommentierung zum GmbHG, in: GmbHG Kommentar, hrsg. von Adolf Baumbach und Alfred Hueck, bearb. von Götz Hueck, Joachim Schulze-Osterloh und Wolfgang Zöllner, 16. Aufl., München 1996.

Hüffer, Uwe (Gesellschaftsrecht, 1996):

Gesellschaftsrecht, 4. Aufl., München 1996.

Jacobs, Otto H. (Unternehmensbesteuerung, 1988):

Unternehmensbesteuerung und Rechtsform, hrsg. von Otto H. Jacobs, bearb. von Otto H. Jacobs und Wolfram Scheffler unter Mitarbeit von Jürgen Staiger, München 1988.

Jacobs, Otto H. (Analyse, 1991):

Analyse der Steuerbelastungsunterschiede zwischen Personengesellschaften und Kapitalgesellschaften, in: Rechnungswesen und Besteuerung der Personengesellschaften: Festschrift für Karl Vodrazka, hrsg. von Herbert Kofler und Otto H. Jacobs, Wien 1991, S. 167-185.

Jacobs, Otto H. / Scheffler, Wolfram (Steueroptimale Rechtsform, 1995):

Steueroptimale Rechtsform: eine Belastungsanalyse für mittelständische Unternehmen, 2. Aufl., München 1995.

Jacobs, Otto H. / Spengel, Christoph (Besteuerung, 1995):

Besteuerung deutscher Kapitalgesellschaften im internationalen Vergleich, in: DBW, 55. Jg. (1995), S. 431-451

Jakob, Wolfgang (Mitunternehmerschaft, 1986):

Die Mitunternehmerschaft in der Form der sogenannten atypisch stillen Gesellschaft, in: BB, 41. Jg. (1986), S. 1615-1622.

Jakob, Wolfgang (Einkommensteuer, 1996):

Einkommensteuer, 2. Aufl., München 1996.

Jaudzims, Susanne (Steuerliche Behandlung, 1996):

Die steuerliche Behandlung einer Zuschußgewährung durch Forderungsverzicht bei einer atypischen stillen Gesellschaft, in: StBp, 36. Jg. (1996), S. 281-286 und 314-317.

Jebens, Philipp (Stille Beteiligung, 1996):

Die stille Beteiligung an einer Kapitalgesellschaft, in: BB, 51. Jg. (1996), S. 701-703.

Jestädt, Gottfried (Partiarisches Darlehen, 1993):

Partiarisches Darlehen oder Stille Gesellschaft?, in: DStR, 31. Jg. (1993), S. 387-390.

Jung, Peter (Stille Gesellschaft, 1996):

Die stille Gesellschaft in der Spaltung, in: ZIP, 17. Jg. (1996), S. 1734-1739.

Jurkat, Werner (Beschluß, 1985):

Der Beschluß des Großen Senats des BFH vom 25.6.1984 (Teil I), in: GmbHR, 76. Jg. (1985), S. 62-69.

Kaldenbach, Peter / Löhr, Dirk (Bilanzierung, 1997):

Bilanzierung stiller Beteiligungen bei negativem Kapitalkonto im Konzernabschluß, in: BB, 52. Jg. (1997), S. 1089-1092.

Kampmann, Elmar (GmbH & Still, 1994):

Der Steuerhit für jede GmbH, in: Impulse 11 / 1994, S. 188-190.

Katterbe, Burkhard (BGB-Gesellschaft, 1994):

Die BGB-Gesellschaft im Steuerrecht, Köln 1994.

Kellermann, Wilfried (Zweck, 1988):

Der Zweck insbesondere der Gesellschaft bürgerlichen Rechts, Kiel 1988.

Kempermann, Michael (Anmerkung, 1995):

Anmerkung zum BFH-Urteil vom 10.08.1994 - I R 133 / 93, in: FR, 77. Jg. (1995), S. 22.

Kempermann, Michael (Einheit, 1995):

Einheit der Gesellschaft - Vielheit der Gesellschafter, in: DStZ, 83. Jg. (1995), S. 225-230.

Kempermann, Michael (Anmerkung, 1997):

Anmerkung zum BFH-Urteil vom 26.11.1996 - VIII R 42 / 94, in: FR, 79. Jg. (1997), S. 445.

Kempermann, Michael (§ 15 a EStG, 1997):

§ 15 a EStG im Spiegel der neueren Rechtsprechung, in: StbJb 1996/97, hrsg. im Auftrag des Fachinstituts der Steuerberater v. Rudolf Curtius-Hartung u.a., Köln 1997, S. 317-331.

Keßler, Ernst (Staudinger BGB, 1991):

Kommentierung zu § 705 BGB, in: Kommentar zum Bürgerlichen Gesetzbuch, hrsg. J. von Staudinger, bearb. von Ernst Keßler u.a., 12. Aufl., Berlin 1991.

Kirchhof, Paul / Söhn, Hartmut (EStG-Kommentar, 1995):

Kommentierung zum EStG, in: Einkommensteuergesetz Kommentar, hrsg. von Paul Kirchhof und Hartmut Söhn, bearb. von Walther Mathiak, Rudolf Plückebaum, Josef Werndl u.a., Loseblatt, Stand: Dezember 1995, Heidelberg 1995.

Klamroth, Sabine (Anerkennung, 1975):

Zur Anerkennung von Verträgen zwischen Eltern und minderjährigen Kindern, in: BB, 30. Jg. (1975), S. 525-529.

Klamroth, Sabine (Stille Gesellschaft, 1994):

Die stille Gesellschaft (Musterverträge) , 8. Aufl., Heidelberg 1994.

Klaus, Hans (Eigenkapitalersetzende Gesellschafterdarlehen, 1994):

Eigenkapitalersetzende Gesellschafterdarlehen in der Handelsbilanz der verpflichteten GmbH, in: BB, 49. Jg. (1994), S. 680-687.

Klauss, Herbert / Mittelbach, Rolf (Stille Gesellschaft, 1980):

Die stille Gesellschaft, 2. Aufl., Ludwigshafen 1980.

Kleine, Klaus (Typische Gesellschaft, 1995):

Typische oder atypische Gesellschaft zwischen herrschender und beherrschter Kapitalgesellschaft, in: JbFfSt 1994/95, hrsg. vom Deutschen Anwaltsinstitut e.V., Bochum, Herne / Berlin 1995, S. 148-164.

Kneip, Christoph (Mitunternehmer, 1994):

Der einkommensteuerrechtliche Mitunternehmer, Schriftenreihe zur Bilanz- und Steuerlehre, Bd. 18, Stuttgart 1994.

Knobbe-Keuk, Brigitte (Fremdfinanzierung, 1982):

Die Fremdfinanzierung inländischer Kapitalgesellschaften durch nichtanrechnungsberechtigte Anteilseigner, in: StuW, 59. (12.) Jg. (1982), S. 201-222.

Knobbe-Keuk, Brigitte (Stille Beteiligung, 1983):

Stille Beteiligungen und Verbindlichkeiten mit Rangrücktrittsvereinbarung im Überschuldungsstatus und in der Handelsbilanz des Geschäftsinhabers, in: ZIP, 4. Jg. (1983), S. 127-131.

Knobbe-Keuk, Brigitte (Mitunternehmerschaft, 1986):

Gesellschaft und Mitunternehmerschaft, in: StuW, 63. (16.) Jg. (1986), S. 106-117.

Knobbe-Keuk, Brigitte (Mitunternehmerschaft, 1988):

Beitrag zum 6. Generalthema: Mitunternehmerschaft, in: JbFfSt 1987/88, hrsg. vom Deutschen Anwaltsinstitut e.V., Bochum, Herne / Berlin 1988, S. 367-395.

Knobbe-Keuk, Brigitte (Unternehmen, 1990):

Das Unternehmen in der Steuerreform, in: Rechnungslegung, Finanzen, Steuern und Prüfung in den neunziger Jahren, hrsg. von Jörg Baetge, Düsseldorf 1990, S. 143-165.

Knobbe-Keuk, Brigitte (Steuerrecht, 1993):

Bilanz- und Unternehmenssteuerrecht, 9. Aufl., Köln 1993.

Knoche, Martin (Atypische stille Beteiligung, 1972):

Selbständige Bilanzierung bei atypischer stiller Beteiligung am Betrieb einer Kapitalgesellschaft, in: BB, 27. Jg. (1972), S. 656.

Koenigs, Folkmar (Stille Gesellschaft, 1961):

Die stille Gesellschaft, Berlin 1961.

Kohler, Gerhard (Probleme, 1995):

Probleme bei atypischen stillen Beteiligungen, in: SWK 1995, S. 423-425.

Koller, Ingo (HGB-Kommentar, 1996):

Kommentierung zu den §§ 230 ff. HGB, in: Handelsgesetzbuch Kommentar, hrsg. und bearb. von Ingo Koller, Wulf-Henning Roth und Winfried Morck, München 1996.

Kormann, Berthold (Negatives Kapitalkonto, 1974):

Das negative Kapitalkonto, in: BB, 29. Jg. (1974), S. 893-900.

Kort, Michael (Informationsrecht, 1997):

Das Informations- und Prüfungsrecht des stillen Gesellschafters gemäß § 233 HGB, in: DStR, 35, Jg. (1997), S. 1372-1376.

Kraft, Cornelia (Entwicklungstendenzen, 1995):

Entwicklungstendenzen in der Besteuerungskonzeption für Personengesellschaften, in: DStR, 33. Jg. (1995), S. 921-926.

Kraft, Alfons / Kreutz, Peter (Gesellschaftsrecht, 1997):

Gesellschaftsrecht, 10. Aufl., Berlin u.a. 1997.

Kreischer, Manfred (GmbH & Still, 1983):

Die „GmbH & Still" im Steuerrecht, in: StW, 56. Jg. (1983), S. 184-187.

Krüger, Dirk (Zweckmäßige Wahl, 1992):

Zweckmäßige Wahl der Unternehmensform, 5. Aufl., Bonn 1992.

Krüger, Dirk (Besonderheiten, 1996):

Betriebswirtschaftliche Besonderheiten der GmbH: Wahl der Unternehmensform, in: Bonner Handbuch GmbH, hrsg. von Gerhard Brandmüller und Peter Küffner, Bonn 1996, Rz. 1-62 (S. 1-36).

Kudert, Stephan / Utescher, Tanja (Gewerbesteuerpflicht, 1995):

Bewußt in die Gewerbesteuerpflicht? Steuerliche Gestaltungsüberlegungen für Doppelgesellschaften, in: DStR, 33. Jg. (1995), S. 993-998.

Kübler, Friedrich (Gesellschaftsrecht, 1994):

Gesellschaftsrecht, 4. Aufl., Heidelberg 1994.

Kühn, Wolfgang (Stille Gesellschaft, 1991):

Kommentierungen zur stillen Gesellschaft, in: Münchener Handbuch des Gesellschaftsrechts, Bd. 2, Kommanditgesellschaft, stille Gesellschaft, hrsg. von Bodo Riegger und Lutz Weipert, bearb. von Ulrich Bälz u.a., München 1991.

Kühn, Rolf / Kutter, Heinz / Hofmann, Ruth (AO-Kommentar, 1990):

Abgabenordnung; Finanzgerichtsordnung; Nebengesetze, erl. von Rolf Kühn, Heinz Kutter und Ruth Hofmann, 16. Aufl., Stuttgart 1990.

Kühnle, Horst (Stille Gesellschaft, 1967):

Stille Gesellschaft und partiarisches Darlehen, Köln 1967.

Küting, Karlheinz / Keßler, Ernst (Rechnungslegung, 1995):

Kommentierung zum HGB, in: Handbuch der Rechnungslegung, hrsg. von Karlheinz Küting von Claus-Peter Weber, 4. Aufl., Stuttgart 1995.

Kuhn, Georg (BGH-Rechtsprechung, 1955):

Die Rechtsprechung des BGH zur Kommandit-, stillen und bürgerlich-rechtlichen Gesellschaft, in: WM, 9. Jg. (1955), S. 282-287.

Kuhn, Georg (BGH-Rechtsprechung, 1961):

Die Rechtsprechung des BGH zur Kommandit-, stillen und bürgerlich-rechtlichen Gesellschaft, in: WM, 15. Jg. (1961), S. 714-725.

Kuhn, Georg (BGH-Rechtsprechung, 1968):

Die Rechtsprechung des BGH zur stillen und zur bürgerlich-rechtlichen Gesellschaft, in: WM, 22. Jg. (1968), S. 1114-1124.

Kuhn, Georg (BGH-Rechtsprechung, 1975):

Die Rechtsprechung des BGH zur stillen und zur bürgerlich-rechtlichen Gesellschaft, in: WM, 29. Jg. (1975), S. 718-730.

Lang, Heinrich (Stille Gesellschaft, 1930):

Die Typen der stillen Gesellschaft und die Anwendung gesellschaftsrechtlicher Normen auf sie, Mannheim u.a. 1930.

Lang, Joachim (Subjektfähigkeit, 1993):

Zur Subjektfähigkeit von Personengesellschaften im Einkommensteuerrecht, in: Ertragsbesteuerung: Zurechnung, Ermittlung, Gestaltung, Festschrift für Ludwig Schmidt, hrsg. von Arndt Raupach und Adalbert Uelner, München 1993, S. 291-306.

Langenmayr, Hermann (Mitunternehmer, 1969):

Unternehmer und Mitunternehmer im Einkommensteuerrecht, in: DStZ, 57. Jg. (1969), S. 209-211.

Langhein, Bernd (Arbeitnehmerbeteiligungen, 1987):

Arbeitnehmerbeteiligungen an mittelständischen Unternehmen, Bielefeld 1987.

Larenz, Karl (Methodenlehre, 1991):

Methodenlehre der Rechtswissenschaft, begr. von F. von Liszt und W. Kaskel, hrsg. von Horst Albach u.a., 6. Aufl., Berlin u.a. 1991.

Larenz, Karl (Methodenlehre, 1995):

Methodenlehre der Rechtswissenschaft, begr. von Karl Larenz, fortgef. von Claus-Wilhelm Canaris, 3. Aufl., Berlin u.a. 1995.

Lastig, Gustav (Stille Gesellschaft, 1881):

Stille Gesellschaft, in: Handbuch des deutschen Handels-, See- und Wechselrechts, Bd. 1: Allg., u. stille Gesellschaft, hrsg. von Wilhelm Endemann, Leipzig 1881.

Lastig, Gustav (Accomendatio, 1907):

Die Accomendatio und ähnliche Rechtsgeschäfte, Halle 1907.

Lehmann, Heinrich / Dietz, Rolf (Gesellschaftsrecht, 1970):

Gesellschaftsrecht, 3. Aufl., Berlin 1970.

Leingärtner, Wilhelm (Liebhaberei, 1979):

Zur Liebhaberei im Einkommensteuerrecht, in: FR, 34. (61.) Jg. (1979), S. 105-113.

Lenski, Edgar / Steinberg, Wilhelm (GewStG-Kommentar, 1995):

Gewerbesteuergesetz Kommentar, begr. von Edgar Lenski und Wilhelm Steinberg, fortgef. von Viktor Sarrazin und Hans-Wilkin Stäuber, 9. Aufl., Köln 1995.

Lienau, Alexander / Lotz, Thomas (Abgrenzung, 1991):

Die Abgrenzung zwischen stiller Gesellschaft und partiarischem Darlehen und die steuerlichen Konsequenzen, in: DStR, 29. Jg. (1991), S. 618-622.

Limberg, Manfred (Stille Beteiligung, 1972):

Stille oder atypisch stille Beteiligungen an einer GmbH, in: StW, 45. Jg. (1972), S. 169-176.

Lindner, Ernst F. (Mitunternehmerschaft, 1986):

Abschied von der faktischen Mitunternehmerschaft?, in: DStR, 24. Jg. (1986), S. 63-67.

List, Heinrich (Privatrecht, 1988):

Privatrecht und Steuerrecht, in: Handelsrecht und Steuerrecht, Festschrift für Georg Döllerer, hrsg. von Brigitte Knobbe-Keuk, Franz Klein und Adolf Moxter, Düsseldorf 1988, S. 369-381.

Littmann, Eberhard (GmbH & atypisch Still , 1955):

Atypische stille Beteiligung an einer GmbH - Mitunternehmerschaft oder GmbH-Beteiligung?, in: DStZ / A, 43. Jg. (1955), S. 107-108.

Littmann, Eberhard / Bitz, Horst / Hellwig, Peter (EStG-Kommentar, 1994):

Das Einkommensteuerrecht, Kommentar, begr. von Eberhard Littmann, hrsg. von Horst Bitz und Peter Hellwig, 15. Aufl., Stuttgart 1994, Stand: September 1994.

Lübbert, Erich (Historische Entwicklung, 1906):

Die rechtliche Natur der stillen Gesellschaft unter besonderer Berücksichtigung ihrer historischen Entwicklung, in: ZHR, 58. Jg. (1906), S. 464-520.

Lüdemann, Peter (Einkünfteerzielungsabsicht, 1996):

Zur Kontroverse um die Einkünfteerzielungsabsicht bei gewerblich geprägten Personengesellschaften gem. § 15 AbS. 3 Nr. 2 EStG, in: BB, 51. Jg. (1996), S. 2650-2656.

Lutter, Marcus / Hommelhoff, Peter (GmbHG-Kommentar, 1995):

GmbH-Gesetz Kommentar, 14. Aufl., Köln 1995.

Märkle, Rudi (Angehörige, 1995):

Angehörige als Darlehensgeber, stiller Gesellschafter, Kommanditisten, in: BB, 48. Jg. (1993), Beilage 2, S. 10-12.

Märkle, Rudi (Sonderbetriebsvermögen, 1997):

Der Fluch des Sonderbetriebsvermögens - wie entgeht man ihm?, in: DStZ, 85. Jg. (1997), S. 233-248.

Martens, Klaus-Peter (Schlegelberger HGB, 1986):

Kommentierung zum HGB, in: Schlegelberger, Handelsgesetzbuch, Kommentar, bearb. von Ernst Geßler u.a., 5. Aufl., München 1986.

Mathiak, Walther (Kirchhof EStG, 1995):

Kommentierung zum EStG, in: Einkommensteuergesetz Kommentar, hrsg. von Paul Kirchhof und Hartmut Söhn, bearb. von Walther Mathiak, Rudolf Plückebaum, Josef Werndl u.a., Loseblatt, Stand: Dezember 1995, Heidelberg 1995.

Mayer, Dieter (Personengesellschaft, 1991):

Handbuch des Gesellschafts- und Wirtschaftsrechts, § 2, Kapitel B: Das Recht der Personengesellschaften, Düsseldorf 1991.

Medicus, Dieter (Schuldrecht, 1992):

Schuldrecht II, Besonderer Teil, 5. Aufl., München 1992.

Mellwig, Winfried (Sondervergütungen, 1978):

Zur steuerlichen Behandlung von Sondervergütungen i.S. § 15 AbS. 1 Nr. 2 EStG an inländische Gewerbebetriebe, in: DB, 31. Jg. (1978), S. 1047-1052 und 1099-1101.

Mellwig, Winfried (Rechnungslegungszwecke, 1979):

Rechnungslegungszwecke und Kapitalkonten bei Personengesellschaften, in: BB, 34. Jg. (1979), S. 1409-1418.

Mellwig, Winfried (Vermögensverwaltung, 1985):

Vermögensverwaltung: Bewährungsprobe für das neue Steuerrecht der Personengesellschaft, in: DB, 38. Jg. (1985), S. 2066-2072 und 2120-2123.

Mellwig, Winfried (Rechtsformwahl, 1986):

Rechtsformwahl aus betriebswirtschaftlicher Sicht, in: StbKgR 1986, hrsg. von der Bundessteuerberaterkammer, Körperschaft des Öffentlichen Rechts, Bonn, und dem Deutschen wissenschaftlichen Steuerinstitut der Steuerberater und Steuerbevollmächtigten e.V., Bonn, München 1986, S. 291-304.

Mellwig, Winfried (Mitunternehmergewinn, 1988):

Der Mitunternehmergewinn als Gewinn einer wirtschaftlichen Einheit, in: Handelsrecht und Steuerrecht, Festschrift für Georg Döllerer, hrsg. von Brigitte Knobbe-Keuk, Franz Klein und Adolf Moxter, Düsseldorf 1988, S. 411-427.

Mellwig, Winfried (Gesellschafterbeiträge, 1992):

Gesellschafterbeiträge und Bewertung von Beteiligungen an Personenhandelsgesellschaften in der Handelsbilanz der Kapitalgesellschaft, in: Rechnungslegung, Entwicklungen bei der Bilanzierung und Prüfung von Kapitalgesellschaften, Festschrift für Karl-Heinz Forster, hrsg. von Adolf Moxter u.a., Düsseldorf 1992, S. 399-413.

Messmer, Kurt (Mitunternehmer, 1988):

Die Gesellschafter und der Mitunternehmer des § 15 AbS. 1 Nr. 2 EStG, in: Handelsrecht und Steuerrecht, FS für Georg Döllerer, hrsg. von Brigitte Knobbe-Keuk, Franz Klein und Adolf Moxter, Düsseldorf 1988, S. 429-446.

Mittelbach, Rolf (Zweifelsfragen, 1976):

Zweifelsfragen bei der Beteiligung als stiller Gesellschafter, in: DStR, 14. Jg. (1976), S. 123-125.

Mitscher, Paul (Stille Gesellschaft, 1903):

Das Recht der stillen Gesellschaft auf Grund der Bestimmungen des Handelsgesetzbuches vom 10. Mai 1897 und des Bürgerlichen Gesetzbuches, Würzburg 1903.

Mösbauer, Heinz (Buchführungspflicht, 1996):

Zur steuerlichen Buchführungspflicht gewerblicher Unternehmer, in: DB, 49. Jg. (1996), S. 2582-2586.

Mösbauer, Heinz (Koch AO, 1996):

Kommentierungen zur Abgabenordnung, in: AO-Kommentar, hrsg. von Koch / Scholtz, bearb. von Michael Baum u.a., 5. Aufl., München u.a. 1996.

Müller, Lothar (Stille Beteiligung, 1973):

Fragen der typischen und der atypischen stillen Beteiligung am Unternehmen einer Kapital- und Handelsgesellschaft, in: StbJb 1973/74, hrsg. im Auftrag des Fachinstituts der Steuerberater von O. H. Zacharias u.a., Köln 1974, S. 203-263.

Müller, Rolf (Stille Gesellschaft, 1996):

Die atypisch ausgestaltete stille Gesellschaft im Abkommensrecht, in: IStR, 5. Jg. (1996), S. 266-275.

Nagel, Manfred (Familiengesellschaft, 1968):

Familiengesellschaft und elterliche Gewalt, Tübingen 1968.

Natschke, Thomas (Negatives Kapitalkonto, 1997):

Entstehung und Wegfall des negativen Kapitalkontos bei Kommanditisten - steuerliche Zurechnung, Gesellschafterwechsel und Gesellschaftsauflösung, in: StBp, 37. Jg. (1997), S. 85-93.

Neu, Norbert (Einkünfteinfektion, 1995):

Einkünfteinfektion nach § 15 AbS. 3 Nr. 1 EStG - genügt der Obstkarren?, in: DStR, 33. Jg. (1995), S. 1893-1898.

Neubert, Hans-Peter / Weinläder, Horst (GmbH & atypisch Still, 1983):

GmbH und atypisch stille Gesellschaft in der Steuerpraxis, in: DB, 36. Jg. (1983), S. 630-633.

Neufang, Bernd (Innengesellschaft, 1986):

Die Innengesellschaft - ein neues Rechtsinstitut des Steuerrecht?, in: Inf, 40. Jg. (1986), S. 169-172.

Neufang, Bernd (Rechtsinstrument, 1987):

Die sogenannten Innengesellschaften - ein Rechtsinstrument zur Optimierung der Unternehmensform, in: Inf, 41. Jg. (1987), S. 8-16.

Neufang, Bernd (Stille Gesellschaft, 1987):

Die stille Gesellschaft mit Angehörigen, in: Inf, 41. Jg. (1987), S. 563-567.

Neumann, Steffen (Einkünfteermittlung, 1997):

Einkünfteermittlung und Bilanzierung in Personengesellschaften, in: GmbHR, 88. Jg. (1997), S. 621-630.

Niemann, Ursula (Stille Beteiligung, 1962):

Die stille Beteiligung des Gesellschafters einer Kapitalgesellschaft an der Unternehmung der Kapitalgesellschaft, in: BFuP, 14. Jg. (1962), S. 261-281.

Nonnenmacher, Rolf (Rechtsformwahl, 1995):

Rechtsformwahl, in: Beck`sches Handbuch der GmbH, hrsg. von Welf Müller und Burkhard Hense, München 1995, S. 1-25.

Obermeier, Arnold (Blümich GewStG, 1991):

Kommentierungen zum GewStG, in: Blümich, Einkommensteuer-, Körperschaftsteuer- und Gewerbesteuergesetz, Kommentar, hrsg. von Klaus Ebling und Wolfgang Freericks, bearb. von Wolfgang Freericks u.a., 14. Aufl., München 1991.

Oho, Wolfgang / Schneider, Jutta/ Behrens, Stefan (Umqualifizierung, 1996):

Keine Umqualifizierung von an einen ausländischen Anteilseigner gezahlten Darlehenszinsen gem. § 8a KStG bei gleichzeitiger atypisch stiller Beteiligung, in: DB, 49. Jg. (1996), S. 2516-2520.

Olbrich, Thomas (Spekulationsgewinne, 1997):

Spekulationsgewinne bei der Veräußerung von Anteilen an Personenhandelsgesellschaften, in: DStR, 35. Jg. (1997), S. 186-190.

Orth, Manfred (Gewerbesteuerrecht, 1994):

Gewerbesteuerrecht, in: WP-Handbuch der Unternehmensbesteuerung 1994, hrsg. vom Institut der Wirtschaftsprüfer e.V., 2. Aufl., Düsseldorf 1994, S. 1161-1251.

o.V. (Geschäftsführer, 1992):

Geschäftsführender stiller Gesellschafter als Mitunternehmer?, in: GmbHR, 83. Jg. (1992), S. 251-252.

o. V. (Mitunternehmerschaft, 1993):

Mitunternehmerschaft eines typisch stillen Gesellschafters, in: GmbHR, 84. Jg. (1993), S. 30-31.

o. V. (Abziehbarkeit, 1994):

Abziehbarkeit der Geschäftsführervergütung für atypisch stille Unterbeteiligte einer GmbH & Co. KG, in: GmbHR, 85. Jg. (1994), S. 688-689.

o. V. (Anmerkung, 1996):

Anmerkung zu dem Urteil des BFH vom 06.12.1995 - I R 109 / 94, in: DStR, 34. Jg. (1996), S. 464.

o. V. (Anmerkung, 1997):

Anmerkung zu dem Urteil des BFH vom 26.11.1996 - VIII R 42 / 94, in: DStR, 35. Jg. (1997), S. 817.

Orth, Manfred (Gewerbesteuerrecht, 1994):

Gewerbesteuerrecht, in: WP-Handbuch der Unternehmensbesteuerung 1994, hrsg. vom Institut der Wirtschaftsprüfer e.V., Düsseldorf 1994, S. 1161-1251.

Paa, Kai Uwe (Sonderbetriebsvermögen, 1996):

Sonderbetriebsvermögen als Instrument zur Vermeidung verrechenbarer Verluste nach § 15a EStG, in: Inf, 50. Jg. (1996), S. 751-755.

Patt, Joachim / Rasche, Ralf (Frage, 1995):

Zur Frage des Sonderbetriebsvermögens bei Vermietungen zwischen Schwester-Personengesellschaften, in: DStR, 33. Jg. (1995), S. 401-405.

Pauka, Dietmar (Gewerbesteuer, 1987):

Veränderungen bei der Gewerbesteuer in der Zeit von 1984 bis 1986 (Teil I), in: DB, 40. Jg. (1987), S. 603-607.

Pauka, Dietmar (Gewerbesteuer, 1991):

Gewerbesteuer 1990, in: DB, 44. Jg. (1991), S. 1402-1410.

Paulick, Heinz (Unterbeteiligung, 1974):

Die Unterbeteiligung in gesellschaftsrechtlicher und steuerrechtlicher Sicht, in: ZGR, 3. Jg. (1974), S. 253-281.

Paulick, Heinz (Stille Gesellschaft, 1981):

Handbuch der stillen Gesellschaft, 3. Aufl., Köln 1981.

Paulick, Heinz (Einmann-GmbH & Still, 1982):

Die Einmann-GmbH Stille Gesellschaft (StG) im Steuerrecht, in: GmbHR, 73. Jg. (1982), S. 237-242.

Paulick, Heinz (Einmann-GmbH & Still, 1983):

Gesellschaftsrechtliche und steuerrechtliche Probleme der Einmann-GmbH Stille Gesellschaft, in: Unternehmung und Steuer, Festschrift zur Vollendung des 80. Lebensjahres von Peter Scherpf, hrsg. von Lutz Fischer, Wiesbaden 1983, S. 149-165.

Paulick, Heinz / Blaurock, Uwe (Stille Gesellschaft, 1988):

Handbuch der stillen Gesellschaft, begr. von Heinz Paulick und fortgef. von Uwe Blaurock, 4. Aufl., Köln 1988.

Paus, Bernhard (Verlustanteil, 1979):

Der Verlustanteil des typischen stillen Gesellschafters, in: FR, 34. (61.) Jg. (1979), S. 90-91.

Pehl, Fritz (Stille Gesellschaft, 1933):

Die stille Gesellschaft als Unternehmensform. Eine betriebswirtschaftliche Untersuchung unter Berücksichtigung der Rechtsbeziehungen, Mannheim 1933.

Petzold, Günter (Gewerbesteuer, 1983):

Gewerbesteuer, München 1983.

Petzoldt, Rolf (Unterbeteiligung, 1987):

Unterbeteiligung im Gesellschafts- und Steuerrecht, in: NWB, Sammelwerk, Kommentare und Gesetzestexte, 43. Aufl., Herne / Berlin 1986, Fach 18, S. 2891-2910.

Petzoldt, Rolf (Stille Gesellschaft, 1993):

Die stille Gesellschaft im Gesellschafts- und Steuerrecht, in: NWB, Sammelwerk, Kommentare und Gesetzestexte, 48. Aufl., Herne / Berlin 1993, Fach 18, S. 2975-3000.

Pfefferle, Roland (Unternehmensgestaltung, 1996):

Optimale Unternehmensgestaltung, 2. Aufl., Stuttgart u.a. 1996.

Piltz, Detlev (Steuerlicher Einfluß, 1995):

Der steuerliche Einfluß der Rechtsform auf das Schenken und Vererben von unternehmerischem Vermögen, in: StbJb 1994 / 95, hrsg. im Auftrag des Fachinstitutes der Steuerberater von Norbert Herzig u.a., Köln 1995, S. 41-76.

Polzer, Anna Dorothea (Stille Gesellschaft, 1991):

Kommentierungen zur stillen Gesellschaft, in: Münchener Handbuch des Gesellschaftsrechts, Bd. 2, Kommanditgesellschaft, stille Gesellschaft, hrsg. von Bodo Riegger und Lutz Weipert, bearb. von Ulrich Bälz u.a., München 1991.

Post, Manfred / Hoffmann, Günther (Stille Beteiligung, 1984):

Die stille Beteiligung am Unternehmen der Kapitalgesellschaft: GmbH & Still, 2. Aufl., Bielefeld 1984.

Priester, Hans-Joachim (Mitunternehmerschaft, 1993):

Die faktische Mitunternehmerschaft - ein gesellschaftsrechtliches Problem, in: Ertragsbesteuerung: Zurechnung, Ermittlung, Gestaltung, Festschrift für Ludwig Schmidt, hrsg. von Arndt Raupach und Adalbert Uelner, München 1993, S. 330-353.

Prinz, Ulrich (Gestaltungsmaßnahmen, 1996):

Gestaltungsmaßnahmen zur steuerlichen Verlustnutzung, in: FR, 78. Jg. (1996), S. 769-777.

Putzo, Hans (Palandt BGB, 1997):

Kommentierung zu § 607 BGB, in: Palandt Bürgerliches Gesetzbuch, bearb. von Hans Putzo u.a., 56. Aufl., München 1997.

Rasner, Henning (Atypische stille Gesellschaft, 1961):

Die atypische stille Gesellschaft, Bielefeld 1961.

Raupach, Arndt (Durchgriff, 1968):

Der Durchgriff im Steuerrecht - Zugleich ein Beitrag zum Verhältnis des Deutschen und Internationalen Steuerrechts zum Zivil-, Verfassungs- und Völkerrecht, München 1968.

Raupach, Arndt (Beschluß, 1986):

Der Beschluß des Großen Senats des Bundesfinanzhofs GrS 4 / 82 vom 25. Juni 1984, in: JbFfSt 1985/86, hrsg. vom Deutschen Anwaltsinstitut e.V., Bochum, Herne / Berlin 1986, S. 229-314.

Raupach, Arndt (Atypisch stille Beteiligung, 1986):

Ausgewählte ertragsteuerliche Aspekte bei atypischer stiller Beteiligung an einer GmbH einschließlich ihrer Folgen bei Auslandsbeziehungen, in: JbFSt 1985/86, hrsg. vom Deutschen Anwaltsinstitut e.V., Bochum, Herne / Berlin 1986, S. 353-386.

Raupach, Arndt (Kommentierung, 1994):

Kommentierung zu § 20 EStG, in: Herrman / Heuer / Raupach, Einkommensteuer- und Körperschaftsteuergesetz, Kommentar, Gesamtverantwortung Arndt Raupach, bearb. von Uwe Clausen u.a., Loseblatt, 20. Aufl., Stand: September 1994, Köln 1994.

Regniet, Michael (Ergänzungsbilanzen, 1990):

Ergänzungsbilanzen bei der Personengesellschaft, Köln 1990.

Reich-Rohrwig, Johannes (Stille Einlage, 1993):
Stille Einlage als Eigenkapital, in: ecolex 1993, S. 21-22.

Renauld, Achilles (Stille Gesellschaft, 1885):
Das Recht der stillen Gesellschaft, hrsg. von Paul Laband, Heidelberg 1885.

Reusch, Peter (Publikumsgesellschaft, 1989):
Die stille Gesellschaft als Publikumsgesellschaft, Berlin 1989.

Reusch, Peter (Eigenkapital, 1989):
Eigenkapital und Eigenkapitalersatz im Rahmen der stillen Gesellschaft, in: BB, 44. Jg. (1989), S. 2358-2365.

Ritzrow, Manfred (Familienpersonengesellschaften, 1995):
Familienpersonengesellschaften im Sinne des § 15 AbS. 1 Nr. 2 EStG in: StBp, 35. Jg. (1995), S. 230-235, 250-253 und 274-279.

Ritzrow, Manfred (Typische stille Gesellschaft, 1996):
Die typische stille Gesellschaft mit Familienangehörigen, in: StBp, 36. Jg. (1996), S. 239-243.

Ritzrow, Manfred (Gesamthandsvermögen, 1997):
Gesamthands- und Sonderbetriebsvermögen, in: BuB, 36. Jg. (1997), S. 16-20.

Rodewald, Jörg (Verdeckte Mitunternehmerschaft, 1997):
Vom Einzelunternehmen in die GmbH & Co. KG - Überlegungen im Zusammenhang mit der verdeckten Mitunternehmerschaft, in: GmbHR, 88. Jg. (1997), S. 582-586.

Rose, Gerd (Ertragsteuern, 1995):
Grundlagen zur Betriebswirtschaftlichen Steuerlehre - Erstes Buch: Ertragsteuern, 14. Aufl., Wiesbaden 1995.

Rose, Gerd (Klärung, 1995):
Gelungene Klärung des Bilanzierungskonkurrenz-Problems bei Schwester-Personengesellschaften, in: FR, 77. Jg. (1995), S. 763-765.

Rose, Gerd (Gestaltungsmißbrauch, 1997):
Neuere Rechtsprechungsentwicklungen zum Gestaltungsmißbrauch, in: DB, 50. Jg. (1997), S. 2397-2398.

Rowedder, Heinz (GmbHG-Kommentar, 1997):
Kommentierung zu § 32a GmbHG, in: Gesetz betreffend die Gesellschaften mit beschränkter Haftung, Kommentar, hrsg. von Heinz Rowedder, bearb. von Hans Fuhrmann u.a., 3. Aufl., München 1997.

Ruban, Reinhild (Atypische stille Gesellschaft, 1995):

Die atypische stille Gesellschaft im Ertragsteuerrecht - Tendenzen in der neueren Rechtsprechung des Bundesfinanzhofs, in: DStZ, 83. Jg. (1995), S. 637-646.

Ruppel, Alfred (Fragwürdigkeit, 1982):

Die Fragwürdigkeit des steuerrechtlichen Nichtanerkennung handelsrechtlicher Gesellschaftsformen, in: DStZ, 70. Jg. (1982), S. 465-469.

Ruß, Werner (HK-HGB, 1993):

Heidelberger Kommentar zum Handelsgesetzbuch, hrsg. und bearb. von Peter Glanegger u.a., 3. Aufl., Heidelberg 1993.

Saenger, August (Stille Gesellschaft, 1924):

Die stille Gesellschaft, Mannheim 1924.

Salzberger, Wolfgang (Rechtsformalternative, 1996):

Die kleine AG - Eine Rechtsformalternative zur GmbH?, in: WISU, 116. Jg. (1996), S. 547-553.

Sarrazin, Viktor (Gepräge-Gesetz, 1987):

Podiumsdiskussion zum Gepräge-Gesetz, in: StBKgR 1987, hrsg. von der Bundessteuerberaterkammer, Körperschaft des Öffentlichen Rechts, Bonn, und dem Deutschen wissenschaftlichen Steuerinstitut der Steuerberater und Steuerbevollmächtigten e.V., Bonn, München 1987, S. 464-475.

Sarrazin, Viktor (Stille Beteiligung, 1989):

Atypische stille Beteiligung des Organträgers an seiner Organgesellschaft, in: FR, 71. Jg. (1989), S. 11-13.

Scheuffele, Peter (Stille Gesellschaft, 1979):

Die typische stille Gesellschaft im Handelsrecht und im steuerlichen Bewertungsrecht, in: BB, 34. Jg. (1979), S. 1026-1029.

Schiessl, Maximilan (GmbH, 1996):

Kommentierungen zur GmbH, in: Münchener Handbuch des Gesellschaftsrechts, Bd. 3, Gesellschaft mit beschränkter Haftung, hrsg. von Joachim Priester und Dieter Mayer, bearb. von Christian E. Decher u.a., München 1996.

Schild, Claus (Unternehmensfinanzierung, 1995):

Rechtliche, bilanzielle und steuerliche Fragen der Unternehmensfinanzierung, in: JbFSt 1994/95, hrsg. vom Deutschen Anwaltsinstitut e.V., Bochum, Herne / Berlin 1995, S. 620-631.

Schilling, Wolfgang (Staub HGB, 1970):

Kommentar zu den §§ 335-342 HGB (Stille Gesellschaft), in: Großkommentar HGB, begr. von Hermann Staub, hrsg. von Claus-Wilhelm Canaris, Wolfgang Schilling und Peter Ulmer, 3. Aufl., Berlin 1970.

Schlitt, Michael (Informationsrecht, 1996):

Die Informationsrechte des stillen Gesellschafters, Berlin 1996.

Schmid, Jürgen / Hamann, Hartmut (Stille Einlage, 1992):

Die Einlage des atypisch stillen Gesellschafters als haftendes Eigenkapital, in: DStR, 30. Jg. (1992), S. 950-953.

Schmidt, Christian (Innengesellschaft, 1956):

Betrachtungen zur Innengesellschaft, Hamburg 1956.

Schmidt, Christian (Atypische stille Gesellschaft, 1996):

Die atypisch stille Gesellschaft im deutschen Internationalen Steuerrecht - Wie begründet ist die herrschende Meinung?, in: IStR, 5. Jg. (1996), S. 213-223.

Schmidt, Karsten (Stille Einlage, 1976):

Die Kreditfunktion der stillen Einlage, in: ZHR, Bd. 140 (1976), S. 475-486.

Schmidt, Karsten (Vertragsparteien, 1976):

Die Vertragsparteien bei der stillen Beteiligung, in: DB, 29. Jg. (1976), S. 1705-1709.

Schmidt, Karsten (Schlegelberger HGB, 1986):

Kommentierung zum HGB, in: Schlegelberger, Handelsgesetzbuch, Kommentar, bearb. von Ernst Geßler u.a., 5. Aufl., München 1986.

Schmidt, Karsten (Gesellschaftsrecht, 1997):

Gesellschaftsrecht, 3. Aufl., Köln 1997.

Schmidt, Karsten (HGB, 1997):

Woher - wohin? ADHGB, HGB und die Besinnung auf den Kodifikationsgedanken, in: ZHR, Bd. 161 (1997), S. 2-12.

Schmidt, Ludwig (Anmerkung, 1981):

Anmerkung zum BFH-Urteil vom 25.11.1980, VIII R 32 / 77, in: FR, 36. (63.) Jg., S. 245.

Schmidt, Ludwig (EStG-Kommentar, 1997):

Kommentierungen zu §§ 15, 15a und 16 EStG, in: Einkommensteuergesetz, Kommentar, hrsg. von Ludwig Schmidt, erl. von Ludwig Schmidt u.a., 16. Aufl., München 1997.

Schmidt, Ludwig (Wertungswiderspruch, 1997):

Ein Beispiel für einen (vermeidbaren?) Wertungswiderspruch in der Rechtsprechung des BFH zu § 15a EStG, in: Handelsbilanzen und Steuerbilanzen: Festschrift zum 70. Geburtstag von Heinrich Beisse, hrsg. von Wolfgang Budde, Adolf Moxter und Klaus Offerhaus, Düsseldorf 1997, S. 451-459.

Schmidt-Liebig, Axel (Qualifikation, 1996):

Die Qualifikation, Ermittlung und Erklärung von Einkünften grundstücksveräußernder Personengesellschaften und ihrer Gesellschafter, in: StBp, 36. Jg. (1996), S. 81-89.

Schneider, Uwe H. / Reusch, P. (Gründung, 1989):

Die Vertretung und die Mitwirkung der Gesellschafter bei der Gründung einer GmbH & Still, in: DB, 42. Jg. (1989), S. 713-716.

Schoen, Susanne (Stiller Gesellschafter, 1988):

Die außerbetriebliche Beteiligung als stiller Gesellschafter nach dem Fünften Vermögensbildungsgesetz, in: BB, 43. Jg. (1988), S. 2113-2116.

Schön, Wolfgang (Steuerbilanz, 1985):

Steuerbilanz der atypischen stillen Gesellschaft, in: BB, 40. Jg. (1985), S. 313-314.

Schön, Wolfgang (Stille Beteiligung, 1990):

Die stille Beteiligung an dem Handelsgewerbe einer Kommanditgesellschaft, in: ZGR, 19. Jg. (1990), S. 220-248.

Schön, Wolfgang (Großer Senat, 1996):

Der Große Senat des Bundesfinanzhofs und die Personengesellschaft, in: StuW, 73. (26.) Jg. 1996, S. 275-288.

Schön, Wolfgang (HGB, 1997):

Entwicklung und Perspektiven des Handelsbilanzrechts: vom ADHGB zum IASC, in: ZHR, 161 Bd. (1997), S. 133-159.

Schöne, Wolf-Dieter (Schütt-aus-hol-zurück-Verfahren, 1989):

Das Schütt-aus-hol-zurück-Verfahren und seine Anwendung, in: SteuerStud, 10. Jg. (1989), S. 384-389.

Schoor, Hans Walter (GmbH & Still, 1993):

Die GmbH & Still, in: Inf, 47. Jg. (1993), S. 276-279.

Schoor, Hans Walter (GmbH & Still, 1995):

Die GmbH & Still im Steuerrecht, 2. Aufl., Herne / Berlin 1995.

Schreiber, Gottfried (Mitunternehmer, 1995):

Wer ist Mitunternehmer?, Augsburg 1995.

Schultz, Florian (Standortsicherungsgesetz, 1993):

Auswirkungen des Standortsicherungsgesetzes und des Gesetzes zum föderalen Konsolidierungsprogramm auf die nationale und internationale Steuerplanung, in: DB, 46. Jg. (1993), S. 2193-2199.

Schulze-Osterloh, Joachim (Gemeinsamer Zweck, 1973):

Der gemeinsame Zweck von Personengesellschaften, Berlin / New York 1973.

Schulze-Osterloh, Joachim (AG & Still, 1974):

Das Recht der Unternehmensverträge und die stille Beteiligung an einer Aktiengesellschaft, in: ZGR, 3. Jg. (1974), S. 427-460.

Schulze-Osterloh, Joachim (Rechnungslegung, 1974):

Die Rechnungslegung der Innengesellschaft - insbesondere der stillen Gesellschaft, in: WPg, 27. Jg. (1974), S. 393-401.

Schulze-Osterloh, Joachim (Beschluß, 1986):

Der Beschluß des Großen Senats des Bundesfinanzhofs GrS 4 / 82 vom 25. Juni 1984, in: JbFfSt 1985/86, hrsg. vom Deutschen Anwaltsinstitut e.V., Bochum, Herne / Berlin 1986, S. 229-314.

Schulze-Osterloh, Joachim (Verfassungswidrigkeit, 1997):

Verfassungswidrigkeit der Kodifikation der Abfärbetheorie (§ 15 Abs. 3 Nr. 1 EStG), in: Gedächtnisschrift für Brigitte Knobbe-Keuk, hrsg. von Wolfgang Schön, Köln 1997.

Schulze zur Wiesch, Dietrich (Bilanzierung, 1995):

Zur Bilanzierung von typischen stillen Beteiligungen, in: Rechenschaftslegung im Wandel, Festschrift für Dieter Budde, hrsg. von Gerhart Förschle, Klaus Kaiser und Adolf Moxter, München 1995, S. 579-597.

Schulze zur Wiesche, Dieter (GmbH & atypisch Still, 1976):

Einkommensteuerliche Behandlung der atypischen stillen Beteiligung an einer GmbH, in: DB, 29. Jg. (1976), S. 408-411

Schulze zur Wiesche, Dieter (Stille Beteiligung, 1976):

Verdeckte Gewinnausschüttungen bei einer stillen Beteiligung an einer GmbH, in: FR, 58. Jg. (1976), S. 164-165.

Schulze zur Wiesche, Dieter (Stille Beteiligung, 1979):

Die stille Beteiligung an einer GmbH, in: GmbHR, 70. Jg. (1979), S. 33-42 und 62-68.

Schulze zur Wiesche, Dieter (Geschäftsführung, 1980):

Die Behandlung der Geschäftsführergehälter bei der GmbH & Still, in: GmbHR, 71. Jg. (1980), S. 168-170.

Schulze zur Wiesche, Dieter (Einbringung, 1980):

Einbringung des Betriebs eines Einzelkaufmanns und einer Personengesellschaft in eine GmbH & Still, in: DB, 33. Jg. (1980), S. 1189-1192.

Schulze zur Wiesche, Dieter (GmbH & atypisch Still, 1982):

Die Gewinnermittlung bei der atypischen GmbH & Still, in: GmbHR, 73. Jg. (1982), S. 114-117.

Schulze zur Wiesche, Dieter (Stille Gesellschaft, 1982):

Die stille Gesellschaft in der steuerlichen Rechtsprechung, in: BB, 37. Jg. (1982), S. 1974-1979.

Schulze zur Wiesche, Dieter (Mitunternehmerschaft, 1982):

Mitunternehmerschaft auf nichtgesellschaftlicher Grundlage, in: DB, 35. Jg. (1982), S. 919-922.

Schulze zur Wiesche, Dieter (Einmann-GmbH & Still, 1983):

Die Einmann-GmbH & Still und Mitunternehmerschaft, in: GmbHR, 74. Jg. (1983), S. 202-203

Schulze zur Wiesche, Dieter (Beendigung, 1984):

Beendigung einer GmbH & Still, in: GmbHR, 75. Jg. (1984), S. 320-322.

Schulze zur Wiesche, Dieter (GmbH & atypisch Still, 1985):

Die atypische GmbH & Still, in: GmbHR, 76. Jg. (1985), S. 160-165.

Schulze zur Wiesche, Dieter (Beschluß, 1985):

Die Personengesellschaft nach dem Beschluß des Großen Senates vom 25.6.1984, in: WPg, 38. Jg. (1985), S. 65-76.

Schulze zur Wiesche, Dieter (Einlage, 1986):

Die Einlage in eine atypisch stille Gesellschaft und die Einlage als Sonderbetriebsvermögen als Einbringungsvorgänge i.S. des § 24 UmwStG, in: DB, 39. Jg. (1986), S. 1744-1747.

Schulze zur Wiesche, Dieter (GmbH & typisch Still, 1991):

Ist die typische GmbH & Still tot?, in: GmbHR, 82. Jg. (1991), S. 533-535.

Schulze zur Wiesche, Dieter (Hartmann EStG, 1994):

Kommentierungen zum EStG, in: *Hartmann / Böttcher / Nissen / Bordewin* Kommentar zum Einkommensteuergesetz, hrsg. von Wilfried Bachem u.a., Stuttgart 1994.

Schulze zur Wiesche, Dieter (Gewinnverteilungsabreden, 1994):

Gewinnverteilungsvereinbarungen bei Personengesellschaften, in: StBp, 34. Jg. (1994), S. 177-184.

Schulze zur Wiesche, Dieter (Personengesellschaften, 1996):

Die Personengesellschaften in der neueren Rechtsprechung des BFH, in: FR, 78. Jg. (1996), S. 237-249.

Schulze zur Wiesche, Dieter (Mitunternehmeranteil, 1996):

Mitunternehmeranteil, Anteilserwerb, Anteilsveräußerung in der neueren Rechtsprechung des BFH, in: FR, 78. Jg. (1996), S. 341-346.

Schulze zur Wiesche, Dieter (Atypisch stille Gesellschaft, 1997):

Die atypisch stille Gesellschaft, in: FR, 79. Jg. (1997), S. 405-408.

Schulze zur Wiesche, Dieter (GmbH & Still, 1997):

Die GmbH & Still: Eine alternative Gesellschaftsform, 3. Aufl., Heidelberg 1997.

Schulze zur Wiesche, Dieter (Mitunternehmerschaft, 1997):

Mitunternehmerschaft und Mitunternehmerstellung, in: DB, 50. Jg. 1997, S. 244-247.

Schulze zur Wiesche, Dieter (Mitunternehmer, 1997):

Die GmbH & Co. KG und der ungewollte Mitunternehmer, in: StBp, 37. Jg. (1997), S. 221-224

Schulze zur Wiesche, Dieter / Zenthöfer, Wolfgang (ESt-Kommentar, 1991):

Einkommensteuer, Kommentar, 2. Aufl., Stuttgart 1991.

Schwedhelm, Rolf (GmbH & Still, 1987):

Die GmbH & Still als Mitunternehmerschaft, Köln 1987.

Schwedhelm, Rolf (Geschäftsführer, 1994):

Ist der stille Gesellschafter als Geschäftsführer der GmbH & Still Mitunternehmer?, in: GmbHR, 85. Jg. (1994), S. 445-448.

Schweiggert, Alfons (Wolpertinger, 1986):

Alles über den Wolpertinger oder Bayerns heimliches Wappentier, Pfaffanhofen/Ilm 1986.

Seer, Roman (Unternehmensbesteuerung, 1993):

Rechtsformabhängige Unternehmensbesteuerung - Kritische Bestandsaufnahme der derzeitigen Rechtslage, in: StuW, 70. (23.) Jg. (1993), S. 114-140.

Sennhenn, Ernst (Stille Gesellschaft, 1975):

Die gesellschaftsrechtliche und die steuerrechtliche Behandlung der typischen und atypischen stillen Gesellschaft, Münster 1975.

Silberschmidt, Wilhelm (Commenda, 1884)

Die Commenda in ihrer frühesten Entwicklung bis zum XIII. Jahrhundert, Würzburg 1884.

Silberschmidt, Wilhelm (Beteiligung, 1915)

Beteiligung und Teilhaberschaft, ein Beitrag zum Rechte der Gesellschaft, Halle 1915.

Söffing, Günter (Mitunternehmerschaft, 1982):

Mitunternehmerschaft bei stiller Beteiligung - Anmerkung zum BFH-Urteil vom 28.01.1982 (IV R 197 / 79), in: FR 64. Jg. (1982), S. 333.

Söffing, Günter (Verluste, 1982):

Verluste bei typisch stiller Beteiligung, in: FR, 64. Jg. (1982), S. 445-446.

Söffing, Günter (Veräußerung, 1984):

„Gewinn" bei der Veräußerung einer stillen Beteiligung, in: DStR, 22. Jg. (1984), S. 268

Söffing, Günter (Gepräge-Gesetz, 1987):

Podiumsdiskussion zum Gepräge-Gesetz, in: StBKgR 1987, hrsg. von der Bundessteuerberaterkammer, Körperschaft des Öffentlichen Rechts, Bonn, und dem Deutschen wissenschaftlichen Steuerinstitut der Steuerberater und Steuerbevollmächtigten e.V., Bonn, München 1987, S. 464-475.

Söffing, Günter (Mittelbare Beteiligung, 1992):

Mittelbare Beteiligung bei Personengesellschaften, in: FR, 74. Jg. (1992), S. 185-192.

Söffing, Günter (Wirtschaftliche Betrachtungsweise, 1992):

Sinn und Widersinn der wirtschaftlichen Betrachtungsweise, in: StVj, 4. Jg. (1992), S. 51-62.

Söffing, Günter (Atypisch stille Gesellschaft, 1993):

Atypisch stille Gesellschaft, in: NWB, Sammelwerk, Kommentare und Gesetzestexte, 48. Aufl., Fach 3, Stand: September 1993, Herne / Berlin 1993, S. 8767-8768.

Söffing, Günter (Rechtsprechung, 1993):

Die neue Rechtsprechung des BFH zu § 15a EStG, in: DStR, 31. Jg. (1993), S. 1541-1547.

Söffing, Günter (ESt-Kommentar, 1994):

Kommentar zum Einkommensteuergesetz (Lademann / Söffing), bearb. von Klaus Altehoefer u.a.; Loseblatt, Nachtrag 103, März 1994, Stuttgart u.a. 1994.

Söffing, Günter (Mitunternehmer, 1994):
Besteuerung der Mitunternehmer, 4. Aufl., Herne / Berlin 1994.

Söffing, Günter (Beteiligung, 1994):
Beteiligung einer nicht gewerblich tätigen Personengesellschaft an einer gewerblich tätigen Personengesellschaft, in: FR, 76. Jg. (1994), S. 805-808.

Spangemacher, Gerd (Gewerbesteuer, 1993):
Gewerbesteuer, 11. Aufl., Achim / Bremen 1993.

Spiegelberger, Sebastian (Vermögensnachfolge):
Vermögensnachfolge, München 1994.

Staub, Heinrich / Pinner, Albert (Staub HGB, 1906):
Kommentar zum HGB, Buch 2: Handelsgesellschaften und stille Gesellschaft, 8. Aufl., Berlin 1906.

Stehle, Heinz / Stehle, Anselm (Gesellschaften, 1977):
Die Gesellschaften, Stuttgart 1977.

Stein, Michael (Gewerbesteuerliche Behandlung, 1995):
Gewerbesteuerliche Behandlung der atypisch stillen Gesellschaft, in: NWB, Sammelwerk, Kommentare und Gesetzestexte, 50. Aufl., Stand: Dezember 1995, Herne / Berlin 1995, S. 4013-4014.

Steinacker, Jörg (GmbH & atypisch Still, 1993):
Die GmbH & atypisch Still im Steuerrecht, Frankfurt 1993.

Sterner, Friedrich (Veräußerung, 1983):
Kapitaleinkünfte durch Veräußerung einer stillen Beteiligung?, in: BB, 38. Jg. (1983), S. 2176-2178.

Sträter, Udo (GmbH & Still, 1996):
GmbH & Still: Vom Sparmodell zum Steuerhit, in: Impulse 11 / 1996, S. 58-61.

Straub, Andrea (Einmann GmbH & Still, 1990):
Besteuerung der Einmann GmbH & Still bei gleichzeitiger Beteiligung der GmbH an einer zweiten GmbH, in: DB, 43. Jg. (1990), S. 1302-1305.

Streck, Michael (Mitunternehmerschaft, 1973):
Gewerbebetrieb, Mitunternehmerschaft, Bilanzbündeltheorie, in: FR 28. (55.) Jg. (1973), S. 297-307.

Streck, Michael (KStG-Kommentar, 1997):
Körperschaftsteuergesetz Kommentar, 5. Aufl., München 1997.

Strobl, Elisabeth / Schäfer, Karl (Auslandsverluste, 1993):

Berücksichtigung von Auslandsverlusten bei atypisch stiller Gesellschaft, in: IStR, 2. Jg. (1993), S. 206-212.

Stüttgen, Hans-Gerd (Stille Beteiligung, 1988):

Die stille Beteiligung an der gewerblichen Familien-GmbH, Düsseldorf 1988.

Stuhlfelner, Ulrich / Glanegger, Peter (HGB-Kommentar, 1995):

Heidelberger Kommentar zum Handelsgesetzbuch, hrsg. von Peter Glanegger u.a., 4. Aufl., Heidelberg 1995.

Stuhrmann, Gerd (Blümich EStG, 1991):

Kommentierungen zu §§ 15 und 20 EStG, in: Blümich, Einkommensteuer-, Körperschaftsteuer- und Gewerbesteuergesetz, Kommentar, hrsg. von Klaus Ebling und Wolfgang Freericks, bearb. von Wolfgang Freericks u.a., 14. Aufl., München 1991.

Stutzmann, Heinrich (GmbH & atypisch Still, 1993):

Die Betriebsprüfung bei der atypisch stillen Gesellschaft (insbesondere bei der sog. GmbH und Still), in: StBp, 33. Jg. (1993), S. 31-36.

Sudhoff, Heinrich (Gewinnanteil, 1960):

Gewinnanteil und Auseinandersetzungsquote des stillen Gesellschafters, in: NJW, 13. Jg. (1960), S. 2121-2127.

Sudhoff, Heinrich (GmbH & Still, 1969):

Die GmbH & Co. StG, in: DB, 22. Jg. (1969), S. 2069-2074.

Sudhoff, Heinrich / Sudhoff, Martin (Stille Beteiligung, 1984):

Stille Beteiligung an einer GmbH und die Umwandlung dieser Beteiligung, in: GmbHR, 75. Jg. (1984), S. 77-81.

Terpitz, Werner (Ansprüche, 1967):

Ansprüche aus stiller Beteiligung und partiarischem Darlehen als Sicherheiten, in: Spk, 84. Jg. (1967), S. 135-139.

Tetens, Harens (Ermittlung, 1988):

Die Ermittlung und Aufteilung des Einheitswerts bei der atypisch stillen Gesellschaft, in: DB, 41. Jg. (1988), S. 729-731.

Theisen, Manuel (Partiarisches Darlehen, 1987):

Partiarisches Darlehen als Finanzierungsalternative zur stillen Gesellschaft, in: GmbHR, 78. Jg. (1987), S. 64-69.

Theißen, Rolf (Rechtsleitfaden, 1994):

Die stille Gesellschaft: Ein Rechtsleitfaden zur stillen Beteiligung an einem Handelsunternehmen, Freiburg i. Br. 1994.

Thomas, Heinz (Palandt BGB, 1997):

Kommentierung zu § 705 BGB, in: Palandt Bürgerliches Gesetzbuch, bearb. von Hans Putzo u.a., 56. Aufl., München 1997.

Tiedtke, Klaus (Beteiligung eines Kindes, 1977):

Unentgeltliche Beteiligung eines Kindes als stiller Gesellschafter, in: DB, 30. Jg. (1977), S. 1064-1067.

Tillmann, Bert (Eigenkapitalersatz, 1981):

Eigankapital ersetzende Gesellschafterdarlehen und verdecktes Stammkapital, in: GmbHR, 72. Jg. (1981), S. 17-20.

Tillmann, Bert (GmbH & Co., 1997):

Handbuch der GmbH & Co., hrsg. von Malte Hesselmann, fortgef. von Bert Tillmann; 18. Aufl., Köln 1997.

Tipke, Klaus (Steuerrecht, 1970):

Steuerrecht und bürgerliches Recht, in: JuS, 10. Jg. (1970), S. 149-159.

Tipke, Klaus / Kruse, Heinrich Wilhelm (AO-Kommentar, 1996):

Abgabenordnung, Finanzgerichtsordnung: Kommentar zur AO 1977 und FGO (ohne Steuerstrafrecht),hrsg. von Klaus Tipke und Heinrich Wilhelm Kruse, 16. Aufl., Köln 1996.

Tipke, Klaus / Lang, Joachim (Steuerrecht, 1996):

Steuerrecht, begr. von Klaus Tipke, fortgef. von Joachim Lang, 15. Aufl., Köln 1996.

Töben, Thomas (Stille Gesellschaft, 1991):

Die steuerliche Zurechnung des Geschäftsvermögens (StG § 19) und die Besteuerung der Erträge und des Vermögens (§ 23) bei der stillen Gesellschaft in: Münchener Handbuch des Gesellschaftsrechts, Bd. 2, Kommanditgesellschaft, stille Gesellschaft, hrsg. von Bodo Riegger und Lutz Weipert, bearb. von Ulrich Bälz u.a., München 1991.

Troost, Jürgen (Abgrenzung, 1997):

Die steuerliche Abgrenzung zwischen typischen und atypischen stillen Gesellschaften, Köln 1997.

Uelner, Adalbert (GmbH & Still, 1985):

Die GmbH & Still - Podiumsdiskussion, in: IDW-Seminar mit dem Thema "Neuorientierung bei der Besteuerung von Personengesellschaften", Düsseldorf 1985, S. 117-120.

Uelner, Adalbert (Beschluß, 1986):

Der Beschluß des Großen Senats des Bundesfinanzhofs GrS 4 / 82 vom 25. Juni 1984, in: JbFfSt 1985/86, hrsg. vom Deutschen Anwaltsinstitut e.V., Bochum, Herne / Berlin 1986, S. 229-314

Uelner, Adalbert (Gepräge-Rechtsprechung 1986):

Folgerungen aus der Aufgabe der Gepräge-Rechtsprechung durch den Bundesfinanzhof, in: StbJb 1985/86, hrsg. im Auftrag des Fachinstituts der Steuerberater v. Rudolf Curtius-Hartung u.a., Köln 1986, S. 237-262.

Uelner, Adalbert (Personengesellschaften, 1987):

Personengesellschaften im Umbruch, in: JbFfSt 1986/87, hrsg. vom Deutschen Anwaltsinstitut e.V., Bochum, Herne / Berlin 1987, S. 219-304.

Uelner, Adalbert (Mitunternehmerschaft, 1988):

Beitrag zum 6. Generalthema: Mitunternehmerschaft, in: JbFfSt 1987/88, hrsg. vom Deutschen Anwaltsinstitut e.V., Bochum, Herne / Berlin 1988, S. 367-395.

Uelner, Adalbert (Besteuerung, 1990):

Besteuerung der gewerblichen Einkünfte einschließlich Personengesellschaften, 1. Abschnitt: Besteuerung der gewerblichen Einkünfte gem. § 15 EStG, in: Handbuch der Unternehmensbesteuerung, hrsg. vom IdW, Düsseldorf 1990, RdNr. 1- 414 (S. 321-440).

Uelner, Adalbert / Stuhrmann, Gerd (Gewerbliche Einkünfte, 1994):

Besteuerung gewerblicher Einkünfte, in: WP-Handbuch der Unternehmensbesteuerung 1994, hrsg. vom Institut der Wirtschaftsprüfer Deutschland e.V., 2. Aufl., Düsseldorf 1994, S. 352-358.

Ulbrich, Klemens (Unterbeteiligung, 1982):

Die Unterbeteiligungsgesellschaft an Personengesellschaften, Göttingen 1982.

Ulmer, Peter (BGB-Kommentar, 1980):

Kommentierung zu § 705 BGB, in: Die Gesellschaft bürgerlichen Rechts - Systematischer Kommentar der §§ 705-740 BGB, hrsg. von Peter Ulmer, München 1980.

Ulmer, Peter (Rückbesinnung, 1984):

Rückbesinnung als Fortschritt?, in: ZGR, 13. Jg. (1984), S. 313-341.

Ulmer, Peter (Rebmann BGB, 1986):

Kommentierung zu § 705 BGB, in: Münchner Kommentar zum BGB, hrsg. von Kurt Rebmann und Franz Jürgen Säcker, 2. Aufl. München 1986.

Ulmer, Peter (Hachenburg GmbHG, 1992):

Kommentierung zum GmbHG, in: Hachenburg GmbHG Großkommentar, hrsg. von Peter Ulmer, bearb. von Peter Behrens u.a., 8. Aufl., Berlin/New York 1992.

Ulmer, Peter (Personengesellschaft, 1997):

Hundert Jahre Personengesellschaftsrecht: Rechtsfortbildung bei OHG und KG, in: ZHR, Bd. 161 (1997), S. 102-132.

Unvericht, Willi (Gewerbeertrag, 1987):

Gewerbeertrag und Gewerbekapital der atypisch stillen Gesellschaft, in: DStR, 25. Jg. (1987), S. 413-416.

Veltins, Michael A. / Hikel Dieter A. (Informationsrecht, 1989):

Zur Einschränkung bzw. Erweiterung der Informationsrechte des Kommanditisten, in: DB, 42. Jg. (1989), S. 465-468.

Völlmeke, Monika (Bindung, 1997):

Bindung des BFH an die Würdigung des FG bei unbestimmten Rechtsbegriffen, in: DStR, 35. Jg. (1997), Beiheft zu Heft 32, S. 3-12.

Vollmer, Lothar / Maurer, Torsten (Eignung, 1994):

Die Eignung von sanierenden stillen Beteiligungen und Sanierungsgenußscheinen zur Abwehr der Überschuldung, in: DB, 47. Jg. (1994), S. 1173-1179.

Wachter, Stephan (Gewinn, 1996):

Die Gewinnermittlung und Gewinnverteilung in der stillen Gesellschaft, Frankfurt 1996.

Wagner, Franz W. (Mängel, 1981):

Grundsätzliche Anmerkungen zu Irrtümern und Mängeln steuerlicher Rechtsformvergleiche, in: DStR, 19. Jg. (1981), S. 243-246.

Wahl, Adalbert (Vermögenseinlage, 1975):

Die Vermögenseinlage des atypischen stillen Gesellschafters in der Handelsbilanz und im Überschuldungsstatus der GmbH, in: GmbHR, 66. Jg. (1975), S. 169-176.

Wallis, Hugo von / Heinicke, Wolfgang (Besteuerung, 1978):

Besteuerung der Personen- und Kapitalgesellschaften, 3. Aufl., Heidelberg 1978.

Wallis, Hugo von/ Brandmüller, Gerhard / Schulze zur Wiesche, Dieter

(Besteuerung, 1991): Besteuerung der Personen- und Kapitalgesellschaften, begr. von Hugo von Wallis, weitergef. von Gerhard Brandmüller und Dieter Schulze zur Wiesche, 4. Aufl., Heidelberg 1991.

Walter, Wolfgang (GmbH & atypisch Still, 1994):

§ 8a KStG und die GmbH & Atypisch Still, in: DStZ, 82. Jg. (1994), S. 113-115.

Walter, Wolfgang (Verlustnutzung, 1997):

Verlustnutzung beim atypisch stillen Gesellschafter trotz ausstehender Einlage, in: GmbHR, 88. Jg. (1997), S. 823-826.

Walther, Ursula (Stille Beteiligung, 1993):

Stille Gesellschaft, Unterbeteiligung - Vorteile und Nachteile, in: Vermögen, Bilanz und Steuern, 47. Aufl., Wiesbaden 1993.

Wassermeyer, Franz (Atypisch stille Beteiligung, 1986):

Ausgewählte ertragsteuerliche Aspekte bei atypischer stiller Beteiligung an einer GmbH einschließlich ihrer Folgen bei Auslandsbeziehungen, in: JbFSt 1985/86, hrsg. vom Deutschen Anwaltsinstitut e.V., Bochum, Herne / Berlin 1986, S. 353-386.

Wassermeyer, Franz (Verdeckte Gewinnausschüttungen, 1990):

Verdeckte Gewinnausschüttungen und verdeckte Einlagen, in: DStR, 43. Jg. (1990), S. 158-164.

Weber, Klaus (Stille Beteiligung, 1992):

Ende der typisch stillen Beteiligung bei beherrschendem Einfluß?, in: DB, 45. Jg. (1992), S. 546-549.

Weber, Klaus (Geschäftsführertätigkeit, 1994):

Die Bedeutung der Geschäftsführer-Tätigkeit für die Annahme einer atypischen GmbH & Still, in: GmbHR, 85. Jg. (1994), S. 144-147.

Weber-Grellet, Heinrich (Rechtsnatur, 1993):

Die Bedeutung der Rechtsnatur des Steuerrechts für dessen Anwendung und Auslegung, in: StuW, 70. (23.) Jg. (1993), S. 97-104.

Weber-Grellet, Heinrich (Tendenzen, 1993):

Tendenzen der BFH-Rechtsprechung, in: StuW, 70. (23.) Jg. (1993), S. 195-212.

Weber-Grellet, Heinrich (Typus, 1997):

Der Typus des Typus, in: Handelsbilanzen und Steuerbilanzen: Festschrift zum 70. Geburtstag von Heinrich Beisse, hrsg. von Wolfgang Budde, Adolf Moxter und Klaus Offerhaus, Düsseldorf 1997, S. 551-569.

Wehrheim, Michael (Betriebsaufspaltung, 1988):

Die Betriebsaufspaltung in der Finanzrechtsprechung, Wiesbaden 1988.

Weimar, Robert (KG & Still, 1987):

Die KG & Still - eine stille Gesellschaft?, in: DB, 40. Jg. (1987), S. 1077-1082.

Weimar, Robert (GmbH & Still, 1993):

Die GmbH & Still im Fortschritt des Gesellschaftsrechts, in: ZIP, 14. Jg. (1993), S. 1509-1524.

Wendt, Michael (Aspekte, 1996):

Einkommensteuerliche Aspekte alter und neuer Kooperationsfomen landwirtschaftlicher Betriebe, in: FR, 78. Jg. (1996), S. 265-280.

Wendt, Michael (Gewerbliche Einkünfte,1996):

Gewerbliche Einkünfte im Sinne des § 32 c EStG und gewerbesteuerliche Belastung, in: DStZ, 84. Jg. (1996), S. 698-708.

Werner, Horst S. (Stille Unternehmensbeteiligung, 1990):

Die stille Unternehmensbeteiligung, Göttingen 1990

Westerfelhaus, Herwarth (Bilanzrecht, 1988):

Die stille Gesellschaft im Bilanzrecht, in: DB, 41. Jg. (1988), S. 1173-1179.

Westermann, Harm Peter (Vertragsfreiheit, 1970):

Vertragsfreiheit und Typengesetzlichkeit im Recht der Personengesellschaften, Berlin 1970.

Westermann, Harm Peter (BGB-Handkommentar, 1993):

Kommentierung zu den §§ 705 ff. BGB, in: Handkommentar zum Bürgerlichen Gesetzbuch, Bd. 1, hrsg. von Walter Emann und Harm Peter Westermann, bearb. von Hans Brox u.a., 9. Aufl., Münster 1993.

Widmann, Siegfried (UmwStG-Kommentar, 1995):

Kommentierungen zum UmwStG, Umwandlungssteuerrecht Kommentar, hrsg. von Siegfried Widmann und Dieter Mayer, bearb.von Heribert Heckschen u.a., 3. Aufl., Bonn 1995.

Widmann, Siegfried / Mayer, Dieter (UmwStG-Kommentar, 1995):

Kommentierungen zum UmwStG, Umwandlungssteuerrecht Kommentar, hrsg. von Siegfried Widmann und Dieter Mayer, bearb.von Heribert Heckschen u.a., 3. Aufl., Bonn 1995.

Wiesner, Georg (Fehlerhafte Gesellschaft, 1980):

Die Lehre von der fehlerhaften Gesellschaft, Heidelberg 1980.

Winckelmann, Hans (Gewinnbeteiligung, 1931):

Die Gewinnbeteiligung bei der stillen Gesellschaft, Berlin 1931.

Winkeljohann, Norbert / Halfar, Bernd (Gewerbesteuerliche Vorzüge, 1994):

Gewerbesteuerliche Vorzüge der GmbH & atypisch Still?, in: DB, 47. Jg. (1994), S. 2471-2474.

Wittlinger, Jürgen (Konkurs, 1997):

Ertragsteuerliche Auswirkungen der Konkurseröffnung einer GmbH & Co. KG auf den Kommanditisten, in: DStR, 50. Jg. (1997), S. 649-650.

Woerner, Lothar (Beitragsgedanke, 1978):

Die Tragweite des Beitragsgedankens bei der Auslegung des § 15 AbS. 1 Nr. 2 EStG, in: JbFSt 1977/78, hrsg. vom Deutschen Anwaltsinstitut e.V., Bochum, Herne / Berlin 1978, S. 150-176.

Woerner, Lothar (Leistungsbeziehungen, 1982):

Ertragsteuerliche Auswirkungen von Leistungsbeziehungen zwischen Personengesellschaften und ihren Gesellschaftern unter besonderer Berücksichtigung mittelbarer Leistungen, in: StbKgR 1982, hrsg. von der Bundessteuerberaterkammer, Körperschaft des Öffentlichen Rechts, Bonn, und dem Deutschen wissenschaftlichen Steuerinstitut der Steuerberater und Steuerbevollmächtigten e.V., Bonn, München 1982, S. 193-211.

Woerner, Lothar (Grenzen, 1984):

Die Grenzen richterlichen Dürfens im Steuerrecht, in: BB, 39. Jg. (1984), S. 523-524.

Woerner, Lothar (Mitunternehmerbegriff, 1986):

Einschränkung des Mitunternehmerbegriffs durch den Bundesfinanzhof, in: BB, 41. Jg. (1986), S. 704-710.

Wöhe, Günter (Steuerlehre, 1990):

Betriebswirtschaftliche Steuerlehre, Bd. II, Halbbd. 1, 5. Aufl., München 1990.

Wolff-Diepenbrock, Johannes (Littmann EStG, 1994):

Kommentierung zu § 11 EStG, in: Das Einkommensteuerrecht, Kommentar, begr. von Eberhard Littmann, hrsg. von Horst Bitz und Peter Hellwig, 15. Aufl., Stand: September 1994, Stuttgart 1994.

Wolf-Knott, Bernd (Ertragsteuerliche Behandlung, 1996):

Die ertragsteuerliche Behandlung der stillen Gesellschaft, in: SteuerStud, 17. Jg. (1996), S. 112-118.

Woltmann, Albrecht (GmbH & Still, 1974):
GmbH und Stille Gesellschaft - eine Rechtsform mit Zukunft?, in: GmbHR, 65. Jg. (1974), S. 156-165.

Zacharias, Erwin / Hebig, Michae / Rinnewitz, Jürgen (Atypische stille Gesellschaft, 1996): Die atypisch stille Gesellschaft, Hamburg 1996.

Zacharias, Erwin / Suttmeyer, Johannes / Rinnewitz, Jürgen (GmbH & atypisch Still, 1988): Zur gewerbesteuerrechtlichen Organschaft unter Beteiligung einer GmbH & atypisch Still, in: DStR, 26. Jg. (1988), S. 128-135.

Zartmann, Hugo (Stille Beteiligung, 1959):
Die stille Beteiligung an einer GmbH, in: NB, 12. Jg. (1959), S. 104-109.

Zeitler, Franz-Christoph (Verwendung, 1985):
Steuergestaltende Verwendung der GmbH?, in: GmbHR, 76. Jg. (1985), S. 301-308.

Zimmermann, Reimar / Reyher, Ulrich / Hottmann, Jürgen (Personengesellschaft, 1995): Die Personengesellschaft im Steuerrecht, 5. Aufl., Achim 1995.

Zöllner, Wolfgang (zu: Rasner, 1964):
Literaturbesprechung zu Rasner: Die atypisch stille Gesellschaft, ein Institut des Gesellschaftsrechts, in: ZHR, Bd. 126 (1964), S. 161-165.

Zöllner, Wolfgang (Handelsrecht, 1983):
Wovon handelt das Handelsrecht, in: ZGR, 12. Jg. (1983), S. 82-91.

Zöllner, Wolfgang (Baumbach GmbHG, 1996):
Kommentierung zum GmbHG, in: GmbHG Kommentar, hrsg. von Adolf Baumbach und Alfred Hueck, bearb. von Götz Hueck, Joachim Schulze-Osterloh und Wolfgang Zöllner, 16. Aufl., München 1996.

Zutt, Jürg (Staub HGB, 1990):
Kommentar zu den §§ 230-237 HGB (Stille Gesellschaft), in: Großkommentar HGB, begr. von Hermann Staub, hrsg. von Claus-Wilhelm Canaris, Wolfgang Schilling und Peter Ulmer, 4. Aufl., 13. Lieferung, Berlin 1990.

Entscheidungsverzeichnis

20.12.1956	II ZR 166/55	BGHZ 23	10
23.05.1957	II ZR 250/55	BGHZ 24	279
01.07.1957	III ZR 42/56	BB, 12. Jg. (1957)	1168
13.07.1957	IV ZR 93/57	BGHZ 25	174
17.10.1957	VII ZR 407/56	WM, 12. Jg. (1958)	293
10.07.1958	II ZR 320/56	WM, 12. Jg. (1958)	1336
12.10.1959	II ZR 237/57	BB, 15. Jg. (1960)	15
28.10.1959	IV ZR 91/59	BGHZ 31	197
30.11.1959	ZR 204/57	DB, 13. Jg. (1969)	261
23.06.1960	II ZR 172/59	DB, 13. Jg. (1960)	912
27.03.1961	II ZR 256/59	WM, 15. Jg. (1961)	574
28.06.1962	VII ZR 31/61	WM, 16. Jg. (1962)	1086
25.09.1963	V ZR 133/61	WM, 17. Jg. (1963)	1209
06.11.1963	IV ZR 32/63	BB, 19. Jg. (1964)	327
01.04.1965	II ZR 182/62	WM, 19. Jg. (1965)	793
10.06.1965	III ZR 239/61	DB, 18. Jg. (1965)	1589
18.10.1965	II ZR 232/63	DB, 19. Jg. (1966)	187
08.11.1965	II ZR 223/64	BGHZ 44	229
22.11.1965	II ZR 189/63	NJW, 19. Jg. (1966)	501
09.02.1967	III ZR 226/64	WM, 21. Jg. (1967)	321
06.03.1967	II ZR 180/65	DB, 20. Jg. (1967)	1258
30.11.1967	II ZR 14/65	BB, 23. Jg. (1968)	268
11.07.1968	II ZR 179/66	BGHZ 50	316
24.02.1969	II ZR 123/67	BGHZ 51	350
15.06.1970	II ZR 13/68	BB, 25. Jg. (1970)	1069

29.06.1970	II ZR 158/69	BGHZ 55	5
15.11.1971	II ZR 130/69	NJW, 25. Jg. (1972)	338
12.02.1973	II ZR 69/70	WM, 27. Jg. (1973)	900
27.01.1975	II ZR 130/73	WM, 29. Jg. (1975)	662
03.11.1975	II ZR 98/74	WM, 29. Jg. (1975)	1299
22.01.1976	VII ZR 280/75	BGHZ 66	48
08.07.1976	II ZR 34/75	WM, 30. Jg. (1976)	1030
14.11.1977	II ZR 183/75	NJW, 31. Jg. (1978)	424
24.09.1979	II ZR 95/78	BGHZ 75	214
21.04.1980	II ZR 144/79	BB, 35. Jg. (1980)	958
09.02.1981	II ZR 38/80	NJW, 34. Jg. (1981)	2251
22.06.1981	II ZR 94/80	NJW, 35. Jg. (1982)	99
01.03.1982	II ZR 23/81	BGHZ 83	341
12.07.1982	II ZR 157/81	BGHZ 84	379
03.11.1982	Iva ZR 47/81	WM, 36. Jg. (1982)	1439
28.02.1983	II ZB 8/82	BGHZ 87	59
21.03.1983	II ZR 139/82	NJW, 36. Jg. (1983)	1855
16.01.1984	II ZR 36/83	BB, 39. Jg. (1984)	1273
24.09.1984	II ZR 256/83	NJW, 38. Jg. (1985)	192
17.12.1984	II ZR 36/84	BB, 40. Jg. (1985)	372
12.05.1986	II ZR 11/86	WM, 40. Jg. (1986)	908
15.06.1987	II ZR 261/86	DB, 40. Jg. (1987)	1880
29.06.1987	II ZR 173/86	WM, 41. Jg. (1987)	1193
11.07.1988	II ZR 346/87	DB, 41. Jg. (1988)	2090
07.11.1988	II ZR 46/88	BB, 44. Jg. (1989)	100

26.06.1989	II ZR 128/88	BGHZ 90	573
29.06.1992	II ZR 284/91	NJW, 45. Jg. (1992)	2696
07.02.1994	II ZR 191/92	BB, 49. Jg. (1994)	592
10.10.1994	II ZR 32/94	WM, 38. Jg. (1994)	2246
13.04.1995	II ZR 132/94	DStR, 33. Jg. (1995)	1315
28.09.1995	II ZR 217/94	DStR, 33. Jg. (1995)	1843
28.09.1995	II ZR 267/94	DStR, 33. Jg. (1995)	1844
14.07.1997	II ZR 122/96	DStR, 35. Jg. (1997)	IX

IV. Oberlandesgerichte

Bayrisches OLG

02.01.1951	U 12/50	NJW, 4. Jg. (1951)	237

OLG Düsseldorf

13.03.1985	15 U 173/84; rkr.	WM, 29. Jg. (1985)	237
17.10.1990	17 U 47/90; rkr.	DB, 44. Jg. (1991)	435
17.02.1994	6 U 44/93; rkr.	DB, 47. Jg. (1994)	2489

OLG Frankfurt

01.12.1981	5 U 107/81; rkr.	DB, 35. Jg. (1982)	592
30.04.1997	23 U 204/95; rkr.	GmbHR, 88. Jg. (1997)	892

OLG Hamburg

22.08.1949	I U 218/49; rkr.	MDR, 4. Jg. (1950)	229
13.10.1989	11 U 108/89; rkr.	WM, 34. Jg.(1990)	1292
22.12.1993	5 U 149/93; rkr.	WM, 38. Jg. (1994)	499
24.11.1995	11 U 174/93; rkr.	DB, 49. Jg. (1996)	1403

OLG Hamm

10.01.1994	8 U 106/93; rkr.	NJW-RR, 9. Jg. (1994)	1383

OLG Karlsruhe

19.02.1968	6 U 111/85; rkr.	GmbHR, 77. Jg. (1986)	387

OLG Köln

24.04.1995	5 U 222/94; rkr.	NJW, 49. Jg. (1996)	871

OLG München

09.02.1968	8 U 2225/67; rkr.	NJW, 19. Jg. (1968)	1384
08.07.1992	7 U 1562/91; rkr.	WM, 37. Jg. (1993)	2126

OLG Nürnberg

04.12.1967	5 U 35/67; rkr.	DB, 21. Jg. (1968)	166

V. Reichsfinanzhof

03.02.1926	VI A 163/25	RFHE 18	162
08.01.1929	II A 479/28	RStBl. 1929	96
10.09.1930	IV A 178/30	RStBl. 1931	190
04.05.1938	VI 213/38	RStBl. 1938	647
20.01.1944	III 38/43	RStBl. 1944	436

VI. Bundesfinanzhof

22.08.1951	IV 246/50	BStBl. III 1951	181
12.01.1953	IV 365/52 U	BStBl. III 1953	58
12.01.1954	I 88/53 U	BStBl. III 1954	101
20.08.1954	I 130/53 U	BStBl. III 1954	336
09.09.1954	IV 574/53 U	BStBl. III 1954	317
22.11.1955	I 139/54 S	BStBl. III 1956	4
15.04.1958	I 75/57 U	BStBl. III 1958	299
19.01.1960	I 202/59 U	BStBl. III 1960	229
02.08.1960	I 221/59 S	BStBl. III 1960	408
25.10.1960	I 168/58 U	BStBl. III 1960	94
21.03.1961	I 249/60	HFR 1961	220
20.03.1962	I 39/61 U	BStBl. III 1962	337
13.11.1962	I 262/60 U	BStBl. III 1963	69
27.02.1963	I 236/59 U	BStBl. III 1963	370
25.09.1963	I 383/60 U	BStBl. III 1963	545
25.10.1963	I 325/61 S	BStBl. III 1964	17
20.12.1963	VI 336/62 U	BStBl. III 1964	248
03.07.1964	IV 355/62 U	BStBl. III 1964	511

03.07.1964	VI 346/62 U	BStBl. III 1964	548
28.10.1964	I 198/62 U	BStBl. III 1965	119
17.11.1964	VI 319/63 U	BStBl. III 1965	260
08.07.1965	IV 30/63 U	BStBl. III 1965	558
05.08.1965	IV 138/65 U	BStBl. III 1965	560
11.11.1965	IV 82/62 U	BStBl. III 1966	95
08.12.1965	II 148/62 U	BStBl. III 1966	148
02.03.1966	II 113/61	BStBl. III 1966	509
18.03.1966	IV 218/65	BStBl. III 1966	197
12.07.1967	I 204/64	BStBl. III 1967	781
15.11.1967	IV R 115/65	BStBl. II 1968	174
15.11.1967	IV R 244/66	BStBl. II 1968	175
15.11.1967	IV R 2/67	BStBl. II 1968	175
15.11.1967	IV R 139/67	BStBl. II 1968	152
21.03.1968	IV R 166/67	BStBl. II 1968	579
03.07.1968	I 83/65	BStBl. II 1969	14
23.10.1968	I 228/65	BStBl. II 1969	243
09.07.1969	I R 188/67	BStBl. II 1969	690
09.10.1969	IV 294/64	BStBl. II 1970	320
29.10.1969	I R 80/67	BStBl. II 1970	329
22.01.1970	IV R 47/68	BStBl. II 1970	415
26.01.1970	IV R 144/66	BStBl. II 1970	264
09.07.1970	IV R 16/69	BStBl. II 1970	722
20.01.1971	I R 17/69	BStBl. II 1971	308
28.01.1971	IV R 127/64	BStBl. II 1971	662

10.03.1971	I R 73/67	BStBl. II 1971	589
21.04.1971	I R 76/70	BStBl. II 1971	816
22.04.1971	I R 114/70	BStBl. II 1971	600
07.05.1971	III R 7/69	BStBl. II 1971	642
28.07.1971	I R 78/68	BStBl. II 1971	815
06.10.1971	I R 215/69	BStBl. II 1972	187
27.01.1972	I R 28/69	BStBl. II 1972	320
02.02.1972	I R 217/69	BStBl. II 1972	470
23.02.1972	I R 159/68	BStBl. II 1972	530
29.05.1972	GrS 4/71	BStBl. II 1973	5
31.05.1972	II R 92/67	BStBl. II 1972	836
14.06.1972	II R 116/69	BStBl. II 1972	734
28.06.1972	I R 206/67	BStBl. II 1972	803
08.11.1972	I R 227/70	BStBl. II 1973	287
21.12.1972	IV R 194/69	BStBl. II 1973	389
02.02.1973	III R 134/70	BStBl. II 1973	472
14.02.1973	I R 131/70	BStBl. II 1973	395
08.03.1973	IV R 77/72	BStBl. II 1973	398
29.03.1973	IV R 56/70	BStBl. II 1973	652
11.04.1973	IV R 67/69	BStBl. II 1973	528
29.08.1973	I R 242/71	BStBl. II 1974	100
28.11.1973	I R 101/72	BStBl. II 1974	289
23.01.1974	I R 206/69	BStBl. II 1974	480
21.02.1974	IV B 28/73	BStBl. II 1974	407
08.08.1974	IV R 101/73	BStBl. II 1975	36

28.11.1974	I R 232/72	BStBl. II 1975	498
08.01.1975	I R 142/72	BStBl. II 1975	437
17.01.1975	III R 69/73	BStBl. II 1975	324
29.01.1975	I R 135/70	BStBl. II 1975	553
27.02.1975	I R 11/72	BStBl. II 1975	611
11.06.1975	II R 105/66	BStBl. II 1975	830
30.07.1975	I R 174/73	BStBl. II 1975	818
14.08.1975	IV R 30/71	BStBl. II 1976	88
15.10.1975	I R 16/73	BStBl. II 1976	188
17.10.1975	III R 67/74	BStBl. II 1976	275
29.01.1976	IV R 97/74	BStBl. II 1976	332
06.02.1976	III R 93/74	BStBl. II 1976	412
20.10.1976	I R 139-140/74	BStBl. II 1977	96
09.12.1976	IV R 47/72	BStBl. II 1977	155
03.02.1977	IV R 122/73	BStBl. II 1977	346
03.02.1977	IV R 153/74	BStBl. II 1977	504
08.06.1977	I R 40/75	BStBl. II 1977	668
10.02.1978	III R 115/76	BStBl. II 1978	256
14.02.1978	VIII R 11/75	BStBl. II 1978	427
01.06.1978	IV R 139/73	BStBl. II 1978	570
05.07.1978	I R 22/75	BStBl. II 1978	644
10.08.1978	IV R 54/74	BStBl. II 1979	74
14.12.1978	IV R 98/74	BStBl. II 1979	284
08.02.1979	IV R 163/76	BStBl. II 1979	408
06.04.1979	I R 116/77	BStBl. II 1979	622

03.05.1979	IV R 153/78	BStBl. II 1979	515
23.05.1979	I R 163/77	BStBl. II 1979	757
08.08.1979	I R 82/76	BStBl. II 1979	768
17.01.1980	IV R 115/76	BStBl. II 1980	338
24.01.1980	IV R 157/78	BStBl. II 1980	271
25.01.1980	IV R 159/78	BStBl. II 1980	275
06.02.1980	I R 50/76	BStBl. II 1980	477
21.02.1980	I R 95/76	BStBl. II 1980	465
27.02.1980	I R 196/77	BStBl. II 1981	210
12.06.1980	IV R 40/77	BStBl. II 1980	723
10.11.1980	GrS 1/79	BStBl. II 1981	164
11.12.1980	IV R 91/76	BStBl. II 1981	310
22.01.1981	IV B 41/80	BStBl. II 1981	424
11.02.1981	I R 98/76	BStBl. II 1981	465
19.02.1981	IV R 152/76	BStBl. II 1981	602
26.02.1981	IV R 98/79	BStBl. II 1981	568
29.04.1981	IV R 131/78	BStBl. II 1981	664
27.05.1981	I R 112/79	BStBl. II 1982	192
25.06.1981	IV R 61/78	BStBl. II 1982	59
21.10.1981	I R 230/78	BStBl. II 1982	139
28.10.1981	I R 25/79	BStBl. II 1982	186
16.12.1981	I R 167/78	BStBl. II 1982	387
27.01.1982	I R 5/78	BStBl. II 1982	374
28.01.1982	IV R 197/79	BStBl. II 1982	389
27.04.1982	VIII R 131/80	BStBl. II 1982	636

29.11.1982	GrS 1/81	BStBl. II 1983	272
01.07.1982	IV R 152/79	BStBl. II 1982	646
02.03.1983	I R 85/79	BStBl. II 1983	427
24.03.1983	IV R 123/80	BStBl. II 1983	598
21.06.1983	VIII R 237/80	BStBl. II 1983	563
22.06.1983	I R 55/80	BStBl. II 1984	63
07.07.1983	IV R 209/80.	BStBl. II 1984	53
13.10.1983	IV R 160/78	BStBl. II 1984	101
30.11.1983	II R 130/81	BStBl. II 1984	158
07.12.1983	I R 70/77	BStBl. II 1984	384
07.12.1983	I R 144/79	BStBl. II 1984	373
15.12.1983	VIII R 173/83	BStBl. II 1984	388
14.02.1984	VIII R 126/82	BStBl. II 1984	580
08.03.1984	I R 31/80	BStBl. II 1984	623
02.05.1984	VIII R 276/81	BStBl. II 1984	820
09.05.1984	I R 25/81	BStBl. II 1984	726
25.06.1984	GrS 4/82	BStBl. II 1984	751
24.07.1984	VIII R 65/84	BStBl. II 1985	85
03.10.1984	I R 119/81	BStBl. II 1985	245
07.12.1984	III R 35/79	BStBl. II 1985	236
07.12.1984	III R 91/81	BStBl. II 1985	241
22.01.1985	VIII R 303/81	BStBl. II 1985	363
31.01.1985	IV R 104/82	BFH/NV 1986	17
06.05.1985	VIII R 160/85	BStBl. II 1986	838
09.07.1985	IX R 49/83	BStBl. II 1985	722

18.07.1985	IV R 135/82	BStBl. II 1985	635
02.09.1985	IV B 51/85	BStBl. II 1986	10
10.10.1985	IV B 30/85	BStBl. II 1986	68
06.11.1985	I R 297/82	BStBl. II 1986	333
12.11.1985	VIII R 286/81	BStBl. II 1986	55
12.11.1985	VIII R 364/83	BStBl. II 1986	311
12.11.1985	VIII R 414/83	BFH/NV 1987	393
28.11.1985	IV R 13/83	BFH/NV 1986	332
28.01.1986	VIII R 335/82	BStBl. II 1986	599
06.05.1986	VIII R 300/82	BStBl. II 1986	891
06.05.1986	VIII R 160/85	BStBl. II 1986	838
05.06.1986	IV R 272/84	BStBl. II 1986	802
10.07.1986	IV R 12/81	BStBl. II 1986	811
16.07.1986	I R 78/79	BFH/NV 1987	326
24.07.1986	IV R 103/83	BStBl. II 1987	54
14.08.1986	IV R 131/84	BStBl. II 1987	60
01.10.1986	I R 54/83	BStBl. II 1987	459
09.10.1986	IV R 235/84	BStBl. II 1987	124
11.12.1986	IV R 222/84	BStBl. II 1987	553
04.02.1987	II R 216/84	BStBl. II 1987	451
17.03.1987	VIII R 293/82	BStBl. II 1987	558
10.06.1987	I R 149/83	BStBl. II 1988	25
09.07.1987	IV R 95/85	BStBl. II 1988	245
22.10.1987	IV R 17/84	BStBl. II 1988	62
26.10.1987	GrS. 2/86	BStBl. II 1988	349

10.11.1987	VIII R 53/84	BStBl. II 1988	186
10.11.1987	VIII R 166/84	BStBl. II 1989	758
11.02.1988	V R 19/87	BStBl. II 1988	825
16.03.1988	X R 27/86	BStBl. II 1988	629
14.04.1988	IV R 271/84	BStBl. II 1988	667
21.04.1988	IV R 47/85	BStBl. II 1989	722
25.05.1988	I R 92/84	BFH/NV 1989	258
12.07.1988	IX R 149/83	BStBl. II 1988	942
04.08.1988	IV R 60/86	BFH/NV 1990	19
08.11.1988	VIII R 539/83	BFH/NV 1989	572
24.11.1988	VIII B 90/87	BStBl. II 1989	145
17.02.1989	III R 36/85	BStBl. II 1989	664
22.02.1989	I R 9/85	BStBl. II 1989	631
08.03.1989	X R 9/86	BStBl. II 1989	714
30.03.1989	I R 130/85	BFH/NV 1989	780
26.04.1989	I R 96/85	BFH/NV 1990	63
11.05.1989	IV R 12/88	BFH/NV 1990	545
31.05.1989	III R 91/87	BStBl. II 1990	10
13.06.1989	VIII R 47/85	BStBl. II 1989	720
28.06.1989	II R 242/83	BStBl. II 1989	824
06.07.1989	IV R 62/86	BStBl. II 1989	890
14.09.1989	IV R 85/88	BFH/NV 1990	591
18.10.1989	I R 203/84	BStBl. II 1990	68
28.11.1989	VIII R 40/84	BStBl. II 1990	561
07.12.1989	IV R 79/88	BFH/NV 1991	364

14.12.1989	IV R 117/88	BStBl. II 1990	436
24.01.1990	I B 110/88	BFH/NV 1991	683
22.05.1990	VIII R 41/87	BStBl. II 1990	965
26.06.1990	VIII R 81/85	BStBl. II 1994	645
19.11.1990	VIII B 101/89	BFH/NV 1991	321
20.11.1990	VIII R 10/87	BFHE 163	336
05.12.1990	I R 106/88	BFH/NV 1991	841
11.12.1990	VIII R 122/86	BFHE 163	346
11.12.1990	VIII R 14/87	BStBl. II 1991	510
12.12.1990	I R 85/88	BFH/NV 1992	59
19.02.1991	VIII R 106/87	BStBl. II 1991	569
25.02.1991	GrS 7/89	BStBl. II 1991	691
29.04.1991	IV B 165/90	BFH/NV 1992	388
14.05.1991	VIII R 31/88	BStBl. II 1992	167
11.09.1991	XI R 35/90	BStBl. II 1992	4
18.12.1991	XI R 42 43/88	BStBl. II 1992	585
16.01.1992	V R 1/91	BStBl. II 1992	541
23.01.1992	XI R 36/88	BStBl. II 1992	721
05.02.1992	I R 127/90	BStBl. II 1992	532
20.05.1992	X R 49/89	BStBl. II 1992	904
07.07.1992	VIII R 2/87	BStBl. II 1993	328
02.09.1992	XI R 21/91	BStBl. II 1993	668
13.10.1992	VIII R 57/91	BFH/NV 1993	654
28.10.1992	VIII B 85/92	BFH/NV 1994	332
15.12.1992	VIII R 42/90	BStBl. II 1994	702

16.12.1992	I R 105/91	BStBl. II 1993	792
18.02.1993	IV R 132/91	BFH/NV 1993	647
30.03.1993	VIII R 63/91	BStBl. II 1993	706
01.04.1993	V R 85/91	BFH/NV 1994	327
03.05.1993	GrS 3/92	BStBl. II 1993	616
26.05.1993	X R 108/91	BStBl. II 1994	96
27.05.1993	IV R 1/92	BStBl. II 1994	700
13.07.1993	VIII R 85/91	BStBl. II 1994	243
13.07.1993	VIII R 50/92	BStBl. II 1994	282
13.07.1993	VIII R 52/92	BFH/NV 1994	610
26.08.1993	IV R 133/90	BFHE 172	507
10.11.1993	I R 20/93	BStBl. II 1994	327
25.01.1994	IX R 97, 98/90	BStBl. II 1994	738
03.02.1994	III R 23/89	BStBl. II 1994	709
09.03.1994	VIII R 9/93	BFH/NV 1995	28
10.08.1994	I R 133/93	BFHE 175	357
13.10.1994	VII R 37/94	BStBl. II 1995	10
22.11.1994	VIII R 63/93	BStBl. II 1996	93
08.12.1994	IV R 7/92	BStBl. II 1996	264
08.02.1995	I R 126/93	BStBl. II 1995	626
08.02.1995	I R 127/93	BStBl. II 1995	764
02.03.1995	IV R 135/92	BStBl. II 1995	531
06.07.1995	IV R 79/94	BStBl. II 1996	269
25.07.1995	VIII R 54/93	BStBl. II 1995	794
16.08.1995	VIII B 156/94	BFH/NV 1996	125

31.08.1995	VIII B 21/93	BStBl. II 1995	890
21.09.1995	IV R 65/94	BStBl. II 1996	66
25.10.1995	I R 76/93	BFH/NV 1996	504
25.10.1995	I R 77/93	BFH/NV 1996	506
06.12.1995	I R 109/94	BFHE 179	427
06.12.1995	I R 40/95	BStBl. II 1997	118
12.12.1995	VIII R 59/92	BStBl. II 1996	219
14.12.1995	V R 11/94	BStBl. II 1996	250
14.12.1995	IV R 106/94	BStBl. II 1996	226
07.03.1996	IV R 12/95	BFH/NV 1996	736
23.04.1996	VIII R 53/94	BStBl. II 1996	515
25.06.1996	VIII R 28/94	BStBl. II 1997	202
11.07.1996	IV R 103/94	BStBl. II 1997	39
01.08.1996	VIII R 12/94	BStBl. II 1997	272
26.11.1996	VIII R 42/94	BFHE 182	101
04.12.1996	I R 54/95	BFHE 182	123
17.12.1996	IX R 30/94	DStR, 35. Jg. (1997)	731
10.04.1997	IV B 90/96	DStRE, 1. Jg. (1997)	777
28.05.1997	VIII R 25/96	BStBl. II 1997	724

VII. Finanzgerichte

FG Baden-Württemberg

25.09.1992	6 K 193/92; rkr.	EFG, 41. Jg. (1993)	335
29.10.1992	6 K 179/88	EFG, 41. Jg. (1993)	337
18.01.1996	14 K 98/93	EFG, 45. Jg. (1997)	67
25.04.1996	3 K 215/92	Nichtamtlicher Leitsatz	

FG Berlin

01.11.1977	IV 186/77	EFG, 26. Jg. (1978)	287

FG Düsseldorf

28.08.1996	16 K 5456/91	EFG, 45. Jg. (1997)	340

Hessisches Finanzgericht

03.06.1977	VIII 145/76; rkr.	EFG, 26. Jg. (1978)	33
01.12.1977	VIII 93/74; Rev.	EFG, 26. Jg. (1978)	427
13.11.1994	4 K 4186/89; rkr.	EFG, 43. Jg. (1995)	97

Finanzgericht Hamburg

24.04.1996	VI 94/93	EFG, 44. Jg. (1996)	1093
25.11.1996	I 106/95	DStR, 35. Jg. (1997)	356

Finanzgericht Köln

21.02.1990	12 K 213/84	WM, 44. Jg. (1990)	2018
30.06.1993	11 K 1272/90	EFG, 42. Jg. (1994)	103
10.08.1994	11 K 3664/89	EFG, 43. Jg. (1995)	109
20.02.1997	4 K 790/93	EFG, 45. Jg. (1997)	676
18.06.1997	10 K 2413/93	EFG, 45. Jg. (1997)	1503

Finanzgericht München

05.11.1980	V (IX) 57/76 E 2; rkr.	EFG, 29. Jg. (1981)	341
28.09.1993	16 K 818/88; rkr.	EFG, 42. Jg. (1994)	513
07.02.1996	5 K 1782/95	EFG, 44. Jg. (1996)	877
20.08.1996	6 K 792/95	DStR, 35. Jg. (1997)	318
14.05.1997	1 K 2340/92; rkr.	EFG, 45. Jg. (1997)	1176

Finanzgericht Münster

11.10.1977	VI 1761/77 E; Rev.	EFG, 26. Jg. (1978)	113
23.06.1980	VII 108/77 F; rkr.	EFG, 28. Jg. (1980)	597
25.02.1986	X 7530/82 F; Rev.	EFG, 35. Jg. (1987)	23
22.09.1995	4 K 5007/93 F; rkr.	EFG, 44. Jg. (1996)	269
24.06.1996	11 V 1971/96 F; rkr.	EFG, 44. Jg. (1996)	977

Niedersächsisches Finanzgericht

27.02.1996	I 90/91; rkr.	EFG, 44. Jg. (1996)	815
28.11.1996	XII 537/92; rkr.	EFG, 45. Jg. (1997)	529

Finanzgericht Nürnberg

25.07.1984	V 58/82 Gw; rkr.	EFG, 33. Jg. (1985)	135
04.07.1996	VI 200/95; Beschw.	EFG, 44. Jg. (1996)	1137

Finanzgericht Rheinland Pfalz

09.12.1981	1 K 79/81; Rev.	EFG, 30. Jg. (1982)	466

Finanzgericht Saarland

14.12.1990	1 K 203/88; Rev.	EFG, 39. Jg. (1991)	198

Verwaltungserlasse

I. BMF-Schreiben

20.12.1977	IV B 2 - S 2241 - 231/77	BStBl. I 1978	8
14.09.1981	IV B 7 - S 2253 - b-5/81	BStBl. I 1981	620
16.11.1987	IV C 5 - S 1300 -331/87	BStBl. I 1987	740
26.11.1987	IV B 2 - S 2241 - 61/87	BStBl. I 1987	765
05.10.1989	IV B 2 - S 2241 - 48/89	BStBl. I 1989	378
20.02.1992	IV B 2 - S 2241a - 8/92	BStBl. I 1992	123
24.11.1993	IV B 2 - S 2241 - 51/93	BStBl. I 1993	934
15.12.1993	IV B 2 - S 2241a - 57/93	BStBl. I 1993	976
14.04.1994	IV B 2 - S 2244 - 29/94	BStBl. I 1994	257
13.05.1996	IV B 2 - S 2241 - 33/96	BStBl. I 1996	621
30.05.1997	IV B 2 - S 2241a - 51/93	BStBl. I 1997	627

II. Verfügungen der Oberfinanzdirektionen

OFD Frankfurt am Main

26.10.1983	S 2241 A - 37 - St II 20	Wpg (1984)	21
25.11.1994	S 2134 A - 14 - St II 21	BB (1995)	197
25.01.1996	S 2241 A - 37 - St II 21	DStR (1996)	748
26.06.1996	S 2241 A - 37 - St II 21	DStR (1996)	1406

OFD München

04.04.1997	S 2230 126 St 426	FR (1997)	426

OFD Münster

08.12.1975	S 2252 25 St 11-31	FR (1974)	559

FSC
www.fsc.org
MIX
Papier | Fördert gute Waldnutzung
FSC® C083411

Kolibri 360 GmbH
Ferdinand-Jühlke-Straße 7
99095 Erfurt, Deutschland
produktsicherheit@kolibri360.de

Druck:
CPI Druckdienstleistungen GmbH
im Auftrag der
Kolibri 360 GmbH
Ferdinand-Jühlke-Str. 7
99095 Erfurt